Berg Horeb
B. Sinai
süßes Waßer
Kloster auf dem Berg Sinai
Raphidim
Vadi Faran
B. Argeloie
Elim
El Tor
Jebele
Shek Giaur
B. Enggedis
Ras Mohammed
I. Sheduan
D A S
S U E Z
Kolzim
bene Araba
Berg Calil
Gebel Ezzeit
Gebel Docan
Ebene
von Karroubi
wenig bekannte Küste
Aprodite
Cosam-ul
Grosser Hafen
Mios Hormos
Kall alma
alt Coseir
El Coseir
Hafen von Girge Kene und Kous
B. Marzoan
WÜSTE
bewohnt
von den Arabern
genannt
BENI - WASSEL
Y
P
T
A
N
I
S
A
I
D
breiter u. tiefer Regenbach
Kamel Regenbach
Shek Faille
Calaulene
Minie
Minieh Ebu Kasib
Kloster des Abbe Hor
Kreutz Kloster
Beni Hasan
Achmounin
Melaui
Eusene
Wadi Gemus
Mashan
Amba Bishoi
Tarut Essherif
Misara
Cossie
Kusseir
Kloster des Abbe Apollo
Monflot
Benni Mahommed il Kusir
Barud
Velide
Ekrad
SIUT ou OSIOT
Cafra
Basra
Abutige
Nekail
Silin
Temeh
Shawate
Kau il Kubbara
Thata
Erraume
Faugelai
Shek Ereidi
Deir Abuba
weißes Kloster
rothes Kloster
Sohaie
Elkmun
Memshiet il Mede
Tuk el Essagie
Essagie
GIRGE
Deir Emelac
Bardis
Harie
Ruinen des Abidus Tempel
Behene
Mearoe
Shek Embade
Kumelaceb
Farshut
Kiam
Bagura
Samata
Kene
Sehel How
Senapse
Tentyris
Koum Masie
El Aramie
Abuub

ALTE ABENTEUERLICHE REISEBERICHTE

Vivant Denon im Jahre 1810

VIVANT DENON

MIT NAPOLEON IN ÄGYPTEN

1798–1799

Herausgegeben von Helmut Arndt

HORST ERDMANN VERLAG

CIP-Kurztitelaufnahme der Deutschen Bibliothek

Denon, Dominique Vivant
Mit Napoleon in Ägypten: 1798–1799 / hrsg. von Helmut Arndt. – 1. Aufl. – Tübingen: Erdmann, 1978.
(Alte abenteuerliche Reiseberichte)
Einheitssacht.: Voyage dans la basse et la haute Egypte, pendant les campagnes du général Bonaparte <dt.>
ISBN 3-7711-0288-X

Umschlag und Einband: Hilda und Manfred Salemke
Gesamtherstellung: Freiburger Graphische Betriebe, Freiburg i. Br.

INHALT

Einleitung des Herausgebers

Im Jahre 1517 – in Deutschland regierte Kaiser Maximilian, Martin Luther nagelte seine Thesen an die Tür der Schloßkirche zu Wittenberg – setzte sich der türkische Sultan Selim I. in den Besitz Ägyptens; das Niltal, das seit Jahrhunderten unter der Herrschaft der Mamelukensultane stand, wurde eine Provinz des Osmanischen Reiches. Selim Yawus verließ Konstantinopel am 5. Juni 1516. Mit einer machtvollen Armee, bestückt mit schwerer Artillerie, Troß und unzähligen Lasttieren, zog er über die Gebirge des Taurus. Am 24. August 1516 kam es bei Dabik nördlich von Aleppo zum Kampf; da die Mameluken das Artilleriewesen als eine ihrer unwürdige Waffe ganz vernachlässigt hatten, erlitten sie bereits hier die entscheidende Niederlage. Ihr Herrscher, der betagte Tscherkessensultan Kansuh el Ghuri, fiel auf der Flucht. Syrien stand dem Sieger offen, am 26. September zog Selim in Damaskus ein.

Tuman Bei, der Neffe des gefallenen Sultans, wurde am 22. Oktober in Kairo zum neuen Sultan gewählt. Eilends kaufte er Artillerie von den Venezianern aus Cypern und stellte sich bei Salahyeh am Eingang des Deltas zur Schlacht. Doch Selim umging seine Linien; am 22. Januar 1517 stießen die beiden Heere aufeinander, Tuman erschlug eigenhändig den Großvezier Sinan Pascha, den er für den Osmanensultan hielt, aber wiederum entschieden die stärkeren türkischen Geschütze den Sieg. Kairo wurde erst nach fünftägigem Straßenkampf, nach der Einnahme der Zitadelle, erobert. Über die Kämpfe berichtet Hajdar Tschelebi, der türkische Chronist, der als Divankiatibi, d.h. als Sekretär des Staatsrates, den Feldzug mitmachte, ausführlich:

»In der Nacht des 27. Januars griff der Sultan Tuman Bei mit etwa 7000 Mann die Stadt an, es wurde bis Mittag gefochten, ohne daß ein Erfolg erzielt worden wäre. Für die Einwohner hatte man eine Amnestie erlassen. Am 29. machte Junus Pascha, der Janitscharenaga, einen allgemeinen Angriff und zerstörte sämtliche Barrikaden in den Stadtvierteln. Jetzt erschien auch der Sultan Selim in rotseidenem Kleide und Panzerrüstung auf dem Kampfplatz, begleitet von der weißen Fahne und einem einzigen Roßschweif, und drang bis an die Zitadelle vor. Bis in die Nacht wurde erbittert gefochten. Mit Tagesanbruch begannen die Kämpfe wieder in Gegenwart des Herrschers, und es gelang ihm, mit Hilfe der Kavallerie bis auf den Rumeile genannten Platz zwischen der Zitadelle und der Sultan-Hassan-Moschee vorzudringen, worauf sich die Einwohner bereit erklärten, sich zu ergeben. Die feindlichen Truppen aber warfen von hohen Mauern Steine und scharfe Gegenstände herab. Daraufhin wurden etwa 4000 Mann ägyptischer Reiterei und Araber niedergesäbelt, so daß die Straßen sich mit Leichen füllten und für Reiter unpassierbar wurden. Im Laufe des Nachmittags war der Feind völlig geschlagen. Sultan Tuman Bei konnte dennoch nicht gefangen werden, er ergriff mit sieben seiner Getreuen die Flucht.«

Über die Gefangennahme des letzten Sultans von Ägypten berichtet der Chronist dann:

»Tuman Bei hielt sich unweit der Stadt Mesgun, wo die westliche Wüste endet, auf, und wollte sich über den Nil retten. Da er scharf verfolgt wurde, warf er sich in der Todesangst ins Wasser, wurde jedoch mit einer Wurfschlinge gefangen und hinausgezogen und in Fesseln Selim vorgeführt.«

Selim empfing ihn zunächst gnädig und führte mit ihm lange Gespräche über Regierung und Verhältnisse in Ägypten. Als er alle nötigen Auskünfte von ihm erhalten hatte, ließ er ihn am 13. April 1517 hinrichten.

»Da die Araber an die Gefangennahme Tuman Beis nicht glaubten und die Stadtbewohner ihre aufrührerischen Umtriebe nicht unterlassen wollten, so wurde er an das Bab el Zu wele benannte Tor von Kairo gehängt. Die gesamte Bevölkerung sah es und glaubte nun daran«, so beschreibt es lakonisch der Chronist. Der Haken am westlichen Turm des Tores, an dem man Tuman henkte, ist noch heute zu sehen.

Unter den in der Schlacht gefangenen und nach Kairo mitgeführten Geiseln befand sich auch Mutawakil III., der letzte Sproß der abbasidischen Kalifen, deren Nachkommen nach der Eroberung Bagdads 1258 durch die Mongolen unter Hulagu nach Kairo geflüchtet waren und denen die Mameluken zur Legitimation ihrer Herrschaft eine Scheinregierung gewährt hatten. Seit der Anerkennung Mustansirs im Jahre 1261 durch den Mamelukensultan Baibars lebten diese Schattenkalifen unter dem Schutz der Mameluken in Kairo.

Der Legende nach ließ sich Selim I. von dem Abbasiden das Kalifat übertragen und behielt ihn bis zu seinem Lebensende in Yedikule, dem »Schloß der Sieben Türme«, in Konstantinopel in guter Bewachung. In seiner neuen Eigenschaft als Kalif nahm er im August 1517 auch die Schlüssel der Kaaba in Empfang – seither verblieb die Würde des Kalifats dem Hause Osman, bis Mustafa Kemal (Atatürk) sie 1924 für erloschen erklären ließ. Selim blieb 8 Monate in Ägypten, am 25. Juli 1518 zog er wieder in Konstantinopel ein, die ganze Expedition dauerte zwei Jahre; drei Jahrhunderte sollten vergehen, ehe Ägypten mit Napoleons Invasion wieder einen fremden Eroberer sah.

Der in 100 Tagesmärschen durchgeführte Zug Sultan Selims gehört zu den großartigen Leistungen der Geschichte der Eroberungen. Er brachte die vollständige Unterwerfen Ägyptens, Syriens und Palästinas sowie die Angliederung des Hedschas und das Protektorat über die heiligen Städte Mekka und Medina – und damit in Wahrheit das Kalifat. Die Folgen waren weittragend.

Mit dem Beginn des 16. Jahrhunderts wird das östliche Mittelmeer osmanisch. Gleichzeitig mit dem Absinken Ägyptens in ein türkisches Vilayet versiegt seine Haupteinnahmequelle, der Transithandel mit Indien und China. Die klassische Indienroute führte von jeher über Kleinasien, durch Syrien und Nordpersien; bis zum Zerfall des Kalifenreiches um 900 besaß der Warenverkehr zu Lande mit Karawanen größere Bedeutung als der Seeweg, seit dem 11. Jahrhundert jedoch treten Venezianer, Genuesen und Pisaner auf, deren Schiffe die indischen und chinesischen Handelsgüter von den ägyptischen und syrischen Häfen übernehmen. Seit dem 15. Jahrhundert hatte Westeuropa die islamischen Länder des Orients technisch und wissenschaftlich überflügelt. Fortschritte im Bereich der Schiffahrt und der Kartographie wie die Erkenntnis, daß die Erde eine Kugel ist, das Interesse am direkten Verkehr mit dem Osten, vor allem der Wunsch, den lästigen Zöllen der Türken und Mameluken zu entgehen, kamen zusammen, um die Indienroute zur See zu entdecken.

Am Ausgang des 15. Jahrhunderts gelang es dem Admiral Vasco da Gama, das Kap der Guten Hoffnung zu umsegeln und Indien zu erreichen; am 20. Mai 1498 ankern drei portugiesische Galeeren vor Calicut. Arabische Seefahrer wie auch das Osmanische Reich sahen wohl die Konsequenzen; dank ihren leichteren und seetüchtigeren Schiffen widerstanden die Portugiesen den türkisch-arabischen Angriffen und setzten sich am Indischen Ozean, in Hormus, Aden, Maskat, Sokotra und im Roten Meer fest. Mit der Umleitung des Handelsverkehrs über die Kaproute wurden Transitfunktion und Mittlerrolle der arabischen Herrschaften wie des Osmanischen Reiches weitgehend ausgeschaltet. Der Landverkehr über die Karawanenstraßen des Nahen Ostens nahm ab an Umfang und Bedeutung. Die Mamelukenherrschaft ging zugrunde; aber nicht nur Ägypten, auch Syrien und Irak verarmten und sanken für Jahrhunderte zu unbedeutenden türkischen Paschaliks herab. Portugiesen, Holländer, Engländer und Franzosen rangen um die indischen Märkte und um die Seeherrschaft, die ihren Besitz garantierte. Da die Schiffahrt an Wasserstationen gebunden war, kam es während der folgenden drei Jahrhunderte (1500–1800) zu einer ununterbrochenen Rivalität der europäischen Mächte wegen der Häfen und vorgelagerten Inseln im östlichen Indischen Ozean. Je weiter sich die Kolonialreiche ausdehnten, je größer die Zahl ihrer Faktoreien, Niederlassungen und Forts wurde, desto wichtiger erschien die Sicherung der Seeroute um Afrika. Napoleons Expedition ist – so betrachtet – nur ein Schlußglied in der Kette eines langen Ringens.

Das ganze östliche Mittelmeer hingegen trat mit der Verlegung des Welthandels und der Entdeckung Amerikas in den Hintergrund. Der Orient verlor für den europäischen Kaufmann an Interesse, die alten italienischen Handelsrepubliken, Venedig und Genua, waren im 18. Jahrhundert zu vornehmen, aber zu machtlosen Zeugen einer überlebten Epoche herabgesunken, ihre Vitalität, durch die Jahrhunderte der Auseinandersetzung mit den Osmanen geschwächt, längst erloschen. Zugleich verschiebt sich der Brennpunkt des Kulturlebens. Betrachtet man die Reiseliteratur bis zum ausgehenden 18. Jahrhundert, so findet sich eine größere Zahl von Beschreibungen und Abhandlungen über Indien, China, Afrika, Amerika und die Antillen, wie die vielgelesene »Histoire philosophique de la

Colonisation européenne« des Abbé Reynal; der Orient, Kleinasien, Arabien und Ägypten liegen dagegen unter einem Schleier der Romantik, Reisende in diese Gegenden waren selten. Man trifft im Herrschaftsbereich des Islam seltener auf Missionare oder Kaufleute, vielfach sind es Gesandtschaften, Seefahrer, Abenteurer, deren märchenhafte Berichte von einem gebildeten Publikum mit Begierde und Skepsis aufgenommen werden, man denke an die Aufnahme, die Bruces langerwarteten »Travels to discover the Source of the Nile« 1804 fand. Noch die in Goethes Westöstlichem Diwan enthaltene Übersicht der Reiseliteratur über Persien ist bezeichnend für die romantische und rein idealistische Einstellung des Europäers um 1800 zum Orient. Auch hierin schafft Napoleons Ägyptenzug einen grundlegenden Wandel.

Die Türkenherrschaft von 1517 bis 1798 bedeutet für Ägypten weltgeschichtlich eine tote Periode, die Quellen aus diesen Zeiten sind spärlich. Große Macht haben die Türken niemals besessen; Selims Änderungen in der Verwaltung rühren letztlich nicht an die Fundamente: Ägypten und seine Bevölkerung bleiben unter der Herrschaft fremder Überlagerer. Der anfängliche Antagonismus zwischen Türken und Mameluken nach Umsturz und Blutvergießen legt sich rasch nach den ersten unruhigen Zeiten der Eroberung. Die türkischen Soldaten und Beamten, die unter der neuen osmanischen Regierung ins Land kommen, vermischen sich bald mit der numerisch größeren Klasse der Mameluken.

Diese fremde, das Land beherrschende Kriegerkaste bestand, worauf ihr Name (Abd Mamluk = ein Sklave im Besitz seines Herrn) hinweist, aus ehemaligen Sklaven aus den Garden des ägyptischen Sultans und der Emire, die sich durch Tüchtigkeit ausgezeichnet hatten und freigelassen waren. Ihre Zahl erfuhr – auch nach 1517 – eine ständige Zunahme durch Kauf von jungen Sklaven, vor allem aus dem Kaukasus. Sämtlich sind sie unfreie Fremde, es gibt keine autochthonen Ägypter unter ihnen. Sie stammen aus den Gebieten um das Asowsche und Schwarze Meer, aus Abchasien, Zirkassien, Georgien, Mingrelien. Sklavenaufkäufer durchstreifen die armen kaukasischen Dörfer. Man kauft die Kinder im Alter von 8 bis 10 Jahren, schifft sie über Caffa nach Konstantinopel und

Alexandrien ein, die Mädchen für das Serail des Großherrn, die Knaben für Ägypten. Hier wird der junge Kaukasier zum Islam konvertiert, beschnitten und als Mohammed, Ali, Hassan, Hussein, Ibrahim, Abdullah oder Osman in Kairo verkauft. Etwa 5000 Goldfranken kostet ein junger Mameluk. Nach dem Eintritt in das Haus eines Beis verläuft sein Leben in festen Bahnen, losgelöst von Familie und Heimat. Er gehört jetzt zur »Familie«, zur Gefolgschaft des Beis, der ihn kaufte; das Band zwischen Herrn und Mameluk besteht ein Leben lang, mag auch der Mameluk später selbst zum Bei aufsteigen.

Der junge Mameluk erfährt eine gründliche Ausbildung, die ihn vor allem zum Kampf zu Pferde befähigt, er ist primär ein Ritter, ein noch mittelalterlich gerüsteter gepanzerter Reiter. Ausrüstung und Kleidung, Pferd und Zaumzeug erhält er von seinem Herrn; je mächtiger dieser, desto üppiger treten seine Mameluken auf: Sättel und Zügel sind mit Silber bedeckt, die Scheiden der Damaszener Klingen mit Gold und Edelsteinen verziert, zu seidenen Übergewändern trägt er ein prächtiges Arsenal an Waffen: Krummsäbel, Dolch und Lanze, zwei Pistolen im Gürtel, zwei weitere am Sattel.

Nichts entspricht der militärischen Erziehung auf geistigem Gebiet, der Blick des Mameluken geht über das Niltal nicht hinaus. Auch Nachkommenschaft besitzt diese männerbündische Gesellschaft kaum. Aus den Berichten der ausländischen Konsuln erfährt man, daß die Mameluken, obwohl sie einen Harem hatten, kaum Kinder hinterließen, sie fielen durchweg – anders als die der Einheimischen – der hohen Kindersterblichkeit zum Opfer. Darüber hinaus galt es nichts, im Lande geboren zu sein; um als Mameluk anerkannt zu werden, mußte man aus dem Kaukasus stammen, im Gefolge eines ruhmreichen Herrn stehen; die Zugehörigkeit zur »richtigen« Familie war angesehener als Erblichkeit.

Mit dieser Kaste verbindet sich das osmanische Element rasch. Die Geschichte jener Jahrhunderte zeigt unter den Parteien und Fraktionen der Mameluken niemals antiosmanische Bestrebungen, die Unzahl der Streitigkeiten trägt nur lokalen oder persönlichen Charakter. Denn die Feudalstruktur des Mamelukenstaates ist erhalten geblieben, das indirekte Herrschaftssystem der Osmanen hatte die herkömmliche Hierarchie der Beis nicht angetastet, sondern die staatsrechtlichen Verhältnisse des Landes mit großer Umsicht geregelt. An die Spitze tritt der von Konstantinopel entsandte Pascha, der Ägypten im Namen des Sultans als Statthalter verwaltet. Er ist zugleich oberster Befehlshaber der Truppen. Aber der Inhaber des neuen Paschaliks sollte nicht zu mächtig werden, daher bleibt er mit seinen Maßnahmen an die Zustimmung von 24 Mamelukenbeis gebunden.

Während des 16. Jahrhunderts blieb die Autorität des Paschas unumstritten. Der Pascha konnte sich auf sieben Truppenkontingente stützen, 5 Kavalleriekorps, eine Infanterietruppe, die Janitscharen, sowie ein Mamelukenkontingent, das unter Soliman I. entstand. Ihre nominelle Stärke betrug zusammen 20000 Mann. Die größte Kampfkraft besaßen die Janitscharen, befehligt wurden sie von ihrem Kommandeur, dem Janitscharen-Kiaya, der in der Zitadelle von Kairo residierte. Unter den Kavallerietruppen waren die Azabs die einzigen von militärischem Wert, sie rivalisierten durchweg mit den Janitscharen. Im Laufe der Zeit wurden die Truppen immer unabhängiger und unbotmäßiger, so daß sie sogar den Pascha absetzten, wenn er ihnen unliebsam wurde. Ihre Kasernen lagen im höchstgelegenen Teil der Kairoer Zitadelle; die Azabs, auch der Pascha, befanden sich im Mündungsbereich ihrer Kanonen.

Die Hauptaufgabe des Paschas bestand in der Aufbringung und Versendung des jährlichen Tributs von 600000 Goldpiastern an die Pforte, bis zur Mitte des 18. Jahrhunderts erfolgte die Zahlung regulär. Nach seiner Rückkehr mußte sich der Pascha in Konstantinopel für seine Amtsführung verantworten, was nicht selten penibel verlief. Mancher Pascha, der versuchte, sich den kurzen Aufenthalt so einträglich wie möglich zu gestalten, mußte seine Habgier mit dem Leben bezahlen. So liest man von Hassan Pascha, der 1583 mit großen Reichtümern aus Kairo nach Konstantinopel zurückkehrt. Murad IV. läßt ihn durch die Bostanji Baschi arretieren, er wird in einen Kaique geworfen und nach Yedikule verbracht. »Allah allein weiß, was aus ihm wurde.« 1714 wird Veli Pascha nach seiner Rückkehr trotz seiner 80 Jahre der Kopf abgeschlagen, weil er entgegen den Befehlen des Großherrn den Export von Reis und Kaffee an die Ungläubigen gestattet hatte.

Nach schlechten Erfahrungen wechselt die Pforte ihre Vertreter immer häufiger, womit sie ihnen auch jeglichen Einfluß nimmt. Nicht weniger als 117 Paschas haben Ägypten bis zur Ankunft der Franzosen regiert. Ihre Stellung wird immer schwächer gegenüber dem Regiment der Beis. Ernannte der Pascha einst die Beis und besetzte die Vakanzen, so reduziert sich mit dem allmählichen osmanischen Machtverfall sein Recht zur bloßen formalen Ernennungsbestätigung. Aufstand, Absetzung, Ermordung werden alltägliche Ereignisse, am Ende ist der Sultan gezwungen, nur noch einen den Mameluken genehmen Pascha zu entsenden, der zum reinen Figuranten degeneriert. Um die Wende zum 18. Jahrhundert liegt die wirkliche Gewalt bei den großen Beis, die die Truppen in der Hand haben und den Vertreter des Großherrn nur mehr dulden.

Das Regiment der 24 Beis schloß zentrale wie lokale Regierungsfunktionen ein. Wichtige Staatsangelegenheiten wurden vom Diwan, d. h. vom Staatsrat, behandelt, in dem die Beis ebenso vertreten waren wie die militärischen Führer und die hohen religiösen Würdenträger. Die örtliche Regierung wurde durch die 12 Sandjak-Beis ausgeübt, die die Feudalaristokratie vertraten, dennoch scheinen die Bande, die sie mit ihren einzelnen Provinzen verbanden, recht lose gewesen zu sein. Lediglich der Bei von Oberägypten lebte ständig in Girge und nicht in der Hauptstadt. Die übrigen Beis waren Befehlshaber der Hafenstädte Suez, Damiette und Alexandrien sowie Gouverneure der fünf großen Provinzen des Nildeltas. Die angesehensten waren der Defterdar, dem die Führung der Grundregister und die Finanzverwaltung oblag, sowie der Emir al Hadjdj, dem das Geleit der jährlichen Pilgerkarawane nach Mekka zustand. Zur wichtigsten Figur war der Shaikh al Balad, der Stadtkommandant von Kairo, aufgestiegen. Neben diese 12 Großwürdenträger treten noch 12 weitere Beis.

Die eigentliche Selbstverwaltung in der Provinz wurde durch die Kashefs ausgeübt, ihre Hauptaufgabe bestand in der Eintreibung der Steuern. Gebräuchlicherweise wurde die Steuererhebung verpachtet. Die Multazims, die Steuerpächter, hatten ein erbliches Besitzrecht an Grund und Boden, sie trieben die Steuern in Geld oder Naturalien von den Dorfältesten der Fellachen ein. Auf unterer Ebene spielten die Kopten als Finanzagenten eine große Rolle. An diesem wohletablierten System haben – wie Denon berichtet – auch die französischen Militärbehörden während der Besetzung nichts geändert. Hauptleidtragende der Verhältnisse waren natürlich die Fellachen, die unter den oft willkürlichen Ansprüchen ihrer Mamelukenverwalter und der großen Landbesitzer um so mehr zu leiden hatten, als im Laufe der Zeit Anarchie und unkontrollierte Überfälle der Beduinen zunahmen. Die materielle Basis der Beis beruht so auf ihrem ausgedehnten Landbesitz und der Leibeigenschaft der an die Scholle gebundenen einheimischen Landbevölkerung. Ein reicher Bei besitzt bis zu 400 Dörfer. Mit dem ausgedehnten Besitz der Beis konkurrieren nur die Güter der frommen Stiftungen (Wakf). Nur zögernd macht die Habgier der Mamelukenbeis vor diesem religiösen Eigentum halt. Ein führender Bei muß 2000–3000 Mameluken unterhalten, hinzu kommen die zahlreichen maghrebinischen Söldner. Unter dieser Herrschaft können die Lebensverhältnisse in Ägypten nicht gedeihen; langsam aber sicher geht der Wohlstand des Landes zurück. Europäische Reisende wie Vansleb, Lucas, Volney und Savary weisen in ihren Büchern darauf hin, daß Ägypten noch im 18. Jahrhundert Reichtum kennt, aber er befindet sich im ausschließlichen Besitz einer landfremden militärischen Oligarchie, während die Masse des Volkes darbt. Um die Mitte des 17. Jahrhunderts setzen verheerende Seuchen ein, die ebenso wie die periodisch auftretenden furchtbaren Hungersnöte epidemische Formen annehmen.

Der Verfall der wirtschaftlichen Kraft ließ Ägypten zu einem ruhigen und gesicherten Besitz der Pforte werden. Auswärtige Angriffe hat das Land nicht erlebt, seine Bedeutung bestand, nach dem Ausfall der Tributleistungen, in den Vorteilen seiner geographischen Lage als Operationsbasis zur Aufrechterhaltung der osmanischen Präsenz in Arabien und Syrien. So erschöpft sich die innere Geschichte Ägyptens bis zur Landung der Franzosen in einer wirren Folge interner Machtkämpfe, Revolten und Intrigen. Aus der Monotonie blutiger Machtwechsel ragen einige düstere Mamelukengestalten: Ibrahim Bei (1711–1719); Intrige, Mord, Verrat kennzeichnen seinen Aufstieg, ein Aufstand der Azabs gegen die Janitscharen bringt ihn zur Macht, nach vier Jahren Ruhe revoltieren die Janitscharen erneut. Ibrahim wird ihrer Herr, zum Beweis schickt er die abgeschlagenen und eingesalzenen Köpfe der Aufrührer nach Konstantinopel

Cherkes Mehemet Bei gewinnt 1720 die Macht in Ägypten. Er war Führer des Mamelukenkorps in der osmanischen Armee, die 1717 vergebens versucht hatte, das von Prinz Eugen belagerte Belgrad zu entsetzen. Als er 1725 den Pascha absetzt, kommt es zu Straßenkämpfen; seinen Gegnern gelingt es, sein Palais zu stürmen, Cherkes flieht mit 50 Getreuen, zuvor jedoch erwürgt er eigenhändig noch vier seiner Lieblingssklavinnen, damit sie nicht dem Gegner in die Hände fallen. Man plündert sein Haus, köpft seine Anhänger, ein Bei des Gefolges, der sich versteckt hat, wird durch die eigene Frau dem Pascha verraten, der läßt ihn auf der Stelle köpfen und eine Stunde darauf die Frau hängen. 1718 kehrt Cherkes Bei aus Tripolitanien mit maghrebinischen Söldnern zurück und beginnt von Oberägypten den Kampf aufs neue. Er wird geschlagen und ertrinkt auf der Flucht in seiner schweren Rüstung im Nil. Man findet den Körper, trennt den Kopf vom Rumpf, der Kopf wird nach Kairo gebracht. Der französische Konsul beschreibt den trimphalen Einzug in Kairo am 25. April 1730 so:

»Voran zogen mit wehenden Fahnen die Janitscharen, ihnen folgten 42 Lanzenträger, auf jede Lanze war ein Kopf gespießt. Dann folgten fünf Gefangene in Ketten, hinter ihnen trug ein Mann allen sichtbar auf einer großen Silberschüssel das Haupt von Cherkes Bei. Nun kam der Anführer der Expedition, Ali Bei, umgeben von anderen Beis, seinen Offizieren und Mameluken. Das Volk brach in Jubel aus, als der Zug unter den Klängen der Janitscharenmusik zur Zitadelle zog. Im Schloß empfing der Pascha die Beis mit aller Ehrerbietung. Die Beis übergaben Cherkes' Kopf, der an den Großherrn gesandt wurde. Danach ließ man den Gefangenen den Kopf abschlagen und jedermann ging nach Haus.«

Ibrahim Kiaya (1744–1754) regiert mit Härte, so daß vorübergehend Ruhe einkehrt und die permanenten Straßenkämpfe zwischen Janitscharen und den Gefolgsleuten der Mamelukenbeis aufhören, die Pilgerfahrt nach Mekka wird sicherer, noch einmal entstehen in Kairo große elegante Bauten. Als er am 22. November 1754 eines friedlichen Todes stirbt, bewahrheitet sich an ihm, der aus Furcht vor seiner Ermordung ein stets gehetztes unstetes Leben geführt hatte, Voltaires Ausspruch »Les habiles tyrans ne sont jamais punis«.

Seinem Günstling Ali Bei gelingt es, in einem von rastlosen Kämpfen erfüllten Leben, sich für kurze Zeit von der Pforte unabhängig zu machen. Sein Aufstand während des russisch-türkischen Krieges führt Ägypten für einen Augenblick aus seiner dahindämmernden Isolation.

1763 wird Ali, Shaikh al Balad, aus Kairo vertrieben, geht nach Oberägypten, Jerusalem und Syrien und macht 1765/66 die Bekanntschaft mit Shaikh Omar al Daher, dem Pascha von Akkon, seinem späteren Alliierten im Kampf gegen die Pforte. Von Oberägypten aus gelingt es ihm, eine starke Streitmacht aus Verbannten und Banu Hawara Arabern zusammenzubringen, und schließlich auch Salih Bei, einen seiner früheren Gegner, auf seine Seite zu ziehen, dem er Oberägypten verspricht. 1767 zieht er als Sieger in Kairo ein. Nachdem er das stets unruhige Oberägypten fest unter seine Kontrolle gebracht hat, rebelliert er gegen die Pforte und besetzt mit zwei Mamelukenkorps Djedda, Mekka und Medina und installiert einen von ihm abhängigen Scherifen für die Heiligen Stätten. Die Engländer schließen zum Schutz ihrer Schiffahrt im Roten Meer einen Handelsvertrag mit Ali. 1771, nach Ausbruch des russisch-türkischen Krieges, schließt Ali ein Bündnis mit Admiral Graf Orlow, dem Befehlshaber des russischen Mittelmeergeschwaders, und überträgt seinem Schwiegersohn Abu Dahab die Eroberung Syriens und Palästinas. Abu Dahab löst seine Aufgabe mit außerordentlicher Schnelligkeit. Am 6. Juni 1771 zieht die Mamelukenarmee in Damaskus ein. Aber Osman Pascha, der türkische Gouverneur, verwandelt durch kluges Taktieren die militärische Niederlage in einen diplomatischen Sieg: Er verspricht Abu Dahab, der die Kriegsmüdigkeit seiner Offiziere kennt, die Anerkennung der Pforte für seine Herrschaft über Ägypten, worauf dieser umgehend aus Syrien abmarschiert, nach Ägypten zurückkehrt und mit seinen Truppen unverhofft gegen Ali Bei Front macht. Am 24. April 1772 kommt es wenige Meilen vor Kairo zur Schlacht: Ali wird geschlagen und sucht Zuflucht bei seinem Verbündeten Daher in Akkon. Seinen Versuch, im folgenden Jahr mit unzureichenden Kräften Kairo zurückzuerobern, bezahlt Ali mit dem Leben. Bei Salahie wird sein kleiner Trupp Mameluken vernichtet. Trotz verzweifelter

Gegenwehr wird er verwundet und gefangen in das Zelt Abu Dahabs gebracht. Dieser erhebt sich, küßt ihm die Hand und bietet ihm respektvoll seinen Sitz an – doch eine Woche darauf stirbt Ali am 8. Mai 1773 in seinem Stadtpalais.

Volney, der Ägypten einige Jahre danach bereiste, charakterisiert Ali Bei als mutig, ehrgeizig, habgierig, treulos. Skrupellos in der Verfolgung seiner Ziele, erscheint er als reiner Machtmensch; in seinem Souveränitätsstreben ein Vorläufer Mehemet Alis. Einen Widersacher, der ihn vorübergehend von der Macht verdrängt, versucht Ali durch dessen eigenen neapolitanischen Leibarzt zu vergiften; seinen Verbündeten, Salih Bei von Girge, läßt er, als dessen Popularität ihm Sorge macht, nach gemeinsamem Mahle beim Verlassen des Hauses von seinen Mameluken in Stücke hauen – anschließend bereitet er ihm ein ehrenvolles Begräbnis. Wer als reich gilt, ist seines Lebens nicht sicher.

Wie unsicher die Verhältnisse waren, kennzeichnet Volneys Bericht:

»Alles, was man hört und sieht, zeigt, daß man sich im Lande der Sklaverei und Tyrannei befindet. Man redet nur von inneren Unruhen, von Straßenkämpfen, von Gelderpressungen, von Prügelstrafe und Mordtaten. Keine Sicherheit des Lebens oder des Eigentums. Man vergießt das Blut eines Menschen wie das eines Schlachtviehes; selbst die Justiz vergießt es ohne Urteil und Recht und ohne weitere Formalitäten. Offiziere, die bei Tag oder Nacht ihre Runde durch die Stadt machen, halten Gericht, verurteilen und lassen im selben Augenblick die Hinrichtung vollstrecken, ohne Berufung an eine höhere Instanz. Henker begleiten sie, und auf den ersten Befehl fällt der Kopf des Unglücklichen in den Ledersack, wo man ihn auffängt, damit er den Boden nicht verunreinige. Und wenn dabei auch nur der bloße Schein eines Verbrechens nötig wäre, um jemanden der Gefahr der Strafe auszusetzen. Oft wird nur infolge der Habgier eines Menschen oder auf die Anzeige eines persönlichen Feindes jemand, der Geld haben soll, vor den Bei zitiert. Man fordert von ihm eine Summe, und wenn er die abschlägt oder leugnet, daß er etwas habe, wirft man ihn zu Boden, verabreicht ihm 200–300 Stockschläge auf die Fußsohlen oder bringt ihn auch um. Wehe dem, der im Verdacht der Wohlhabenheit steht! Hundert Spione sind stets bereit, ihn anzugeben, und nur durch den Schein der Armut kann er der Raubgier und den Gewalttaten der Machthaber entgehen.«

Alis Nachfolger, Abu Dahab, kehrt unter die osmanische Oberhoheit zurück; als er 1775 stirbt, versinkt Ägypten erneut in schrankenlose Anarchie. Am Ende steht das Duumvirat der Beis Ibrahim und Murad. Den unaufhörlichen Kämpfen zwischen den verschiedenen Fraktionen und Parteiungen der Mameluken versucht die Pforte, 1786 durch Entsendung eines Expeditionskorps unter dem Kapudan Pascha Hassan ein Ende zu machen. Murad und Ibrahim weichen mit ihrer Gefolgschaft nach Oberägypten aus und noch einmal residiert ein Pascha auf der Zitadelle von Kairo. Aber als am 21. Oktober 1787 die Galeere Hassan Paschas den Alexandriner Hafen verläßt, ist alles beim alten. Bis zum Ende des Jahrhunderts bildet sich ein labiles Gleichgewicht der Kräfte zwischen Murad Bei und Ibrahim Bei, die sich in die Herrschaft teilen und den Tribut wieder entrichten. Als Napoleon 1798 erscheint, hat sich das Mamelukentum weitgehend selbst überlebt.

Im Herbst des Jahres 1788 saß in der kleinen französischen Garnisonsstadt Auxonne an der Saône der junge, eben neunzehnjährige Sekondeleutnant – Bonaparte – und studierte des damals vielgelesenen und bewunderten Historikers, des Abbé Reynal Werk, die »Philosophische und politische Geschichte der Niederlassungen und des Handels der Europäer in beiden Indien«. Darin las er der Überlieferung nach die folgende Stelle über Ägypten:

»Beim Anblick dieses Landes, das zwischen zwei Meeren gelegen ist, von denen das eine die Pforte zum Orient, das andere die zum Okzident bildet, faßte Alexander den Plan, den Hauptsitz seines Reiches nach Ägypten zu verlegen und es zum Mittelpunkt des Welthandels zu machen. Dieser Fürst, der aufgeklärteste aller Eroberer, begriff, daß ... es dieses Ägypten sei, das sozusagen von der Natur bestimmt ist, Afrika und Asien mit Europa zu verbinden.«

Der Gedanke an eine französische Eroberung Ägyptens war dem jungen Bonaparte nicht als erstem gekommen. Schon 1671 hatte Leibniz für Ludwig XIV. eine Denkschrift in lateinischer Sprache verfaßt »De expeditione Aegyptiaca regi Franciae proponenda Leibnitii justa dissertatio« und darin die Inbesitznahme Ägyptens vorgeschlagen, »das vor allen Ländern der Welt das bestgelegene sei, um die Herrschaft über die Meere zu gewinnen«.

Hinter Leibniz standen deutsche Fürsten, vor allem Kurfürst Johann Philipp von Mainz, die dadurch die Eroberungsgelüste des Sonnenkönigs von Holland und der Pfalz abzulenken suchten. Aber Leibniz, der einige Jahre in Paris lebte, wurde nie bei Hofe empfangen, und als der Mainzer Erzbischof gegenüber dem Minister Ludwigs XIV., dem Marquis de Feuquières, auf den Plan zu sprechen kam, erhielt er zur Antwort: »Vous savez que les projets de guerre sainte ont cessé d'être à la mode depuis saint Louis«. So blieb das Consilium Aegyptiacum in der Bibliothek zu Hannover, bis es die englische Regierung 1803 im Zuge der psychologischen Kriegführung gegen den Ersten Konsul ausgraben und übersetzen ließ.

Dennoch hatte der Gedanke an eine Festsetzung im östlichen Mittelmeer eine lange und speziell französische Tradition. Seit den ausgehenden Kreuzzügen betrachteten sich die französischen Könige als die Schirmherren der Christen im Orient. Seit Franz I. besaßen sie dort Handelsprivilegien. Im 18. Jahrhundert spielten französische Kaufleute in Ägypten die erste Rolle, seit 1532 bestand eine ununterbrochene konsularische Vertretung in Alexandrien. Angesichts der Schwäche des osmanischen Reiches lag die Idee einer Eroberung Ägyptens um die Wende zum 19. Jahrhundert quasi in der Luft.

Bereits 1797 hatte Talleyrand sich vor dem Institut National für die Gewinnung Ägyptens als französische Kolonie eingesetzt. Im Herbst 1797 schlägt Napoleon dem Direktorium die Eroberung Ägyptens vor. Beide treten nach dem Ende des italienischen Feldzugs für das Projekt ein. Napoleon schreibt dazu: »Nach Ägypten gehen, sich dort einzurichten und eine französische Kolonie zu gründen, wird nur einige Monate beanspruchen. Ich benötige 25 000 Mann Infanterie, 3000 Mann Kavallerie und 100 Kanonen. Sobald ich England um die Sicherheit Indiens besorgt gemacht habe, kehre ich nach Paris zurück, um dem Feind den Todesstoß zu versetzen. In der Zwischenzeit ist nichts zu fürchten. Europa ist ruhig. Österreich kann sich nicht rühren, England verteidigt sich zunächst gegen eine drohende Invasion, und die Türkei wird die Vertreibung der Mameluken begrüßen.«

Napoleon schien damals nicht ganz unrecht zu haben:

Aus dem Frieden von Campo Formio (17. 10. 1797) war Frankreich als alleiniger Sieger hervorgegangen, mit der Niederwerfung Österreichs hatte Napoleon nicht nur Nord- und Mittelitalien erobert, sondern auch die Kontrolle über den Heiligen Stuhl in Rom erlangt. Zwar blieb England ungeschlagen, jedoch selbst von Invasionsgefahr bedroht. Napoleon übernahm zeitweilig den Befehl über das Expeditionskorps, das in England landen sollte, er inspizierte Boulogne und Dünkirchen und die Häfen an der französischen Kanalküste und kommandierte Kaperschiffe ab, um die Küsten Irlands sowie die Südküste bei Folkestone zu erkunden. Die Engländer ihrerseits hatten, in Erwartung einer Invasion, den Großteil ihrer Flotte aus dem Mittelmeer abgezogen und begnügten sich mit der Hafenblockade von Cadiz.

Die französische Präsenz im Mittelmeer war dagegen durch den Erwerb der venezianischen Kriegsflotte wie der Jonischen Inseln am Ausgang der Adria gestärkt worden, Admiral Brueys, der Befehlshaber der französischen Flotte, lag bereits vor Korfu, auf der Route nach Ägypten befand sich nur noch Malta, das dem Malteserorden gehörte. Spione unterrichteten Napoleon, daß die Malteserritter aus ihrem schläfrigen Garnisonsdasein heraus einer französischen Eroberung kaum Widerstand leisten würden. Damit schien der Weg zur Landung in Alexandrien frei zu sein.

Napoleon hat die Expedition mit außerordentlicher Umsicht diplomatisch, militärisch und wissenschaftlich vorbereitet: Seine überseeischen Unternehmungen werden gewöhnlich ausschließlich als Kampfmittel gegen England angesehen; in Wahrheit wollte Napoleon nicht allein das britische Kolonialreich treffen, sondern auch ein französisches schaffen. Daß es ihm mißglückte, lag an den Fehlern seiner kontinentalen Politik. Seine kolonialen Versuche sind zu extravagant, zu inkonsistent; sie führen von Kairo nach Mysore zum Sultan Tippu Sahib, aus dem Indischen Ozean nach Santo Domingo in die Karibik. Durch Josephine Beauharnais, geborene Tascher de la Pagerie aus Martinique, wird er mit dem Kreis der westindischen Interessen bekannt. Die Küsten des Mittelmeeres waren für ihn, der nicht aus Frankreichs Norden, sondern aus Korsika kam, nicht Ende, sondern Anfang einer Welt. Die Idee, in Ägypten eine Kolonie für Frankreich zu gewinnen, besaß für ihn nichts Irreales. Er bewertete Ägypten nicht allein als strategische Position, sondern als einen bedeutenden Handelsplatz, als Rohstoffquelle, als Absatzmarkt, als Land zur Ansiedlung französischer Kolonisten. Kolonisation war auch für ihn ein Mittel, Frankreich von Armen, Unruhstiftern und Unzufriedenen zu befreien – 1801 schickt er die revolutionären Offiziere der Rheinarmee nach Westindien – die meisten rafft das Gelbe Fieber dahin. Sicher konnte man – so mochten Naopoleons Vorstellungen aussehen – England, das gerade das Kap der Guten Hoffnung besetzt hatte, um die Route nach Indien zu sichern, durch die Besetzung Ägyptens in Indien empfindlich bedrohen. Der Pforte konnte man im gleichen Atemzuge anbieten, eine abgefallene Provinz zurückzugewinnen, indem der Kampf formell nur gegen die Mameluken geführt wurde. Sollte der Sultan nicht geneigt sein, das französische Vorgehen zu akzeptieren, so blieb die Möglichkeit, von Ägypten aus ins Osmanische Reich einzudringen und den Sultan zur Unterwerfung zu zwingen. Wie immer auch – die Armee war von ihrer Unbesiegbarkeit überzeugt, Ägypten bot ein neues Feld für den Ruhm der französischen Waffen. So stimmte das Direktorium, die französische Regierung unter Carnot und Barras, der Expedition zu. Man fürchtete ohnehin Napoleons Popularität und war im Grunde froh, den achtundzwanzigjährigen jungen Volkshelden aus Paris loszuwerden: im März 1798 wurden die Kredite für den Feldzug beschlossen.

Von Anbeginn an nimmt die Expedition nach Ägypten den Charakter eines Privatunternehmens Napoleons an. Nach Zuweisung einer Summe von 9 Millionen Goldfranken verfolgt er seine Pläne zielstrebig ohne weitere Beteiligung der Regierung. Seine Truppen wählt er primär aus der von ihm geführten italienischen Armee, ebenso die Heerführer. Von den 26 Brigadegenerälen hat die Hälfte unter seinem Kommando Karriere gemacht, wie Belliard, Lannes, Leclerc, Marmont, Murat, Rampon, Vial, einige andere stammen aus der Rheinarmee; fast alle sind sie wie ihr Befehlshaber junge abenteuerlustige Leute unter dreißig. Eine Ausnahme in dieser jugendlichen Equipe bilden die Generäle Berthier, Menou und Kléber. Der Elsässer Kléber, ein Hüne von 1,95 m, der bestaussehende Mann der Armee und zweifellos der fähigste unter Napoleons Generalen

General Murat

in Ägypten, verdankt seine Teilnahme der Fürsprache Josephines. Seine nüchterne Klarsichtigkeit, mit der er dem Direktorium später die Aufgabe des aussichtslosen Unternehmens anriet, rettete ihn nicht vor dem Dolch eines türkischen Attentäters; er starb in Kairo am 14. Juni 1800, am gleichen Tage, an dem Desaix, der Eroberer Oberägyptens, an militärischem Talent ihm ebenbürtig, auf dem Schlachtfeld von Marengo fiel. Der glänzenden Generalität stand keine entsprechende Flottenführung gegenüber, die überwiegend royalistisch eingestellte Admiralität befand sich im Exil oder war in der Schreckenszeit hingerichtet worden. Zur engeren Umgebung Napoleons gehören sein Stiefsohn Eugène de Beauharnais, sein Sekretär und Schulkamerad Bourienne, der Adjutant Rapp, ebenfalls ein Elsässer, sowie die Dolmetscher de Venture de Paradis und Jaubert. In einer Rekordzeit von 70 Tagen sind die militärischen Vorbereitungen abgeschlossen, Truppen und Flotte in Toulon konzentriert, ein weiterer Teil wird in den Häfen Genua und Civita-Vecchia eingeschifft.

Bemerkenswerter als die militärischen Anstrengungen, geradezu aktuell mutet die wissenschaftliche Vorbereitung und Begleitung der Expedition an. Napoleon selbst hatte viel über orientalische Fragen gelesen, er kannte die beiden am Vorabend der Revolution erschienenen Werke über Ägypten – Savarys »Lettres sur L'Egypte« und Volneys »Voyage en Egypte et Syrie«. – Von Volney, mit dem er bekannt war, hatte er sich genaue Informationen über den Zustand der Streitkräfte der Mameluken, die Küstenverteidigung, die Befestigung Alexandriens geben lassen. 1797 wird die berühmte ambrosianische Bibliothek aus Mailand als Kriegsbeute nach Paris geschafft, fast alle Bücher, die von orientalischen Fragen handeln, tragen Anmerkungen von Napoleons Hand.

Der Mathematiker Gaspard Monge muß Landkarten und aus Rom die Druckerpressen der Vatikanischen Kongregation de propaganda fide mit arabischen und griechischen Lettern beschaffen, auf denen die ersten Aufrufe in arabisch an die ägyptische Bevölkerung gedruckt werden. Eine wissenschaftliche Bibliothek sowie physikalische und mathematische Instrumente werden zur Mitnahme zusammengestellt. Insgesamt 167 »Experten« begleiten die Expedition: Mathematiker, Astronomen, Ingenieure, Geologen, Chemiker, Zoologen, Geographen, Mineralogen, Konstrukteure, Drucker, Dolmetscher, Arabisten – Wissenschaftler und Künstler. Napoleons Einfluß auf die Intellektuellen des Institut de France ist bemerkenswert. Sie laden ihn ein, Mitglied zu werden und sind beeindruckt von seiner Bescheidenheit und seinen Kenntnissen, geschmeichelt von seinem Interesse. Anerkannte Wissenschaftler wie Monge und Berthollet, um viele Jahre älter, entdecken ihre Begeisterung für das Unternehmen. »Vieux fou, à ton âge et sans savoir où!« ruft Madame Monge beim Abschied des Gatten. Ähnlich wird es anderen Mitgliedern dieser lebenden Encyclopädie ergangen sein, die sich in diesem Mai 1798 in Toulon einschiffen: der Astronom Méchain, der Mathematiker Fourier, die Naturwissenschaftler

Geoffrey Saint Hilaire und Savigny, der Chemiker Conté, die Orientalisten Venture und Jaubert, der Kartograph Jacotin, der Archäologe Jomard, der Dichter Parséval de Grandmaison, der Pianist Rigel, der Maler Redonti, der letzte Hofmaler der Königin Marie Antoinette. Denon ist einer der letzten, der zu der Gruppe stößt. Am 19. Mai lichtet die französische Armada die Anker, am 1. Juli, nach dem Zwischenspiel der Einnahme Maltas, wird die Armee vor Abukir ausgeschifft.

Das Glück war Napoleon hold: nur Stunden zuvor, ehe die ersten französischen Fregatten sich der ägyptischen Küste näherten, war das britische Geschwader unter Nelson, das die Franzosen abfangen sollte, nach Norden weitergesegelt. Alexandria wurde ohne große Gegenwehr genommen. Unmittelbar darauf erließ Napoleon seine erste Proklamation in arabischer Sprache an die Ägypter: Als Freund des türkischen Sultans sei er gekommen, um seine Feinde, die Mameluken, zu vernichten und Ägypten von ihrer Tyrannei zu befreien.

Am 7. Juli 1798 begann der strapaziöse Vormarsch durch die Wüste, umschwärmt von irregulären Beduinen und Mameluken. Ein von den Engländern abgefangener und veröffentlichter Brief des Brigadekapitäns Guillot an seine Mutter schildert den Marsch:

»Ich befand mich bei der Nachhut, als wir auf ein Kavalleriekorps der Mameluken stießen. Das Ungestüm meines Pferdes, das Du ja kennst, hat all mein Unglück verursacht. Es sprengte auf die feindlichen Reiter zu wie ein Löwe, stürzte, ich, um nicht erdrückt zu werden, warf mich zur Seite. Da es Nacht war, konnte ich es nicht zu fassen bekommen, es erhob sich und verschwand wie der Blitz mit der feindlichen Reiterei, mich ließ es auf dem Schlachtfeld zurück. Ich hatte meine schlechtesten Kleider an, um die neuen Sachen in meinem Mantelsack zu schonen. Nun ist alles dahin: meine Pistolen, mein Mantel, der Mantelsack mit Inhalt, auch 24 Louis in Silber, meine Brieftasche mit allen Dokumenten. Ich besaß plötzlich nichts mehr und mußte mit bloßen Füßen 19 Tage, bis wir Kairo erreichten, auf dem glühendheißen Würstensand marschieren, denn die Sohlen meiner alten Stiefel waren bald durchgelaufen. Meine alte Hose war zerrissen. Dazu kein Bissen Brot, kein Schluck Wasser, ich verfluchte mehr als hundertmal am Tag das Soldatendasein!«

Als es am 21. Juli 1798 zu der berühmten Schlacht bei den Pyramiden kommt, treffen zwei Zeitalter aufeinander:

»Seit den Kreuzzügen war kein europäisches Heer mehr auf einem Feldzug in Ägypten gewesen; niemand konnte etwas Endgültiges über die Auswirkungen eines Mameluken-Angriffs sagen; niemand

Die Schlacht bei den Pyramiden (Kupferstich nach einer Zeichnung Denons)

wußte, welche unerwartete Taktik der Feind entwickeln konnte. Doch nun, in einem Augenblick, wurde eine Lücke in der Geschichte geschlossen, und die Mameluken entpuppten sich als gewandte Reiter, die sowohl unglaublich tapfer als auch unglaublich rückständig waren. Natürlich war es ihr Pech in dieser ersten Fühlungnahme mit dem Westen, daß sie auf den größten Soldaten dieses

Zeitalters treffen sollten, doch wäre es den Franzosen wohl auch ohne Napoleon gelungen, einen solch primitiven Feind zu vernichten. Sie waren in jedem Zweig des Kriegshandwerks, waffenmäßig, in der Ausbildung und in der Organisation, so unendlich überlegen, um fast als übernatürliche Wesen zu erscheinen. Für die Mameluken war Krieg eine Sache des persönlichen Mutes, und es gab ein gewisses wildes Kämpfertum, was den Sturmangriff betraf, man siegte oder man starb. Alles hing von Geschwindigkeit und Bewegung ab, dem raschen, ungestümen Aufprall und dem Sich-wieder-Loslösen. Doch diese unbarmherzige, maschinengleiche französische Armee befolgte keine der anerkannten Regeln, sie schlug sich aus der Ferne, ihre Taktik ließ sie auf der Stelle verharren, und ihre Soldaten kämpften nicht als Einzelkämpfer, sondern als Teil der lebenden Festung, die sie auf dem Schlachtfeld bildeten. Sie stießen die mittelalterliche Vorstellung, die Kavallerie sei der Infanterie immer überlegen, vollkommen um, und der Krieg enthüllte sich den Mameluken nun als alles andere als ein heißblütiges Scharmützel; es war ein wohldurchdachter Plan der Massenvernichtung, der hauptsächlich mittels heftigen Gewehr- und Geschützfeuers ausgeführt wurde. Der Angriff als solcher machte nicht mehr die Schlacht aus, sondern war nunmehr von untergeordneter Bedeutung.«

Auf dem westlichen Nilufer in der Nähe Kairos bei dem Dorfe Embâbe, von wo aus man am Horizont die Pyramiden erblickt, feuert Napoelon seine Truppen mit dem berühmt gewordenen Satz an: »Soldaten, denkt daran, daß vierzig Jahrhunderte von diesen Bauten auf Euch herunterblicken!«

Hier hat Murad Bei seine Mameluken zusammengezogen und sein Lager verschanzt. Der französischen Übermacht tritt er mit seiner etwa 10000 Mann starken Kavallerie entgegen. Seine 20000 Mann Infanterie sind dagegen meist nur mit Speeren und Säbeln ausgerüstet, ihre Kampfkraft ist nicht hoch zu veranschlagen; seine 40 Kanonen sind alte, nicht drehbare Schiffsgeschütze. Schon das Gefecht der beiden Flußflottillen bei Chebreis hatte die unausweichliche Niederlage der mittelalterlichen Kampfesweise der Mameluken offenbart. Denon hat die Schlacht gezeichnet: Dem hervorbrechenden Angriff der mamelukischen Reiterei setzen die Franzosen die Karréformation ihrer Infanterie entgegen, wie an einer Mauer zerschellt die Kavallerieattacke an dem konzentrierten präzisen Feuer. Mit dem Ausgang der Schlacht ist das Schicksal Ägyptens entschieden: Es beginnt mit der französischen Herrschaft auch im Niltal die Neuzeit.

Murad Bei entkommt mit den Resten der Mameluken in die rettende Wüste. Die Franzosen machen reiche Beute, sein Lager mit allen Schätzen, allen Vorräten fällt an den Sieger. 1938 konnte man in der Orangerie der Tuillerien im Rahmen einer Ausstellung »Napoleon in Ägypten« den prächtigen Säbel Murad Beis bewundern, der Napoleon als Beutestück zugefallen war. Für die Klinge, eine alte Damaszener Arbeit, ließ Napoleon von dem Versailler Waffenschmied Boutet eine luxuriöse goldbeschlagene Scheide fertigen, der Knauf zeigte einen Sphinxkopf. 1815, bei seinem Abschied in Fontainebleau, übergab Napoleon den Säbel dem Marschall Macdonald.

Der andere Teil der Mamelukenarmee, der auf dem östlichen Nilufer bei Bulak unter Führung Ibrahim Beis den Ausgang des Kampfes abgewartet hat, flieht zusammen mit Abu Bekir, dem Pascha des Sultans, in die Arabische Wüste. Am Tage darauf rücken die Franzosen in die Kalifenstadt ein. Napoleon nimmt Wohnung im Hause Elfi Beis am Esbekieh Platz, dessen weitläufiger Garten damals bis an die Stelle reicht, an der später das alte Shepheards Hotel stand.

Napoleon geht unverzüglich an die Einrichtung einer modernen Verwaltung. Er richtet einen Divan unter Mitwirkung der in Kairo verbliebenen ägyptischen Notabeln ein und bemüht sich um eine bewußt pro-islamische Haltung. Das Eigentum der frommen Stiftungen wird bestätigt; die jährliche Pilgerkarawane nach Mekka beschützt und gefördert. Den Familien der geflohenen Beis wird eine schonungsvolle Behandlung zuteil. Setti Nefiza, die Gattin Murad Beis, erfährt alle Rücksicht; der junge Beauharnais ist von ihr begeistert. Napoleon gründet als Vorläufer der Fremdenlegion eine »légion copte« sowie eine »légion grecque« aus einheimischen Truppen, ein Teil der Kavallerie wird mit Dromedaren beritten gemacht und ist als Kamelkorps bald bekannt. Die Forts von Kairo und den Küstenstädten werden befestigt. Auf einer Expedition nach Sues rekognosziert Napoleon am Silvestertag des Jahres 1798 die Reste des alten Kanals der Pharaonen, der über den Nil Rotes und Mittelländisches Meer verband und gibt mit einem Erforschungsauftrag an Le Père Anstoß zu dem Plan des Sueskanals, den Ferdinand de Lesseps siebzig Jahre später vollenden sollte. Auch die erste Druckerpresse Kairos beginnt zu arbeiten, es erscheint als erste Zeitung »le Courier de l'Egypte«.

Während sich Napoleons Offiziere in den Häusern der geflohenen Mamelukenbeis einrichten und das Leben in Kairo für einen Augenblick die trügerische Ruhe der Etappe annimmt, findet der Oberbefehlshaber selbst Zeit zu einer kleinen Liaison mit Pauline Fourès, der hübschen jungen Frau eines Leutnants, die als Jäger verkleidet, ihrem Gatten aufs Schiff gefolgt war.

Am 22. August 1798 wird das Institut d'Egypte gegründet, es wird der bleibende Moment der französischen Invasion. In seiner ersten Sitzung wählt man Monge zum Präsidenten, Bonaparte zum Vizepräsidenten, Denon wird Mitglied der Abteilung der Schönen Künste. Sein Vorbericht über seine Entdeckungen der Altertümer Oberägyptens befindet sich am Schluß des ersten Bandes der Veröffentlichungen des Instituts. Das Originelle an der französischen Expedition war ihr zugleich militärischer und wissenschaftlicher Charakter. Die Mitglieder des Instituts, vorwiegend Angehörige der Ecole Polytechnique, unternehmen Forschungsreisen durch alle Teile Ägyptens. In ihren Sitzungen, die denen der Akademie der Wissenschaften in Paris nachgebildet sind, werden alle wissenschaftlichen Bereiche behandelt, so diskutiert man in der Sitzung vom 19. Juli 1799 schon eingehend den Stein von Rosette, aus dessen Text Champollion später die Hieroglyphen entziffern wird.

Während die Franzosen die Verwaltung des Landes in die Hand nehmen, als beabsichtigten sie, für immer dazubleiben, erscheint am 1. August das von Admiral Nelson geführte englische Geschwader auf der Reede von Abukir und vernichtet nahezu die gesamte dort ankernde französische Flotte. Nur dem Verband des Konteradmirals Villeneuve mit zwei Linienschiffen und zwei Fregatten gelingt es, sich der Umklammerung der französischen Linie zu entziehen und nach Malta zu entkommen. Der Oberbefehlshaber Vice-Admiral Brueys geht mit seinem Flaggschiff „L'Orient" unter, fünf Linienschiffe werden von den Briten genommen, die anderen verbrennen, sinken oder stranden. Nelson schickt die 3000 gefangenen Seeleute an Land zurück. Nach Tagen noch werden Leichen und Trümmer an die Küste gespült. Die Wracks der französischen Schiffe liegen noch heute auf dem Grund der Bucht von Abukir; 1951 hat man erfolglos versucht, sie zu heben. Nelson segelt nach Neapel, wo ihn Gefahren anderer Natur erwarten; er läßt jedoch seinen Admiral Hood mit einem Blockadegeschwader vor Alexandrien zurück.

Mit einem Schlage war Napoleon zum Gefangenen seiner Eroberung geworden: Nur noch selten erreichten künftig Blockadebrecher Ägyptens Küste. Die Französische Armee blieb während der ganzen Dauer des Feldzugs nahezu von allen Verbindungen und jeglichem Nachschub aus der Heimat abgeschnitten. Nachrichten aus Europa erreichten Ägypten nur mehr vereinzelt und mit großer Verspätung. Statt dessen fing die englische Flotte die wenigen aus ägyptischen Häfen auslaufenden französischen Schiffe ab, die dabei aufgefundenen Briefe wurden in London publiziert: aus ihnen spricht eine andere Sprache als die der Siegesbulletins. Es sind Töne voller Unzufriedenheit, der Verzweiflung über das Klima und das Land, man verflucht die Teilnahme an einem so hybriden, so absurden, so aussichtslosen Unternehmen. Die Armee ist ohne Zelte, ohne ärztliche Versorgung, ohne Gepäck, ohne Wein, ohne Löhnung seit Toulon, hinzu kommen die Sorgen um die Familien daheim – selbst Napoleon klagt in einem Brief an seinen Bruder Joseph über die Koketterie Josephines – nicht jedem ist es, wie Denon, gegeben, mit der Gelassenheit eines Kavaliers des Ancien Régime den Dingen die beste Seite abzugewinnen.

Denon schließt sich, brennend vor Begierde, das geheimnisvolle Oberägypten zu sehen, dem Zuge Desaix' nach Süden an, der die Mameluken Murad Beis bis zu den Katarakten verfolgt. Während Napoleon sich in sein syrisches Abenteuer stürzt, sollte Denon sich als der beste Schilderer des Oberägyptischen Feldzugs erweisen, ihm ist es bestimmt, die antike Vergangenheit Oberägyptens dem Vergessen zu entreißen.

Der englische Sieg in der Seeschlacht von Abukir entschied die schwankende Haltung der Türkei. Noch nach der Landung Napole-

Sultan Selim III.

ons in Ägypten hatte die Pforte zwischen den möglichen Alliancen geschwankt. Sultan Selim III., seit 1789 Padischah, der sich von dem übermächtigen Druck der Janitscharen freizumachen suchte, stand unter dem Einfluß seiner Favoritin Aimée Dubucq de Rivery, einer Französin aus Martinique, die – eine Cousine Josephine Beauharnais' – nach ihrer Gefangennahme durch nordafrikanische Korsaren als Geschenk des Dey von Algier an den Sultan, Allahs Schatten auf Erden, nach Konstantinopel gelangt war. Selim galt als franzosenfreundlich, seine Armee war nach französischem Vorbild geschaffen, französische Marineoffiziere dienten als Instrukteure für die türkische Flotte. 1795 gab Selim die Erlaubnis für das Erscheinen einer französischen Wochenschrift in Konstantinopel »Le Moniteur de l'Orient«. Im Jahre 1797 wurde zum ersten Male ein türkischer Gesandter in Paris akkreditiert: Er wurde die Sensation des Directoire – für einige kurze Wochen war alles à la turque.

Es muß eine schmerzliche Erfahrung für Selim III. gewesen sein, als er trotz aller französischen Freundschaftsbeteuerungen von Napoleons Einfall in seine entfernte Provinz erfuhr. So konnte den diplomatischen Bemühungen des französischen Geschäftsträgers Pierre Ruffin kein Erfolg beschieden sein, am 2. September 1798 wurde er in das Schloß der Sieben Türme, die alte byzantinische Feste am Marmarameer, interniert; die Pforte befand sich mit der Republik im Kriegszustand. Am 23. Dezember 1798 folgte das russisch-türkische Bündnis, am 5. Januar 1799 der britische Allianzvertrag mit der Pforte. Für Georg III. von England unterzeichnete der Britische Gesandte, Sir William Sidney Smith, zugleich der künftige Kommodore des britischen Mittelmeergeschwaders. Mit ihm betritt der wichtigste Gegenspieler der Franzosen im Orient die Bühne des Geschehens. Der Vertrag garantierte dem Sultan den Besitz Ägyptens und verpflichtete ihn, eine Armee von 100000 Mann gegen Frankreich ins Feld zu stellen, die Briten ihrerseits brachten ihr Mittelmeergeschwader zu konzertiertem Vorgehen ein. In der Tat setzte sich die türkische Armee unter dem Großvezier Mustapha Pascha nach Syrien in Bewegung. Gleichzeitig begann in Europa der Zweite Koalitionskrieg gegen die französische Republik.

Nachdem türkische Truppen von Syrien aus den ägyptischen Grenzort El Arisch besetzen und Achmed Djezzar, Pascha von

St. Jean d'Acre, Ibrahim Bei nach seiner Flucht aus Kairo aufgenommen hatte, dessen Mameluken jedoch das Delta ständig beunruhigen, beschließt Napoleon, selbst die Offensive zu ergreifen.

Am 6. Februar 1799 bricht er mit 13 000 Mann nach dem Heiligen Lande auf. Das Heer zieht die alte Karawanenstraße am Meer entlang, auf der vor Tausenden von Jahren die Soldaten der Pharaonen, Assyrer und Perser ihren Weg genommen hatten. Gleichzeitig wird Belagerungsgeschütz eingeschifft, und die drei restlichen Fregatten unter Konteradmiral Perrès laufen aus Alexandrien aus. Napoleon befiehlt, unter Segel zu gehen, die englische Blockade des Nachts zu unterlaufen und vor Jaffa zu kreuzen, aber nur einigen gelingt der Durchbruch.

Was die Armee, die jetzt durch die Wüste zieht, benötigt, muß auf Kamelen und Mauleseln mitgeführt werden: ein kleiner Artilleriepark, Waffen, Munition, Lebensmittel, Wasser. Der Grenzort El Arisch wird schon am 15. Februar eingenommen. Die kleine Besatzung – 1600 Arnauten und maghrebinische Söldner – ergibt sich gegen freien Abzug. Ein Teil der Maghrebiner tritt zu den Franzosen über. Die drei Divisionen Kléber, Bon, Lannes rücken durch die Wüste auf Gaza vor. Bald sind die wenigen Brunnen erschöpft, mit Mühe stößt man durch Graben auf einiges Wasser. Gaza wird ohne Gegenwehr genommen. Sein als Fünfeck gebautes Fort enthält 15 000 Pfund Pulver und dringend benötigte Nahrungsmittelvorräte. Am 3. März rückt die Division Kléber, die den Vortrupp bildet, vor Jaffa, das alte Joppe, die Besatzung dort besteht aus 4000 Arnauten. Die Feste wird im Sturm genommen, dabei läßt Napoleon 400 Türken, die sich bereits gegen Zusicherung ihres Lebens ergeben hatten, hinrichten. Um Pulver zu sparen, werden die Unglücklichen mit dem Bajonett erstochen. Jaffa wird Hauptetappenstation; jedoch bald nach dem Einrücken der Armee bricht die Pest in Jaffa aus, die Seuche hält während des gesamten syrischen Feldzugs an. Das bekannte Bild von Groß zeigt Napoleons Besuch bei den Pestkranken von Jaffa.

Am 14. März setzen sich Hauptquartier und Armee gegen St. Jean d'Acre in Bewegung. Die Stadt war, nachdem sie 1298 als letzter Platz der Kreuzfahrer aufgegeben wurde, lange verödet. Fakr-Eddin und später Daher-Pascha stellten die Befestigungen wieder her. Ein englisches Geschwader unter Sidney Smith lag vor Acre. Der britische Kommodore begnügt sich nicht nur, den Belagerten zur See beizustehen, mit einigen Offizieren, darunter dem französischen Emigranten Phelipeaux, einem einstigen Mitschüler Napoleons in Brienne, organisiert er den Widerstand der Türken. Napoleon findet energische Gegenwehr, die Franzosen schreiten zu einer förmlichen Belagerung der Festung, aber ihre Sturmangriffe brechen, wenn auch unter erheblichen Verlusten der Türken, zusammen. Den beim Angriff gefangenen französischen Soldaten werden die Köpfe abgeschnitten. Djezzar-Pascha, seit 1785 Pascha von Damaskus, ein Türke aus Bosnien, einst Mameluk Ali Beis, berüchtigt für seine Grausamkeit, macht keine Gefangenen; die Christen in der Stadt läßt er sacken und ins Meer werfen.

Zwar werden die türkischen Entsatzarmeen, die von Damaskus heranrücken, von Junot bei Nazareth und von Kléber am Berg Thabor vernichtend geschlagen, aber Napoleon muß zwei Divisionen nach Galiläa werfen, ohne daß Acre genommen wird. Hungersnot und Pest fordern immer zahlreichere Opfer in den Reihen der Franzosen. Am 20. Mai 1799 wird die Belagerung aufgehoben, eine demoralisierte, von der Pest dezimierte Armee tritt den Rückmarsch durch die Wüste an. In Jaffa läßt Napoleon trotz des Widerstandes des Chefarztes Desgenettes alle nicht transportfähigen Pestkranken mit Opium vergiften, damit sie nicht lebend den Türken in die Hände fallen. Der Rückzug wird zum Desaster.

»Ein verzehrender Durst« – so berichtet ein Teilnehmer über den Rückmarsch – »gänzlicher Wassermangel, unmäßige Hitze und ein ermüdender Marsch durch den glühenden Sand demoralisierten die Leute und ließen grausamste Selbstsucht und Gleichgültigkeit triumphieren. Ich sah, wie man Verwundete mit ihren Bahren im Stich ließ. Amputierte und Pestkranke wurden ohne Erbarmen zurückgelassen. Unserem Marsche leuchteten als Fackeln die Dörfer, die man angezündet hatte. Sterbende, Plünderer, Mordbrenner umgaben uns.«

Mitte Juni kehrte die geschlagene Armee nach Kairo zurück, sie hatte 4500 Mann verloren.

Einen Monat später landet die türkische Flotte eine Armee von 20000 Mann unter dem Oberbefehl des Großvesiers Mustapha

Pascha in der Bucht von Abukir. Alle verfügbaren Kräfte der Franzosen werden nach Alexandrien in Marsch gesetzt. Am 25. Juli 1799 erringt Napoleon bei Abukir seinen letzten glänzenden Sieg in Ägypten. 7000 Türken fallen, die restlichen ertrinken bei ihrer kopflosen Flucht im Meer oder werden gefangengenommen; Mustapha Pascha gerät in seinem Zelt in Gefangenschaft und wird vor Napoleon geführt. Denon, der kurz zuvor von Oberägypten zurückgekehrt war, hat die Szene gezeichnet. Am 2. August 1799 fällt das noch von den Türken gehaltene Fort, die osmanische Invasionsarmee ist ausgeschaltet.

In den folgenden Gesprächen über den Austausch von Gefangenen übergibt der englische Admiral Sidney Smith den französischen Parlamentären mit maliziöser Höflichkeit die „neuesten" englischen und deutschen Zeitungen, die er an Bord hat, darunter die „Gazette de Francfort" vom 10. Juni 1799; aus ihnen erfährt Napoleon von den Siegen der Zweiten Koalition: das französische Heer in Italien auf dem Rückzug, die Jonischen Inseln teilweise von Türken und Russen erobert, Malta blockiert, die politischen Verhältnisse in Paris chaotisch.

Napoleon entschließt sich zur Abreise, fast fluchtartig verläßt er mit einer Handvoll Auserwählter, darunter neben Monge, Berthollet, Marmont, Lannes, Berthier, Murat und Eugène de Beauharnais auch Denon mit den Fregatten »La Muiron« und »La Carrière« am 23. August 1799 den Hafen von Alexandrien. Napoleons Abreise erfolgt in solcher Heimlichkeit, so überstürzt, daß er nicht einmal persönlich seinem Nachfolger Kléber das Kommando überträgt; seine Befehle für Kléber hinterläßt er Menou, der sie mit allen Zeichen der Bestürzung entgegennimmt. Der ehrliche und nüchterne Elsässer Kléber, der seinen Oberbefehlshaber kannte, war nicht so überrascht. Schon Anfang August hatte er gegenüber Jaubert, dem Dolmetscher Napoleons, dessen baldige Abreise prophezeit: »Vous voyez bien cette mer sillonnée par les vaisseaux de nos ennemis, eh bien! il est homme à se hasarder là-dessus, et à nous quitter comme pourrait le faire un sous-lieutenant.« (Sehen Sie das Meer mit den feindlichen Schiffen da draußen, ihm ist es zuzutrauen, daß es ihm glückt, da hindurchzukommen, und wie ein kleiner Unteroffizier wird er uns hier im Stich lassen.)

Während Napoleon nach geglückter Überfahrt am 9. Oktober 1799 in Fréjus landet, verfaßt Kléber unter dem 26. September einen Bericht an das Direktorium in Paris, in dem er schonungslos die bedrängte Lage der Franzosen trotz des Sieges bei Abukir darlegt: die reduzierte Kampfkraft der Truppe, der Mangel an Munition und Kleidung, eine fanatische Bevölkerung, die sich jeden Augenblick empören könne, der Anmarsch neuer osmanischer Kräfte von Syrien her, die schlechte Verteidigungsmöglichkeit Alexandriens, des Haupteingangstores nach Ägypten, und er schließt, daß alle diese Schwierigkeiten durch empfindlichsten Geldmangel noch erhöht würden. Vergeblich erwartet Kléber Nachschub. Kurz nach Neujahr eröffnet er die Unterhandlungen mit den Türken. Am 28. Januar 1800 unterzeichnen Desaix und Poussielgue die Konvention von El Arisch: der mit den Türken ausgehandelte Vertrag sah den Rückzug der französischen Armee auf die Hafenstädte Alexandria und Rosette vor. Ein dreimonatiger Waffenstillstand sollte bis zur Einschiffung herrschen, sodann sollte ein ehrenvoller Abzug mit Waffen, Gepäck und allen wissenschaftlichen Sammlungen erfolgen. Desaix verläßt daraufhin auf dem Ragusaner Segler »La Santa Maria delle Gracie« am 21. 3. 1800 Ägypten, um das Direktorium zu unterrichten.

Einige der Berichte Klébers, in denen er ungeschminkt das Direktorium von der kritischen Lage in Ägypten informiert, fallen den Engländern, die ihre Seeblockade aufrechterhalten, in die Hand. Die englische Regierung verfällt in den Trugschluß, daß die französische Armee auch ohne Vertrag hätte kapitulieren müssen. Schon war ein großer Teil Ägyptens vereinbarungsgemäß geräumt, die Türken in Kairo eingerückt, als der britische Geschwaderchef, Admiral Keith, Kléber mitteilt, daß die britische Regierung der Konvention von El Arisch – die sie nicht mitunterzeichnet hatte – die Anerkennung versage und statt dessen die bedingungslose Kapitulation, d. h. die Kriegsgefangenschaft aller französischen Truppen in Ägypten fordere. Daraufhin beginnen die Kämpfe von neuem. Der Großvezier Yussuf Pascha zieht die türkischen Streitkräfte bei Kairo zusammen, im Lande bricht der allgemeine Aufstand aus, als Kléber am 20. März 1800 bei den Ruinen von Heliopolis noch einmal die vierfach überlegenen Türken bis zur Vernichtung schlägt. Yussuf

Pascha, der während der Schlacht vor seinem Zelt ungerührt die Pfeife raucht, muß fluchtartig den Platz verlassen.

Noch einmal wird Ägypten französisch. Selbst Murad Bei, der mit seinen Mameluken unbesiegt in den Oasen der Libyschen Wüste den Ausgang der Dinge abgewartet hat, unterwirft sich nun. Am 5. April 1800 schließt er einen Vertrag mit Kléber, der ihm das südliche Oberägypten als eigenen Herrschaftsbereich unter französischem Protektorat zugesteht. Die französische Herrschaft scheint gesichert. Da endet drei Monate später, am 14. Juni 1800, im Garten seines Hauptquartiers in Kairo Kléber sein Leben unter dem Dolch des Türken Soleiman el Haleby. Der Attentäter wird gepfählt. Mit dem Übergang des Kommandos auf den rangältesten General Menou nähert sich das ägyptische Drama jetzt rasch seinem Ende.

Die britische Seite hatte einsehen müssen, daß türkische Kontingente allein nicht imstande sein würden, die Franzosen aus Ägypten zu vertreiben. So entschließt man sich am Hof von St. James endlich, die eigene Armee ins Feld zu schicken. Im März 1801 landen bei Abukir 17000 Mann, denen später noch weitere türkisch-albanische Hilfskontingente folgen. Mit den albanischen Truppen kommt damals der junge Mohammed Ali aus Kawala nach Ägypten; in den letzten Kämpfen gegen die Franzosen hat der künftige Vizekönig von Ägypten sich ausgezeichnet. Eine weitere türkische Armee rückt aus Syrien gegen Ägypten vor, im Juni 1801 landen die Engländer in Kosseir am Roten Meer noch 8000 Mann indischer Hilfstruppen, die von Süden über Mittelägypten den Nil entlang auf Kairo vorrücken sollen.

Da die Franzosen selbst noch über 26000 Mann verfügten und ihnen eine überlegene Artillerie zu Gebote stand, wäre es einem begabteren Heerführer möglich gewesen, die britische Landung zu vereiteln und später jeweils einzeln die beiden militärisch weniger bedrohlichen Truppenkörper der Türken und Inder zu schlagen. Aber Genereal Menou war kein Feldherr, er wäre vielleicht ein passabler Kolonisator geworden, militärisch ließ er sich die Initiative nehmen. Er ließ die Engländer landen und wurde von ihnen am 21. März 1801 bei Kanope im Delta geschlagen. Am 26. Juni kapitulierte Kairo, am 2. September unterzeichnete Menou die endgültige

Ermordung Klébers

Kapitulation in Alexandria. Die meisten archäologischen Funde der Franzosen, darunter der Stein von Rosette, mußten aufgrund des Artikel 16 der Kapitulationsurkunde herausgegeben werden. Sie bilden die Basis der großartigen altägyptischen Sammlung des British Museum in London.

Am 15. Oktober 1801 verlassen die traurigen Reste des französischen Expeditionskorps Ägypten. Die Soldaten werden auf englischen Schiffen nach Toulon zurückbefördert. Mit ihnen reist Klébers einbalsamierter Leichnam. Das große Abenteuer hatte ein kleines Ende gefunden.

Den Epilog der Expedition bildet das 1825 unter der Restauration erschienene, dem Bourbonen Karl X. gewidmete Monumentalwerk der »Description de l'Egypte«. Für ein Jahrhundert sichert die überragende Leistung der französischen Gelehrten – in ihrer Tradition Champollion, Mariette und Maspéro – der französischen Wissenschaft in Ägypten den ersten Rang.

Dominique-Vivant de Non wurde in Burgund, in Chalon sur Saône, am 4. Januar 1747 geboren. Er entstammte dem kleinen Adel der Provinz. 1769, mit zweiundzwanzig Jahren, kam er nach Paris, um Graveur zu werden. Da er eine Einführung bei Hofe nicht besaß, suchte er im Park von Versailles auf eine Gelegenheit, sich dem König vorzustellen. Ludwig XV. wurde schließlich auf ihn aufmerksam, fand Gefallen an dem liebenswürdigen jungen de Non und bat ihn, seine Sammlung seltener Steine, die Madame Pompadour ihm hinterlassen hatte, zu ordnen und einzurichten.

De Non dilettiert zunächst in allen Künsten, so richtet sich sein Ehrgeiz darauf, literarischen Ruhm zu erlangen. Er schreibt ein Theaterstück »Julie« und erreicht durch Beziehungen die Annahme an der Comédie Française, aber Intrigen machen noch keinen Erfolg, das Stück fällt durch. Besser gelingt ihm das Zeichnen, er wird bei Hof und in den Pariser Salons ein beliebter Portraitist. Er malt in der Manier von Watteau, kopiert Blätter von Rembrandt und zeichnet in der Mode der Zeit eine Folge von galanten Szenen, die erst um 1870 publiziert werden.

1773 geht er als Gesandtschaftssekretär nach St. Petersburg an den Hof der Kaiserin Katharina. 1775 sendet ihn Frankreichs Außenminister Vergennes auf eine diplomatische Mission in die Kantone der Eidgenossenschaft. Am 3. Juli 1775 berührt er auf der Rückreise nach Paris Ferney, Voltaires Landsitz. Er präsentiert sich dem 81-jährigen Verfasser des »Candide«; der hat natürlich noch nie von dem jungen Herrn gehört und ist nicht willens, ihn zu empfangen. Aber de Non weiß sich mit Charme den Zutritt zu verschaffen: als Kammerherr des Königs – so läßt er durch den Domestiken bestellen – habe er überall Einlaß, und der alternde Philosoph, geschmeichelt, empfängt ihn. De Non bleibt eine Woche und portraitiert Voltaire. Das Bild »Le Déjeuner de Ferney« zeigt den fast zum Skelett gewordenen alten Herrn im Hausrock, die funkelnden Augen blicken wach unter der Nachthaube hervor. De Non berichtet von St. Petersburg und erzählt den neuesten Pariser Klatsch; von dem Portrait ist Voltaire nicht sonderlich angetan, aber beide scheiden in freundlichem Einvernehmen.

In diese Zeit des ausgehenden Ancien Régime fällt die Entstehung von de Non's bekanntestem Werk, der Novelle »Point de Lendemain« (kein morgen). Pariser Freunden berichtet er ein galantes Abenteuer, in ihrem Kreise sitzt auch der Dichter Dorat, er drängt de Non, seine Geschichte aufzuschreiben, und so entsteht eine pikante, geistvolle Novelle im Geist des Rokoko; 1777 erscheint sie im Juniheft der »Mélanges Littéraires ou Journal des Dames – dédié à la reine«, der Autor verbarg sich hinter den Initialen M.D.N.G.O.D.R. (Monsieur de Non gentilhomme ordinaire du roi). Spätere literarische Kontroversen sprachen Dorat die Novelle zu, aber Balzac hat in seiner „Physiologie du Mariage« wohl zu Recht Denon als Autor bestätigt. Die kleine frivole Geschichte ist mit viel Erfolg immer wieder – zuletzt erneut 1959 – aufgelegt worden.

1778 geht de Non an die französische Gesandtschaft nach Neapel. Über ein Jahrzehnt verbringt er am Hofe der Bourbonen im Königreich Beider Sizilien. Ungeniert kann er der Kunst und seiner Malerei leben. Am 28. Juli 1787 wird er – inzwischen Chargé d'Affaires – in die Königliche Akademie der Künste in Paris aufgenommen. Er befreundet sich mit dem französischen Botschafter beim Heiligen Stuhl, dem Kardinal de Bernis, lebt einige Zeit in Rom, besucht die Komtesse Albrizzi in Venedig, die ihn in ihren Kreis einführt; von ihr rührt ein sehr zutreffendes Urteil: »exemple peut-être unique au monde, Denon sut toujours plaire à tous les hommes qu'il rencontra, quoi qu'il fût généralement chéri des femmes«.

Wieder in Neapel, begegnet er Lady Hamilton, der Frau des britischen Gesandten Sir William Hamilton, der künftigen Maitresse Nelsons, der ein Jahrzehnt später die französische Flotte bei Abukir vernichten sollte.

De Non lebt und zeichnet noch immer unter dem blauen Himmel Italiens, ein Freund der Künste und der Frauen, als 1789 in Frankreich die Revolution ausbricht. Das Geschehen dort berührt ihn zunächst nicht, bis er erfährt, daß sein Name auf der Liste der Emigranten steht und sein Vermögen in Frankreich beschlagnahmt ist. De Non zögert keinen Augenblick, baut auf seine Freunde und Beziehungen und nimmt das Risiko der Rückkehr in das revolutionäre Frankreich auf sich.

In Paris trifft der Bürger Denon – so schreibt er sich von nun an – auf Jacques Louis David, den Maler der Revolution, der ihn protegiert. Er gewinnt das gefürchtete Comité de Salut Public, den Wohlfahrtsausschuß, für sich; man streicht ihn von der Emigrantenliste, gibt sein Vermögen zurück, ja man erteilt ihm sogar Aufträge: Denon entwirft die neuen Uniformen der Streitkräfte der Republik. Dabei trifft er mit Robespierre zusammen und diskutiert mit ihm über Fragen der Kunst. Denon bringt dieser Kontakt den Titel »Graveur national«, unter dem es ihm gelingt, die Wirren der Revolution in Paris unangefochten zu durchstehen. Ohne aufzufallen, erlebt er die Schreckenszeit als aufmerksamer, schweigsamer Zuschauer. Stunden verbringt er vor dem Revolutionstribunal und zeichnet die Ankläger, die Richter, die Angeklagten, die Verurteilten – heute Danton, morgen Fouquier.

Mit dem 9. Thermidor ändern sich die Verhältnisse. Denon durchlebt die Dekadenz des Directoire. 1797 lernt er auf einem Ball bei Talleyrand einen noch jugendlichen General kennen, der ihn um eine Erfrischung bittet. Denon – wie stets gefällig – reicht ihm das Glas Limonade, das er gerade in der Hand hält; man gerät in eine angeregte Unterhaltung – in einer Viertelstunde hat Denon Napoleons Freundschaft gewonnen. Mehr noch gefällt er Madame Bonaparte; Josephine, die femme galante des Directoire, findet Gefallen an dem charmanten Causeur. Sie ist es auch, die ihm im folgenden Jahre die Mitreise nach Ägypten vermittelt.

Denon hat die Fünfzig bereits überschritten, als er sich auf das ägyptische Abenteuer einläßt. Sein Mut und sein Unternehmensgeist verlassen ihn während der ganzen Kampagne nicht. Mit Zeichenblock und Stift galoppiert er den Soldaten voran, im feindlichen Feuer zeichnet er so konzentriert und unbeirrt wie am Arbeitstisch.

Sein Buch ist ein Zeitdokument; es strahlt Stil und Vorurteilslosigkeit der Zeit aus. Denons Stolz, teilnehmen zu können, ist geprägt vom Bewußtsein des Einzigartigen dieses Ägyptenzuges, aber er sieht, neben dem Ruhm für Frankreich, auch die Schrecken des Krieges; gelegentlich weicht die Gelassenheit des Zuschauers und künftigen Chronisten dem Abscheu und der inneren Bewegung angesichts der Leiden der unglücklichen Bevölkerung. Seinem Empfinden widersteht das Mittelalterliche, das Enge und Ungeordnete der Städte, er spürt weniger die Majestät der weiten, unermeßlichen Wüstenlandschaft als ihre Trostlosigkeit, Unheimlichkeit und Dürre. Der Lebensweise der Türken weiß er nichts abzugewinnen; er verachtet ihr Phlegma und ihre Indolenz, doch beeindrucken ihn Genügsamkeit, Fleiß und Geschick der einfachen Fellachen.

Der Islam bedeutet ihm als Menschen der Aufklärung nur Aberglaube und Rückständigkeit; von den drei Bereichen, mit denen er in Ägypten konfrontiert wird, dem Altägyptischen, der griechisch-hellenistischen Epoche und der mittelalterlich-arabisch-islamischen Geisteswelt, lehnt er letztere schlechthin ab. Sein Kunstempfinden bejaht das ptolemäische Ägypten der Spätzeit, dessen schon erstarrende Formen dem Stil des Empire nicht von ungefähr korrespondieren. Das Verständnis und der Schönheitssinn, mit dem im ptolemäischen Ägypten die graeco-orientalischen Spätformen gepflegt werden, entsprachen dem paradoxen Dogma des ausgehenden achtzehnten Jahrhunderts, nur durch Nachahmung des Alten könne die Kunst noch Unnachahmliches hervorbringen.

Denon gehört zu den wenigen Privilegierten, die mit Napoleon 1799 aus Ägypten zurückkehren. Sein Buch über die Expedition wird zu einem Standardwerk, es erlebt mehrere Auflagen, Übersetzungen ins Englische, Italienische und Holländische folgen. 1802 erscheinen gleichzeitig zwei deutsche Übersetzungen. Denon, einst bei Talleyrand zum Diner geladen, läßt als höfliche Geste der Dame des Hauses, Madame Grand, ein Exemplar seiner »Voyages en Egypte« übersenden. Beim Essen fragt sie ihn, die am Morgen statt dessen etwas in Robinson Crusoe geblättert hat: »Monsieur Denon, und was haben Sie mit dem treuen Freitag gemacht?«

Denon, von Bonaparte zum Generaldirektor der französischen Museen ernannt, folgt dem Ersten Konsul und Kaiser auf seinen Feldzügen nach Italien, Österreich, Spanien, Deutschland und Polen. Er organisiert Napoleons europäischen Kunstraub im großen Stil und stellt die Sammlungen im Louvre zusammen. Mit dem Ende des Kaiserreichs zieht sich Denon aus den öffentlichen Ämtern zurück, obwohl ihm auch Ludwig XVIII., der ihn von Versailles her kennt, gewogen ist. Der König sucht ihn in seiner Position als Leiter der Museen zu halten. Aber nach Waterloo verlangen die Alliierten die Restitution der von Napoleon geraubten Kunstschätze. Als Denon sich der Herausgabe widersetzt, besetzt ein Regiment britischer Grenadiere den Louvre. Denon demissioniert. Er zieht sich für die letzten Jahre unter der Restauration in sein Haus am Quai Voltaire zurück, lebt mit seinen Sammlungen und schreibt an einer Allgemeinen Kunstgeschichte. Sein Schlafzimmer stellte einen ägyptischen Tempel vor, der dem Original in Theben genau nachgebildet war, das Bett stand darin frei, umgeben von Altären. Dem Zeitgeschmack entsprechend teilte sich den Wohnräumen ein gesteigertes Pathos mit; die Einrichtung wurde wie die Kleidung zu einem Bekenntnis. Man liebte es, in Anwendung allegorischer Motive vielfältige mythologische Beziehungen auszudrücken. Seine Sammlungen hingegen bewahrte Denon in den Schränken auf, die einst der Möbelschöpfer Boulle für Ludwig XIV. gefertigt hatte.

Noch immer heiter und liebenswürdig, empfängt der alte Herr seine Besucher und plaudert lächelnd über sein Leben, bis er am 2. April 1825 mit 78 Jahren stirbt. Ein exzellenter Beobachter, ein gelehrter Kosmopolit, ein Edelmann des achtzehnten Jahrhunderts, hat Denon mit Gelassenheit, Stil und Façon sein Leben bestanden, das in die große Zeitenwende fiel. Sein Buch strahlt noch heute etwas von seinem Enthusiasmus aus, der es lebendig bleiben läßt.

Helmut Arndt

KAPITEL I

Abreise von Toulon und Eroberung Maltas

Von Anbeginn meines Lebens wünschte ich eine Reise nach Ägypten zu machen; aber die Zeit, die alles abschwächt, hatte auch diesem Wunsch seine erste Lebhaftigkeit genommen. Da nun von der Expedition, die uns zu Gebietern dieses Landes machen sollte, die Rede war, fachte der Gedanke an die Möglichkeit der Ausführung meines alten Vorhabens mein Verlangen von neuem an. Ein Wort des Helden, der diese Expedition befehligte (1), entschied meine Abreise. Er versprach mir, mich mitzunehmen, und auch der leiseste Zweifel an meine Rückkehr konnte unter diesen Umständen nicht in mir aufsteigen. So wie ich das Schicksal meiner Angehörigen gesichert hatte, ließ ich das Vergangene auf sich beruhen und gehörte einzig der Zukunft an. Überzeugt, daß der Mensch, der sich eine Sache fest vornimmt, hierdurch auch Kraft und Mut erhält, seinen Zweck zu erreichen, dachte ich an keine Hindernisse mehr. Mein Herz bebte. Ich irrte zwecklos umher, vermied jedermann, ohne mich mit irgendeinem Gedanken zu beschäftigen, leider auch ohne zuvor an das zu denken, was mir in einem von allen Hilfsmitteln entblößten Lande nützlich sein könnte.

Ich habe wenig über meine Reise bis zu dem zur Einschiffung bestimmten Hafen zu berichten. Wir kamen in Lyon an, ohne unsere Wege verlassen zu haben. Dort schifften wir uns auf der Rhone bis Avignon ein. Ich dachte, indem ich die schönen Gewässer der Saone, die malerischen Ufer der Rhone betrachtete, an die Menschen, die, ohne das zu genießen, was sie besitzen, in den größten Fernen Nahrung für ihre unersättliche Neugierde suchen. Die Neva und den Tiber hatte ich gesehen, jetzt eilte ich, den Nil aufzusuchen, indes ich in Italien nicht schönere Altertümer als in Nimes, Orange, Beaucaire, St. Remo und Aix (2) entdeckt hatte. Ich führe diese letzte Stadt an, weil wir hier eine Stunde verweilten, die ich zum Baden in einem Badehause nützte, in dem seit des Prokonsuls Sextus Zeiten nichts als der Badehahn geändert worden war.

In Marseille verloren wir einen Tag; den 24sten Floreal des 6ten Jahres reisten wir von da nach Toulon ab, und den 25sten (14. Mai 1798) befand ich mich mit der Fregatte »Juno« auf dem Meer, die nebst zwei anderen Fregatten bestimmt war, die Avantgarde zu bilden.

Der Wind war widrig, das Auslaufen beschwerlich. Wir stießen auf zwei andere Fahrzeuge; eine unglückliche Vorbedeutung. Ein Römer wäre umgekehrt, aber dieser Römer hätte unrecht gehabt, denn der Zufall, der uns beinahe immer mehr dient, als wir uns seiner zu bedienen wissen, führte mich blindlings allen meinen Wünschen entgegen, und so verschlug er mich in diesem Augenblick auf die Vorhut, damit ich nicht die ganze Expedition verlassen sollte.

Den 27sten gegen Abend entdeckten wir vier Segel. Sie manövrierten unter unserem Wind in Schlachtordnung. Man rief: die Hangmatten nieder![1] Man kann sich von diesem schrecklichen Befehl, wenn man nicht zur See gewesen ist, keinen Begriff machen. Schweigen, Schrecken, Vorbereitungen zum Morden, alles dies ist dann hier unter unseren Augen auf einen Punkt vereinigt. Das Manöver und die Kanonen sind dann die einzigen Gegenstände der Sorgfalt, und die Menschen sind dabei nur nebensächlich. Die Nacht kam, aber mit ihr keine Ruhe, wir blieben auf unserem Posten. Bei Anbruch des Tages hatten wir den Vorteil des Windes nicht verloren; wir konnten nicht bestimmen, ob es Kriegsschiffe oder Fregatten wären, indes waren ihrer viere und unserer nur drei; alle niedere Takelage war gleichsam unter den Artillerietrain vergraben. Nachmittags befahl uns der Kommandant, ihm in Schlachtordnung zu folgen und ließ unter Abfeuerung einer Kanone seine Flagge aufhissen, die unbekannten Fahrzeuge steckten die spanische Flagge auf. Die Nacht brach an und man ließ uns schlafen gehen. Um drei Uhr morgens wurden wir mit dem Befehl geweckt, uns zum Kampf vorzubereiten.

Ich war nicht verdrießlich darüber, eine Expedition mit einer glänzenden Handlung zu eröffnen, wohl aber hatte ich so manches

---

[1] Die Hangmatten nieder, (branle bas) ist das gewöhnliche Kommandowort auf den Schiffen an die Bootsknechte, um bei Vorbereitung zu einer Schlacht die Hangmatten wegzuschaffen.

gegen einen Tausch des Nils mit der Themse einzuwenden. Wir waren höchstens nur noch einen Kanonenschuß weit voneinander entfernt, als der Kommandant ein Boot absandte, das uns nach einer Stunde benachrichtigte, daß wir eben so sehr vier spanische Fregatten beunruhigt hätten, die nichts weniger willens waren, uns als Feinde aufzusuchen. (3)

Den 30sten mit Tagesanbruch schlug der Wind nach Nordwest um; die Flotte und der Konvoi setzten sich in Bewegung, und mittags war das Meer mit ihr bedeckt. Welch ein majestätisches Schauspiel! Nie kann der Nationalprunk eine größere Idee von dem Glanze Frankreichs und seiner Macht geben, nie kann man ohne die lebhafteste Bewunderung an die Leichtigkeit und Schnelligkeit denken, mit der diese große und denkwürdige Expedition in Bereitschaft gesetzt wurde! Mit Enthusiasmus sah man Tausende von Menschen aus allen Klassen nach den Häfen eilen. Beinahe niemand kannte seine Bestimmung. Sie verließen Frauen, Kinder, Freunde, Glück, um Bonaparte zu folgen, und alles einzig deshalb, weil Bonaparte sie führen sollte.

Den 1sten Prairial (19. Mai 1798) verließ endlich der »Orient«, das Flaggschiff Napoleons, den Hafen, und wir fingen an, mit günstigem Winde zu segeln. Jedes Fahrzeug nahm seinen ihm bestimmten Platz in der Marschordnung ein. Wir segelten voraus; dann kam der General mit seinen Aviso- und den Linienschiffen; der Konvoi folgte an der Küste zwischen den Hierischen Inseln und der Ostseite. Des Abends ward der Wind stärker, der »Franklin« büßte sein Marssegel und seinen Besanmast ein. Zwei Fregatten von unserer Division wurden abgesandt, um den Konvoi zu Genua zu benachrichtigen, daß er sich mit uns vereinigen möchte. Den 3ten Prairial des Morgens entdeckten wir auf der Höhe von St. Florenz Korsika.

Wir richteten unseren Lauf nach dem Kap Korse, segelten dann nach Osten, indem wir Genua und die Küsten Liguriens links liegen ließen. Die Ausdehnung unserer Militärlinie betrug eine Meile, und der Halbzirkel, den der Konvoi bildete, umschloß wenigstens sechs Meilen. Ich zählte einhundertundsechzig Fahrzeuge, ohne jedoch alle zählen zu können.

Den 5ten des Morgens befand sich die leichte Division beim Durchsegeln auf der Morgenseite von Korsika, gerade über Bastia, dessen Reede und Hafen ich vollkommen unterscheiden konnte; auch zeichnete ich sie. Die Stadt schien mir artig, und das Gebiet umher, wenigstens dem Ansehen nach, weniger wild als der übrige Teil der Insel. Auch sie nahm ich auf.

Die Insel Elba (4) ist ein Eisenfelsen, deren kristallisierte Minen alle Farben des Prismas in sich vereinigen. Dieser Felsen ist unter drei Herren verteilt: Die Herrschaft und die Minen gehören dem Prinzen Piombino. Das links gelegene Porto-Ferraio gehört dem Großherzog von Toscana und das rechts gelegene Porto-Longona dem König von Neapel.

Inzwischen entwarf ich die Zeichnung des Südwestteils von Capraja (5), der von dieser Seite ein bloßer unerklimmbar steiler Felsen ist. Er gehört Genua, das dort ein Schloß und einen Ankerplatz auf der Ostseite besitzt.

Um fünf Uhr lag uns die Insel Pianose (6) in Osten, die bloß aus einer erhöhten platten Ebene besteht. Sie erhebt sich nur einige Fuß über die Oberfläche des Meeres. Dies macht sie zu einer sehr gefährlichen Klippe in der Nacht, für alle, die diesen Seestrich nicht genau kennen. Sie liegt zwischen Elba und dem Monte Christi, einem wüsten Felsen, der einzig den wilden Ziegen überlassen ist. Westlich von dieser Insel fehlte uns der Wind, und unser schwer segelnder Konvoi konnte ebensowenig fort.

Sowie Ruhe eintrat, entschleierte der Müßiggang die Leidenschaften der Schiffsbewohner, brachte mancherlei überflüssige Bedürfnisse, sowie eine Menge Streitigkeiten hervor. Die Soldaten wollten das Doppelte zum Essen haben und beklagten sich; die Habgierigsten verkauften ihre Effekten oder stellten von diesen Lotterien an. Andere spielten und verloren in einer Viertelstunde mehr, als sie während ihres ganzen Lebens bezahlen konnten. Sowie das Geld fort war, kamen die Uhren zum Vorschein, das Los von 6 bis 8 Uhren sah ich durch einen Würfelwurf entscheiden. Als die Nacht diese Genüsse beendigte, zauberten eine elende Geige und ein noch schlechterer Sänger eine zahlreiche Versammlung auf das Verdeck. Ein wenig weiter fesselte ein kraftvoller Erzähler die Aufmerksamkeit einer Soldatengruppe. Der Held jeder Erzählung war ein Soldat. Dies machte alle diese Abenteuer für die Zuhörer so glaubhaft als interessant.

Den 7ten mit Tagesanbruch befanden wir uns vor der Mündung von Bonifaz. Unser Konvoi war dort versammelt; wir hätten eine gute Reise gemacht, wenn wir nicht verpflichtet gewesen wären beizulegen, um die Divisionen von Ajaccio und Civita Vecchia zu erwarten: Die »Diana« und ein Avisoschiff waren an sie abgefertigt worden. Wir hatten Order erhalten, vor der Flotte zu kreuzen und die Schiffe auszufragen und zu rekognoszieren.

Den 8ten des Morgens hatten wir das Land ganz aus dem Gesicht verloren.

Der 9te ging unter vollkommenem Stillstand vorüber. Die Ruhe eines Kreuzers auf dem Meer gleicht dem Schlummer, den das Opium in der Fieberhitze erzeugt: das Übel ist aufgeschoben, aber man hat nicht über die Krankheit gewonnen.

Den 10ten ließ man uns weitersegeln. Der Konvoi von Ajaccio hatte sich mit uns vereinigt, und wir erwarteten also nur noch den von Civita Vecchia. Wir hatten Korsika aus dem Gesicht verloren, und fanden uns der Insel Talara gerade gegenüber.

Sardinien ist nicht so hoch wie Korsika. Diese beiden Inseln, von denen die eine an die Spitze der anderen grenzt, scheinen eine Verlängerung der Alpenkette zu sein, die im Meerbusen von Genua endet.

Mittags signalisierte man eine schriftliche Order. Wir waren eines neuen Ereignisses so bedürftig, daß dies ein Fest an Bord bewirkte. Die Order lautete, nach Cagliari zu segeln, und dann wieder nach Porto Vecchio zurückzukehren, wenn ein an Kräften überlegener Feind uns dort zuvorgekommen wäre.

Den 11ten und 12ten konnten wir den Wind nicht nützen, die Flotte trieb nur hin und her. Des Abends vereinigte sich die »Badine« mit uns, und wir schöpften die beinahe an Gewißheit grenzende Hoffnung, das Meer auf der Höhe von Cagliari frei zu finden.

Bis zum 16ten trug sich nichts Neues zu. Unsere Provision war beinahe verzehrt, unser stinkendes Wasser konnte nicht mehr gekocht werden. Die nützlichen Tiere verschwanden, und die, die sich auf unsere Unkosten nährten, verhundertfachten sich. Den 17ten erhielten wir Befehl zu einer neuen Position. Dies ließ uns mutmaßen, daß wir uns jetzt bestimmt unter Segel vom Lande weg begeben sollten. Die »Diana« segelte voraus, wir teilten die Signale der

»Alceste« mit, die sie an den »Lacedämonier« (Spartiate) überlieferte, von da gingen sie zum »Nordwind« (Aquilon) über, und so endlich an den Admiral. Gegen acht Uhr befanden wir uns in der Ordnung, die ich soeben beschrieben. Falls die »Diana« ein feindliches Schiff verfolgte, sollten die fünf Schiffe der leichten Flotte alle Segel beisetzen, um sich mit ihr wieder zu vereinigen.

Wir sahen kleine Delphine am Vorderteil unseres Schiffes. Ihre Gestalt ist elegant, und ihre schnellen Bewegungen ähneln mehr dem Frohsinn eines Kampfspieles als der Heißgier eines Tieres, das nach Beute jagt. Abends wurde der Wind stärker, und indem er von Osten nach Westen übersprang, machte er aus dem Konvoi ein zweites Venedig, denn alle, die diese Stadt kannten, riefen laut aus: Venedig segelt daher!

Den 18ten erhielten wir dieselbe Order wie tags zuvor. Ich zeichnete Martimo, einen Felsen auf der Abendküste Siziliens. Dies ist einer der Erkennungspunkte des Mittelländischen Meeres, zugleich war es einer von denen, wo wir auf die Engländer treffen konnten. Der Wind ward stärker, und wir legten zwei Meilen in der Stunde zurück. Dies ist einer von den Fällen, wo man alle Ungemächlichkeiten des Meeres vergißt, und nur Sinn für die Vorteile eines Elements hat, das ohne Aufenthalt, ohne Unterbrechung vierzigtausend Menschen schnell dahinsegeln läßt. Nach einer Stunde waren wir an Martimo vorbei, und entdeckten eine Stunde von diesem Felsen die Fafaniane, einen anderen Felsen, der vor Trapang liegt. Ich entwarf eine Zeichnung von der Favaniane, dem Mont-Erix und von einem Teile der Küste Siziliens (7).

Dieses anmutige, bebaute, fruchtbare Land hielt unsere Augen für den Anblick der Korsischen Küste und der Felsen ihrer Nachbarschaft schadlos. Für mich hatte es noch einen neuen Reiz, den der Rückerinnerung. Sizilien war ein altes Eigentum meiner Einbildungskraft. Ich konnte des Dunstkreises der Atmosphäre ungeachtet Marsala, das alte Lilybe, sehen, wo die Griechen und Römer die Flotten aus Karthago heraussegeln sahen, die sie anzugreifen kamen. Viel weiter entdeckte ich die grünen und lachenden Gefilde von Mazzara, die Stadt Motia, die die Syrakuser der Erde durch einen Damm aufzwangen, um dort die Karthager zu schlagen. Meine Einbildungskraft träumte sich, indem sie die Küste verfolgte, den

Anblick von Selinunt, seiner Tempel, seiner aufrecht stehenden Kolonnen, die noch unseren Türmen ähneln, und viel weiter das gastfreie Agrigent (8). Wir machten drei Meilen in einer Stunde, und mein Traum wollte sich eben verwirklichen, als man uns signalisierte, uns der Armee zu nähern und die Nacht mir ihr vereint zuzubringen. Seufzend vor Bedauern entwarf ich eine Zeichnung von den glücklichen Küsten. Es war die letzte Huldigung und allem Ansehen nach ein Lebewohl auf ewig!

Die Nacht war schön. Ich hatte gebeten, mich mit Tagesanbruch zu wecken, wenn man dann noch das Land sehen könnte. Um halb vier Uhr befand ich mich auf dem Verdeck, und die ersten Strahlen der Sonne ließen mich die ganze Flotte unter vollen Segeln gegen Malta erblicken. Sizilien war verschwunden. Südwestwärts ward ich gewahr oder glaubte vielmehr, Pantelleria (9) und die Gewitterwolken, in die sie ewig eingehüllt ist (weil sie ohne Zweifel sich schämt, zu allen Zeiten der Rache der Regierung gedient zu haben), zu entdecken. Römer verbannten dorthin ihre erlauchten Geächteten, und noch bewahrt sie die Staatsgefangenen des Königs von Neapel auf.

Den 19ten war zwar der Himmel heiter, aber ein schwacher Wind erlaubte uns nur, einen kleinen Weg zurückzulegen. Wir machten auf ein unbekanntes Schiff Jagd; dies trennte uns von der Flotte.

Die Nacht war ruhig und der Anbruch des Tages am 20sten fand uns noch in derselben Lage, in der uns die untergehende Sonne verlassen hatte. Im Nordosten sahen wir den Ätna den Horizont zerteilen. Ich erkannte die entschleierten Umrisse wieder in allen ihren Teilen. Rauch stieg aus seiner Morgenseite empor und kündigte einen Auswurf an. Er war an fünfzig Meilen von uns entfernt, und erschien noch um sehr vieles größer als die Gebirge auf der Mittagsseite, die nur 12 Meilen von uns lagen. Kaum war die Sonne einige Grade höher gestiegen, als er nebst seinem Schatten verschwand.

Um sechs Uhr wurden wir Gozo gewahr; am Abend unterschieden wir ihn vollkommen, da er den Horizont in einer Entfernung von 7 Meilen rötete. Wir legten bei, um die Nacht über stille zu liegen und um den Konvoi zu erwarten. Mit Tagesanbruch sah ich den Ätna wieder, dessen Rauch sich über den Himmel in einer Entfernung von mehr als 20 Meilen wie ein Wolkenschleier verbreitete. Wir waren damals 53 Meilen von der Insel entfernt.

Den 20sten wandten wir uns nach dem nördlichen Teil von Gozo. Dies ist eine platte Erhöhung, die perpendikulär zugehauen und unzugangbar ist. Wir fuhren dann längs der Küste an der Ostseite, in einer Entfernung von etwa einer halben Kanonenschußweite hin. Diese Seite, welche anfänglich ebenso unfruchtbar wie die andere scheint, ist inzwischen zu Baumwollpflanzungen genützt. Alle kleinen Täler sind ebensoviele Gärten. Gegen die Mitte der Insel liegt ein großes Dorf, unter dem sich eine Batterie und auf dem höchsten Gipfel ein mit Kasematten versehenes sehr gut gebautes Schloß befindet.

Um acht Uhr signalisierte man Segel. Man unterschied dreißig. Wäre dies etwa die feindliche Flotte? Man sandte zum Rekognoszieren aus. Wir entdeckten endlich, daß es die Division des Generals Desaix (10), der Konvoi von Civita-Vecchia war, der längs der Küste von Italien hingesegelt, die Meerenge von Messina passiert und einige Tage vor uns vor Malta angelangt war.

So wie Lawinen im Hinabsturz durch Schnee vergrößert, in ihrem Fall beschleunigt, durch die Größe ihrer Masse Wälder, Städte mit sich fortzureißen drohen, so bewirkte unsere unermeßlich angeschwollene Flotte Zittern und Beben. In Korsika, das von unserer Erscheinung benachrichtigt war, erzeugte sie keine andere Bewegung als die, die ein so großes Schauspiel einflößt. Sizilien war erstaunt und Malta schien starr vor Schrecken. Aber wir wollen den Begebenheiten nicht vorgreifen.

Um fünf Uhr passierten wir bei Cumino und Cuminotto vorbei, zwei kleinen Inseln, die Gozo von Malta trennen, und vereint mit diesen beiden letzteren die ganze Herrschaft des Großmeisters (11) bilden. Es befinden sich dort mehrere kleine Schlösser, um über die Inselchen der Barbarei zu wachen, und diese zu verhindern, sich dort anzusiedeln, wenn die Maltesischen Galeeren ihren Kreuzzug geendet haben. Eine unserer Barken wollte dort landen, man erlaubte ihr aber nicht, ans Land zu kommen, ihr Boot umsegelte sie und sondierte den Ankergrund. Um sechs Uhr sahen wir Malta, dessen Anblick mir nicht wenig Bewunderung einflößte. Bloß zwei jämmerliche Barken kamen, um uns Rauchtabak anzubieten. Die Nacht brach ein; kein Licht erschien in der Stadt. Unsere Fregatte befand sich, da sie den Eingang des Hafens durchsegelte, in einer nicht vollen Entfernung eines Kanonenschusses vom Fort St. Elme. Man befahl, alle kleinen Kähne ins Meer zu lassen. Um neun Uhr gab man uns das Zeichen zur Einnahme unserer bestimmten Stellung. Es wehte beinahe kein Wind. Die Armee gab Nachtsignale; man schoß Flinten ab, dann Kanonen. Hierauf verlosch auch das letzte Licht des Hafens. Unser Kapitän war bei dem General an Bord gewesen; aber er beobachtete das strengste Schweigen über die erhaltenen Befehle.

Den 22sten um vier Uhr des Morgens befanden wir uns, durch die Strömungen fortgerissen, unter dem Winde der Insel. Es erhob sich ein gelinder Wind; man nützte diesen zur Bildung einer halbzirkelförmigen Linie, deren eine äußerste Spitze sich an der Höhe St. Catharine und die andere eine Linie links von der Stadt endete, und so den Hafen blockierte. Das Zentrum befand sich den Forts St. Elme und St. Ange gegenüber. Einen Augenblick darauf hörte man einen Kanonenschuß, der von dem Fort St. Catharine herkam. Er war auf eine Barke gerichtet, die sich der Küste näherte, und auf die Ausschiffung, die Desaix kommandierte. In demselben Augenblick ließ sich ein anderer Schuß von dem Schlosse, das die Stadt beherrscht, hören. Auch ward auf demselben Schloß die Religionsfahne (12) aufgesteckt. Zu gleicher Zeit setzten, am anderen Ende unserer Schiffs-Zirkumvallationslinie, Schaluppen, Soldaten und Kanonen ans Land. Kaum am Ufer in Ordnung gestellt, marschierten sie schon auf zwei Posten los, deren Garnison diese, nach einem augenblicklichen Widerstand, verließ. Alsdann begannen die Batterien aller Forts auf unsere Landung und Schiffe zu spielen. Bis auf den Abend fuhren die Forts fort, mit unkluger Eilfertigkeit zu schießen, die ihre Unruhe und Unordnung vollkommen verriet. Um 10 Uhr erklommen unsere Truppen die erste Anhöhe, und marschierten hinter die Stadt La Valette, um sich einem Ausfall, den die Belagerten gewagt hatten, zu widersetzen. Sie wurden bis in die Mauern und unter die Batterien zurückgeworfen. Das Flintenfeuer endigte erst mit später Nacht. Dieser Versuch von seiten der Ritter hatte einen traurigen Ausgang. Es entstand ein Auflauf in der Stadt, und der Pöbel ermordete mehrere Ritter bei ihrer Rückkehr.

Der Wind ließ nach. Wir nützten sein letztes Wehen, um uns den

Schiffen zu nahen, weil wir befürchteten, bei gänzlicher Windstille der Willkür zweier maltesischer Fregatten, die eben im Eingange des Hafens Anker geworfen hatten, überlassen zu sein. Ich befand mich immer auf dem Verdeck, und mit dem Fernglase in der Hand, hatte ich ein Tagebuch von allem, was in der Stadt vorging, entwerfen und aufzeichnen können. Den ersten Tag war alles unter Waffen. Die Ritter in völliger Rüstung. Eine immerwährende Kommunikation der Stadt mit den Forts, in die man alle Arten von Mund- und Kriegsvorrat schaffte, kündigte Krieg an. Den zweiten Tag ließen die Bewegungen nach. Nur ein Teil der Ritter war noch in Uniform; sie stritten sich und handelten nicht mehr.

Den 23sten mit Tagesanbruch setzte man ein langsames und unbedeutendes Feuern fort. Bonaparte war zurück an Bord gekehrt. Der General Reynier (13), der sich Gozos bemächtigt hatte, hatte ihm Kriegsgefangene gesandt. Nachdem er sich ihre Namen hatte nennen lassen, sagte er zu ihnen mit unwilligem Ton: »Da Sie die Waffen gegen Ihr Vaterland haben ergreifen können, so werden Sie auch zu sterben wissen; ich mag keine Gefangenen. Sie können nach Malta zurückkehren, solange es mir noch nicht gehört.«

Eine Barke verließ den Hafen. Wir sandten ein Boot ab, sie anzuhalten und zum General zu führen. Da ich diese kleine Barke, die an ihrem Spiegel die Religionsfahne führte, demütig unter diesen Wällen dahinrudern sah, die zwei Jahre der ganzen vereinten Macht des Orients, die der furchtbare Dragut (14) befehligte, glorreich widerstanden hatten, als ich diesen Ruhm, der Jahrhunderte hindurch erworben und erhalten worden, sich vor dem Glücke Bonapartes in den Staub neigen sah, glaubte ich die Manen der Lisle-Dadams (15), der La Valettes, vor Unwillen erbeben zu sehen, und mich dünkte, daß die Zeit die erhabenste aller Täuschungen aufhöbe.

Um elf Uhr zeigte sich eine zweite Barke mit der Unterhandlungsfahne. Es waren die Ritter, die Malta verließen. Sie wollten nicht länger zu denen gerechnet werden, die zu widerstehen versucht hatten. Aus ihrer Unterredung konnte man schließen, daß die Erhaltungsmittel der Malteser sehr unbedeutend wären. Um vier Uhr befand sich die »Juno« in der Entfernung eines halben Kanonenschusses. Ich beobachtete alle Forts und bemerkte weniger Menschen als Kanonen.

Die Tore der Forts waren geschlossen. Sie hatten keine Verbindung mehr mit der Stadt. Dies bewies das Mißtrauen und Mißverständnis, das zwischen den Einwohnern und Rittern obwaltete. Der Adjudant Junot (16) ward mit dem Ultimatum des Generals abgesandt. Einige Augenblicke hernach begab sich eine Deputation von zwölf maltesischen Kommissarien auf den »Orient«. Wir befanden uns der Stadt gerade gegenüber. Sie ist von Norden nach Süden angelegt, und wir konnten die ganze Länge ihrer Straßen übersehen. Sie war jetzt ebensosehr erleuchtet, als sie in der Nacht unserer Ankunft dunkel gewesen war.

Den 24sten des Morgens erfuhren wir, daß der Adjutant des Generals mit vielem Beifall von den Einwohnern aufgenommen worden war. Durch mein Fernglas konnte ich sehen, daß das Gitter, welches das Fort St. Elme umschließt, durch eine Menge Volks bestürmt wurde. Um halb zwölf Uhr sahen wir die Unterhandlungsbarke den »Orient« verlassen, auf dem sie die Nacht über geblieben war, und zu gleicher Zeit erhielten wir Befehl, die große Flagge aufzustecken. Einen Augenblick nachher signalisierte man, daß wir Herren von Malta wären.

Diese Insel wurde ein Verbindungsort zwischen unserm Land, und dem, das wir zu erobern gingen. Sie endigte die Eroberung des Mittelländischen Meers. Nie hatte bisher Frankreich einen so hohen Grade von Macht erreicht. Um fünf Uhr traten unsere Truppen in die Forts, und wurden von der Flotte mit 500 Kanonenschüssen begrüßt.

Man befreite alle türkischen und arabischen Sklaven. Nie hat sich wohl die Freude ausdrucksvoller geäußert. Wenn sie Franzosen begegneten, malte sich die Dankbarkeit in ihrem Gesicht auf eine so rührende Weise, daß ihr wiederholter Anblick mich Tränen vergießen ließ. Dies war ein wahres und seltnes Glück, was ich in Malta erfuhr. Um sich eine Vorstellung von ihrer außerordentlichen Zufriedenheit unter diesen Umständen zu machen, muß man wissen, daß ihre Regierung sie nie loskaufte noch auswechselte, und daß ihre Sklaverei nie durch die mindeste Hoffnung versüßt wurde. Ja, auch im Traume konnten sie nicht einmal auf das Ende ihrer Mühseligkeiten rechnen.

Den vierten Tag gab der General ein Abendessen, zu dem die neu eingesetzten Mitglieder der Autoritäten zugelassen wurden. Sie sahen mit Staunen und Bewundern die kriegerische Eleganz unserer Generale, diese Versammlung von Offizieren, die von Gesundheit, Lebhaftigkeit, Ruhm und Hoffnung strotzten. Sie wurden von der Ehrfurcht einflößenden Physiognomie des Generals en Chef (deren Ausdruck seinen Körper vergrößert), erschüttert.

Die Unruhe, die bei unserer Ankunft in der Stadt geherrscht hatte, bewirkte, daß die Kaffeehäuser und andere öffentliche Orte geschlossen waren. Die Bürger hielten sich in ihren Häusern verschlossen. Unsere Soldaten, deren Kopf durch Sonne und Wein erhitzt war, hatten die Einwohner, die ihre Läden verschlossen und ihre Frauen verborgen hielten, in Furcht und Schrecken gesetzt. Diese schöne Stadt, in der wir niemand als uns selbst sahen, schien uns sehr traurig. Diese Forts, diese Schlösser, diese Basteien, diese starken Befestigungen, die zu der Armee zu sagen schienen, daß nichts sie nun aufzuhalten im Stande wäre, und daß sie nur dem Siege entgegen gehen dürften, ließen sie mit Vergnügen an Bord zurückkehren. Inzwischen verhinderte der Wind unsere Abreise, und ich nützte diese Zeit zur Fertigung dreier Ansichten des inneren Hafens.

Des Morgens am ersten Messidor segelte der General fort, und ließ auf der Insel 4000 Mann unter den Befehlen des Generals Vaubois, ferner zwei Offiziere vom Geniewesen und der Artillerie, einen Zivilkommissarius, und endlich alle die zurück, welche sich ohne reife Überlegung eingeschifft und die nun den Geschmack für solche Unternehmungen verloren hatten. Ich sah einige, die von den Schönheiten Maltas, der Gemächlichkeit seiner Häfen, der Vorteile seiner Lage weniger gerührt waren und es lächerlich fanden, daß ein Felsen unter Afrikas Klima nicht eben so grün als das Tal von Montmorency sei. Als wenn nicht jede Gegend ihre Geschenke von der Natur erhalten hätte. Genießt man nicht ihrer, indem man reist? Und vernichtet man sie nicht, indem man sie mit andern zu vergleichen bemüht ist?

KAPITEL II

Landung in Alexandrien, Schilderung der Stadt

Am ersten Messidor (19. Juni 1798) gegen 6 Uhr signalisierte man den Befehl, sich in segelfertigen Zustand zu setzen. Die Bewegung wurde allgemein und erzeugte Verwirrung.

Wir mußten den Admiral (1) vorauslassen, und bemerkten ein wenig spät, daß die Fregatte »Leoben« auf uns zusegelte. Der Wachtoffizier behauptete, daß die »Leoben« es nicht hätte tun sollen, und blieb konsequent bei seiner Taktik. Der Kapitän, der mehr darauf dachte, die Fregatte, auch gegen die Regeln der Taktik zu retten, als der »Leoben« zu beweisen, daß sie einen Fehler gemacht habe, befahl eine Wendung, der Offizier befahl eine andere, die Schiffsleute taten einige Minuten hindurch gar nichts, und dann war es zu spät. Ich schloß unsere Gefahr aus den krampfhaften Bewegungen des Kapitäns. Die Schiffe geraten aneinander, das Tauwerk verwikkelt sich, es zerreißt, eine kleine Wendung der »Leoben« machte, daß nur ihre Seite uns traf, und der gewaltsame Stoß wurde durch die Räder des Artillerietrains, der an den Schiffen befestigt war, geschwächt; die Räder zerbrachen, das Geschrei der 400 Menschen auf der »Leoben«, die ihre Arme zum Himmel streckten, ließ mich einige Augenblicke fürchten, daß die Fregatte zerschmettert sei. Wir suchten eine Wendung zu machen, um einen zweiten Stoß zu vermeiden oder zu vermindern, und wir gerieten nach dem Steuerbord zu auf die »Artemisia«, die von der entgegengesetzten Seite auf uns zukam. Von vorne näherte sich uns das Vorderteil eines Schiffes von 72 Kanonen, welches wir in der Eile nicht gewahr geworden waren. Unsere Angst stieg aufs Höchste; wir waren der Mittelpunkt, auf den alle Gefahr sich konzentrierte. Eine zweite Bewegung der »Leoben« wandte ihr Vorderteil gegen uns, die Segelstange ihres Fockmastes berührte unser Verdeck; dies Unglück, das vielen Menschen das Leben hätte kosten können, wurde unser Glück. Die Matrosen und besonders die Türken, die uns begleitet hatten, ergriffen diese Segelstange und wandten so viel Mühe an, sie zurückzuschieben, daß der Stoß, den der Wind nicht hervorgebracht hatte, dadurch geschwächt wurde. Wir kamen also diesesmal mit einem Loche davon, das der Anker der »Leoben« in der Seite des oberen Teils unseres Schiffes gemacht hatte. Die »Artemisia« war glücklich rückwärts vorübergekommen, das Schiff war vorwärts gegangen, die Bemühungen, es von der Segelstange der »Leoben« loszumachen, hatten es zurückgedrängt, und alle die Gefahren, die sich wie Wolken beim Ungewitter über uns zusammengehäuft hatten, verschwanden ebenso schnell wieder. Unser Wachtoffizier blieb aber nach wie vor wütend. Er hätte uns gerne alle umkommen lassen, nur um seinem Kameraden beweisen zu können, daß er nachlässig gewesen sei. Ohne den schwachen Wind und ohne den Artillerietrain, der den ersten Stoß verminderte, wären wir verloren gewesen.

Den 2ten hatten wir den ganzen Tag über völlige Windstille, dies machte (am Ende des Juni) unterm 53sten Grad die Sonnenhitze sehr drückend. In der Nacht aber brachte uns ein gelinder Landwind in Bewegung. Die Marschordnung wurde verändert.

Den 3ten. Die Geleitschiffe mußten voraus, die Armee blieb zurück, und wir waren auf der linken Seite.

Den 4ten, 5ten und 6ten hatten wir treffliches Wetter und guten Nachtwind. Er hätte uns nach Candia[2] gebracht, wenn wir nicht alle Augenblicke auf unsere Konvoischiffe hätten warten müssen. Während des Junis, Julis und Augusts wehen auf dem Mittelländischen Meer fast unaufhörlich Nord- und Nordostwinde. Für die Schiffahrt nach Süden oder Westen in dieser Jahreszeit ist das sehr bequem, aber desto schlimmer für die Zurückkehrenden.

Am 6ten und 7ten half uns eine ziemlich starke Landluft 48 Stunden weiter, um 11 Uhr wurde uns befohlen, Jagd zu machen, um Land zu finden, um 4 Uhr entdeckten wir die Abendseite von Candia. Ich erblickte den Berg Ida (2) in einer Entfernung von 20 Stunden. Als ich ihm bis auf 15 Stunden nahe war, zeichnete ich ihn. Ich sah ihn vom Gipfel hinab bis zum Fuß, aber der übrige Teil der Insel verlor sich im Nebel. Ich zeichnete ihn aber doch, denn es würde mir sehr nahe gegangen sein, den Berg nicht gezeichnet zu

---

[2] Kreta

haben, wo Jupiter geboren wurde, und der fast aller Götter Vaterland ist. Sehr gern hätte ich das Königreich des Minos (3) gesehen, gern Überbleibsel des Labyrinths aufgesucht, aber es kam, wie ich es fürchtete, der gute Wind hielt uns von der Insel entfernt. Den 8ten um 5 Uhr bemerkte ich, daß wir östlich an der Küste entlang gesegelt waren, ohne uns ihr zu nähern, der heftige Wind in der Nacht hatte alle Geleitschiffe zerstreut. Den Morgen suchten wir, sie wieder zusammen zu bringen, und zogen die Segel ein, um auf sie zu warten. Während dieses Manövers verdeckte uns ein dicker Nebel der Englischen Flotte (4), die 6 Stunden vor uns vorbei nach Westen steuerte, um uns an der nördlichen Küste aufzusuchen.

Des Abends um 9 Uhr gab man uns das Signal, an dem »Orient« vorüberzusegeln. Unsere Empfindungen lassen sich weder beschreiben noch vorstellen, während wir uns diesem Allerheiligsten der Macht näherten, das seine Befehle in der Mitte von hundert Segeln und in dem geheiligten Schweigen der Nacht diktierte (5). Der Mond erleuchtete die Szene gerade soviel, als zum Überblick derselben notwendig war. Es waren 500 von uns auf dem Verdeck, aber man hätte eine Mücke summen gehört. Der Kapitän erhielt Befehl, an Bord des Kommandanten zu kommen. Als er zurückkam, hatte ich eine große Freude. Er sagte uns, wir würden zu unserm Konsul in Alexandrien vorausgeschickt, um zu erfahren, ob man dort etwas von unserem Vorhaben wisse, und welche Vorkehrungen die Stadt in Rücksicht auf uns getroffen habe. Wir sollten also zuerst in Afrika landen, um unsere Landsleute aufzusuchen, und sie gegen die ersten Ausschreitungen der Einwohner bei Annäherung unsrer Flotte in Sicherheit zu setzen.

Nun entfalteten wir alle Segel, um die 60 Stunden Weges, die wir noch vor uns hatten, so schnell wie möglich zu machen. Aber in der Nacht vom 9ten bis zum 10ten fehlte uns der Wind. Wir hatten nur einige Stunden Landluft, die übrige Zeit aber kamen wir nur durch Rudern weiter, oder wenn Strömungen des Meeres uns etwas unserem Ziele näher brachten.

Wir wollten zunächst den Franken Nachricht geben, auf ihrer Hut zu sein, dann aber zur Armee zurückkehren, die sechs Stunden weit vom Vorgebirge Brule kreuzen und uns erwarten wollte. Um 6 Uhr sahen wir es vom Verdeck. Die Nacht über hatten wir leichten Wind.

Landung in Ägypten

Am frühen Morgen erblickte ich das westliche Ufer, das sich am bläulichen Horizont des Meeres wie ein weißes Band ausbreitete. Nirgends ein Baum, nirgends ein Haus. Die Natur schien nicht nur traurig, sie schien zerstört. Allgemeines Schweigen herrschte. – Der Munterkeit unserer Soldaten schadete das aber nichts; einer von ihnen zeigte seinen Kameraden die Wüste mit den Worten: »Du, sieh da, da sind die sechs Acker Landes, die man uns versprochen hat.« Dieser Scherz erweckte allgemeines Lachen. Bei Sturm und in Winternebeln sind die Ufer hier gefährlich, denn dann verschwindet die niedrige Küste, und man erblickt sie nicht eher, als bis man sich nicht mehr vor ihr in Acht nehmen kann. Uns begleitete aber das Glück, wir konnten auf das Vorgebirge Durazzo steuern; wir suchten es zu erreichen, indem wir uns nach Ost-Südost hielten.

Zehn Meilen weit vom Vorgebirge und fünf von Alexandrien sahen wir eine Ruine mit Namen Turm der Araber. Mittags zeichnete ich sie. Diese Ruine schien mir ein Viereck mit Bastionen, in dessen Nähe ein Turm steht. Gern hätte ich alles genauer untersucht, um zu beurteilen, ob es ein arabisches Gebäude, oder ob seine Bauart antik sei, und in welches Altertum sie falle, ob es das Taposiris (5a) der Alten, welches Procopius (6) für das Grab des Osiris (7) ausgibt, oder ob es der Chersonesus des Strabo (8) oder Plinthina sei, wovon der Meerbusen seinen Namen hatte. Die Garnison von Alexandrien hat zwar bis zu diesem Posten hin rekognosziert, da aber alle diese Berichte bloß militärisch waren, so konnten sie über den Ursprung dieser Ruinen kein Licht verbreiten, und vermehrten nur die Neugierde, die ihre Masse und Umfang einflößen. Im allgemeinen ist dieses ganze westliche Ufer, das die Kleine und Große Syrte der Cyrenaica enthält (9), die einst so bewohnt war, ihre Republiken und Herrschaften hatte, jetzt eine der vergessensten Gegenden der Welt, und wir kennen sie fast nur noch durch die prächtigen Medaillen, die daher rühren.

Rechts und links erschien uns unser gelobtes Land unfruchtbarer noch, als den Juden einst das ihrige. Freilich war es uns bisher auch noch nicht so teuer zu stehen gekommen, denn es hatte zwar für uns noch keine gebratene Wachteln geregnet, aber unser Manna (10) war auch noch nicht verdorben. Indes die arabischen Beduinen, die an den Küsten umherschwärmen, hätten uns leicht gefährlich werden können. Man versichert aber, daß sie seit zwanzig Jahren einen Akkord mit der Faktorei von Alexandrien gemacht haben, und zwanzig Piaster für jeden Gefangenen erhalten, statt daß sie sie wie früher töten.

Der Leutnant wurde ans Land geschickt; er reiste um 1 Uhr nachmittags ab; kaum hatte er den Fuß ins Boot gesetzt, so warteten wir schon auf seine Rückkunft, und zählten alle Augenblicke. Wir erblickten mit dem Fernglase die Trikolore auf dem Hause unseres Konsuls; ich stellte mir seine Überraschung vor, und die Überraschung des Scherifs von Alexandrien, die wir ihm noch bis morgen aufsparten.

Als die Schatten des Abends die Umrisse der Stadt schärfer zeichneten, unterschied ich genau die beiden Häfen (11), die großen Mauern mit ihren vielen Türmen, die nur Sandschollen und einige Gärten umschließen, wo das bleiche Grün der Palmbäume die glühende Sonnenhitze kaum ein wenig mäßigt; das türkische Schloß (11), die Moscheen, ihre Türme und die berühmte Säule des Pompejus. Meine Einbildungskraft ging in die Vergangenheit zurück: ich sah, wie die Kunst über die Natur siegte, sah das Genie Alexanders (12) auf einer dürren Küste den Grund zu einer prächtigen Stadt legen, und sie zur Niederlage der Trophäen seiner Welteroberungen zu machen; sah, wie die Ptolemäer (12) Künste und Wissenschaften hierher riefen, wie sie hier jene Bibliothek sammelten, zu deren Zerstörung die Barbarei ganze Jahre brauchte. Da, sagte ich, und dachte an Kleopatra, an Cäsar und Antonius (12), da besiegte die Wollust den Ruhm. Ich sah, wie späterhin die wilde Unwissenheit sich in den Ruinen der Meisterstücke der Kunst festsetzte.

Ein Kanonenschuß unseres Schiffes, der ein Fahrzeug zur Ordnung rufen sollte, das wider unsern Willen in Alexandrien einzulaufen und wahrscheinlich Nachricht von uns und unserem Marsch zu bringen suchte, störte mich in meinen Vorempfindungen und glücklichen Träumereien. Das Fahrzeug entging aber im Schutze der Nacht unseren Nachforschungen. Die Unruhe über unser Boot vermehrte sich jeden Augenblick und stieg bis zur Angst. Um Mitternacht endlich hörten wir das Rufen erschrockener Menschen, und bald darauf wurden wir unsern Konsul[3] und seinen Dragoman gewahr. Sie waren glücklich den rächenden Säbeln und dem allgemeinen Schrecken des Landes entkommen. Wir erfuhren von ihnen, daß nur gestern abend erst eine Flotte von vierzehn englischen Kriegsschiffen das Ufer von Alexandrien verlassen habe; daß die Engländer gesagt hätten, sie suchten uns, um uns zu schlagen. Man hatte sie für Franzosen gehalten. Das ganze Land, das unser Vorhaben schon kannte, und die Einnahme von Malta erfahren hatte, war sogleich in Aufruhr gegen uns gekommen. Man hatte die Schlösser befestigt, den regulären Truppen Landmiliz beigesellt, und eine Armee von Beduinen zusammengezogen. Die Gegenwart der Engländer hatte unseren Horizont verdunkelt.

Jetzt fiel mir ein, daß uns vor drei Tagen die Windstille, die uns fesselte, so unangenehm war, und daß wir doch ohne sie den feindlichen Schiffen in die Hände gefallen wären, und ihr dadurch unsere Flotte entdeckt haben würden. Dies bestimmte mich für den Fatalismus und ich überließ mich Bonapartes Glücksstern.

Der Scherif hatte in die Abreise unseres Konsuls nur mit der Bedingung eingewilligt, daß Seeleute von Alexandria ihn begleiten

---

[3] M. Magallon (13)

und zurückbringen sollten. Sie sprachen französisch und verstanden italienisch. Ich unterhielt mich mit ihnen, sie fügten zu dem, was der Konsul gesagt hatte, noch hinzu: die Engländer seien ostwärts gesegelt, um uns in Zypern aufzusuchen, wo sie uns vermuteten.

Wir gingen nun unserer Flotte entgegen. Mit Anbruch des Tages entdeckten wir die erste Abteilung der Geleitschiffe. Um 7 Uhr langten wir an Bord des »Orient« an.

Ich wurde befehligt, mit dem Konsul von Alexandrien zu kommen. Das, was wir dem General zu sagen hatten, mußte ihn, in so kritischen Umständen, äußerst interessieren. Man hatte die Engländer gesehen, sie konnten jeden Augenblick dasein, der Wind war heftig, die Geleitschiffe mitten unter der Flotte, und in einer Unordnung, die die traurigste Niederlage gewiß gemacht hätte, wenn der Feind erschienen wäre; aber ich konnte keine Veränderung in der Physiognomie des Generals gewahr werden. Er hieß mich den eben gesagten Bericht wiederholen, und nach einigen Minuten Stillschweigen befahl er zu landen.

Seine Absichten waren, die Geleitschiffe so nahe ans Land zu bringen, als es die Gefahr, bei einem so heftigen Winde am Ufer entlang zu steuern, nur immer erlaubte. Die Kriegsschiffe mußten zur Verteidigung von außen einen Kreis bilden. Alle Segel wurden beigelegt, alle Anker geworfen. Kaum war dies geschehen, so erhielten wir Befehl, so nahe vor der Stadt zu kreuzen, als der Wind uns gestattete, und Scheinangriffe zu machen, um den Gegner irrezuführen.

Der Wind war heftiger geworden; das Meer war so wild, daß wir den übrigen Teil des Tages hindurch uns vergebens bemühten, die Anker zu lichten. Die Nacht war zu stürmisch, wenn wir nicht wagen wollten, losgerissen zu werden, um den Transport und die Boote zum Ausschiffen in den Grund zu segeln, die mit unerhörter Mühe und Gefahr zu landen bemüht waren. Die Schaluppen nahmen einzeln Mann für Mann in größter Eile aus den Schiffen auf. Waren sie voll, so drohten die Wogen sie jeden Augenblick zu verschlingen, oder sie stießen, vom Winde getrieben, an und aufeinander. Waren sie allen diesen Gefahren entwichen und näherten sich der Küste, so konnten sie wieder nicht anlanden, ohne an den Klippen zu scheitern. Mitten in der Nacht fuhr eine Schaluppe, die nicht mehr steuern konnte, an unserer Rückseite vorbei und bat uns um Hilfe. Ich fühlte die Gefahr der Unglücklichen mit desto lebhafterem Schmerz, weil ich die Stimmen der Schreienden einzeln zu erkennen glaubte. Wir warfen den Armen ein Tau zu, aber kaum hatten sie es ergriffen, so mußten wir es wieder abhauen, denn die Wogen warfen die Barke so gewaltsam gegen unser Schiff, daß es zerschlagen zu werden drohte. Ihr Geschrei in dem Augenblick, als sie sich von uns verlassen fühlten, hallte bis ins Innerste unserer Seele wieder. Tiefes Stillschweigen folgte dem Geschrei, und vermehrte unsere traurigen Vorstellungen. Die Dunkelheit erhöhte den Schrecken, und die Operationen wurden langsam und unglücklich ausgeführt.

Indes am 13ten morgens um 6 Uhr waren doch schon Truppen genug am Lande, um das kleine Fort Marabu anzugreifen und wegzunehmen. Da wurde dann die erste Trikolore in Afrika gepflanzt (14).

Am 14ten war das Meer ruhiger. Wir machten uns segelfertig, während sich der Strand mit unseren Soldaten anfüllte. Um Mittag waren sie schon unter den Mauern von Alexandrien, der Mittelpunkt

Erstürmung Alexandriens

General Kléber

bei der Säule des Pompejus, hinter kleinen Erhöhungen von Trümmern der alten Stadt. Diese alten Mauern waren für den Mut unserer Krieger nur eine Reihe von Breschen. Eine Kolonne wankte, alle anderen breiteten sich aus, rückten vor und griffen an. Als sie sich den schlechten Gräben näherten, entdeckten sie mehr Mauerwerk, als man bisher bemerkt hatte. Ein außerordentlich lebhaftes Feuer der Belagerten setzte unsere Truppen eine Zeitlang in Verwunderung, aber die Heftigkeit ihres Angriffs blieb sich gleich; man suchte während des feindlichen Feuers den sichersten Zugang, und man fand ihn am westlichen Winkel, bei dem alten Hafen Kibotos. Man lief Sturm. Kléber (15), Menou (16) und Lescale wurden durch Flintenschüsse und herunterfallende Mauerstücke verletzt.

Der Scherif von Alexandrien, Koraim (17), der allenthalben mit im Gefechte war, sah Menou fallen, hielt ihn für den General en Chef, und glaubte diesen tödlich verwundet. Dies hob den Mut der Belagerten einige Augenblicke. Niemand floh, und alles mußte in der Bresche getötet werden, und zweihundert der Unsrigen blieben an diesem Tage.

Unsere Fregatte hatte Befehl, den Eingang der Geleitschiffe in den alten Hafen zu beschützen, ich nutzte also diese Gelegenheit, um ans Land zu gehen. Ein altes Vorurteil hatte die Meinung gefestigt, daß, sobald ein französisches Schiff in den alten Hafen einliefe, Alexandriens Herrschaft über die Muselmänner aufhören würde. Unser Boot machte für jetzt diese Prophezeiung wahr.

Unmöglich kann ich meine Empfindungen beim Anlanden in Alexandrien darstellen. Es war niemand da, der uns empfing, oder auszusteigen hinderte. Kaum konnten wir einige Bettler, die tierartig auf den Hintern und auf den Fußsohlen hockten, bewegen, uns das Hauptquartier anzuzeigen. Die Häuser waren verschlossen. Was nicht zu kämpfen wagte, war geflohen, und wer noch nicht getötet war, verbarg sich aus Furcht, nach orientalischer Sitte, getötet zu werden. Für unsere Empfindungen war alles neu. Boden, Gestalt der Gebäude, der Menschen, ihre Kleidung, ihre Sprache. Das erste, was unseren Blicken sich zeigte, war ein weiter Kirchhof, mit unzähligen Grabmälern von weißem Marmor auf weißem Boden. Einige magere Weiber in langen zerrissenen Kleidern schienen Gespenstern gleich, die unter diesen Monumenten umherirrten. Die grause Stille wurde nur durch das Gekreisch einiger Geier unterbrochen, die über diesem Heiligtum des Todes schwebten. Von da durchwanderten wir enge und wüste Straßen. Indem ich durch Alexandrien hinging, erinnerte ich mich an Volneys (18) Beschreibung davon, ja ich glaubte, sie wieder zu lesen. Gestalt, Farben, Empfindungen, alles ist darin bis zu einem solchen Grade der Wahrheit gemalt, daß ich einige Monate später beim abermaligen Lesen dieser schönen Stelle seines Buches wirklich glaubte, ich träte noch einmal in Alexandrien ein. Hätte Volney ganz Ägypten so beschrieben, kein Mensch würde noch andere Gemälde davon weiter für nötig halten.

Während wir diese große, aber melancholische Stadt durchwanderten, erinnerte mich nichts an europäisches Leben, als das

Geräusch und die Tätigkeit der Sperlinge. Den Hund, diesen Freund des Menschen, diesen treuen und edlen Begleiter, diesen freundlichen und ehrlichen Schmeichler, erkannte ich hier gar nicht wieder. Hier ist er finster, egoistisch, unbekannt mit seinem Hauswirt, hält sich abgesondert, bleibt aber nichtsdestoweniger Sklave, verkennt den, dessen Freistatt er beschützt, und frißt, ohne Abscheu, seinen Leichnam. Folgende Anekdote wird seinen Charakter zeigen:

Ich hatte an dem Tage, da ich ans Land ging, keine Wäsche zum Umkleiden mitgenommen, ich wollte also auf die Fregatte »Juno«, die ich am Eingange des Hafens zu finden glaubte, zurück. Ich mietete eine türkische Barke, und fuhr dahin. Als wir nahe bei der Fregatte waren, sahen wir, daß es die »Juno« nicht war. Man zeigte uns eine halbe Stunde weiter auf der Reede eine andere, mit der Versicherung, diese sei es. Die Sonne ging eben unter. Indes der dritte Teil des Weges war gemacht, und ich konnte ja auf der Fregatte schlafen; wir machten uns also auf den Weg dahin. Es war aber wieder nicht die »Juno«. Sie kreuzte auf der Höhe. Wir mußten also zurück. Aber der Wind ging jetzt frisch, die Wogen waren so hoch geworden, daß wir das Land, das wir erreichen mußten, nur versteckt bemerkten. Mein Bootsmann stellte mich ans Steuer, um sich ungestört mit dem Segel beschäftigen zu können.

Ich konnte so kaum die Richtung im Auge behalten, die ich nehmen mußte: ich fing jetzt an zu fühlen, daß das wahrlich hieß: sich selbst »verlassen«, wenn man sich um diese Tageszeit mitten auf dem stürmischen Meere dem Winde überläßt, und mit einem Menschen allein ist, der, wie alle seine Mitbürger, die Franzosen haßt, und sich an ihnen zu rächen suchen konnte. Ich stellte mich aber zutraulich, ja sogar heiter, und blieb innerlich ruhig. Endlich erreichten wir das sehnlich von mir erwünschte Ufer. Aber es war 11 Uhr abends, und ich war eine halbe Stunde weit von meinem Quartier entfernt. Ich mußte mitten durch eine Stadt, die erst am Morgen mit Sturm erobert war, und von der ich keine Straße kannte. Kein Anerbieten vermochte meinen Schiffer zu bewegen, sein Boot zu verlassen, und mich zu begleiten. Ich wagte es also allein und ging, der Manen der Verstorbenen trotzend, gerade über den Kirchhof (denn diesen Weg wußte ich noch am besten). Kaum hatte ich die ersten Wohnungen von Menschen erreicht, als Scharen wilder Hunde mich anfielen, und aus den Türen, in den Straßen und von den Dächern herab mich angriffen. Ihr Gebell erneuerte sich von Haus zu Haus, von Familie zu Familie. Doch bemerkte ich, daß dieser Krieg gegen mich »ohne Koalition« war, denn kaum war ich am Eigentum derer, die mich jetzt eben anfielen, vorübergegangen, so wurden sie schon von denen, die mich auf ihrer Grenze empfingen, zurückgewiesen. Ich kannte die tiefe Verachtung noch nicht, worin diese Tiere hier leben, und wagte deshalb nicht, nach ihnen zu schlagen, aus Furcht, sie möchten bellen und dies möchte dann auch ihre Herren gegen mich aufbringen. Die Dunkelheit wurde nur durch den Glanz der Sterne und durch das Dämmerlicht, das der Nacht in diesem Klima stets eigen ist, ein wenig gemildert. Um dem Gebell der Hunde zu entgehen, und um einen Weg zu haben, auf welchem ich mich nicht verirren konnte, verließ ich die Straßen, und beschloß am Ufer entlang zu gehen; aber Mauern und Gerüste aller Art, die bis ans Meer gingen, verschlossen mir den Weg. Endlich trat ich ins Meer hinein, um nur den Hunden zu entgehen. Wurde es zu tief, so überstieg ich die Mauern, und so kam ich denn, naß, voller Schweiß, und von Angst und Anstrengung ermattet, bei einer unserer Schildwachen an, fest überzeugt, daß die Hunde die sechste und schrecklichste Plage Ägyptens seien.

Als ich des Morgens im Hauptquartier ankam, fand ich Bonaparte umgeben von den Großen der Stadt und von den Mitgliedern der bisherigen Regierung. Sie schwuren ihm den Eid der Treue. Er sprach zum Scherif Koraim: »Zwar habe ich Sie mit den Waffen in der Hand gefangengenommen, und könnte Sie also als meinen Gefangenen behandeln, aber Sie haben Mut gezeigt, und ich halte diesen stets mit der Ehre verbunden: ich gebe Ihnen also Ihre Waffen wieder und hoffe, daß Sie künftig der Republik ebenso treu sein werden als bisher einer schlechten Regierung.« Ich bemerkte in der Physiognomie dieses geistvollen Mannes, daß sein Unwille gegen uns nur erschüttert, nicht vernichtet war, so edel ihn der General en Chef auch behandelte. Er verkannte unsere Macht noch und wußte noch nicht hinreichend, ob alles Vergangene nicht etwa mehr eine Überrumpelung zu nennen sei. Als er aber 30000 Mann und den nötigen Artillerietrain am Lande sah, bemühte er sich, Bonaparte's Gunst zu gewinnen, und verließ deshalb das Hauptquartier fast nicht. Oft war Bonaparte schon zu Bette, und er immer noch in seinem Vorzimmer.

Den 16ten morgens begleitete ich den General beim Rekognoszieren. Er untersuchte alle Forts. Sie bestanden aus Ruinen von schlechter Bauart, wo elende Kanonen auf Steinen lagen, die ihnen zu Lafetten dienten. Der General befahl, alles Unnütze niederzureißen, und nur das auszubessern, was vor dem Anfall der Beduinen schützen könne; seine ganze Aufmerksamkeit war dagegen auf die Batterien gerichtet, die die Häfen verteidigen sollten.

Wir kamen nahe bei der Säule des Pompejus (19) vorbei. Es ist mit diesem Monument, wie fast mit allem, was einen großen Ruf hat, es verliert, sobald man sich ihm nähert. Säule des Pompejus nannte man sie im 15ten Jahrhundert, wo die Wissenschaften anfingen, aus ihrem tiefen Schlafe wieder zu erwachen. Die Gelehrten, oder vielmehr die Beobachter eilten damals, jedem Monument einen eigenen Namen beizulegen. Diese Namen pflanzten sich späterhin ohne Widerspruch von Jahrhundert zu Jahrhundert fort. Die Überlieferung machte sie ehrwürdig. Es war dem Pompejus bei Alexandria ein Monument errichtet, und dies fand sich nicht, folglich glaubte man es in dieser Säule zu finden.

Grübe man um die Säule herum die Erde auf, so würde dies ohne Zweifel Licht über ihren Ursprung verbreiten. Man würde hierdurch vielleicht das ganze Untergebäude und das Atrium des Porticus entdecken, wozu diese Säule gehörte, die der Gegenstand mehrerer Dissertationen von der Hand mancher Gelehrten geworden ist, die bloß ihre Zeichnung gesehen oder ihre Beschreibung gelesen haben. Die Reiseschreiber haben den Gelehrten aber nicht gesagt: daß man dicht dabei andere Säulenfragmente von der gleichen Materie und von gleichem Durchmesser findet, haben ihnen nicht gesagt: daß die Ungleichheit des Bodens auf Ruinen und auf Verschüttung großer Gebäude hinweist, deren Form man noch an der Oberfläche unterscheidet, z. B. ein großes Viereck und ein großer Zirkus, von dem man, wenn er gleich mit Sand und Trümmern bedeckt ist, doch noch die Hauptausdehnungen ausmessen könnte.

Besteht nun Übereinstimmung, daß die sogenannte Pompejische Säule sehr rein, und in einem schönen Stil ausgeführt ist, daß ferner das Fußgestell und das Kapitäl mit dem Schafte nicht von gleichem

Granit sind, und daß die Arbeit an ihm plump ist, und nur eine Skizze genannt werden kann, daß endlich die Grundlage, die aus Trümmern besteht, einen neueren Bau verrät; so folgt der Schluß von selbst, daß dies Monument nicht antik sein und seine Errichtung sowohl in die Zeiten der griechischen Kaiser als in die der Kalifen fallen kann.

Grübe man in dieser Gegend nach, so würde sich auch der Umfang der Stadt zu den Zeiten der Ptolemäer bestimmen lassen, wo der Handel und ihr übriger Glanz sie über den ursprünglichen Stadtkern hinauswachsen ließ und sie sich unermeßlich ausdehnte. Die Stadt der Kalifen, die noch da ist, war dagegen schon sehr verkleinert, ungeachtet selbst diese jetzt Felder und Wüsten einschließt. Ihre ganze Umwallung wurde von Trümmern erbaut, denn ihre Gebäude erinnern alle an Umsturz und Zerstörung. Die Einfassungen zur Seite und oben an den Toren ihrer Mauern und ihrer Festungen bestehen aus Säulen von Granit, und man hat sich nicht einmal die Mühe genommen, sie in der Art zu formen, als man sie brauchte; sie scheinen dort nur zurückgeblieben zu sein, um die Pracht und Größe der Gebäude, deren Trümmer sie sind, zu beweisen. Manchmal hat man auch die ungeheuren Säulen zum Bau der Mauern mit verwandt. Besonders die Türken haben Unverstand und Entheiligung miteinander verbunden, und Granit und Mauersteine und Kalksteine, ja sogar Bohlen und Bretter und hundert andere Dinge, die weder zusammen gehören noch passen, untereinander gemischt, und dadurch die sonderbarste Vereinigung veranstaltet.

Indem wir von der Säule nach der neueren Stadt zurückkehrten, kamen wir durch die Ansiedlung der Araber, oder vielmehr durch das, was sie mit ihrer Mauer umzogen haben; denn es ist jetzt im Grunde eine Wüste, worin sich Ringmauern befinden, die während der Überschwemmungsmonate Gärten enthalten.

An jeder Gartentür findet sich ein Beweis rührenden Mitleidens, Wasserbehältnisse nämlich, die eine Pumpe sogleich anfüllt, sobald man sie in Bewegung setzt, und die des vorübergehenden Reisenden höchstes Bedürfnis dieses brennenden Klimas, Löschung des Dursts, befriedigen.

Man findet von Zeit zu Zeit solche Zisternen, die miteinander in Verbindung stehen, und deren Öffnungen mit einer Basis oder mit einem Kapitäl einer hohlen antiken Säule bedeckt sind, die ihnen als Einfassung dient. Der große Fischteich oder Wasserbehälter von Alexandrien ist eins von den großen Altertümern der mittleren Zeit Ägyptens und eins der schönsten Denkmäler dieser Art, sowohl wegen seiner Größe als wegen seiner weisen Einrichtung. Zwar ist ein Teil davon verdorben, und ein anderer bedarf der Ausbesserung, aber dennoch enthält er Wasser genug, um Menschen und Vieh zwei Jahre lang zu ernähren. Wir kamen nur einen Monat früher an, ehe sich das Wasser darin wieder erneuerte, aber dennoch fanden wir es sehr frisch und gut. Eine rötliche Ruine zog unsere Aufmerksamkeit auf sich; die Katholiken nennen sie das Haus der gelehrten heiligen Katharina (20), die das Jesuskind 400 Jahre nach seinem Tode heiratete. Die Bauart dieser Ruine ist römisch, die Kanäle, die mit Stalaktiten überzogen sind, geben zu erkennen, daß es warme Bäder sein sollten.

Dann kamen wir zum sogenannten Obelisk der Kleopatra. Ein anderer, der nahe dabei umgestürzt liegt, gibt zu erkennen, daß beide einen Eingang des Palastes der Ptolemäer verschönten, von dem man die Ruinen nur wenige Schritte weit sieht. Man darf diese Obelisken nur ansehen und auf ihre Brüche achten, die schon damals existierten, als sie auf diesem Fleck aufgerichtet wurden, so begreift man, daß sie schon zu jener Zeit Fragmente waren, und aus Memphis oder sonst aus Ober-Ägypten hergebracht wurden. Sie könnten sehr leicht eingeschifft (21) werden und in Frankreich eine charakteristische Siegestrophäe sein; denn sie sind an sich selbst ein Monument, und die Hieroglyphen, womit sie bedeckt sind, geben ihnen einen Vorzug vor der Pompejischen Säule, die weiter nichts als eine gewöhnliche Säule ist, nur etwas größer als die gewöhnlichen.

Ich beobachtete das sarazenische Monument, das nicht weit davon liegt, und fand, daß sein Fuß zu einem griechischen oder römischen Gebäude gehört haben mußte, denn man unterscheidet noch die Kapitäle der dorischen Säulen, deren Schäfte sich unter der Oberfläche des Meeres verlieren. Strabo versichert, daß die Wellen am unteren Teil des Palastes der Ptolemäer anschlugen; ich möchte deshalb sagen, diese Trümmer können zu gleicher Zeit den Bericht des Strabo bewahrheiten und die Lage dieses Palastes angeben. Wenn man am Rande des Meeres bis bis tief in den Hafen zurückgeht, findet man Trümmer von Gebäuden aller Zeit, die die Wellen und die Jahrhunderte gleich mitgenommen haben. Ihre ungeheure Anzahl beweist die große Pracht der Paläste, die sie einst schmückten. Hat man den Hafen hinter sich gelassen, so findet man große sarazenische Gebäude, die einzelne prächtige Teile und eine Mischung von Geschmack in sich vereinigen, welche den Beobachter in Erstaunen setzen. Gesimse mit dorischen Triglyphen geschmückt, über welchen Gewölbe mit Eselsrücken sich hinstrecken, lassen vermuten, daß diese Gebäude aus antiken Fragmenten erbaut wurden, die die Sarazenen mit dem Geschmacke ihrer Bauart mischten. Die Türen dieser Gebäude können einen Maßstab der Unzerstörbarkeit des Feigen-Maulbeerholzes abgeben. Es ist unversehrt geblieben, ungeachtet das Eisenblech, womit es überzogen war, der Zeit gewichen und gänzlich verschwunden ist. Hinter dieser Art von Festung liegen arabische warme Bäder, mit mannigfaltigen einzelnen Prachtstücken verziert. Unsere Soldaten hatten sie gerade geheizt gefunden, und Besitz davon genommen, um ihre Wäsche darin zu reinigen, sie konnten deshalb jetzt nicht von den Eingeborenen gebraucht werden. Ich muß daher die Beschreibung dieser Art von Bädern auf einen anderen Zeitpunkt verschieben. In Rücksicht der wollüstigen Ideen, die sie einflößen, verweise ich auf Savary (22).

Neben diesen Bädern findet sich eine der wichtigsten Moscheen, einst eine der ersten Kirchen unter dem Namen des heiligen Athanasius (23). Dieses Gebäude, das zerfallen und prächtig zugleich ist, zeigt die Sorglosigkeit der Türken, selbst für Gegenstände, die ihnen nahestehen, sehr deutlich. Vor unserer Ankunft durfte kein Christ sich dieser Moschee nähern, aber statt die Türen auszubessern, stellten sie lieber noch eine Wache mehr davor. So wie wir diese Türen fanden, schlossen sie weder noch konnten sie sich drehen.

Mitten auf dem Hofe dieser Moschee befindet sich in einem kleinen achteckigen Tempel eine Wanne von ägyptischer Brescia, die unglaublich schön ist, sowohl wegen ihrer inneren Güte als wegen der unzähligen hieroglyphischen Figuren, die sie aus- und inwärts bedecken. Dieses Monument, wahrscheinlich ein Sarkophag des alten Ägyptens, wird unstreitig durch ganze Bände Dissertationen berühmt gemacht werden. Ich hätte einen Monat gebraucht, um alle Kleinigkeiten daran zu zeichnen; aber ich hatte kaum so viel Zeit, die äußere Form hinzuwerfen, welches ich denn auch getan habe. Ich füge noch hinzu, daß man es als eins der köstlichsten Stücke des Altertums betrachten kann, und daß es mit die erste Beute von Ägypten sein sollte, womit wir eins unserer Museen bereichern müßten. Dolomieux (24) empfand den gleichen Enthusiasmus mit mir, als wir es gemeinschaftlich entdeckten.

Ich entwarf von der Gallerie des Minarets dieser Moschee die Zeichnung, auf welcher man in der Vogelperspektive die ganze Ausdehnung des neuen Hafens übersieht. Dicht bei der Moschee sind drei aufrecht stehende Säulen, von denen noch kein Reisender gesprochen hat. Aus der vollendeten Arbeit dieser Säulen läßt sich schließen, daß sie einen Teil antiker Monumente ausgemacht haben, aber ihr übertriebener Abstand voneinander bringt auf die Vermutung, daß sie hierher nicht ihrer ursprünglichen Bestimmung gemäß versetzt wurden. Auf jeden Fall sind sie Reste eines großen und prächtigen Gebäudes.

Von da gingen wir zu dem befestigten Tore von Rosette, wo sich die Türken bei unserer Ankunft verteidigt hatten. Eine Anzahl Häuser bildet hier eine Art von Vorstadt, zwischen welcher und der diesseitigen Stadt ein leerer Raum von einer halben Stunde liegt. Alle Schrecken des Krieges herrschten noch in dieser Gegend. Ich sah hier einen der auffallendsten Kontraste. Ein junges Weib, schön, weiß und rot, saß mitten unter den Toten und Trümmern, auf noch völlig blutigem Hausrat. Es war das Bild des Engels der Auferstehung. Gefühl von Mitleid zog mich an sie, ich bezeugte ihr mein Erstaunen, sie so einsam zu finden, und sie antwortete mit holder Freimütigkeit, daß sie ihren Mann erwarte, um mit ihm die Nacht in der Wüste zuzubringen. Sie dachte sich dabei weiter nichts. Sie ging dorthin, wie zu einer anderen Schlafstätte.

Die meisten Divisionen hatten nach ihrer Landung Alexandrien nur durchzogen und ihr Lager in der Wüste aufgeschlagen. Man mußte jetzt daran denken, Alexandrien zu verlassen, diesen in der Geschichte so wichtigen Ort, wo die Monumente aller Zeitalter und die Kunsttrümmer so vieler Nationen durcheinander geworfen sind, und wo die Verwüstungen der Kriege, der Jahrhunderte und des feuchten und salzigen Klimas mehr Veränderung und Zerstörung hervorgebracht haben als irgendwo sonst in Ägpyten.

KAPITEL III

Schlacht bei den Pyramiden, Vernichtung der französischen Flotte bei Abukir

Bonaparte hatte Alexandrien eben so schnell genommen, als der heilige Ludwig Damiette (1). Aber er hütete sich vor dessen Fehler. Er ließ dem Feinde nicht Zeit, sich zu besinnen, noch seinen Truppen, die Armut von Alexandrien und dessen unfruchtbaren Boden zu bemerken. Kaum waren die Divisionen ausgeschifft, so mußten sie sich in Marsch setzen, und sie behielten keine Zeit, Nachfragen über die Orte anzustellen, die sie erobern sollten. Unter anderen sagte ein Offizier zu seinen Soldaten im Augenblicke des Aufbruchs: »Kinder, ihr schlaft heute in Beda, versteht ihr, in Beda!« Es ist das gleiche, als wenn man sagte: Kinder, laß uns dahin marschieren, und seine Leute marschierten. Nur mit einem sorglosen Mut dieser Art, unternimmt man Dinge, die andere Menschen nicht zu denken wagen, und führt aus, was anderen unbegreiflich ist. Mehr neugierig als erstaunt kamen unsere Leute in Beda an, das sie für ein nach unserer Art gebautes und bevölkertes Städtchen halten mußten; aber sie fanden da nichts, als einen mit Steinen verschütteten Brunnen, aus welchem zwischen den Steinen hindurch ein wenig salziges und schmutziges Wasser tröpfelte. Sie schöpften es in ihren Bechern, und verteilten Branntwein in kleinen Portionen. Das war das erste Magazin für unsere Truppen in einem fremden Erdteil, wo sie von ihrem Vaterlande durch Meere und Wüsten getrennt waren; aber ihr Mut und ihre Heiterkeit litten selbst durch diesen entsetzlichen Zustand nicht.

Folgende Anekdote mag einen Maßstab des häuslichen Despotismus der Morgenländer abgeben, man wird vor den Grausamkeiten erbeben, die die Eifersucht ausübt, wenn ein geheiligtes Vorurteil sie unterstützt und die Religion ihre Aufwallungen verzeiht.

Den zweiten Tag des Marsches unserer Truppen, nachdem sie Alexandrien verlassen hatten, begegneten einige von ihnen in der Wüste, nahe bei Beda, einem jungen Weibe, mit einem blutigen

Gesicht. Sie hielt mit der einen Hand ein zartes Kind, die andere streckte sie aus nach Gegenständen, gegen welche sie stoßen oder die sie leiten möchten. Die Neugierde der Soldaten wird rege, sie rufen ihrem Führer zu, der ihnen zugleich zum Dolmetscher dient; sie nähern sich dem Weibe und hören die Seufzer eines Wesens, dem man das Organ der Tränen ausgerissen hat. Ein junges Weib, und ein Kind mitten in der Wüste! Erstaunt und neugierig fragen sie weiter nach, und erfahren, daß dieses scheußliche Schauspiel die Folge und Wirkung einer wütenden Eifersucht sei. Das unglückliche Schlachtopfer wagt nicht zu klagen; es bittet bloß für das unschuldige Wesen, das sein Unglück teilt, und das vor Hunger und Elend umkommen muß. Unsere Soldaten geben ihr sogleich, durchdrungen von Mitleid, einen Teil ihrer Tagesration und entziehen sich das kostbare Wasser, dessen sie bald ganz werden entbehren müssen. Plötzlich sehen sie einen Wütenden heranstürzen, der sich aus der Ferne an dem Schauspiel seiner Rache weidete. Er eilt herzu, entreißt ihren Händen dies Brot, dies Wasser, diese letzte Lebensquelle, die das Mitleid soeben dem Unglück schenkte. Halt! schreit er, sie hat ihre und meine Ehre vernichtet, dies Kind ist meine Schande, es ist ein Sohn des Lasters. Unsere Soldaten wollen sich widersetzen, weil er dem Weibe die Hilfe raubt, die man ihr eben leistete; aber seine Eifersucht geht in Raserei über, daß der Gegenstand seiner Wut noch ein Gegenstand der Erbarmung sein kann. Er zieht einen Dolch, gibt dem Weibe einen Todesstoß, ergreift das Kind, hebt es empor, und zerschmettert es auf dem Boden. Dann bleibt er mit einer stumpfen Wildheit unbeweglich stehen, blickt die ihn Umgebenden starr an, und trotzt ihrer Rache.

Ich habe mich erkundigt, ob es nicht Strafgesetze gegen einen so abscheulichen Mißbrauch gebe. Man sagte mir aber bloß, er habe freilich unrecht getan, sie zu erstechen; wenn Gott sie hätte leben lassen wollen, so hätte man sie nach vierzig Tagen aus Erbarmen in einem Hause aufnehmen und ernähren können.

Die Division Kléber, die durch Dugua (2) kommandiert wurde, hatte den Weg nach Rosette (3) genommen, um die kleine Flotte, die den Nil hinaus geschifft war, zu beschützen. Die Armee hatte sich den 17ten und 18ten Messidor nach Birket und Demenhour (4) völlig in Marsch gesetzt. Die Araber griffen die Vorposten an, und beunruhigten den Rest. Der Tod wurde die Strafe der Zurückbleibenden. Desaix wäre fast gefangengenommen worden, weil er etwa 50 Schritt hinter der Kolonne zurückblieb. Le Mircur, ein Offizier von Bedeutung, hatte in einer melancholischen Zerstreuung nicht darauf geachtet, als man ihn erinnerte, sich an das Korps anzuschließen; er wurde hundert Schritte von den Vorposten ermordet. Der General-Adjutant Galois wurde getötet, da er einen Befehl des Generals en Chef brachte. Der Adjutant Delenau wurde wenige Schritte von der Armee gefangengenommen, als er durch einen Graben ritt. Man setzte einen Preis auf seine Befreiung, aber die Araber entzweiten sich über dessen Verteilung und erschossen, um den Streit zu beenden, den trefflichen jungen Mann.

Die Mameluken waren der französischen Armee entgegen gekommen, bei Demenhour wurde man ihrer zuerst gewahr; sie rekognoszierten aber bloß. Ihre Erscheinung und der unbedeutende Kampf bei Chebreis lehrte unsere Soldaten, sie richtig beurteilen, und nahm ihnen die zweideutigen Empfindungen, die dem Schrekken nahekommen, die ein völlig unbekannter Feind gewöhnlich zu verursachen pflegt. Sie ihrerseits hielten sich, da sie in unserer Armee nichts als Infanterie sahen – für welche sie die höchste Verachtung hegen – eines leichten Sieges gewiß und berunruhigten unseren Marsch nicht weiter. Dieser war aber so schon beschwerlich genug, wegen der Qualen des Hungers und Durstes.

Die Dörfer waren bei Annäherung der Armee verlassen, die Einwohner hatten alles mit sich genommen, was die Truppen hätte ernähren können.

Wassermelonen waren die erste Erquickung, die der ägyptische Boden unseren Soldaten darbot, daher denn auch die Erkenntlichkeit bei ihnen das Andenken an diese Frucht heiligte. Als sie an den Nil kamen, warfen sie sich mitsamt den Kleidern hinein, um sich abzukühlen.

Sowie die Armee an Rahmanieh vorüber war, wurden ihre Märsche am Ufer des Flusses weniger beschwerlich. Sie brach des andern Tages am frühen Morgen auf, und befand sich nach einem zwölfstündigen Marsch bei Embâbe (5), wo die Mameluken versammelt waren. Sie hatten daselbst ein befestigtes Lager mit einem schlechten Graben umgeben, und durch 38 Kanonen verteidigt. Sowie man die

„Geht nun, und denkt daran, daß vierzig Jahrhunderte von der Höhe dieser Monumente auf Euch niederblicken!"

Feinde erblickte, stellte unsere Armee sich in Schlachtordnung. Bonaparte gab seine letzten Befehle, zeigte dann auf die Pyramiden und sagte: »Geht nun, und denkt daran, daß 40 Jahrhunderte von der Höhe dieser Monumente auf Euch niederblicken!« Desaix, der das Vordertreffen kommandierte, hatte das Dorf umgangen. Reynier folgte ihm zur Linken. Dugua, Vial und Bon, die ihm stets zur Linken waren, bildeten einen Halbkreis und näherten sich dem Nil. Murad-Bei (6) hatte uns eben rekognosziert und bemerkt, daß wir keine Kavallerie hatten, er soll daher bemerkt haben: er wolle uns wie Kürbisse zerhauen. Demzufolge setzte sich das beträchtlichste Korps der Mameluken, das vor Embâbe stand, in Bewegung, und warf sich mit solcher Schnelligkeit auf die Division Dugua, daß ihr kaum Zeit blieb, sich zu formieren, indes empfing sie dieselben mit einem Artilleriefeuer, das sie stutzig machte. Durch ein »Links um!« wären sie beinahe in die Bajonette der Division Desaix geraten. Ein gut unterhaltenes und unterstütztes Reihenfeuer brachte eine zweite Überraschung hervor, die Mameluken wankten einen Augenblick, dann passierten sie, in der Absicht, die Division zu tournieren, zwischen den Divisionen Reynier und Desaix durch, und empfingen von beiden ein Kreuzfeuer, womit ihre Niederlage den Anfang nahm. Planlos kehrte nun ein Teil nach Embâbe zurück, der andere wollte sich in einem Palmengarten, der sich westlich von beiden Divisionen befand, verschanzen, aber man ließ sie von da durch Plätzer vertreiben. Darauf wandten sie sich nach der Wüste der Pyramiden. Es waren die nämlichen, die uns in der Folge Ober-Ägypten streitig machten. Während dieser Zeit näherten sich die anderen Divisionen dem Dorfe, und gerieten in den Bereich der Artillerie des verschanzten Lagers. Man beschloß, es anzugreifen, suchte deshalb aus der Division Bon und Menou Mannschaft aus, und formierte 2 Bataillone, die die Generale Rampon und Marmont (7) kommandierten, um auf das Dorf loszumarschieren und es durch Hilfe des Grabens zu umgehen. Das Bataillon Rampon schien ihnen leicht zu verwirren und zu vernichten, es wurde durch alle Mameluken des ganzen Lagers angegriffen; hier war das Feuer am lebhaftesten und mörderischsten. Sie konnten sich unseren Widerstand gar nicht vorstellen (späterhin haben sie geäußert, sie hätten geglaubt, wir seien zusammengebunden); wirklich scheiterte hier die beste

Kavallerie des Morgenlandes, vielleicht der ganzen Erde, an einem kleinen Korps, das sich durch Bajonette deckte. Einige Mameluken verbrannten ihre Kleider an dem Feuer unserer Musketiere, andere wurden tödlich verwundet, und die Flamme verzehrte sie vor unseren Reihen. Ihre Niederlage wurde nun allgemein, sie wollten in ihr Lager zurückkehren, aber unsere Soldaten folgten ihnen und drangen mit ihnen ein. Ihre Kanonen wurden genommen, alle Divisionen näherten sich allmählich, umgaben das Dorf, und raubten ihnen so jedes Mittel zur Flucht. Sie wollten am Nil entlang fliehen, aber eine Mauer, die sich quer vorzog, hielt sie auf. Darauf warfen sie sich in den Fluß, um das Korps des Ibrahim-Bei (8), das zur Bedeckung von Kairo am anderen Nilufer geblieben war, zu erreichen. Von jetzt an hörte es auf, eine Schlacht zu sein, es wurde eine Metzelei. Der Feind schien vorbei zu defilieren, um sich erschießen zu lassen, und wer dem Feuer unserer Bataillone entging, wurde den Wellen zur Beute. Hob man während dieses Blutbades die Augen empor, so mußte man über den erhabenen Kontrast betroffen werden, den der reine Himmel dieses glücklichen Klimas darstellte. Ein kleiner Haufen Franzosen unter Führung eines Helden hatte soeben einen Erdteil erobert, ein Reich bekam einen anderen Herren; der Stolz der Mameluken scheiterte an den Bajonetten unserer Infanterie, aber aller Staub und Rauch dieser großen und fürchterlichen Szene verunreinigte kaum den untersten Teil der Atmosphäre. Das Gestirn des Tages glitt in seinem weiten Horizont dahin, und vollendete seine Laufbahn ruhig; ein erhabener Beweis jener unveränderlichen Ordnung der Natur, die den ewigen Gesetzen mit tiefem Schweigen gehorcht.

Ich habe dies alles in einer Zeichnung, die ich in dem Augenblicke entwarf, darzustellen gesucht. Der offizielle Bericht des Generals Berthier (9), worin die militärischen Bewegungen auf eine sehr klare und zugleich gelehrte Weise ausführlich beschrieben sind, kann zur Erklärung des Plans dieser Schlacht dienen.

Der General Menou war verwundet in Alexandria geblieben, er sollte in Rosette eine Regierung organisieren, und zugleich das Delta durchreisen. Ehe er sich nach Kairo begab, lud er mich ein, ihn auf dieser Tour zu begleiten. Ich entschloß mich dazu um so lieber, weil ich im voraus dachte, daß sie nur dann interessant sein könne, wenn man sie früher mache als den Zug nach Ober-Ägypten. Ich genoß überdies die Gesellschaft eines liebenswürdigen und unterrichtenden Mannes – eines Mannes, der lange schon mein Freund war.

Wir schifften uns auf ein Postschiff im neuen Hafen von Alexandria ein, und manövrierten den ganzen Tag, aber unsere Kapitäne kannten weder die Strömungen, noch die Klippen, noch die Untiefen dieses Hafens, sie vermieden zwar glücklich die Spitze des Diamant, fürchteten aber am Felsen des kleinen Leuchtturms zu scheitern, und führten uns deshalb am Eingang des Hafens wieder zu Lande, um den folgenden Tag weiter zu reisen. Ich zeichnete das Schloß der Insel Pharos, das auf der Stelle jenes berühmten nützlichen und prächtigen Monuments gebaut ist, jenes Wunders der Welt, das seinen Namen von der Insel, worauf es stand, erhielt, und ihn dann allen übrigen Monumenten dieser Art verlieh. Wir reisten den anderen Tag unter ebenso ungünstigen Anzeichen als den Tag vorher. Kaum waren wir einige Stunden weit ins Meer, als der Wind sehr heftig wurde, und den General Menou ein krampfhaftes Brechen überfiel, welches ihm beinahe das Leben gekostet hätte, indem er der Länge nach hinstürzte und mit dem Kopf auf den Stoß einer Kanone schlug. Keiner von uns konnte die Gefahr seiner großen Wunde beurteilen; er war ohnmächtig geworden, und wir beratschlagten, ob wir ihn nicht auf den »Orient«, dem gegenüber wir uns eben befanden, der mit der übrigen Flotte bei Abukir vor Anker lag, bringen sollten.

Unsere Seeleute glaubten, daß einige Stunden hinreichen würden, um bis zum Nil zu kommen, wir entschlossen uns also hierzu. Trotz unserer unglücklichen Lage glückte es mir, eine Zeichnung zu vollenden, die einen Überblick davon gibt, wie unsere Flotte vor Abukir (10) vor Anker lag. Ehemals war dies Vorgebirge wegen der Stadt Canopus (11) berühmt, jetzt ist es durch alle Schrecknisse des Krieges berüchtigt. Einige Stunden darauf befanden wir uns, ohne es zu wissen, an einer der Mündungen des Nils, wir bemerkten es an der entsetzlichsten Szene, die ich in meinem Leben gesehen habe. Das Wasser des Nils wurde durch den Wind zurückgetrieben, schlug Wellen von ungeheurer Größe, die durch den Fluß des Stroms immer wieder zurückgeworfen und gebrochen wurden. Eins unserer Schiffe, das eben Schiffbruch erlitten hatte, und das die Wogen jetzt völlig zerschlagen hatten, war die einzige Anzeige der nahen Küste. Mehrere andere Postschiffe, die in gleicher Lage wie wir waren, suchten sich einander zu nähern, um sich zu beratschlagen, vermieden sich dann wieder, um nicht zu zerschellen. Es war kein Lotse in der Nähe, und wir wußten nicht mehr, was wir tun sollten; mit dem General ging es zunehmend schlimmer. Wir dachten darauf, den äußersten Rand des Flusses zu untersuchen. Das Boot wurde ins Meer gelassen, ich und der Bataillonschef Bonnecarrere warfen uns hinein, so gut wir konnten. Kaum hatten wir unser Schiff verlassen, als wir uns mitten im Abgrunde befanden, und nichts als die überhängenden Gipfel der Wellen sehen konnten, die von allen Seiten uns zu verschlingen drohten. Wir waren 1000 Toisen[4] von dem Postschiffe entfernt, konnten es aber nicht erreichen. Die Seekrankheit fing an, mich zu quälen, wir überlegten, ob wir die Nacht so zubringen müßten. Ich hüllte mich in meinen Mantel, um nichts mehr von unserem bedauernswerten Zustande zu sehen, als wir unterhalb einer Feluke vorbeikamen, wo ich einen Unglücklichen erblickte, der beim Heruntersteigen ins Boot an einem Seile hängengeblieben war. Die Anstrengungen, sich in dieser gefährlichen Lage zu erhalten, ermüdeten ihn, seine Arme sanken schon, um ihn in die des Todes gleiten zu lassen. Dieses Schauspiel erschütterte mich so, daß meine Ohnmacht verschwand, ich schrie nicht, ich heulte. Die Matrosen schrien mit mir, bis wir endlich von den Leuten des Schiffes gehört wurden. Anfangs wußten sie nicht, was wir wollten, sie suchten auf allen Seiten, ehe sie dem Unglücklichen, dessen letzte Kräfte entflohen, zu Hilfe kamen. Endlich entdeckten sie ihn, es war nur eben noch Zeit, ihn zu retten. Der Augenblick, den wir dieser Begebenheit wegen verloren, und unsere Bemühungen, um unter dem Winde zu erhalten, hatten uns weit genug aufs hohe Meer gebracht, um unser Postschiff zu erreichen. Wir erstiegen es glücklich, aber wir befanden uns nun wieder eben da, von wo wir ausgereist waren, ohne zu wissen, was wir nun weiter machen sollten. Der Wind wurde stiller, aber das Meer ging immer noch hoch. Endlich brach die Nacht an.

Der General war zu krank, um sich selbst zu etwas entschließen

[4] Klafter = 1,949 m

zu können, wir hielten daher aufs neue Rat, und entschlossen uns, ihn so gut wie möglich ins Boot zu bringen, wir hofften nämlich, daß das zerschlagene Schiff und die Klippen uns zu Wegweisern dienen und daß wir, wenn wir sie vermieden, in den Nil gelangen würden. Dies glückte uns. Nachdem wir eine Stunde geschifft hatten, befanden wir uns im Winkel der Küste: schnell wandten wir uns rechts, und gelangten so in das stille Bett des sanften Flusses und befanden uns eine halbe Stunde darauf mitten im grünsten und frischesten Lande der Welt.

Der General saß nun wieder aufrecht und wir hatten seinethalben weiter keine Besorgnis, als wegen seiner tiefen Wunde, die niemand von uns zu untersuchen wagte. Wir erblickten zu unserer Rechten ein Fort und zur Linken eine Batterie. Ehemals war sie zur Verteidigung der Mündung des Nils gebaut, jetzt ist sie eine Stunde davon entfernt. Dies gibt uns einen Maßstab der jährlichen Anschwemmung des Flusses, denn sicher fällt die Erbauung dieser Forts später, als die Erfindung des Schießpulvers, das heißt, es ist noch nicht 300 Jahre alt. In großer Eile entwarf ich zwei Zeichnungen von diesen Standpunkten.

Der erste, westlich vom Flusse, stellt ein viereckiges Schloß dar, dessen Winkel mit Türmen versehen sind und in dessen Batterien sich 25 Fuß lange Kanonen befinden. Der zweite ist jetzt bloß noch eine Moschee, vor der sich eine zerstörte Batterie befindet. Hier ist noch eine Kanone von 28 Zoll Durchmesser, die dazu dienen soll, den Weibern eine glückliche Niederkunft zu verschaffen, wenn sie sie während ihrer Schwangerschaft mit den Füßen umklammern.

Nach einer Stunde entdeckten wir, mitten in Wäldern von Datteln, Bananen, Feigen und Maulbeerbäumen Rosette (12). Es liegt an den Ufern des Nils. Ich zeichnete die Ansicht, ehe wir landeten.

Rascid (die Franzosen nannten es Rosette oder Rosset) ist nahe an der Mündung des Arms Bolbitina gebaut, nicht weit von den Ruinen der Stadt gleichen Namens. Diese mußte wohl an einem Winkel des Flusses liegen, etwa da, wo jetzt das Kloster Abou-Mandour steht, ungefähr eine halbe Stunde von Rosette. Zur Bestätigung dieser Meinung dienen die Anhöhen, die das Kloster beherrschen. Noch mehr vielleicht bestätigen es mehrere Säulen und Altertümer, die man vor zwanzig Jahren fand, als das Kloster repariert wurde.

Leo von Afrika (13) sagt, daß Rascid unter der Herrschaft der Kalifen von einem ägyptischen Gouverneur erbaut wurde, aber er nennt weder den Kalifen noch die Zeit der Erbauung. Rosette zeigt kein einziges seltenes Monument, seine ehemalige einfache Einfassung gibt zu erkennen, daß es einst größer war, als es jetzt ist.

Auch in dieser Stadt nimmt die Bevölkerung, wie in Alexandrien, täglich ab, man baut wenig, und was man baut, geschieht mit alten Steinen von Gebäuden, die zusammenstürzten, weil keine Bewohner mehr existierten, die sie ausbesserten. Im Ganzen sind die Häuser besser gebaut, als in Alexandrien, sie sind aber doch immer so brüchig, daß, wenn das Klima, welches nichts zerstört, sie nicht verschonte, bald kein Haus mehr von Rosette übrig sein würde. Jede der übereinander gebauten Etagen treten vor, so daß die obersten von den gegenüberstehenden Häusern fast berührt werden; dies macht aber die Straßen sehr dunkel und unangenehm. Die Wohnungen am Nil entlang haben diese Unbequemlichkeit nicht, sie gehören meistens fremden Kaufleuten. Dieser Teil der Stadt könnte sehr leicht verschönert werden, die Häuser hier genießen den Vorteil, die Aussicht auf die Schiffahrt zu haben, und erfreuen sich zu gleicher Zeit des lachenden Anblicks der Ufer des Delta. Die Insel ist ein wahrer Garten von einer Stunde im Umkreis.

Wir eigneten uns sogleich das schöne Delta zu, es diente uns zu unseren Spaziergängen und bald auch zum Vergnügen der Jagd. Ich bemerkte, daß die Bewohner des linken Nilufers, das heißt, die Einwohner des Delta, sanfter und geselliger sind als die anderen. Ich glaube, ihr größerer Reichtum und die Abwesenheit der arabischen Beduinen ist die Ursache. Diese überschreiten den Fluß nie, und lassen jene also in einem Zustand des Friedens, den die anderen nie in ihrem Leben genießen.

Untersucht man die Grundursachen, so läßt man gewöhnlich nach, sich über die Wirkungen zu beschweren. Wer kann es den arabischen Landbauern verdenken, daß sie mürrisch, mißtrauisch, geizig, sorglos und ohne Bedacht auf die Zukunft sind, wenn man erwägt, daß außer den Vexationen ihres Grundherrn, des begierigen Beis, des Scheichs und der Mameluken (14) auch noch ein herumirrender, ewig bewaffneter Feind jeden Augenblick darauf lauert, ihnen dasjenige zu rauben, was er Überflüssiges an ihnen gewahr wird.

Nur das Geld, das sie verbergen können, und das alle Genüsse, denen sie sich entziehen, repräsentiert, ist dasjenige, was sie wirklich für ihr eigen halten können. Die Kunst, es zu vergraben, ist daher ihr höchstes Studium. Sie beruhigen sich auch nicht damit, es der Erde anvertraut zu haben; Schutt, Lumpen, kurz das ganze Gefolge des Elends stellen sie den Blicken ihrer Herren dar, in der Hoffnung, ihr Geld dadurch der Begierde derselben zu entziehen.

Wir hatten freilich die Mameluken verjagt, aber da wir bei unserer Ankunft alle möglichen Bedürfnisse zu befriedigen hatten, ersetzten wir da nicht im Grunde die Verjagten? Und nun die arabischen Beduinen (15) mit ihren schlechten Waffen, ohne festen Widerstand, die den beweglichen Sand zu Wällen erhoben, die keine Linie, als den weiten Raum, keine Rückflucht als die Unermeßlichkeit kennen, wer wird sie je überwinden können? Ob wir die Bestechung versuchen, indem wir ihnen Land zum Bebauen anbieten? Aber in Europa hören die Bauern, die Jäger geworden sind, unwiderruflich auf, den Acker zu pflügen, und – der Beduine war von jeher ein Jäger. Faulheit und Unabhängigkeit sind die Grundzüge seines Charakters, und um das eine oder das andere zu befriedigen, strengt er sich unaufhörlich an, und läßt sich durch die Not belagern und beherrschen. Der Neid, eine Geißel, die selbst der Aufenthalt der Dürftigkeit fühlen muß, schwebt sogar über dem brennenden Sand der Wüste. Die Beduinen führen mit allen Völkern der Erde Krieg, aber die hassen und beneiden nur andere Beduinen, die nicht von ihrer Horde sind. Sie mischen sich in alle Kriege, und setzen sich sogleich in Bewegung, sobald ein innerer Zwist oder ein auswärtiger Feind die Ruhe Ägyptens zu stören anfängt, aber sie verbinden sich mit keinem von beiden, sondern benutzen die Uneinigkeit, um beide zu plündern. Als wir in Afrika landeten, mischten sie sich unter uns und nahmen die Zurückbleibenden von uns gefangen, hätten aber die Alexandriner ebenso geplündert, wenn diese ihre Mauern verlassen hätten. Wo es Beute gibt, da sehen die Beduinen ihren Feind. Zu Traktaten sind sie immer bereit, weil mit den Stipulationen Geschenke verbunden sind, aber Verpflichtungen kennen sie nicht, es sei denn, daß die Not sie gebietet. Ihre Grausamkeit hat indes nichts Abscheuliches; diejenigen von uns, die sie gefangen genommen hatten, beschrieben die Leiden ihrer Gefangenschaft, wenn sie

sie erzählten, mehr als eine Folge der Lebensart dieser Nation, als ihrer Barbarei. Offiziere, die ihre Gefangenen gewesen waren, versicherten, daß die Arbeit, die man von ihnen verlangt hätte, weder schwer noch grausam gewesen sei. Sie mußten unter Aufsicht der Weiber die Esel und Kamele beladen und führen, aber freilich auch alle Augenblicke Halt machen und aufbrechen. Die ganze Hauswirtschaft ließ sich zusammenpacken und in höchstens einer Viertelstunde war man unterwegs. Die Hauswirtschaft bestand in einer Korn- und Kaffeemühle, einer Eisenplatte, um Brotkuchen zu bakken, einer großen und kleinen Kaffeekanne, einigen Schläuchen, einigen Kornsäcken und der nötigen Zeltleinwand, in welche dies alles gewickelt wird. Eine Handvoll geröstetes Getreide und 12 Datteln, waren die gewöhnliche Portion eines Marschtages, und ein wenig Wasser, das wegen des Mangels desselben zu allem Übrigen schon gedient hatte, ehe man es trank. Unsere Offiziere waren durch diese schlechte Behandlung nicht niedergeschlagen, sie erinnerten sich auch nie mit Bitterkeit an diesen traurigen Zustand.

Die Beduinen sind sehr tolerant, sie haben keine Vorurteile des Fanatismus. Ehrwürdig gewordene Gewohnheiten sind ihre Gesetze. Ihre Grundzüge gleichen Tugenden, die bei ihren partiellen Verbindungen zur übrigen Welt und bei ihrer paternalistischen Herrschaft hinreichen.

Noch muß ich einen Zug ihrer Gastfreiheit erwähnen. Ein französischer Offizier war seit einigen Monaten der Gefangene eines Anführers der Araber. Sein Lager wurde bei Nacht von unserer Kavallerie überfallen, er selbst hatte nur eben Zeit, sich zu retten. Zelte, Herden, Mundvorrat, alles wurde genommen. Den Tag darauf irrte er einsam und hilflos umher, langt aber dennoch ein Brot unter seinen Kleidern hervor, gibt dem Gefangenen die Hälfte davon und spricht: »Gott weiß, wann wir mehr zu essen haben werden; aber man soll mir doch nicht nachsagen, mit dem, den ich mir zum Freunde machte, nicht auch den letzten Bissen geteilt zu haben.« Kann man ein solches Volk wohl hassen, so wild es übrigens auch sein mag?

Welchen Vorzug vor uns gibt ihnen ihre Mäßigkeit, verglichen mit den Bedürfnissen, die wir uns geschaffen haben? Wie könnte man Menschen dieser Art bereden oder zu etwas bringen? Werden sie uns nicht immer vorzuwerfen haben, daß wir reiche Ernten auf den Gräbern ihrer Vorfahren aussäen? So lange wir noch nicht Herren von Kairo waren, hielten die Strandbewohner des Nils unsere Existenz in Ägypten für sehr unsicher, sie unterwarfen sich deshalb unserer Armee bei ihrem Übergange bloß zum Schein, zweifelten aber gar nicht, daß unser Heer von ihren unüberwindlichen Tyrannen werde aufgerieben werden. Sie erlaubten sich daher, vielleicht um künftig desto eher Verzeihung für ihre Unterwerfung zu erhalten, vielleicht um ihren Raubgeist zu befriedigen, unsere Barken, so oft sie zur Armee geschickt wurden, oder von ihr zurückkamen, anzugreifen und zu beschießen. Einige Schiffe wurden wirklich gezwungen, zurückzukehren, nachdem sie stundenlang Flintenschüsse erhalten hatten, und zwar besonders von den Einwohnern der Dörfer Metubis und Tfemi. Man schickte ein Postschiff und einige Truppen gegen sie, ich war mit bei dieser Unternehmung. Unsere Instruktionen waren friedfertig, wir nahmen ihre Unterwerfung an und hoben Geiseln aus.

Etliche Tage nachher fuhr eine andere Barke nach Kairo ab; wir hörten nichts weiter von denen, die sie bestiegen hatten, erfuhren aber späterhin von den Eingeborenen, daß sie jenseits Fua angegriffen worden waren. Sie waren alle verwundet worden, und die Schiffsleute hatten sich ins Wasser geworfen, der Strom hatte sie ergriffen, sie waren gestrandet, festgenommen, nach Salmie[5] gebracht und da erschossen worden. Der General glaubte nun, ein warnendes Beispiel geben zu müssen. Wir segelten also mit 200 Mann auf einer halben Schebecke und mit einigen Barken ab, und landeten eine halbe Stunde vor Salmie; ein Detachment umging das Dorf, ein anderes blieb am Ufer des Flusses, die dritte Division, die die Einschließung vollenden sollte, war zwei Stunden unterhalb auf den Sand getrieben. Wir fanden die Feinde zu Pferde und in Schlachtordnung vor ihrem Dorfe; sie griffen uns zuerst an und drängten sich bis an unsere Bajonette. Unsere ersten Schüsse töteten ihre Anführer, sie wurden umringt und erlitten eine gänzliche Niederlage. Der Scheich und die Übriggebliebenen entkamen, weil die dritte Division, die ihrer Flucht in den Weg treten sollte, nicht zur

[5] das heutige Dorf Salaman

rechten Zeit da war. Das Dorf wurde während der übrigen Tageszeit geplündert und in der Nacht angesteckt. Flammen und Kanonenschüsse verkündeten in der Dunkelheit zehn Stunden weit umher unsere gänzliche und fürchterliche Rache. Ich zeichnete Salmie zuvor am Tage und dann beim Scheine des Brandes.

Wir kamen nach Fua zurück und wurden als Sieger empfangen, die ihrer Rache Grenzen zu setzen wußten. Alle Scheichs der Provinz waren zusammen berufen und gegenwärtig. Mit Ehrfurcht und Ergebung hörten sie das Manifest vorlesen, das unsere Expedition betraf und die Grundlagen der künftigen neuen Organisation von Salmie enthielt. Man ernannte einen bejahrten Scheich anstelle dessen, den die Franzosen soeben abgesetzt und verwiesen hatten. Er wurde zurückgesandt, um die zerstreuten Einwohner zu sammeln und eine Deputation von ihnen herbeizuführen, die am dritten Tag auch wirklich ankam. Das Detachment, das den neuen Scheich begleitete, wurde mit Jauchzen empfangen, die Deputierten sagten uns, sie hätten immer noch die Vaterhand erkannt, wenn diese gleich schwer über ihnen geworden wäre, auch sähen sie wohl, daß wir gegen sie eigentlich nichts Böses im Sinne hätten, da wir nur Schuldige getötet und nur ein Viertel des Dorfs verbrannt hätten; sie fügten hinzu, das Feuer sei gelöscht und das Haus des entflohenen Scheichs zerstört, auch hätten sie die noch übrigen Hühner und Gänse den Soldaten angeboten.

Wir trafen mit den angrenzenden Distrikten eine Übereinkunft und legten eine ordinäre Post nach Salmie an. Unsere Expedition vollendeten wir dadurch, daß wir das ganze Departement durchzogen. In jedem Dorfe wurden wir auf eine mehr als feudalmäßige Art empfangen. Die erste Person des Landes kam uns entgegen und nahm die Bezahlung dessen, was wir verzehrten, im Namen der Einwohner in Empfang. Wir mußten erst die Mißbräuche kennen, ehe wir ihnen abhelfen konnten, auch verführte es uns, durch Hilfe des Zufalls so leicht die Gewohnheiten eines Landes beobachten zu können, dessen Sitten wir verändern wollten.

Ein Haus, das fast immer dem Mameluken gehört hatte, der bisher Herr und Meister des Dorfes gewesen war, wurde in wenigen Augenblicken nach Art des Landes mit Matten, Polstern und Teppichen möbliert. Eine Menge Diener brachten sogleich frisches wohlriechendes Wasser, Pfeifen und Kaffee. Eine halbe Stunde darauf war ein Teppich ausgebreitet, rund umher machte man eine Lage von drei bis viererlei Arten Brot und Kuchen, deren Mitte kleine Schüsseln voller Früchte, Zuckerwerk und Milchsachen enthielt, das fast alles sehr gut und besonders wohlriechend war. Man kostete beinahe nur von allem, und in wenigen Minuten war die ganze Mahlzeit vorbei, aber zwei Stunden darauf wurde das nämliche Tuch aufs neue beladen. Brot, große Schüsseln voll Reis, teils mit Brühe, teils mit Milch, schlecht gebratene halbe Hammel, große Kälberviertel, die gekochten Köpfe aller erwähnten Tiere und noch sechzig andere Schüsseln waren übereinander gestellt; diese bestanden aus gewürzten Ragouts, Kräutern, Konfekt, Gelees und Scheibenhonig; Stühle, Teller, Löffel, Gabeln, Becher und Servietten fehlten gänzlich. Aufs Knie hingekauert ißt man den Reis mit den Fingern, zerreißt das Fleisch mit den Nägeln, taucht das Brot in die Brühe und leckt die Hände mit den Lippen ab. Das Wasser wird aus einem Topf getrunken. Der, der den Wirt macht, trinkt immer zuerst, auch ißt er zuerst von allen Schüsseln, weniger, um zu zeigen, daß man nichts zu fürchten habe als um zu erkennen zu geben, wie sehr er auf unsere Sicherheit bedacht sei. Servietten verteilt man nur nach Tisch, wenn Wasser zum Waschen gebracht wird. Dann wird jeder einzelne mit Rosenwasser besprengt, und endlich wird geraucht und Kaffee getrunken.

Nachdem wir gegessen hatten, nehmen die vom zweiten Rang unsere Plätze ein, und auch sie wurden sehr schnell durch andere ersetzt. Nach den Grundsätzen ihrer Religion wurde auch ein armer Bettler mit an den Tisch genommen, dann folgten die Diener und endlich wer wollte, bis alles verzehrt war. Es mangelt zwar diesen Mahlzeiten an Bequemlichkeit und an Appetitlichkeit, aber desto bewundernswürdiger ist dabei der Überfluß, die gastfreie Hingebung und die Mäßigkeit der Gäste, die trotz aller Schüsseln nie länger als zehn Minuten am Tisch bleiben.

Den 14ten Fructidor morgens waren wir Herren von Ägypten, von Korfu und von Malta. Dreizehn Linienschiffe sicherten diesen Besitzungen mit Frankreich den Zusammenhang, so daß man beides als ein Reich ansehen konnte. England vermochte nichts weiter zu tun, als auf dem Mittelländischen Meere mit zahlreichen Flotten umherzukreuzen, die sich nur mit Mühe und mit ungeheuren Kosten verproviantieren konnten.

Bonaparte fühlte den ganzen Vorteil dieser Lage, und wünschte, um sie zu sichern, daß unsere Flotte in den Hafen von Alexandrien einlaufen möchte; er hatte dem, der die Mittel dazu angeben werde, 2000 Dukaten versprochen; denn Kapitäne von Kauffahrtschiffen sollten einen Eingang in den alten Hafen aufgefunden haben. Aber Frankreichs böser Genius riet und beredete den Admiral, sich bei Abukir vor Anker zu legen, wodurch denn an einem einzigen Tage das Resultat von einer langen Reihe von Glücksfällen sehr verändert wurde. Den 14ten nachmittags führte uns der Zufall nach dem oben erwähnten Kloster Abumandur, welches nächst Rosette das Ziel eines angenehmen Spazierganges am Ufer des Flusses ist. Kaum waren wir auf dem Turm, der oberhalb des Klosters steht, angelangt, so erblickten wir zwanzig Segel; sie kamen, sie formierten eine Linie, sie griffen an, alles in einem Augenblick. Der erste Kanonenschuß geschah um 5 Uhr, doch bald verdeckte uns der Rauch die Bewegungen beider Armeen. In der Nacht konnten wir alles etwas besser unterscheiden, ohne jedoch das, was vorfiel, gehörig beurteilen zu können. Wir liefen Gefahr, selbst von dem kleinsten Korps Beduinen gefangengenommen zu werden, aber dies konnte die begierige Aufmerksamkeit nicht hindern, womit wir einen Vorfall von so großer Wichtigkeit beobachteten. Das Feuer, das immer stärker und stärker wurde, hörte nicht mehr auf. Der Kampf mußte unstreitig schrecklich und von beiden Seiten gleich hartnäckig sein.

Als wir wieder zurück in Rosette waren, bestiegen wir die Dächer unserer Häuser. Gegen 10 Uhr zeigte uns der sehr helle Himmel eine Feuersbrunst an, einige Minuten darauf erfolgte eine fürchterliche Explosion und dann ein tiefes Schweigen. Wir hatten von der linken Seite zur Rechten schießen sehen, und folgerten hieraus, daß die Unsrigen dieses Feuer verursacht hätten. Das eingetretene Stillschweigen mußte von dem Rückzug der Engländer entstehen, denn sie allein konnten fortfahren oder aufhören zu kämpfen, weil sie allein über den offenen Raum disponierten. Um 11 Uhr fing ein langsames Feuern wieder an, um Mitternacht wurde der Kampf wieder lebhaft, um 2 Uhr des Morgens hörte er auf. Beim Anbruche des Tages war ich auf dem vorgerückten Posten und nach 10 Minuten

Seeschlacht bei Abukir

fing eine neue Kanonade an, um 9 Uhr flog ein anderes Schiff in die Luft, um 10 Uhr durchkreuzten die einzigen vier übriggebliebenen ganzen Schiffe, die wir deutlich für französische erkannten, mit vollen Segeln das Schlachtfeld, wovon sie uns Herrn zu sein schienen; da sie weder angegriffen noch verfolgt wurden. So groß war die Täuschung, die durch den Enthusiasmus der Hoffnung erweckt wurde.

Ich blieb Tag und Nacht auf dem Turm von Abumandur und zählte 25 Schiffe, wovon die eine Hälfte verstümmelte Schiffsleichname genannt werden konnten, und wovon die andere Hälfte manövrierunfähig war. Drei Tage blieben wir in dieser grausamen Ungewißheit. Mit Hilfe des Fernglases hatte ich die Zerstörungen gezeichnet. Endlich aber zeigten uns das verschlossene Ufer und die aufhörende Verbindung mit Alexandria, daß unsere Existenz verändert sei, daß wir, getrennt von Paris, Kolonien geworden und gezwungen seien, bis zum Frieden durch uns selbst zu bestehen. Wir erfuhren endlich, daß die englische Flotte unsere Linie umsegelt hatte, weil diese nicht fest genug an der Insel lag, die sie beschützen sollte, erfuhren, daß die Feinde durch Hilfe einer doppelten Linie unsere Schiffe einzeln nahmen – dieses Manöver, das das Ganze unserer Kräfte schwächte, machte die eine Hälfte zu Zuschauern der Zerstörung der anderen – erfuhren, daß es der »Orient« war, der um 10 Uhr, und der »Herkules«, der den anderen Tag in die Luft flog; daß die Kommandeure der Schiffe »Wilhelm Tell« und »Généreux« und der Fregatten »Diana« und »Justice«, da sie die übrigen in der Gewalt des Feindes sahen, den ersten Augenblick wahrgenommen hatten, um seinen vereinten Schüssen zu entfliehen; wir erfuhren endlich, daß der 14te Fructidor die schöne Übereinstimmung unserer Kräfte und unseres Ruhmes vernichtet habe, daß unsere zerstörte Flotte den Feinden die Herrschaft auf dem Mittelländischen Meere wiedergegeben habe (16).

Unsere Lage wurde nun ganz verändert; wir konnten angegriffen werden, mußten also Verteidigungsmittel ergreifen. Man befestigte den Eingang des Nils, man errichtete eine Batterie auf einer der Inseln, man sah alle Punkte nach.

Einst beim Rekognoszieren kehrten wir zum Ufer des Nils zurück. Der Fluß hatte jetzt fast seine höchste Höhe erreicht, und wir

Admiral Nelson, der Sieger von Abukir

konnten die Wirkungen seiner Strömung gegen die Wellen des Meeres beurteilen. Diese werden in dieser Jahreszeit alle Tage zwölf Stunden lang durch den Nordwind dem Laufe des Flusses entgegengeworfen. Aus diesem Kampfe entstehe eine Lage Sand, die sich mit der Zeit erhöht und zu einer Insel wird, welche den Lauf des Flusses teilt, und zwei Mündungen bildet, die jede ihre Brandung haben.

Der Wirbel dieser Brandung wirft einen Teil des Sandes, den der Strom mit fortgerissen hatte, ans Ufer zurück, und durch diese Anschwemmungen verengen sich die beiden Mündungen allmählich, bis der stärkere Ausfluß die Oberhand gewinnt, der schwächere sich verschließt und nebst der Insel zum festen Lande wird, die übrigbleibende Mündung bildet bald wieder eine neue Lage Sand, dann eine Insel, dann zwei Mündungen usw. Hierdurch läßt sich die alte Geographie in Rücksicht der Mündungen des Nils am natürlichsten erklären.

Die ersten Kräuter, die auf den Anschwemmungen wachsen, sind drei bis vier Arten von Soda; der Sand häuft sich um diese Pflanzen herum an, sie erheben sich aufs neue über das darum Angehäufte, ihr Absterben bringt einen Dünger hervor, wonach Binsen wachsen; diese Binsen erhöhen und befestigen den Boden aufs neue, nun erscheint der Dattelbaum, dessen Schatten die Feuchtigkeit zusammenhält, und einen Überfluß hervorbringt, so wie man es um das Schloß Rascid herum sieht. Von diesem Schlosse aus konnte man, zu Selims (17) Zeiten, mit einer Kanone ins Meer schießen. Jetzt ist es eine Stunde vom Ufer entfernt, umgeben mit Palmenwäldern, unter welchen andere Obstbäume und die Gemüse unserer fruchtbarsten Gärten wachsen. Bei dieser Expedition sah ich an der Mündung des Flusses eine Menge Pelikane und Kraniche. Bei näherer Besichtigung des Schlosses Rascid bemerkte ich, daß es aus Überbleibseln alter Gebäude erbaut ist, daß ein Teil der Steine, die die Öffnungen für die Kanonen enthielten, schöner oberägyptischer Sandstein war, der noch jetzt mit Hieroglyphen bedeckt ist. Als wir die Keller untersuchten, fanden wir eine Art von Magazin verlegener Waffen, Ballisten[6], Bogen und Pfeile, Helme und Schwerter nach Art der Kreuzfahrer. Als wir dieses Magazin untersuchten, störten wir einige Fledermäuse, die so groß wie Tauben waren, wir töteten mehrere derselben, die ganz die Gestalt des Eisvogels hatten.

Nach dem Verlust unserer Flotte wurden alle unsere Truppen von Rosette in kleinere Garnisonen der Schlösser und Batterien verteilt. Man hatte eine Karawanenroute von Alexandrien nach Rosette, durch Abukir und die Wüste anlegen müssen, um die Kommunika-

[6] Wurfmaschinen

tion zwischen den beiden Städten zu erhalten. Die Karawanen wurden von den Soldaten gegen die Araber geschützt; in Rosette blieben weniger Truppen zurück, als man zum Dienst und zur Verteidigung im Fall eines Angriffs brauchte. Man dachte also daran, eine Miliz zu formieren, und Reisende, Spekulanten, unnütze und unsichere, umhertreibende und unentschlossene Menschen, die teils von Alexandrien herkamen, teils schon von Kairo zurückkehrten, dazu zu nehmen. Diese Amphibien waren in den Feldern Italiens verdorben, hatten von den ägyptischen Ernten, als von den reichsten der Welt reden gehört, und gemeint, die Besitznahme eines solchen Landes mache unfehlbar das Glück der Eroberer. Andere waren, als Neugierige oder zu Grunde gerichtet durch Ausschweifungen, und weil sie sich durch Savarys Erzählung hatten blenden lassen, aus Paris gereist, um in Kairo neue Arten von Wollüsten zu entdecken; noch andere waren Intriganten und hofften auf Armeelieferungen, dies und jenes zu erlauern, die Bedürfnisse der Kolonie kommen zu lassen und zu hohen Preisen zu verkaufen; und doch hatten die Beis alles, was an Geld und Luxus in Kairo war (18), mit sich genommen. Das Volk hatte die Häuser der Reichen vor unserem Eintritt in die Stadt geplündert; Bonaparte wollte keine Lieferanten, und die Kauffahrteiflotte war durch die Engländer blockiert. Dies alles warf für diese Reisenden einen trüben Schleier über Ägypten, sie waren erstaunt, sich gefangen, ihre Projekte gescheitert und sich gezwungen zu sehen, zur Verteidigung und Organisation eines Etablissements beizutragen, daß nur das Glück und den Ruhm der Nation im Allgemeinen ausmachen konnte. Sie schrieben deshalb auch traurige Berichte nach Frankreich, die die Engländer auffingen, und die nicht wenig dazu beitrugen, sie in Rücksicht unseres Zustandes zu täuschen (19). Die Engländer fingen an, für gut zu glauben, wir würden Hungers sterben müssen, und schickten uns unsere Gefangenen zurück, um den Augenblick unserer Aufreibung zu beschleunigen; meldeten in ihren Zeitungen, die Hälfte unserer Armee sei im Hospitale, obwohl Oberägypten uns im Überfluß das beste Getreide und Niederägypten den schönsten Reis darbot; der Zucker nur die Hälfte desjenigen kostete, was er in Frankreich galt, und unzählige Herden von Büffeln, Ochsen, Hammeln und Ziegen unseren Bedarf deckten; ungeachtet wir endlich zum Luxus für unsere Tafeln noch alle Arten von Federvieh, Fischen, Wildbret, Hülsenfrüchte und Obst auftischen konnten. Alle diese ersten Bedürfnisse lieferte Ägypten auch jenen Verleumdern, aber sie verlangten Gold, und da sie dies nicht fanden, sahen sie nichts um sich herum als brennenden Sand, eine glühende Sonnenhitze, Flöhe und Mücken, Hunde, die sie nicht schlafen ließen, Männer, mit denen man nicht umgehen konnte und verschleierte Weiber.

Doch wir wollen dies Heer von Schmetterlingen, das immer dem Glanze nachzuflattern pflegt, dem Winde überlassen. Wir wollen lieber auf unsere Triumphe sehen und auf den Frieden, die die Tore von Alexandrien wieder öffnen, und verständige und betriebsame Landbauer, nützliche Kaufleute und Kolonisten dahinbringen werden, die, ohne darüber zu erschrecken, daß Afrika anders aussieht als Europa, erfahren, daß in Ägypten ein Mensch für drei Sous soviel vom besten Reis haben kann, das er den ganzen Tag braucht; daß ein Teil der Länder, die der Nil jetzt nicht mehr überschwemmt, mit Hilfe der Bewässerung wieder kultiviert werden könnte, daß die Inseln des Nils und der größte Teil des Deltas nur amerikanische Kolonisten verlangen, um das herrlichste Zuckerrohr hervorzubringen; diesseits und jenseits Kairo werden sie sehen, daß sie nur verbessern dürfen, um mit allen Plantagen von Indigo und Baumwolle (20) jeder Art zu wetteifern, daß sie auf eine vernünftige und sichere Weise ihr Glück machen könnten, und dabei unter einem reinen und gesunden Himmel und am Ufer eines wunderbaren Flusses wohnen, dessen Vorzüge man kaum alle aufzählen kann; sie werden eine neue Kolonie mit schon fertigen Städten sehen, und darinnen geschickte Arbeiter, bereits an die Beschwerlichkeiten und ans Klima gewöhnt finden, mit welchen sie in wenigen Jahren und durch Hilfe der Kanäle, die schon gezogen sind, neue Provinzen schaffen können, deren künftiger Überfluß gar nicht zweifelhaft ist, weil die neue Industrie ihnen nur ihren alten Glanz wiedergeben wird.

Unsere sorglosen Soldaten spotteten über unsere geschlagenen Seeleute, und dichteten, Murad-Bei habe ein weißes, mit Gold und Diamanten beladenes Kamel, seitdem wurde von nichts als von Murad-Bei und seinem weißen Kamel gesprochen. Ich, der ich Oberägypten besehen wollte, verschob das Nachdenken über unseren Zustand bis zur Beendigung meiner Reise. Unsere Reise durchs Delta verzögerte sich durch Geschäfte, die General Menou bekam. Ich beschloß, diese Verzögerung dazu zu benutzen, daß ich den Weg noch einmal machte, aber nun zu Lande den Teil des Deltas besah, wovon ich vorher, als ich zur See von Alexandrien kam, nur die Küsten erblickt hatte. Ich nützte die Gelegenheit, einer Karawane, um die Ruinen von Canopus aufzusuchen.

Es hatte sich eine große Menge von Einwohnern versammelt, um diese Karawane zu begleiten. Ihr Anblick tat eine sehr malerische und imponierende Wirkung, als sie gegen Abend die Stadt verließ, und sich allmählich auf dem gelblichen und glatten Teppich der Sandberge, die Rosette umgeben, ausbreitete. Gruppen von Soldaten, von Kaufleuten in ihren verschiedenen Trachten, 60 beladene Kamele, ebensoviele arabische Führer, Pferde, Esel, Fußgänger und einige militärische Instrumente; dies alles stellte das Original eines der schönsten Gemälde des Benedetto oder Salvator Rosa (21) dar. Sobald wir die kleinen Berge herabgestiegen und jenseits der Palmen hinaus waren, gelangten wir mit Einbruch der Nacht in eine weite Wüste, wo die Linie des Horizonts nur durch wenige kleine Erdhügel geteilt wird. Wir gingen in der Stille der Wüste und der Nacht, auf einer Kruste von Salz, die den beweglichen Sand ein wenig zum Stehen brachte. Ein Detachment eröffnete den Marsch, dann kamen die Reisenden, dann die Lasttiere. Ein anderes Detachment Soldaten beschützte den Zug gegen die flüchtigen Araber, die, wenn sie nicht stark genug sind, von vorn anzugreifen, bisweilen 20 Schritt von der Karawane die Zurückgebliebenen gefangen nehmen.

Um Mitternacht kamen wir am Ufer des Meeres an. Der Mond, der sich eben erhob, erleuchtete eine neue Szene. Vier Stunden war das Gestade mit unseren Trümmern bedeckt und gab uns einen Maßstab des großen Verlustes, den wir in der Schlacht bei Abukir erlitten hatten. Die herumirrenden Araber verbrannten, einiger Nägel oder eiserner Reifen wegen, an der ganzen Küste entlang Mastbäume, Lafetten, Boote, alles noch erhalten und in unseren Häfen mit großen Kosten verfertigt, wovon selbst die Trümmer noch Schätze in diesen Gegenden bedeuteten. Die Räuber flohen bei unserer Ankunft, und es blieb nichts zurück als Leichname unglücklicher Schlachtopfer, die auf diesen weichen Sand getragen und in ebenso erhabenen als grauenvollen Lagen zurückgeblieben waren. Der Anblick hatte meine Seele stufenweise bis in eine schwarze Melancholie sinken lassen, ich vermied diese grausigen Gespenster. Alle, denen ich begegnete, zogen die Blicke auf sich und verursachten meiner Seele verschiedene Eindrücke. Nur vor einigen Monaten noch hatten sich alle diese Wesen jung, voller Leben, Mut und Hoffnung durch eine edle Kraft den Tränen, den Umarmungen ihrer Mütter, ihrer Schwestern, ihrer Geliebten, dem zarten Druck ihrer jungen Kinder entrissen; alle die, denen sie so lieb waren, dachte ich, tun noch jetzt Wünsche für ihr Glück und für ihre Rückkehr, sind nach Nachrichten von ihren Siegen begierig, bereiten ihnen Feste, und zählen bis dahin die Augenblicke, während die Gegenstände ihrer Erwartung ausgetrocknet durch einen dürren Sand, mit schon gebleichtem Schädel am fremden Ufer liegen. – Wer ist dies verstümmelte Skelett? Bist du das unerschrockener Thevenar? (22) Ersehnst du nichts, als die Ehre, auf deinem Posten zu sterben? Du hast nichts mehr vom Leben zu erwarten, aber du kannst noch einen nützlichen Befehl geben, du fürchtest, dir möchte der Tod zuvorkommen. Ein anderes Gespenst erscheint, sein Arm umschlingt sein Haupt, das sich in den Sand einsenkt, du bist im Kampfe gestorben, und doch scheinen Gewissensbisse dein mutvolles Ende zu überlegen. Hast du etwa dir Vorwürfe zu machen? Aber deine verstümmelten Glieder beweisen deinen Mut. Ach! und meine Seele, kann sie gerührt nichts dir weihen, als ein fruchtloses Mitleiden? Wer ist dieser andere? Der da sitzt mit emporgezogenen Schenkeln, er scheint durch seine Standhaftigkeit den Tod, dessen Beute er schon ist, einen Augenblick aufzuhalten. Das bist du gewiß, mutvoller Dupetit. Thouars (23), empfange den Tribut der Hochachtung, die du einflößt. Du stirbst, aber ohne daß deine brechenden Augen deine Flagge herabgerissen gesehen haben. Noch deine letzten Worte waren ein Befehl an die Batterie, die du kommandiertest, sie sollten auf den Feind des Vaterlandes losdonnern, lebe wohl! Ein Grab wird deine Asche nicht bedecken, aber die Träne des Helden, der dich bedauert, ist die unvergängliche Trophäe, die deinen Namen in den Tempel des Nachruhms eingraben wird. Wer ist jener da, in der ruhigen Stellung eines tugendhaften Mannes, dessen letzte Handlung durch die Weisheit und die Pflicht befohlen wurde? Er blickt noch jetzt auf die englische Flotte; gleich dem Bayard (24) will er, sein Antlitz gegen den Feind gekehrt, sterben. Seine Hand ist nach zärtlichen, fast schon zerstörten Gebeinen ausgestreckt, ich unterscheide aber doch einen hingebeugten Hals und ausgebreitete Arme; das bist du, junger Held, liebenswürdiger Casabianca! (25) Das kann kein anderer sein, als du; der Tod, der unbiegsame Tod hat dich mit deinem Vater vereinigt. Gefühlvoller und verehrungswürdiger Sohn! Die Zeit versprach dir Ruhm, aber deine kindliche Liebe zog den Tod vor. Empfange unsere Tränen, den Lohn deiner Tugend!

Die Sonne hatte indes die Schatten zerstreut, aber den dunklen Anstrich meiner Gedanken noch nicht. Die Karawane hielt jetzt an und benachrichtigte mich, daß wir am Rande des Sees seien, der die Ebene der Wüste von der Halbinsel, an deren Ende Abukir gebaut ist, absondert. Dieser weite und tiefe See ist die alte Mündung von Kanopus, die der Nil verließ, deren Ufer das Meer, weil es ohne Hindernis eindrang, durch seine Gewalt heruntergerissen, und deren Bett es erweitert hat. Dieses immer zunehmende Übel droht, die Landspitze ganz zu vertilgen, die Abukir mit dem festen Lande verbindet, und durch welche der Kanal läuft, der Alexandrien sein Wasser bringt. Die arabischen Fürsten suchten einen Damm anzulegen, der aber nie fertig wurde, oder zu schwach war, und wieder der Gewalt der Wogen wich, die während eines Teils des Jahres von den Nordwinden herangeworfen werden. Von diesem ganzen Damm sind nur noch zwei Lagen auf den gegenseitigen Ufern übrig.

Die beschwerliche Schiffahrt auf dem Kanal von Madieh zog diese kleine Überfahrt fast so sehr in die Länge, als den ganzen übrigen Teil der Reise. Ich machte eine Zeichnung davon. Wir fanden am jenseitigen Ufer die ersten Anlagen einer Batterie, die wir erreichten, um diese Verbindung zu beschützen, das die Gegenwart des Feindes, ohne diese Vorsicht, unsicher machte. Kaum waren wir hinüber, als wir einen Beweis davon sahen, denn eine englische Brigg und ein Postschiff suchten unsere Fahrt zu stören, und feuerten sieben bis acht Kanonenschüsse auf uns; wir antworteten nicht, und das brachte sie auf den Gedanken, wir könnten nicht antworten. Zwei Stunden darauf sahen wir daher zwölf Barken und die beiden Schiffe von heute morgen, sich von der englischen Flotte absondern, und mit vollen Segeln auf unsere Arbeiten zukommen; wir glaubten, sie würden eine Landung wagen, aber sie begnügten sich, nahe bei der Batterie Anker zu werfen, und beim Einbruch der Nacht uns zu beschießen. Wir erwarteten den Mond, kaum aber hatte er uns Gewißheit über ihre Stellung gegeben, so fingen wir an zu antworten; wahrscheinlich mit Glück, denn beim vierten Kanonenschuß kappten sie die Taue, ließen die Anker zurück und verschwanden.

Nachdem wir den Eingang des Sees durchschifft hatten, langte ich endlich in der Vorstadt von Abukir an. Sie gleicht der Stadt sehr, ist aber 150 Schritt weit von ihr entfernt. Beide zusammen mögen aus 40 bis 50 schlechten Baracken, innerhalb der Ruinen gebaut, bestehen; sie teilen die Halbinsel in zwei Teile, am Ende der Halbinsel ist das Schloß gebaut. Diese Festung scheint aus der Ferne von einiger Bedeutung, aber die Bastionen würden beim dritten Schuß der Feldschlangen zusammenstürzen, die auf den Wällen liegen, wo sie weniger gerichtet als vergessen seien. Man mußte einen Teil der Batterien zerstören, um aus ihren Trümmern eine feste ebene Fläche zu bereiten, um vier von unseren Sechsunddreizigpfündern daraufzustellen. Diese Vorsicht schien mir nicht von großem Nutzen, denn Schiffe und Barken, die fähig sind, Kanonen zu tragen, um Mauern zu zerstören, können sich diesem Vorgebirge nicht nähern, wegen der Klippen und Felsen, die es umgaben.

Ich fand in der Öffnung des Schloßtors vier große dunkelgrüne Porphyrstücke und zwei lange Steine des festesten Bildhauer-Granits. Beim zweiten Tor fand ich, außer vier anderen Steinen, ein Stück Gebälk von dorischer Arbeit, das Triglyphen von einem großen Verhältnis und einer schönen Ausführung trug. Diese Fragmente, mit einigen Resten von Untergebäuden an der Spitze des Felsens, sind die einzigen Altertümer, die ich in Abukir habe entdekken können. Seine Lage hat sich nie verändern können, weil der Boden eine kalkartige Ebene ist, die sich über das Meer erhebt und mit dem festen Land durch eine zu enge Landspitze verbunden ist, als daß eine bedeutende Stadt darauf hätte erbaut werden können; es konnte also nie etwas anderes sein, als die Festung oder das Schloß am Meere von Kanopus, welches Strabo hierher oder in diese Gegend setzte. Ich war, ehe ich nach Abukir kam, eine halbe Stunde weit vor den Quellen vorübergekommen, man rühmte mir ihre Bauart, ich kehrte also dahin zurück, fand aber nichts als drei viereckige Brunnen von arabischer Arbeit.

Den folgenden Tag ging ich mit einem Detachement an der westlichen Küste entlang, und untersuchte alle kleinen Einbiegungen, und alle kleinen Erhabenheiten, denn in Unterägypten verhehlen sie die Altertümer; und diese sind fast immer der Kern von ihnen. Nachdem ich drei Viertelstunden gegangen war, stieß ich in der Tiefe der weiten Bucht auf eine kleine Lage kolossaler Trümmer. Welche Freude fühlte ich, indem ich zuerst ein Fragment einer Hand erblickte, deren erster Knöchel (14 Zoll lang) nach der Proportion zu einer Figur von 36 Fuß gehörte. Der Granit, die Arbeit und der Stil dieses Überbleibsels ließen mir keinen Zweifel, daß es sich aus der ältesten Zeit der Ägypter herschreibe. An der Bewegung dieser Hand, an den anderen nachbarlichen Überbleibseln und nach dem öfteren Anblick ägyptischer Figuren, deren Stellung so wenig Mannigfaltigkeit hat, kann man in diesem Fragment sehr leicht eine Isis (26) erkennen. Es würde leicht sein, dieses Stück fortzuschaffen, aber durch die Entfernung würde es fast allen Wert verlieren. Nahe dabei liegen einige Trümmer höherer Baukunst, deren Dimensionen beweisen, daß sie zu einem schönen Gebäude dorischer Arbeit gehörten. Die Wogen bedecken und schlagen schon seit vielen Jahrhunderten diese Trümmer, ohne sie entstellt zu haben; es scheint dies Los allen ägyptischen Monumenten eigen, daß sie den Menschen und der Zeit gleichmäßig trotzen. Weiter im Meere hinein sieht man neben den Fragmenten des Kolosses auch die von einer Sphinx, deren Kopf und Vorderschenkel verstümmelt sind, so weit die Madreporen[7] und kleine Muscheln mich haben urteilen lassen. Sie ist im griechischen Stil, und von griechischem Meißel, aber nicht von Granit, sondern von einem Sandstein, der dem weißen Marmor gleicht, und ist so durchsichtig, wie ich ihn nie, außer nur in Ägypten, gesehen habe. Ihre Proportion war 13–14 Fuß. Nicht weit davon, mitten unter Trümmern von Gesimsen, denen gleich, die ich oben beschrieben habe, befindet sich eine andere Figur der Isis, die hinreichend erhalten ist, um ihre Stellung zu beurteilen. Ihre Schenkel sind zerbrochen, aber das dazugehörige Stück liegt zur Seite.

---

[7] Riffkorallen

Diese Figur ist von Granit, und mißt 10 Fuß. Alle diese Trümmer scheinen dahingeworfen zu sein zur Schutzwehr eines zerstörten Hauses zu dienen, welches nach dem Unterbau zu urteilen der Überrest eines Seebades gewesen sein muß. Der Teil, den das Meer nicht bedeckt, enthält noch jetzt Wasserleitungen von Mauersteinen, und ist mit Mörtel und Porzellanerde überzogen.

Weiterhin sind eine große Menge Bruchstücke rosenroter Granit-Säulen, die alle kaneliert[8] von gleicher Dicke, gleicher Materie und mit gleicher Sorgfalt gearbeitet sind; unwidersprechlich Ruinen eines großen und prächtigen Tempels dorischen Stils. Nach allem was Strabo über diesen Teil von Ägypten zurückgelassen hat, und nach allem, was ich eben, vorzüglich diese letzten Fragmente betreffend, beschrieben habe, blieb mir kein Zweifel weiter übrig, daß dies die Ruinen von Kanopus und seines Tempels seien, der von den Griechen gebaut wurde und dessen Gottesdienst mit dem von Lampsakus wetteiferte; jener wunderbare Tempel, wo die Greise ihre Jugend und die Kranken ihre Gesundheit wieder erhielten. Das Bad, das ich gezeichnet habe, war vielleicht eines von den Mitteln der Priester, um diese Wunder zu bewirken.

Der Boden hat nichts von dem alten üppigen Ansehen von Kanopus behalten, einige Erhöhungen von Sand und Ruinen von Mauersteinen, und große viereckige Stücke Granit, formlos und ohne Hieroglyphen, beweisen, zu welcher Art von Gebäuden und in welches Jahrhundert dies alles gehört hat, und endlich kleine Täler, die so dürre sind, wie die Höhen, die sie bilden, sind alles, was von dieser einst so reizenden Stadt übriggeblieben ist, und dies alles gibt jetzt einen traurigen und wilden Anblick. Es ist wahr, daß der Kanal, von dem Strabo redet, der Eleusis und Alexandrien miteinander verband, der durch einen Seitenarm bis Kanopus reichte und Feuchtigkeit dahinbrachte, dergestalt verschwunden ist, daß man auch nicht die Spur davon unterscheiden, ja nicht einmal die Möglichkeit seiner Existenz begreifen kann. In der ganzen Gegend ist weiter kein Wasser als in einigen Brunnen oder Zisternen, die aber so eng und dunkel sind, daß man weder ihre Ausdehnung noch ihre Tiefe messen kann. Sie haben aber dennoch Wasser in sich. Kurz, diese Stadt, die alle

[8] ausgekehlt

Reize in sich vereinigte, und wo alle Wollüstlinge hinströmten, ist jetzt nichts als eine Wüste, die einige Beduinen und Goldwölfe durchstreichen. Beduinen begegnete ich nicht, aber ich sah einen Goldwolf, den ich für einen Hund gehalten hätte, wenn mir nicht Zeit genug geblieben wäre, seine spitze Nase und seine emporstehenden Ohren genau zu untersuchen. Sein Schwanz war etwas länger, schleppend, und mit Haaren versehen wie beim Fuchs, dem er überhaupt mehr gleicht als dem Wolfe, wenn der Goldwolf gleich für den Wolf von Afrika gehalten wird. Ich konnte mich der Eskorte nicht länger bedienen, die mich bisher begleitete. Ich reiste also nach Abukir zurück. Ich fand hier Depeschen für den General en Chef, man wollte ein Detachement abschicken, um sie zu überbringen, und ich konnte mir das Vergnügen nicht verhehlen, das die sich darbietende Gelegenheit, einen so traurigen Ort verlassen zu können, bei mir hervorbrachte. Während meines hiesigen Aufenthaltes konnte ich nie den Gedanken entfernen, dies Schloß sei ein Staatsgefängnis, in welches ich verwiesen war. Dieser kleine Felsen, immer von den Wellen geschlagen, das entsetzliche Geräusch, das daraus entstand, das Pfeifen der Winde, die weiße Farbe des Bodens, die das Auge beschwert, alles schmerzt und kränkt in diesem traurigen Aufenthalt die Seele.

Ich fing mitten in einer dunklen Nacht meine Reise an. Dafür geriet ich aber auch ins Meer, zerriß mir die Haut in den Hecken und fiel mehr als einmal in die am Ufer umherzerstreuten Trümmer. Um drei Uhr morgens langte ich in Rosette an und ruhte mit Behagen aus, ich kann zwar nicht sagen, in meinem Bette (denn seit meiner Abwesenheit aus Frankreich hatte ich keins gehabt), aber doch in einem kühlen Raum und auf einer reinlichen Matte.

Mahomeds Geburtstag (27) stand bevor. Wir erstaunten, daß man keine Vorbereitung zur Feier dieses Festes, des feierlichsten im ganzen Hegirajahre (28), machte. Gegen Abend ließ der General Menou den Mufti (29) darum befragen, dessen Stellung und Gehalt unsere Ankunft noch vermehrt hatte. Seine Antworten waren Ausflüchte. Als die anderen Municipal-Beamten befragt wurden, sagten sie, sie hätten die gewöhnlichen Vorbereitungen im Sinne gehabt, könnten aber in einer Sache, die von ihrem Kollegen, dem Mufti, abhänge, nur untergeordnet handeln; sie müßten also seine Befehle in dieser

Hinsicht abwarten. Jetzt wurde der Mufti entlarvt. Als Hofmann verlangte und erhielt er täglich eine neue Gunst. Jetzt aber, da sich die Gelegenheit zeigte, dem Volke vorzutäuschen, daß wir uns dem widersetzten, was zu den heiligsten Handlungen seines Gottesdienstes gehörte, hatte er sie ergriffen, sein Spiel wurde ihm aber nach morgenländischer Art verdorben. Man bedeutete ihm, daß das Fest den Augenblick seinen Anfang nehmen müsse, und auf die Bemerkung, man würde nicht mehr Zeit genug haben, die Vorbereitungen zu machen, antwortete ihm der General, wenn die Zeit zu kurz sein sollte, das Fest zu veranstalten, würde sie hinreichen, den Mufti in Ketten zu legen. Innerhalb einer Viertelstunde wurde das Fest angekündigt, die Stadt erleuchtet, und die Gesänge der Frömmigkeit vermischten sich mit Frohsinn und Dankbarkeit.

Nach dem Abendbrote wurden wir in die Wohnung der ersten bürgerlichen Magistratsperson eingeladen, in deren Straße wir die ganze Pracht eines türkischen Festes fanden. Die Straße war ein wahrer Gesellschaftssaal, der sich durch die Anzahl der Herzuströmenden erweiterte und verengte. Eine Prachtbühne mit Teppichen bedeckt, war von vornehmen Personen besetzt, verschiedene Feuer, eine Menge kleiner Lampen und großer Wachskerzen gaben eine sonderbare Beleuchtung. Von der einen Seite ließ sich eine kriegerische Musik hören, die aus kleinen kurzen Hoboen und schreienden Instrumenten, kleinen Pauken und großen albanesischen Trommeln (30) bestand. Auf der anderen Seite waren Violinen und Sänger, und in der Mitte griechische Tänzer, Diener mit Zuckersachen, Kaffee, Sirup, Rosenwasser und Pfeifen beladen. All dieses machte den Glanz des Festes vollkommen.

Sobald wir uns gesetzt hatten, nahm die kriegerische Musik ihren Anfang. Eine Art von Choranführer spielte zwei Sätze der Musik vor, die dann die Anderen im Chore gemeinschaftlich wiederholten. Aber mochte es nun aus Mangel an Bewegung in der Luft, oder aus der Torheit, die Musik verschönern zu wollen, entstehen, der zweite Takt war immer ein Mißton, der für wohl organisierte Ohren eben so unangenehm als bezaubernd für die der Araber war. Soviel ich bemerkte, wiederholte der Choranführer immer den nämlichen Gesang, mit der Wichtigkeit und dem Feuer eines begeisterten Improvisators, und wenn es schien, als ob seine Nerven den gewalt-

Mahomeds Geburtstag

samen Ausdruck, den er hineinlegen wollte, nicht mehr ertragen können, so kam der Chor, aber immer mit den nämlichen Mißtönen, zu Hilfe. Die Violinen, die ein wenig erträglicher waren, spielten die letzten Sätze noch einmal, wo aber die Melodie in überflüssigen Zieraten ersäuft wurde. Ein begeisterter Sänger, der aber sehr durch die Nase sang, vermehrte noch die ekelhafte Weichlichkeit der halben Töne der Violine. Er vermied immer den wahren Ton, drehte sich um den nächsten und endigte immer in einem sehr gefühlvollen, wie in den spanischen Seguidillen[9]. Dies könnte zum Beweise dienen, daß der Aufenthalt der Araber in Spanien diese Art von Gesang dort naturalisiert hat. Nach einem solchen Verse nahm die Violine das gleiche Thema auf, jedoch mit neuen Veränderungen, die der Sänger aufs neue, durch eine scharfe Bewegung entstellte, bis er das Thema gänzlich verloren hatte, und nichts als Phantasie ohne Ausdruck, ohne Grundton und ohne Takt hervorbrachte. Aber gerade dies riß die Zuhörer am meisten dahin. Der darauffolgende Tanz war von der nämlichen Art, wie der Gesang, weder ein Gemälde der Freude noch der Heiterkeit, sondern der Wollust, die sehr schnell ins Zweideutige überging, da die handelnden Personen immer männlich sind.

---

[9] spanischer Tanz in dreiteiliger Taktart ähnlich dem Bolero

KAPITEL IV

Streifzüge im Delta

Kleine Geschäfte verzögerten immer wieder unsere große Tour, und entfernten mich dadurch dem Hauptgegenstand meiner Reise. Da ich also gezwungen war, meine Beobachtungen auf Gegenstände um mich her einzuschränken, so bemerkte ich, wie leicht es ist, in der Verschiedenheit der Gestalten die Abkunft der einzelnen Personen, die zusammen die Bevölkerung von Rosette ausmachten, zu erkennen. Ich dachte, daß diese Stadt, die einen Zwischenhandel treibt, alle Nationen, die den Boden von Ägypten bedecken, in sich versammeln und sie mehr abgesondert und charakterisiert halten müsse, als eine große Stadt wie Kairo, wo die Schlaffheit der Sitten sie ineinander verschmelze und entarte. Ich glaube in den Kopten (1) den alten ägyptischen Stamm deutlich zu erkennen, eine Abart der schwarzbraunen Nubier (2), so wie man ihre Bildungen in den alten Bildhauerarbeiten findet. Flache Stirnen und halb wollige Haare darüber, die Augen nur wenig offen und nach den Winkeln zu emporgezogen, hervorstehende Backenknochen, Nasen, die mehr kurz als stumpf sind; der Mund groß und platt, weit von der Nase entfernt und begrenzt durch breite Lippen, ein schwacher und dünner Bart, wenig Grazie des Körpers, die Schenkel bogenartig und ohne Veränderung im Umrisse, und die Fußzehen lang und platt. Ich zeichnete den Kopf mehrerer Personen dieser Art; der erste war ein unwissender und oft betrunkener Priester, der zweite ein geschickter, feiner und scharfsinniger Rechner; das sind die moralischen Eigenschaften, die diese alten Herren von Ägypten bezeichnen. Die erste Epoche ihrer Herabsetzung kann man in die Zeit des Cambyses (3) setzen, der als eifersüchtiger und wütender Eroberer durch Schrekken regierte, die Gesetze umstieß, den Gottesdienst verfolgte, und was er nicht zerstören konnte, verstümmelte, kurz seine Eroberung gründlich machte, um sie sich ganz zu unterwerfen. Die zweite Epoche war die Verfolgung des Diocletian (4), als Ägypten christlich geworden war. Diese Verfolgung, die die Ägypter als treue Märtyrer aushielten, bereitete sie natürlich zur Unterwürfigkeit unter die

Mohammedaner vor. Unter der letzten Regierung hatten sie sich zu Maklern und Agenten der Beis und Kia-Chefs gemacht. Sie bestahlen ihre Herren täglich, aber es war im Grunde nur eine Art von Pacht, denn bei einer einzigen Gelderpressung mußten sie im Großen wiedergeben, was sie im Kleinen zusammengescharrt hatten. Sie wenden auch deshalb noch mehr Kunst an, das Erworbene zu verhehlen, als sie vorher Unverschämtheit angewandt hatten, es zu erwerben.

Nach den Kopten kamen die Araber (5), die zahlreichsten Einwohner des heutigen Ägyptens; sie haben weiter keinen Einfluß und scheinen nur da zu sein, um das Land zu bevölkern, die Äcker zu bebauen und die Herden zu hüten, oder vielmehr selbst die Tiere des Landes zu sein. Sie sind indes lebhaft und haben viel Physiognomie. Ihre Augen sind tief eingesenkt und etwas bedeckt, blitzend, voll Bewegung und Ausdruck; ihr Bart ist kurz mit spitzigen Strippen, ihre Lippen sind dünn und offen und zeigen schöne Zähne, die Arme muskelvoll, das Übrige des Körpers mehr biegsam als schön, und mehr nervig als zusammenstimmend. Auf dem Lande, und besonders bei den Arabern der Wüste, zeichnen sich diese charakteristischen Züge, die ich eben angegeben habe, besonders aus. Man muß indes drei sehr verschiedene Klassen unterscheiden: der arabische Hirte, der der Grundstamm zu sein scheint, und der dem eben entworfenen Portrait gleicht, und dann die beiden anderen, die sich von ihm ableiten; der arabische Beduine (6), dem eine höhere Unabhängigkeit und der Kriegsfuß, auf dem er lebt, den Charakter des wilden Stolzes geben – der von mir Gezeichnete war ein Oberhaupt eines Stammes; ich zeichnete ihn in dem Augenblicke, da er gefangengenommen war und er sich vorstellte, man werde ihm den Kopf abschlagen – und der verdorbenste, der sklavischste, folglich auch niederträchtigste, und der mannigfaltigste an Form und Charakter.

Die Türken (8) haben nachdrücklichere Schönheiten mit weicheren Gestalten, ihre dicken Augenbrauen lassen den Augen wenig Ausdruck, die Nase ist fett, der Mund schön und wohl begrenzt, die Bärte lang und dicht, ihre Gesichtsfarbe weniger braun, ihr Hals wohlgenährt, kurz, das ganze Äußere des Körpers stark und plump, in allem eine Gravität, die sie für Adel halten, und die ihnen das

Ansehen eines Beschützers gibt, ungeachtet ihre Herrschaft null ist. Als Künstler zu reden, so kann man aus ihrer Schönheit nichts als die Schönheit eines Türken machen. Ganz anders ist es mit den Griechen (9), die man schon unter die Fremden rechnen muß, weil sie eine Art von Verbindung ausmachen, die von den Eingeborenen sich gänzlich entfernt hält. Ihre schönen Formen, ihre Augen voll Feinheit und Geist, die Zartheit und Biegsamkeit ihrer Züge und ihres Charakters erinnern stets an das, was unsere Einbildungskraft sich von ihren Vorfahren denkt, und was deren Monumente uns von ihrer Schönheit und ihrem Geschmack überliefert haben. Die Verworfenheit, wozu man sie verdammt hat, weil man sich noch jetzt vor dem Übergewicht ihres Geistes fürchtet, hat eine große Anzahl von ihnen zu listigen Schurken gemacht, aber man dürfte sie nur sich selbst wiedergeben und sie würden bald wieder sein, was sie einst waren, nämlich kluge Leute voll Ehrgeiz. Diese Nation sehnt sich am lebhaftesten nach einer Revolution, woher sie auch kommen möge. Bei einer Zeremonie (es war die erste Besitznehmung von Rosette) näherte sich mir ein junger Grieche, küßte mir die Schulter und steckte mir heimlich einen Blumenstrauß zu, den er mitgebracht hatte, ohne ein Wort dabei zu reden, und legte zugleich den Finger auf den Mund. Dieses Benehmen allein war eine förmliche Auseinandersetzung seiner Empfindung seiner politischen Lage, seiner Furcht und seiner Hoffnung.

Endlich kommen die Juden (10), die in Ägypten, wie überall, gehaßt sind, ohne gefürchtet zu werden, Man verachtet und stößt sie unaufhörlich zurück, aber man verjagt sie nie; sie stehlen immer, ohne doch sehr reich zu werden, sie dienen aller Welt, und beschäftigen sich doch eigentlich nur mit ihrem eigenen Vorteil. Ich weiß nicht, ob es daher kommt, daß sie dort ihrem Lande näher sind; genug ihr äußerlicher Charakter hat sich in Ägypten mehr erhalten; mir wenigstens schien es auffallend: die, die häßlich sind, gleichen den unsrigen; die schönen, besonders die jungen, erinnern an den Ausdruck des Kopfes, den die Maler Christo zugeeignet haben, welches beweisen würde, daß dieser Kopf auf Tradition beruht, und nicht etwa das vierzehnte Jahrhundert und die Wiederauflebung der Künste zur Epoche hat. Die Juden machen den Kopten in den großen Städten von Ägypten die Plätze in den Zollhäusern, die Güterverwaltung der Reichen, kurz alles dasjenige streitig, was ins Rechnungsfach schlägt und zu den Mitteln gehört, gut oder schlecht erworbenes Geld zusammenzuscharren und zu verbergen.

Eine andere Menschenart, deren Mitglieder sehr zahlreich sind, hat sehr bestimmte charakteristische Züge, das sind die Barabras (11), die Einwohner von Nubien und von den Grenzen von Abessinien sind. In diesem brennenden Erdstriche hat die geizige Natur ihnen alles Überflüssige versagt, sie haben weder Fett noch Fleisch, sondern bloß Nerven und Muskeln, die mehr elastisch als stark sind, sie tun mit Schnelligkeit und Behendigkeit, was die anderen durch Kraft tun: es scheint, als wenn die Trockenheit ihres Bodens den Teil Substanz, den die Natur ihnen schuldig war, ausgepumpt habe; ihre glänzende Haut ist von einem durchsichtigen und brennenden Schwarz, den Bronzen des zweiten Jahrhunderts gleich, sie ähneln den Negern von Westafrika nicht; ihre Augen sind tief und blitzend unter heruntergebogenen Augenbrauen, ihre Nasenlöcher sind breit, und die Nase zugespitzt; der Mund weit geöffnet, ohne daß die Lippen dick sind. Sie haben wenig Haare und Bart und beides nur in kleinen Flocken, sie werden früh runzlig, bleiben aber immer lebhaft. Das Alter zeigt sich an ihnen nur durch die Weiße des Bartes, der ganze übrige Teil des Körpers ist schlank und nervig, der Ausdruck ihres Gesichtes ist heiter, sie sind lebhaft und gut; man braucht sie gewöhnlich, die Magazine und Holzplätze zu bewachen, sie bekleiden sich mit etwas weißem wollenem Zeug, verdienen wenig, nähren sich fast mit nichts und bleiben ihren Herren zugetan und treu.

Die Pilgerreise nach Mekka (12) macht, daß fast alle Nationen von Afrika Ägypten durchziehen; man begreift sie mit dem Namen Mograbis (13) oder Leute aus Westen. Gerade jetzt kam die Karawane zurück. Bonaparte hatte zwar alles mögliche getan, damit die Karawane glücklich in Kairo ankommen möge, aber er hatte doch Ibrahim-Bei, der sich nach Syrien flüchtete, nicht hindern können, vor ihm in der Wüste einzutreffen, die Karawane bei Belbes zu plündern und ihre Schätze mit den Arabern und dem Emir zu teilen, die die Karawane beschützen sollten. Ibrahim-Bei ließ niemand bis zu uns kommen als devote Bettler, welche in Haufen von 200 bis 300 bei uns anlangten und aus allen Nationen Afrikas von Fes bis

Tripolis bestanden. Sie waren so abgemattet, daß sie sich alle glichen, alle so mager, als die Länder, die sie durchwandert hatten, dürr sind; alle so ausgemergelt, wie Gefangene, die man in ihren Fesseln vergessen hat. Der Antrieb und die Springfelder eines Glaubens machte die Menschen stärker als alle Tiere. Wenn man den großen Raum bedenkt, den diese Pilger durchquert hatten, wenn man erwägt, was sie auf dieser großen schrecklichen Reise erdulden mußten, so überzeugt man sich, daß nur ein moralischer Zweck so vielen und schmerzhaften Ermattungen trotzen läßt; daß der Enthusiasmus für einen frommen Glauben und die Achtung, die mit dem Titel Adgis [10] oder Pilger verbunden ist, und den diejenigen voll Stolz sich zueignen, die die Reise nach Mekka machen, die Hebel sind, die allein die orientalische Gleichgültigkeit in Bewegung setzen, und sie zu einer solchen Unternehmung bringen können. Man muß indes noch das Recht hinzufügen, daß die Pilger sich anmaßen, den anderen Muselmännern während ihres übrigen Lebens gesehene und nicht gesehene Dinge zu erzählen und glauben zu machen. Könnte ich aber nicht selbst, in Rücksicht der unternommenen Reise, des Pilgerwesens ein wenig angeklagt werden? Könnte man sich sagen, daß ich den Schwierigkeiten trotzte, um meinen Enthusiasmus anderen mitteilen zu können? Aber meine eigene Neugierde beruhigt mein Gewissen, ich habe bei anderen für mich, daß meine Schreibart nicht verführerisch ist, und daß meine Zeichnungen naiv sind; sollte dies alles noch nicht genug für mich bürgen, nun, so mag man einst meine ausgetrocknete Figur zu denen der Adgis hinzufügen.

Man hatte uns auch vierzehn gefangene Mameluken geschickt, wovon das Hauptquartier sicher nicht wußte, was es damit anfangen sollte. Ich war neugierig, sie zu beobachten, ohne zu bedenken, daß dies keine Nation sei, sondern nur eine Sammlung von Menschen aus allerlei Völkern. Wirklich fand ich unter der kleinen Anzahl derer, die uns zugeschickt waren, keinen einzigen, dessen Physiognomie charakteristisch genug gewesen wäre, um zu verdienen, daß man ihn gezeichnet hätte; und doch waren Mingrelier (14) und Georgier darunter, aber entweder hatte die Natur sie, in Rücksicht der Schönheit, die sie ihrer Geburtsgegend erteilt hat, enterbt, oder die Weiber

---

[10] Hadschi

Mameluk

sind vorteilhafter damit begabt, genug, ich erwartete, daß andere Individuen mir charakteristischere Züge darbieten würden. Auch das Vergnügen, Ägypterinnen zu zeichnen, schob ich bis dahin auf, wenn unser Einfluß auf die morgenländischen Sitten den Schleier hinwegheben werde, womit sie sich bedecken.

Soweit meine Bemerkungen reichen, haben die noch nicht mannbaren Mädchen (in Rücksicht derer jene Strenge noch nicht existiert) so ziemlich allgemein die Bildung ägyptischer Statuen der Göttin Isis. Die Weiber des Pöbels, die Nase und Mund sorgfältiger als die übrigen Teile des Körpers verbergen, entdecken alle Augenblicke nicht gerade reizende, aber doch einzelne schöne, sehr gelenkige Glieder, die ein mehr zierliches als wollüstiges Ganzes hervorbringen. Von der Zeit an, daß ihr Busen aufhört zu wachsen, fängt er an zu sinken, und der Druck seiner Schwere ist so groß, daß es schwer sein würde, sich zu sagen, bis wie weit er bei einigen zunehmen könnte. Ihre Farbe ist weder weiß noch schwarz, sondern dunkel und falb, sie bemalen sich die Augenlider und das Kinn, ohne daß dies einen üblen Eindruck hervorbringt. Nie habe ich Frauen gesehen, die zierlicher ein Kind oder ein Gefäß oder Früchte trugen und dabei so leicht und so sicher gingen. Ihre lange Kleidung würde nicht unedel sein, wenn nicht ein langer Schleier in Form einer Schiffsflagge von den Augen herab bis zur Erde hinunterginge, um dem ganzen Kostüm ein trauriges Ansehen zu geben, ja, es dem Trauerkleide eines Büßenden ähnlich machte.

Ein reicher Ägypter, dem ich einige Dienste geleistet hatte, wollte mir dafür seine Erkenntlichkeit bezeugen und lud mich deshalb zu sich ein. In Betracht meines Alters und weil ich ein Fremder war, glaubte er, er könne mich wohl, um mir mehr Ehre zu erweisen, mit seiner Gattin frühstücken lassen. Sie war melancholisch, aber schön; der Mann, ein Kaufmann, verstand ein wenig Italienisch und diente uns zum Dolmetscher. Seine Frau war blendend weiß und hatte Hände von außerordentlicher Schönheit und Zartheit.

Man brachte uns Erfrischungen. – Sie wurden ihr überreicht, und sie bot sie mir auf eine ganz eigentümliche Art an. Ich glaubte zu bemerken, daß ihre sorgenlose Melancholie bloß das Air einer großen Dame sei. Ehe ich sie verließ, entwarf ich schnell eine kleine Zeichnung von ihr. Eine andere stellt eine Landeseingeborene vor, die ein Franzose geheiratet hatte. Sie redete italienisch, war sanft und schön und liebte ihren Mann. Aber er war eifersüchtig und beschwerte sich alle Augenblicke heftig über sie. Voll Demut entsagte sie jedesmal dem, der der Gegenstand seiner Eifersucht gewesen war, aber den Tag darauf hatte er wieder Ursache zu neuen Beschwerden; sie weinte und bereute abermals, ihr Mann behielt aber immer Grund zu schelten. Sie wohnte gerade meinen Fenstern gegenüber, und die Straße war eng, ich war dadurch natürlicherweise ihr Vertrauter und der Zeuge ihres Mißmuts geworden. Die Pest zeigte sich in der Stadt. Meine Nachbarin war gesellschaftlich so rege, daß sie sie bald bekommen und mitteilen mußte. Wirklich bekam sie sie von ihrem letzten Geliebten und teilte sie getreulich ihrem Manne mit. Sie starben alle drei, und ich bedauerte sie. Ihre ganz eigentümliche Gutherzigkeit und die Naivität ihrer Fehler sowie die Aufrichtigkeit ihrer Reue hatten mich für sie eingenommen, um so mehr, da ich als bloßer Vertrauter sie weder als Mann noch als Geliebter zum Grund von Auseinandersetzungen machen mußte und glücklicherweise nicht in Rosette war, als die Pest diese Gegend verheerte.

Wir reisten endlich ins Delta (15) ab, um jene lange erwartete Tour zu machen, auf welcher wir ein Land betreten wollten, das für jeden Europäer, ja selbst für jeden anderen als den Eingeborenen, neu ist, denn die Mameluken kommen nur selten bis zum Mittelpunkt des Delta, um sich den Miri (16) bezahlen zu lassen, oder um Gelderpressungen anzuordnen. Wir reisten den 24sten Fruktidor nachmittags ab, und gingen zu Schiffe über den Nil: Der General Menou, der General Marmont, ein Dutzend Gelehrte und Künstler und ein Detachement von 200 Mann zu unserer Beschützung. Man glaubte, alles vorher bedacht zu haben, und doch hatte man das Wesentlichste vergessen. Die Pferde, welche wir besteigen sollten, hatten zwar die Fehler der arabischen, nicht aber ihre Tugenden. Die Reisenden, die keine Stallmeister waren und die nur die Wahl hatten zwischen einem Pferd ohne Zaum und einem Esel ohne Sattel, waren unschlüssig, ob sie die Reise anfangen oder ganz entsagen sollten, so sehnlichst sie sie auch gewünscht und so enthusiastisch sie sie auch angefangen hatten. Indes gab sich noch gerade alles, und wir setzten uns in Marsch. Wir durchreisten die Dörfer Madieh, Eleyeusera, Abougueridi, Melahoué, Abouserat, Ralaici, Banda, Ekbet, Estaone, Elbat, Elsezri, Souffrans, Elnegars, Madiehdi-Berimbal. In Berimbal kamen wir bei völliger Nacht an. Ich habe das trockene und wenig interessante Namenverzeichnis aller dieser Dörfer hergesetzt, um eine Idee von der Bevölkerung von vier Stunden Weges zu geben, und den Überfluß des Bodens bemerklich zu machen, der so viele Einwohner ernährt, und so viele Wohnungen trägt, ohne nachzurechnen, was er dem Titular-Besitzer einbringt, der meistens in der Hauptstadt wohnt. In Madieh-di-Berimbal fielen unsere Kamele in den Kanal, wir kamen erst um Mitternacht wieder zusammen, und man erwartete uns nicht mehr. Unsere Sachen und Vorräte waren naß. Nach dem Abendbrote, das wir nur mit Mühe hatten erlangen können, legten wir uns schlafen, so gut wir konnten, gegen zwei Uhr morgens. Den Tag darauf begaben wir uns, nachdem wir uns getrocknet hatten, durch einen Marsch von zwei Stunden nach

Metubis und trafen wieder so viele Dörfer an, als den Abend zuvor. Der General hatte mit den Scheichs der Gegend ein Geschäft zu erledigen, nämlich sich Erläuterungen geben zu lassen und eine Erklärung über begangene Fehler zu verlangen. Er beschloß daher, daß wir erst den folgenden Tag weiterreisen sollten.

Man sagte uns von Ruinen gegen Südost, anderthalb Stunden weit von da, aber es war spät, und unsere Neugierde hatte jetzt ein anderes Interesse; wir verlangten nämlich von den Scheichs, uns Almehs (17), eine Art von Bayaderen, den indischen ähnlich, herführen zu lassen. Die Regierung des Landes, an deren Einkünften sie vielleicht Anteil hatten, machte einige Schwierigkeiten, ihnen die Erlaubnis zu geben, zu uns zu kommen. Durch den Anblick der Ungläubigen befleckt, konnten sie ihren Ruf, ja selbst ihren Rang verlieren. Dies kann zugleich einen Maßstab der Verworfenheit, in welcher ein Franzose bei einem Muselmanen steht, abgeben, weil selbst der Liederlichste bei ihnen noch durch unsere Blicke entweiht werden kann. Aber es waren einige alte Fehler wiedergutzumachen, es war ein General und hauptsächlich 200 Soldaten gegenwärtig, dies behob alle Schwierigkeiten. Sie kamen, und an ihnen bemerkten wir gar nicht, daß sie an den politischen Besorgnissen und religiösen Skrupeln der Scheichs Anteil genommen hätten. Sie hatten zwei Instrumente mitgebracht, einen Dudelsack und eine Trommel, die letzte bestand aus einem irdenen Topf, den sie mit den Fingern schlugen. Es waren ihrer sieben, zwei fingen an zu tanzen, die anderen sangen unter Begleitung von Klappern, in der Form kleiner Zymbeln[11], die so groß waren wie ein Laubtaler (17a); die Bewegung, womit sie sie zusammenschlug, gab ihren Fingern und ihren zusammengeballten Händen unendlich viel Reiz. Ihr Tanz war anfangs wollüstig, bald aber wurde er zweideutig, und was den Ekel ihres Anblicks vermehrte war, daß in den Augenblicken, wo sie am wenigsten Zurückhaltung bewiesen, eine der beiden oben erwähnten, die dazu spielten, mit der tölpischen Miene eines Possenspielers kam und unter grobem Lachen die Szene der Trunkenheit störte, die den Tanz endigen sollte. Sie tranken den Branntwein aus großen Gläsern, wie Limonade, auch sahen sie, obgleich jung und hübsch, doch

[11] Kleine Becken

entnervt und welk aus, zwei ausgenommen, die so auffallend zwei unserer berühmten Pariserinnen en beau glichen, daß ein allgemeines Geschrei darüber entstand, als sie ihr Gesicht entblößten.

Trotz des liederlichen Lebens der Almehs läßt man sie doch in die Harems (18) kommen, um die jungen Mädchen in allem zu unterrichten, was sie ihren Männern einst angenehmer machen könnte; im Gesang, im Tanz, in der Grazie, kurz in allen Erhöhungen der Wollust. Es ist nicht zu verwundern, daß bei Sitten, nach welchen Wollust die Hauptpflicht der Frauen ist, diejenigen, die mit der Galanterie ein Gewerbe treiben, dem schönen Geschlechte darin Anweisungen geben. Man läßt sie auch bei Festen der Großen untereinander kommen, und wenn ein Ehemann das Innere seines Harems erheitern und belustigen will, so läßt er die Almehs holen.

Den Tag darauf forschten wir wieder nach Altertümern, wir gingen nach Qoum-el-Hhamar, das heißt: der rote Berg, welchen Namen er wahrscheinlich von dem kleinen Berge roter Ziegelsteine hat, der diese Ruine vorstellt. Sie hat gar keine Kennzeichen behalten; es kann ebensowohl die Ruine einer antiken Stadt ohne Monumente als einer neueren sein, die sich gegen die Mameluken auflehnte und von ihnen zerstört wurde.

Tags darauf gingen wir nach El-Alavi und Terefa; wir verließen aber die Straße, um nordostwärts bedeutende Ruinen zu besuchen, die aus dem obigen Grunde ebenfalls Qoum Hhamar-el-Medyneh genannt werden. War dies etwa Naucratis (19), das die Mylesier erbauten? Wir waren nicht glücklicher als am Abend zuvor. Wir fanden die nämliche Art von Schutt. Wir entdeckten von da ungefähr zwei Quadra-Stunden dürres und unbebautes Land, welches uns denn, in Rücksicht der angenommenen allgemeinen Fruchtbarkeit des Bodens, im Delta ein wenig entzauberte. Sollten hier etwa die Ruinen einer der beiden oben genannten Städte sich befinden, so hatten sie eine traurige Lage, und man kann sicher sein, daß sie kein einziges großes Monument besaßen. So bedeutend auch ihr Umfang war, so bemerkt man doch nur einige Bewässerungskanäle, aber keine Spur eines Kanals zur Schiffahrt. Wir kamen unzufrieden mit unseren Untersuchungen zurück, ja, wir hatten nicht einmal Nachrichten genug eingesammelt, um in der Folge bei den Nachforschungen, die wir noch unternehmen mochten, Nutzen davon zu haben. Wir hatten, um diese Exkursion zu machen, das Detachement verlassen, und bloß einige Wegweiser bei uns behalten. Wir kamen durch Gabrilh, ein Dorf, das mit Mauern und Türmen befestigt ist; diese Eigentümlichkeit unterscheidet die Dörfer jenseits Fua, die nicht am Rande des Nils liegen. Auch das Erdreich war weniger kultiviert. Der Boden lag höher und war beschwerlicher, nämlich bloß mit Rädern, zu wässern, erwartete also die Überschwemmung, um mit Korn und Mais besät zu werden, worauf dann nichts weiter folgen sollte. Denn in den Erdstrichen dieser Art reißt der Boden, sobald die Ernte vorüber ist, und die Erde dann völlig entblößt der Gewalt der Sonne überlassen ist, auf, und zeigt dem Auge das Bild einer Wüste. Wir kamen auch durch Salmie, und bemerkten die Zerstörungen, die unsere Rache hervorgebracht hatte, fanden aber in der Physiognomie der Einwohner nicht, daß dies einen für uns gefährlichen Eindruck bei ihnen zurückgelassen hätte. Ich konnte nie ohne Rührung daran denken, daß ich jetzt fast auf der nämlichen Stelle mich befand, wo ich einige Tage zuvor die vornehmsten Landeseinwohner hatte fallen sehen. Wir benahmen uns gegenseitig wie Leute, die einen Prozeß miteinander gehabt haben, der aber jetzt abgetan ist. Auch sonst schon hatte ich bemerkt, daß die Morgenländer für alles, was Kriegsbegebenheiten heißt, keine bittere Nachempfindung behalten. Sehr bieder fügten sie aus bloßer Gefälligkeit noch einen Wegweiser zu dem hinzu, der uns nach Meh-hal-el-Malek und zum Kanal von Sha-idy bringen sollte.

Der Kanal von Sha-idy ist groß genug, um Nilschiffe an den See Berelos zu bringen. Desuk, ein bedeutender Flecken, ist nur eine halbe Stunde davon; eine Moschee, die zweimal des Jahres vom ganzen Morgenlande verehrt wird, führt 200000 Menschen ehrfurchtsvoll zusammen. Die Almehs aus allen Teilen Ägyptens strömen hierher, und das größte Wunder des Ibrahim (20), der in Desuk so angebetet ist, ist das, daß er die Eifersucht der Muselmänner während dieser festlichen Zeit aufhebt und die Frauen eine Freiheit genießen läßt, deren sie sich, wie man versichert, in der denkbarsten Ausdehnung bedienen.

Man hatte, wie es hieß, einen Palast für den General bereitet, und wir wurden alle darin einlogiert. Er bestand aus einem Hofe, einer offenen Galerie und einem Zimmer, das nicht schloß. Ich zeichnete den Augenblick, wo der General Menou aus dem Fenster heraus den Vornehmsten des Landes, die sich im Hofe versammelt hatten, Audienz gab, während man das Frühstück brachte, das sie uns hatten bereiten lassen.

Der folgende Tag sollte zum Besuchen der übrigen Dörfer unter General Menous Gouvernement in der Provinz Sharkije (21) verwendet werden. Auf dieser Tour kamen wir durch Sanhour-el-Medin, wo, wie man versicherte, eine Menge Altertümer waren. War dies etwa Sais (22)? Immer getäuscht, stützte sich jetzt unsere Hoffnung auf den Beinamen, el-Medin, d. h. die Große, den man ihr wegen ihres Altertums oder wegen der ehemaligen Größe von Sais beigelegt hatte; denn, nach Strabo war Sais die Hauptstadt dieses ganzen unteren Teils von Ägypten. Wir durchzogen eine große ausgedörrte Ebene, die den Nil, der in tausend Gräben schon ankam, stündlich erwartete.

Den folgenden Tag wandten wir uns nordöstlich ins Innere des Delta. Nachdem wir aufs neue Sanhour-el-Medin durchzogen hatten, kamen wir vor großen Frachtkanälen vorbei, die, nach der Beschaffenheit des Wassers zu urteilen, ihre Nahrung aus dem See Berelos nahmen.

Jenseits dieser Kanäle fanden wir das Land schon ganz überschwemmt, ob es gleich vier Fuß höher war als das, was wir eben verlassen hatten. Die Bewässerung wird nämlich durch die Deiche, auf welchen wir gingen, geleitet und zurückgehalten, und um diese eben von uns durchzogenen Länder zu überströmen, mußte das Wasser über diese Dämme hinweggehen. Diese Deiche waren Vereinigungsmittel für mehrere Dörfer, die sich, wie ebenso viele Inseln, über dem Wasser erhoben. Durch diesen Umstand, der alle Gegenstände voneinander absonderte, wurde unsere Neugierde gereizt, sich nichts Bedeutendes entgehen zu lassen. Man hatte uns zu Schaabas-Ammers Altertümer versprochen, wir eilten daher auf einem schmalen Deiche, der schlängelnd zwei Bewässerungsmeere trennte, auf dieses Dorf los. Wir waren dem Detachement um eine Stunde zuvorgekommen, um zu unseren Beobachtungen desto mehr Zeit zu haben. Ein Führer zu Pferde, zwei andere zu Fuß, ein junger Mensch von Rosette, die beiden Generale Menou und Marmont, ein Arzt als Dolmetscher, ein Künstler, der zugleich zeichnete, und ich machten die Vordergruppe aus. Dolomieu, der sein Pferd am Zaume führte, und einige Bediente waren eine Strecke zurückgeblieben. Wir besahen eben die vorteilhafte und malerische Lage von Kafs-Schaabas, der Vorstadt von Schaabas, als wir mit einem Male unseren Arzt mit verhängtem Zügel zurückkommen sahen, der uns zurief: »Sie erwarten uns mit Gewehren.« Zugleich schrie man: »Erga!« (zurück!) Unsere Wegweiser suchten sich mit ihnen zu verständigen, aber man antwortete durch Feuer, das indes glücklicherweise keinen von uns traf; wir wollten aufs neue unterhandeln, aber ein zweites Feuern zeigte uns, daß es nicht ratsam sei, unseren Pferden die Füße zerschmettern zu lassen; da sie unsere einzige Zuflucht waren. Im Umkehren bemerkten wir einen anderen bewaffneten Trupp, der auf einem vom Wasser verdeckten Pfad heranzog, um uns den Weg abzuschneiden.

Bei diesem Anblick sank der Zeichner, ergriffen vom fürchterlichsten Schrecken, das seine körperlichen und geistigen Kräfte vernichtete, vom Pferde. Vergebens suchten wir ihn wieder daraufzusetzen, oder ihn hinter uns zu nehmen, oder ihn dahin zu tragen, daß er sich am Schwanz von einem unserer Pferde gehalten hätte. Seine Stunde hatte geschlagen, seine Besinnung war weg. Er schrie vor Angst, ohne eine Bewegung machen zu können, ohne irgendeine Hilfe annehmen zu wollen. Die, die auf uns geschossen hatten, nahten sich uns; um also nicht aufgerieben zu werden, mußten wir eiligst im Galopp durch die Kugeln hin, die von allen Seiten uns trafen, entfliehen. Wir stießen nun auf unseren zweiten Haufen, und Dolomieu hatte soeben sein Pferd, dessen Zügel zerrissen waren, wieder bestiegen. Glücklicherweise hatte ich noch gerade soviel Zeit, um ihm denselben wieder zusammenzuheften. Das Ungefähr belohnte mir diesen Dienst auf der Stelle, denn während ich mein Pferd wieder bestieg, sah ich Dolomieu in ein Loch stürzen, worin ich ertrunken wäre, woraus er aber mit Hilfe seiner Riesengröße glücklich wieder herauskam. Ich nahm nun einen anderen Weg, indem ich über einen Deich setzte, den die Feinde durchstochen hatten. Das Wasser bedeckte schon das Erdreich, das wir verließen und von allen Seiten überflossen es Strömungen, die ebenso vielen Strömen glichen. Dann verteilten wir uns und erreichten jeder von seiner Seite das Detachement, mit welchem wir sogleich nach Kafr-Ammers zurückgingen, weil wir in unserem Unwillen hofften, es durch eine Überrumpelung wegzunehmen. Es war vier Uhr nachmittags, als wir vor dem Dorfe ankamen. Vierzig Menschen, die sich in einem Graben verschanzt hatten, gaben Feuer, aber sie trafen uns nicht. Wir waren indes mit unserem Gegenfeuer nicht glücklicher. Sie zogen sich aber doch bis zu einem anderen Trupp zurück, der sie unter den Mauern erwartete. Jetzt erblickten wir auch, daß diese Vorstadt eine Art von Festung war, die aus vier Courtinen[12] bestand, mit Türmen auf den vier Ecken, an deren eine ein Schloß stieß. Diese kleine Festung war von Schaabas durch einen mit Wasser angefüllten Kanal und durch eine Ebene getrennt. Der Hauptort hatte die weiße Fahne aufgesteckt, aber die Vorstadt schoß fortdauernd auf uns. Unser erster Angriff war fruchtlos; der Offizier, der ihn kommandierte, war durch sein Pferd dahingerissen, und ins Wasser gestürzt, und seine Truppen hatten sich zerstreut, um über die Einwohner herzufallen, die ihre Sachen fortschafften. Die beiden Generale suchten schnell diese Unordnung zu hemmen und die Truppen wieder zu sammeln. Durch diese Veränderung der Umstände sahen wir uns genötigt, unter den Türmen und dem Feuer des Feindes durchzugehen. Mehrere Soldaten wurden getötet oder verwundet. Wir umgingen nun die Festung. Einer der Türme war unbesetzt geblieben, wir brachen daher das Tor ein. Dreißig Soldaten nebst dem General Menou drangen ein. Dieser und ich waren die einzigen zu Pferde, und die Häuser waren so niedrig, daß man von drei Seiten des Platzes auf uns zielen konnte. In dem nämlichen Augenblicke, da ich den General benachrichtigte, daß man Absichten auf ihn habe, wurde sein Pferd wie vom Blitze getötet, und stürzte ihn durch seinen Fall in ein Loch. Ich hielt ihn für tot und half ihm – wenngleich ohne Erfolg – so viel ich vermochte, bis General Marmont und einige Freiwillige kamen, um ihn mit mir von da hinwegzubringen. Das Feuer war von beiden Seiten heftig; aber die Belagerten hatten sich gedeckt, waren wohl bewaffnet und schossen sicher, weil sie ihre Gewehre auflegen konnten. Mehrere Tote und zwölf Verwundete zwangen uns zum Rückzug. Wir griffen den Turm, der mit dem eben genommenen parallel stand, mit mehr Ordnung an.

---

[12] Wälle

Sogleich verloren die Feinde mehrere Menschen und verließen den Turm. Man fing an, die Häuser in Brand zu stecken. Acht der Unsrigen wurden beim Angriffe auf das Tor verwundet. Unsere Lage wurde mißlich. Wir hatten dreißig Mann zur Aufsicht über die Equipage[13] zurückgelassen, es blieben uns jetzt also nur noch wenige übrig. Mit dem Einbruche der Nacht stießen die Belagerten ein fürchterliches Geschrei aus, worauf die Einwohner der umliegenden Dörfer durch Geheul antworteten. Bald näherten sich uns Neuzugänge. Wir hörten sie über die Mittel beratschlagen, wie sie sich miteinander vereinigen könnten. Wir ließen sie näher kommen, dann schossen wir auf sie mit möglichster Sorgfalt, und hörten, daß sich das Kriegsgeschrei bald in ein Winseln des Schmerzes verwandelte; sie zogen sich zurück. Gleich nachher kam eine Deputation des Fleckens Schaabas, die der Scheich selbst mit der Fahne begleitete. Er sagte uns, daß die Menschen, mit denen wir zu tun hatten, abscheuliche Räuber seien, mit denen wir kein Abkommen würden treffen können. Ein Eingeborener, den wir in Malta befreit hatten, war sein Dolmetscher. Dieser versicherte uns im Vertrauen, daß, wenn wir den Ort nicht in der Nacht wegnähmen, wir bei Tage nicht Menschen genug dazu haben würden, daß ferner die Leute aus der Gegend uns den Rückzug abschneiden und uns alle aufreiben würden. Während er uns dies bekannt machte, zeigte seine schöne Physiognomie ein so herzliches Mitleiden, daß ich, ohne weiter auf die Folgen dessen, was er uns erzählte, zu denken, gleichsam mechanisch – wie man sich denn in solchen Augenblicken gewöhnlich über alle äußeren Umstände hinwegsetzt – seinen Kopf zu zeichnen anfing. Das, was der Scheich sagte, war um so begründeter, da wir eine Menge Verwundeter auf einem engen, hier und da durchgerissenen Damme fortzuschaffen hatten, unser Rückzug also schwer zu verhehlen und zu verteidigen war. Während wir beratschlagten, wie wir am wenigsten unglücklich noch vor Tage die kritische Stellung, in der wir uns befanden, verlassen könnten, stellten sich die Belagerten, als ob sie in der Dunkelheit nach Hilfe riefen und sie empfingen. Auf der Seite, die sie beschützen wollten, machten sie ein großes Feuer, warfen alle ihre Habe in die Flammen und entfernten sich

[13] Troß

Kairo und das Niltal

unter dem tiefsten Stillschweigen. Wir hörten kein Geräusch weiter, außer wenn sie durchs Wasser gehen mußten. Wir schossen auf gut Glück auf sie, und einige von ihnen verlassene Kamele, die in den Flecken zurückkamen, setzten ihre Flucht außer Zweifel. Nun waren wir Herren des Schlachtfeldes, und sogleich wurde alles verbrannt, was nur Feuer fing. Die Soldaten trösteten sich über die Strapazen des Tages und der Nacht dadurch, daß sie zwei- bis dreitausend Hühner und Tauben auf zweihundert Esel luden, und sieben bis achthundert Hammel mit wegführten. Aber uns Liebhabern der Altertümer blieb nichts, was uns dafür entschädigen konnte, daß unsere Neugierde durch diesen widrigen Zufall unbefriedigt bleiben mußte. Unsere Hoffnung war verloren und unsere Expedition gescheitert, wir hatten nur wenig interessante Bemerkungen gemacht, ja, unsere Beobachtungen waren so unsicher, daß man sie für nichts rechnen konnte. Beim Anbruch des Tages setzten

wir uns wieder in Marsch und fanden weiter keine Hindernisse, als die man uns den Abend zuvor bereitet hatte.

Wir kamen nach Rosette zurück. Die Mitglieder des Instituts (23), die sich dort befanden, hatten von dem General en Chef Befehl bekommen, sich mit denen zu vereinigen, die in Kairo waren, um die Sitzungen und Arbeiten dieser Versammlung zu organisieren. Den folgenden Tag schiffte ich mich also mit meinen Kollegen ein. Mit der Provinz von Rosette verließen wir zugleich die reizendste des ganzen Deltas. Gleich hinter Rahmanieh nähert sich der Sand der Wüste oft bis zum linken Ufer des Flusses, die Felder werden öde, die Bäume seltener, der Horizont bildet nur eine Linie, deren Anblick unmöglich darzustellen ist. Ich zeichnete das Dorf Alcan, dessen Einwohner den Adjutanten Julien (23a) und 25 Freiwillige ermordet hatten. Das Dorf war deshalb verbrannt, und die Einwohner waren verjagt. Eine zahllose Taubenflucht war auf den Trümmern zurückgeblieben, gleich als wollten sie die Wohnungen, die nur für sie erbaut zu sein schienen, nicht verlassen.

Mehr als 10 Stunden weit von Kairo (24) entdeckten wir die Spitzen der Pyramiden[14], die den Horizont durchschnitten. Bald darauf sahen wir den Mokattam (25) und auf der anderen Seite die Gebirgskette, die Ägypten von Libyen trennt und den Sand der Wüste verhindert, das Bett des Nils zu verschütten. In dem ewigen Streite des wohltätigen Nils mit jener verderbenden Geißel sieht man oft die sandigen Wellen die Felder versenken, ihren Überfluß in Unfruchtbarkeit verwandeln, den Einwohner aus seinem Hause verjagen und seine Mauern bedecken, so daß mit einem Worte der allgemeinen Zerstörung nichts entgeht als einige Palmenwipfel, die letzten Zeugen ehemaliger Fruchtbarkeit, die den traurigen Anblick einer solchen Wüste durch den betrübenden Gedanken an die Zerstörung noch vermehren. Ich fühlte mich glücklich, Berge wieder zu sehen und Monumente zu erblicken, deren Zeitalter sowohl als die Ursache ihrer Erbauung sich in der Nacht der Jahrhunderte verliert.

Ich wurde bei dem großen Anblicke dieser erhabenen Gegenstände gerührt. Sehr nahe ging es mir, daß die Nacht ihre Flügel über dieses Gemälde breitete, das für das Auge sowie für die Einbildungskraft gleich imponierend war. Mit dem ersten Sonnenstrahl begrüßte ich die Pyramiden wieder, und zeichnete sie mehrmals; besonders machte es mir Vergnügen, vom Nil aus bei seiner höchsten Höhe die Dörfer vor jenen Monumenten vorübergleiten und alle Augenblicke Landschaften bilden zu sehen, wovon jene immer den Hauptgegenstand und das Hauptinteresse ausmachten. Gern hätte ich sie in der zarten und durchsichtigen Farbe dargestellt, die ihnen wegen der Luft, die sie umgibt, eigen ist. Diese Eigentümlichkeit haben sie wegen der außerordentlichen Höhe ihrer oberen Teile vor allen übrigen Monumenten voraus.

Die große Entfernung, worin sie gesehen werden können, macht sie fast durchscheinend, mit einer himmelbläulichen Farbe, und ihre Winkel erhalten dadurch die Reinheit und das Vollendete wieder, was die Jahrhunderte ihnen abgenagt haben. Gegen 9 Uhr verkündigte ein Kanonenschuß uns Kairo und das Neujahrsfest, das man

---

[14] von Giseh

daselbst feierte. Wir sahen die unzähligen Türmen den Mokattam umschließen, sahen die Gärten, die bis an den Nil hervortreten; das alte Kairo, Boulak und Roda, die mit der Stadt sich schön gruppierten, gaben ihr noch den höheren Reiz des Grüns, gaben ihr in dieser Ansicht Größe, Schönheit, ja selbst Reize; aber die Täuschung verschwindet bald, allmählich nimmt jeder Gegenstand seinen Platz wieder ein, und dann sieht man nichts als einen Haufen Dörfer, die man hier, Gott weiß warum, zusammengebracht und von einem schönen Fluß entfernt hat, um sie einem dürren Felsen zu nähern.

KAPITEL V

Schilderung der Pyramiden, Aufstand in Kairo

Kaum war ich bei dem General en Chef angekommen, so erfuhr ich, daß in der nämlichen Stunde noch ein Detachement von 200 Mann abreisen werde, um die Neugierigen zu beschützen, die die Pyramiden noch nicht gesehen hatten. Ich seufzte, daß ich das nicht einige Stunden früher gewußt hatte, und meinte, so wichtige Gegenstände sehen, ohne dasjenige bei sich zu haben, was den Beobachter in den Stand setzt, mit Nutzen zu betrachten, heißt im Grunde bloß eine eitle Neugierde befriedigen; überdies war ich durch die eben geendigten Reisen so ermüdet, daß alle meine Muskeln mir abrieten, eine dritte zu unternehmen. Ich hielt es für vernünftig, meine Neugierde so lange zu verschieben, bis die Astronomen ihre Beobachtungen von diesen berühmten Orten aus machen würden.

Am Ende der Tafel aber sagte der General: »Man kann die Pyramiden nicht ohne bewaffnete Begleitung besuchen, und ein Detachement von 200 Mann kann nur selten dahingeschickt werden.« Die Gewalt, die mancher Geist über den anderen hat, vernichtete alle meine Überlegungen; diese Gewalt, die mich veranlaßte, nach Ägypten zu reisen, machte auch jetzt, daß ich die Pyramiden besuchte; kurz, ich trat, ohne mich weiter zu besinnen, den Weg nach Alt-Kairo an. Unterwegs traf ich Gesellschaft, mit welcher ich über den Nil ging. Wir kamen in der Nacht zu Giseh (1) an. Ich wußte nicht, wo ich schlafen sollte, war auch schon entschlossen, die Nacht zu durchwachen, aber durch ein Glück, das mir einer Verzauberung ähnlich schien, befand ich mich plötzlich auf einem schönen seidenen Diwan in einem Saale, wo uns ein Westwind, der unter dichten Baumgesträuchen sich abgekühlt hatte, den Duft der Pomeranzenblüten zuwehte; ich ging hinunter in einen Garten, der mir beim Mondenlichte der Beschreibung eines Savary würdig schien. Mit einem Worte, wir befanden uns auf einem Lusthause des Murad-Bei. Man hatte mir seinen Wert herabgesetzt; ich sah es erst nach dem Durchzuge einer siegenden Armee, und doch fühlte ich unwidersprechlich, daß die Genüsse der Morgenländer, wenn man sie nicht durch sinnlose Vergleiche absichtlich heruntersetzt, ihren Wert haben, und daß man seinen Sinnen die lustvolle Entspannung, die sie einflößen, nicht gern versagen mag. Man findet hier weder unsere langen und ekelhaften französischen Alleen noch die gewundenen Fußsteige der englischen Gärten, die uns zum Lohn für die Mühe, welche sie uns kosten, Hunger und Gesundheit schenken. Im Morgenlande verhindert eine Menge von Vergnügen jede unnütze Leibesbewegung. Aus der Mitte einer Gruppe von Feigenmaulbeerbäumen, deren übergebogene Äste einen mehr als kühlen Schatten geben, tritt man unter Zelte oder offene Gartenhäuser in einem Dickicht von Pomeranzenbäumen und Jasmin. Man denke sich hierzu noch die übrigen Genüsse der orientalischen Vielweiberehe.

Der Offizier, der die Eskorte kommandierte, war einer meiner Freunde, er zählte mich zu der kleinen Anzahl derer, die in das Innere der Pyramiden gehen sollten. Wir waren zusammen dreihundert. Am Morgen des folgenden Tages suchte man sich, wartete aufeinander, und reiste dann spät ab, wie es bei großen Gesellschaften gewöhnlich zu gehen pflegt. Wir kreuzten wegen der Bewässerungskanäle auf den Ländereien hin und her und erreichten mittags die Grenze der Wüste. Unterwegs hatte ich mehrere Skizzen der Umgegend entworfen. Kaum hatten wir die Barken verlassen, als wir uns mitten im Sande befanden; wir durchwanderten ihn bis zur Ebene, auf der die Monumente stehen. Wenn man sich diesen Kolossen nähert, erniedrigen und verhehlen sie sich dem Auge, wegen ihrer winkligen und geneigten Gestalt; da ferner alles regelmäßige nur durch Vergleich klein oder groß erscheint, und diese Massen alle Gegenstände umher unendlich überragen, doch aber in ihrer Ausdehnung einem Berge nicht gleichen (das einzige, was unser Geist natürlich mit ihnen vergleicht), so wundert man sich, wenn man den ersten Eindruck, den sie von fern machten, allmählich abnehmen sieht; aber kaum fängt man an, dieses riesenmäßige Produkt der Kunst mit einem bekannten Maßstabe zu messen, so erhält es seine vorige ungeheure Größe wieder. Wirklich schienen mir hundert Personen, die, als ich ankam, vor der Öffnung der Pyramiden standen, so klein, daß ich sie nicht für Menschen hielt.

Um aber von dem zu reden, was die Pyramiden sind, steige man auf einen Hügel von Trümmern und Sand, beides Reste der Zerstörung, und die jetzt dazu dienen, um zu der Öffnung, durch welche man nach innen gehen kann, zu gelangen. Diese Öffnung, die sich etwa 60 Fuß über der Grundfläche erhebt (2), war durch die allgemeine Verkleidung, die dem stillen Aufenthalte, welchen dies Monument in sich schloß, zum dritten und letzten Verschluß diente, versteckt. Dort fängt unmittelbar die erste Galerie an; sie führt bis zum Mittelpunkt, bis zur Grundlage des Gebäudes. Die Trümmer, die man nicht gehörig herausgenommen oder die wegen der Neigung des ganzen natürlich wieder in die Galerie gefallen sind, verbunden mit dem Sande, den der Nordwind täglich dahin wirft, und den niemand herausschafft, haben diesen ersten Gang verschüttet, und machen ihn sehr beschwerlich zum Durchgehen. Am Ende desselben stößt man auf zwei Granitblöcke, die diesem geheimnisvollen Orte zum zweiten Verschlage dienen. Dieses Hindernis hat die, die hier einzudringen versuchten, wahrscheinlich in Verlegenheit gesetzt; sie sind schließlich um die beiden Blöcke herumgegangen, über sie hinweggestiegen, und haben so eine zweite aufwärtsführende Galerie entdeckt, die aber so steil ist, daß man in den Fußboden Einschnitte hat machen müssen, damit es nur möglich wurde, hinaufzusteigen. Wenn man auf dieser Galerie zu einer Art von Absatz gekommen ist, findet man ein Loch, was man gewöhnlich den Brunnen zu nennen pflegt, ferner den Anfang eines zweiten horizontalen Ganges, der zu einer Kammer führt, die unter dem Namen Kammer der Königin bekannt ist und weder Zirat noch Karnies[15] noch irgendeine Inschrift hat. Geht man auf den Absatz zurück, so erhebt man sich durch den großen Gang, der zu einem zweiten Boden führt, gerade empor. Auf diesem Boden befindet sich der dritte und letzte Verschluß, der in seiner Bauart vorzüglich verwickelt ist, und die Bedeutung ins Licht setzt, die die Ägypter in die Unverletzlichkeit ihrer Grabmäler setzten. Dann kommt die königliche Kammer, die den Sarkophag enthält. Dieses kleine Heiligtum war die Ursache eines so ungeheuren und kolossalen Gebäudes, im Vergleich mit allem, was sonst die Menschen Großes bauten. Betrachtet man den

[15] Tür-, bzw. Fenstersims

Gegenstand des Baus der Pyramiden, so scheint die Größe des Stolzes, der sie unternehmen ließ, ihre physische Ausdehnung noch zu übertreffen: man weiß kaum, was man mehr anstaunen soll, die tyrannische Unvernunft, die ihre Ausführung zu befehlen wagte, oder den knechtischen Gehorsam eines Volkes, das zu dergleichen Arbeiten seine Hände bot. Der für die Menschheit edelste Bezug, unter dem man diese Gebäude betrachten kann, ist unstreitig, daß man bei ihrer Auftürmung in Rücksicht der Größe und Dauer mit der Natur wetteifern wollte, und – daß dies mit Erfolg geschehen ist.

Wir konnten nur zwei Stunden bei den Pyramiden sein, anderthalb wandte ich dazu an, das Innere der einzigen Öffnung zu besehen. Ich hatte alle meine Kräfte aufgewandt, um mir von dem, was ich sah, Rechenschaft zu geben, ich hatte gezeichnet und so viel, wie der Maßstab eines einzigen Fußes mir erlaubte, gemessen; ich hatte meinen ganzen Kopf angefüllt und hoffte, sehr viel zurückzubringen; als ich aber am folgenden Tage meine Beobachtungen zergliederte, blieben eine Menge Fragen übrig. Kurz, ich kam von meiner Reise, moralisch wie physisch zerstört, zurück, und fühlte meine Neugierde in Rücksicht der Pyramiden gereizter, als sie es vorher war, ehe ich dahinging.

Ich hatte nur so viel Zeit, die Sphinx (3) zu betrachten, die mit der ängstlichsten Sorgfalt gezeichnet zu werden verdient, die aber nie so gezeichnet wurde. Ihre Größenverhältnisse sind zwar monumental, aber die Umrisse, die sich noch erhalten haben, sind so zart als rein. Der Ausdruck des Kopfes ist Sanftheit, Grazie und Ruhe. Der Charakter ist zwar komisch, aber der Mund hat, ungeachtet seiner dicken Lippen, eine Weichheit in der Bewegung und eine Feinheit in der Ausführung, die man bewundern muß. Das ist warmes Fleisch und wahres Leben. Die Kunst mußte eine hohe Stufe der Vollkommenheit erstiegen haben, als man ein solches Monument verfertigte. Es ist wahr, daß diesem Kopfe das, was man gewöhnlich Stil nennt – ich meine die geraden stolzen Formen, die die Griechen ihren Gottheiten gaben – mangelt; aber hierüber hat man die Einfachheit und die große und stille Wahrheit der Natur vergessen, die man an dieser Figur bewundern muß.

Ich habe auch kleine Tempel (4) mit erhabener Arbeit und Statuen bemerkt, und Gräben in dem Felsen, um etwa den Pyramiden ein

Die Sphinx

Fußgestell zu bereiten, und ihrer Masse eine Zierde zu verschaffen; aber es schienen mir noch so viele Beobachtungen nötig, daß es noch mehrerer solcher Besuche wie dieser bedurft hätte, um etwas mehr als Skizzen davon zu entwerfen, um endlich das heilige Dunkel zu enthüllen, das von jeher diese symbolischen Monumente verschleiert zu haben scheint. Man ist sich genauso ungewiß über den Zeitpunkt, wo sie entweiht, als über den, wo sie erbaut wurden. Dieser letztere, der sich in der Nacht der Jahrhunderte verliert, öffnet für die Jahrbücher der Kunst einen endlosen Raum. In dieser Hinsicht kann man das Einfache der Pyramiden nicht genug bewundern, wie die Unwandelbarkeit ihrer Form, ihrer Bauart und ihrer unermeßlichen Ausdehnung, so daß man von diesen riesenmäßigen Monumenten sagen muß, sie sind das letzte Glied der Kette zwischen den Kolossen, der Kunst und der Natur.

Herodot (5) versichert, man habe ihm erzählt, die große Pyramide, von der ich eben geredet habe, sei das Grabmal des Cheops gewesen; die nächste daran aber das Grabmal seines Bruders Chephrens (6), der auf ihn folgte. Nur in der des Cheops seien inwendig Gänge, und 100 000 Menschen hätten 20 Jahre lang daran gebaut. Die Arbeiten, die dieser Bau erfordert habe, hätten diesen Fürsten bei seinem Volke verhaßt gemacht, und ungeachtet der Steuern, die er deshalb von den Untertanen eintrieb, seien allein die Unkosten für die Ernährung der Arbeiter so hoch gestiegen, daß er die Ehre seiner Tochter habe hingeben müssen, um das Monument zu vollenden. Seine Tochter habe sich aber von dem Überschuß, den ihre Entehrung eingetragen hatte, die kleine gegenüberstehende Pyramide zu ihrem eigenen Grabmal erbaut. Entweder die ägyptischen Prinzessinnen ließen sich damals die entehrenden Gunstbezeugungen sehr teuer bezahlen, oder die kindliche Liebe ging bei dieser Tochter des Cheops sehr weit, da sie sich aus Enthusiasmus mehr dahin gab, als nötig, war, so daß sie von dem Überschuß des Gewinns sogar auf ihre Rechnung eine zweite Pyramide bauen konnte. Wieviel Mühe während des Lebens, um sich nach dem Tod eine Ruhestätte sichern zu wollen! Man muß aber hierbei ja bedenken, daß Cheops, der während seiner Regierung die Tempel schließen ließ, unter den Geschichtsschreibern in Ägypten, den Priestern, nach seinem Tode keine Lobredner erhalten konnte, und daß Herodot, der uns über dieses Land zuerst Licht gibt, sich wohl manche Fabeln durch diese Priester mag haben erzählen lassen.

Ich war länger als einen Monat schon in Kairo und sah mich immer noch nach jener prächtigen und heiligen Stadt um, der großen unter den großen, deren Reiz die Seele lüstern macht, deren Stolz und Pracht selbst dem Propheten ein Lächeln des Beifalls abnötigte (denn so reden die Morgenländer von ihr). In der Wirklichkeit sah ich nichts, als eine zahllose Bevölkerung und weite Räume zum Durchwandern, aber keine einzige schöne Straße und kein einziges schönes Monument. Ein weitläufiger Platz ist zwar da, aber er hat das Ansehen eines Stück Feldes. Es war Ezbekije (7), wo Bonaparte wohnte. Zur Zeit der Überschwemmung hat dieser Platz wegen seiner Kühle und wegen der Wasser-Spazierfahrten des Nachts einige Annehmlichkeit. Überwiegend findet man Paläste mit Mauern umzogen, die

die Straßen traurig machen, statt sie zu verschönern. Die Wohnungen der Armen sind hier noch elender als anderwärts, denn außer der Trostlosigkeit und Dürftigkeit im allgemeinen kommen hier

Straße in Kairo

noch die Sorglosigkeit und Nachlässigkeit hinzu, die das Klima erlaubt. Man möchte immer fragen, wo denn die Häuser seien, die die vierundzwanzig Fürsten bewohnten (8). Wenn man indes in das Innere dieser Art von Festungen gedrungen ist, so findet man manche Annehmlichkeiten, marmorne Bäder, üppige Badestuben, Säle mit Mosaik, in deren Mitte Wasserbehälter und Springbrunnen sind; große Diwans mit Plüsch, lange Erhöhungen mit Teppichen belegt, mit reichen Stoffen bedeckt und mit prächtigen Kissen umgeben. Diese Diwans nehmen gewöhnlich drei Seiten der Tiefe eines Zimmers ein. Die Fenster, wenn welche da sind, werden nie geöffnet, und das Tageslicht, das hindurchdringt, wird durch farbige Scheiben und sehr enge netzförmige Gitter verdunkelt. Das Hauptlicht kommt gewöhnlich von oben mitten durch die Decke hindurch. Die Muselmänner kennen den Gebrauch, den wir vom Tageslicht machen, zu wenig, als daß sie sich viel Mühe geben sollten, sich Licht zu verschaffen.

Es scheint überhaupt, als wenn bei ihnen alles zur Ruhe einlädt, die Diwans, auf welchen man mehr liegt als sitzt, wo man sich wohl befindet, und von denen aufzustehen ein Geschäft ist; die Kleidungen, deren Oberteil aus weiten Röcken besteht, die die Beine mit umwickeln, die großen Ärmel, die acht Zoll über die Fingerspitzen hinausreichen; ein Turban, dessentwegen man den Kopf nicht beugen kann; ihre Gewohnheit, in der einen Hand eine Pfeife zu halten, mit deren Dampf sie sich betäuben, und in der anderen einen Rosenkranz, dessen Perlen sie zwischen den Fingern durchgehen lassen; all dies verhindert jede Tätigkeit und jedes Nachdenken; sie sinnen, ohne zu wissen, worauf, verrichten alle Tage das Gleiche und haben am Ende gelebt, ohne sich Mühe zu geben, in die Einförmigkeit ihrer Existenz Abwechslung zu bringen. Diejenigen, die aus Not einige Arbeiten vornehmen müssen, sind von den Großen, von denen ich eben redete, nicht sehr unterschieden. Sie haben die Vornehmen daran gewöhnt, von ihrem Gewerbe bloß das Alltägliche zu erwarten; hierüber erheben sie sich nie; denken auf kein Mittel es besser zu machen, und verwerfen schlechthin alle diejenigen, wobei sie aufrecht stehen müssen, denn nichts ist ihnen mehr zuwider als dieses. Der Tischler, der Schlosser, der Stellmacher, der Schmied, alles arbeitet sitzend. Der Maurer sogar führt einen Turm auf, ohne je dabei zu stehen. Wie die Wilden haben sie meistens nur ein Werkzeug, aber man staunt, daß sie so viel damit ausrichten können. Man gerät deshalb oft in Versuchung, ihnen viel Geschicklichkeit zuzutrauen, aber am Ende ist es bloße Gewohnheit.

Der Despotismus, der ewig befiehlt und nie belehrt, ist wohl unstreitig die Quelle und der fortdauernde Grund dieses Stillstehens von Handwerk und Gewerbe. Späterhin habe ich in Oberägypten arabische Handwerker gesehen, die ihren Meister verlassen hatten und unsere Soldaten ihres Metiers aufsuchten, um mit ihnen zu arbeiten, und uns ihre Dienste anzubieten, und die, weil sie einer angemessenen Bezahlung gewiß waren, sich alle Mühe gaben, unserem Verlangen zu entsprechen, und ihre Arbeiten immer noch einmal anfingen, um dahin zu gelangen. Sie beobachteten mit Enthusiasmus die Wirkung einer Windmühle, und sahen mit Erstaunen Rammen. Vielleicht war es ein geheimes Trägheitsgefühl, das ihnen diese Bewunderung für zwei Maschinen einflößte, die gerade ihre beschwerlichsten Arbeiten erleichtern, nämlich Wasser emporzuschaffen und Deiche aufzuführen, um es zu halten. Sie bauen so wenig wie möglich. Nie bessern sie aus: einer Mauer droht der Einsturz, sie stützen sie, sie fällt wirklich, gut, so hat man einige Zimmer weniger im Hause, sie richten sich neben den Trümmern ein, das Gebäude selbst versinkt endlich, sie verlassen den Fleck. Müssen sie aber ja den Platz abräumen, so schaffen sie den Schutt gewiß nicht weit; eben deshalb finden sich um alle Städte von Ägypten, vorzüglich aber um Kairo herum, nicht bloß Hügel, nein Berge, worüber der Reisende erstaunt und die man oft nicht erklären kann.

Es gibt einige Gebäude von Bedeutung in Kairo, die, wie ich glaube, in die Zeit der Kalifen (9) gehören. Der Palast Josephs, der Brunnen Josephs (10) und Josephs Magazine, von denen alle Reisende gesprochen haben, und die einige, nach der Volksüberlieferung, der weisen Fürsorge des Potipharschen Josephs zuschreiben. Dann müßte aber Kairo so alt sein wie Memphis (11), ja, es müßte dann neben dieser Stadt schon zerstörte Orte gegeben haben, denn diese Paläste selbst sind aus älteren Ruinen erbaut. Übrigens haben diese Gebäude ganz den Charakter alles dessen an sich, was die Muselmänner in dieser Gegend gebaut haben, d.h., sie sind ein Gemisch von Pracht, Armut und Unwissenheit.

Das Schloß (12) ist zwar ohne Plan und ohne Verteidigungsmittel gebaut, aber es hat doch einige ziemlich glückliche geordnete Teile. Der Pascha logierte da, oder vielmehr, war darin eingeschlossen. Der einzige merkwürdige Raum war der Saal des Diwan, worin die Beis sich versammelten, und der oft der Schauplatz blutiger Szenen während dieser tyrannischen Regierung war. Man sieht hier auch den Josephsbrunnen, der 200 Fuß in den Felsen eingehauen ist. Norden (13) hat ihn genau beschrieben. Der Josephspalast, den ich eben erwähnte, hat einen guten Grundriß. Ich konnte nicht ohne einige Bewunderung sehen, wie glücklich die arabischen Baumeister manche alte Fragmente, die sie mit zu ihrem Bau nahmen, anzuwenden wußten, und wie geschickt sie oft Zieraten ihres Geschmacks damit verbanden.

Da die Türken jetzt keine altägyptische Säulen mehr um sich herum finden, und doch nach wie vor Moscheen bauen, ohne die einfallenden abzutragen, so tragen sie es den Franken auf, die Säulen dutzendweise für sie kommen zu lassen. Diese kaufen sie zu Carrara (14) von allen Arten. Wenn sie angekommen sind, versehen die muselmannischen Baumeister sie mit eisernen Ringen an ihren Wulsten und lassen die Torbögen der Moscheen darauf ruhen. Ihre Türme und Gräber sind die einzigen Bauten, worin der arabische Stil sich in seiner Vollkommenheit erhalten hat. Wenn man gleich jene Hauptschönheit der Baukunst, die in sichernder Festigkeit besteht, darin nicht findet, so bemerkt man wenigstens mit Vergnügen Ornamente, die reich genannt werden können, ohne schwer zu sein. Der Kirchhof der Mameluken (15) gibt ein Beispiel davon. Kaum tritt man aus den verfallenden Gebäuden von Kairo heraus, so sieht man mit Erstaunen eine andere Stadt ganz von weißem Marmor vor sich stehen, in welcher Gebäude auf Säulen aufgeführt sind, die mit Domen oder mit gemalten, ausgehauenen und vergoldeten Palankins [16] gekrönt sind, ein reizendes und lachendes Ganzes machen. Es fehlt diesem Traueraufenthalte nur an Bänken, um ihn zu einem Aufenthalte des Vergnügens umzuschaffen. Kurz, es scheint, als ob die Türken, die die Heiterkeit allenthalben verbannen, sie auch noch mit sich begraben wollten.

[16] Sänften

Ich war eben im Begriff, eine Zeichnung von diesem Heiligtum des Todes, das so artig mit Blumengehenken verziert ist, zu vollenden, als ich ein Geschrei hörte. Zuerst dachte ich, es sei ein Begräbnis, das nach Landessitte von bezahlten Klageweibern begleitet werde, aber ich sah bald, daß diese Weiber, statt zu klagen, flohen, und mir winkten, ihnen zu folgen. Ich dachte an die Geißel des Landes, da ich aber einen großen Raum um mich her und nirgends einen Araber, noch etwas ihm ähnliches, sah, so setzte ich mich wieder zum Zeichnen nieder. Kaum saß ich, so sah ich auch die Männer fliehen; da ich mich nun ganz allein von unseren Posten entfernt befand, so hielt ich es für klüger, mich ihnen zu nähern. Auf den Straßen wurde ich einigen Auflauf gewahr, und in den Blicken derer, die mich ansahen, Bestürzung. Kaum war ich zu Hause, so erfuhr ich, daß Lärm in der Stadt sei, daß man den Kommandanten ermordet habe und daß geschossen werde (16). Der Palast des Instituts, der ans Feld anstößt und mitten zwischen großen Gärten liegt, in welchen man zur Friedenszeit einer angenehmen Ruhe genießt, wird unter bedrohlichen Umständen ein sehr verlassener Ort und gewöhnlich zuerst von den Arabern angegriffen, mögen sie nun von den Eingeborenen gerufen werden oder von freien Stücken kommen. Nach der Stadtseite zu grenzt er an den Teil, wo die Ärmsten des Volkes wohnen, von denen natürlich am meisten zu fürchten ist. Wir hörten, daß das Haus des Generals Caffarelli geplündert sei und daß mehrere Personen von der Kommission der Künste dabei umgekommen wären; wir sahen nach, wer unter uns fehlte, vier waren nicht da. Eine Stunde darauf sagten es uns unsere Leute, daß man sie getötet hätte. Von Bonaparte wußten wir nichts. Die Nacht brach ein. Man schoß nur noch hie und da, aber von allen Seiten hörte man Geschrei. Alles verkündete einen allgemeinen Aufstand. Der General Dumas (17) hatte auf seiner Zurückkunft von der Verfolgung der Araber beim Eintritt in die Stadt ein großes Blutbad unter den Rebellen angerichtet. Einem Anführer der Rebellen hatte er den Kopf abgeschlagen, während dieser zu dem Volke sprach. Aber die halbe Stadt, und zwar die volkreichste, hatte sich verschanzt. Mehr als 4000 Einwohner hatten sich in einer Moschee[17] festgesetzt;

[17] El-Azhar-Moschee

Eingang in die El-Azhar-Moschee

zwei Kompanien Grenadiere waren zurückgeworfen, und die Kanonen konnten in den engen und krummen Straßen nicht durchkommen. Steine und Lanzen fanden ihre Opfer, ohne daß man einen Feind gewahr wurde. Der General schickte uns zwar ein Detachement, mußte es uns aber um Mitternacht wieder nehmen. Dies vermehrte den gefährlichen Zustand des Instituts noch. Die Nacht war indes ziemlich ruhig, denn die Türken mögen sich nicht im Dunkeln schlagen und machten sich ein Gewissen daraus, nach Sonnenuntergang ihren Feind zu töten. Ich legte mich aus einem ähnlichen Grundsatz schlafen, denn ich denke immer, wenn in der Gefahr die Vorsicht anfängt unnütz zu werden, so bleibt sie nur noch eine törichte Unruhe, auch verließ ich mich auf die Angst der anderen, die mich bei einem Überfall schon wecken würden. Mit den ersten Sonnenstrahlen des folgenden Tages ging der Krieg wieder los; man schickte uns aber Flinten. Alle Gelehrten bewaffneten sich. Man ernannte Anführer. Jeder hatte seinen Plan, aber niemand glaubte, gehorchen zu müssen. Dolomieu (18), Saint-Simon (19) und ich wohnten weit von den anderen ab. Unser Haus konnte plündern, wer Lust dazu hatte. Sechzig Mann waren eben zur Hilfe für unsere Kollegen angekommen. Da wir nun insoweit beruhigt waren, entschlossen wir uns, uns in unserem Hause so zu verschanzen, daß wir wenigstens vier Stunden standhalten könnten, wenn man uns mit gewöhnlichen Kräften angreifen sollte, um so die Unterstützung erwarten zu können, die unser Feuer uns sicher verschaffen würde. Einmal glaubten wir wirklich angegriffen zu werden. Wir hatten alle friedlichen Einwohner fliehen sehen, man hörte das Geschrei unter unseren Mauern, und die Kugeln pfiffen auf unsere Terrassen. Wir zerstörten sie daher, um mit ihren Trümmern diejenigen zu zerschmettern, die unsere Türen brechen wollten, und im Notfall sollte die Treppe alle unsere Feinde zugleich begraben. Wir freuten uns über unser Werk, als endlich die schwere Artillerie des Schlosses zu schießen begann. Sie brachte ganz die Wirkung hervor, die ich erwartete. Der Schrecken folgte der Wut. Die Moschee konnte man freilich nicht schlagen, aber sie wurde der einzige Sammelplatz der Feinde, alles übrige bat um Gnade. Die Moschee selbst wurde umringt, und eine Batterie lehrte sie, daß bei uns der Krieg nicht mit dem Tag endet; die Leute darin rissen ihre Verrammungen weg, und hofften einen Ausfall wagen zu können, wurden aber zurückgetrieben und ergaben sich dann. Der Rest der Nacht blieb ruhig. Den anderen Tag waren wir frei.

Nun hatten wir Kairo erobert, denn das erstemal hatte es sich im Grunde den Besiegern der Mameluken nur ergeben. Die gedankenlosen furchtsamen Ägypter hatten bei der Abreise derer, die sie durch Ungerechtigkeiten und endlose Gelderpressungen quälten, gelächelt; hatten aber ihre Tyrannen bald bedauert, da sie ihre Befreier bezahlen mußten. Sobald ihr erster Schrecken vorüber war, hörten sie auf ihren Mufti und verschworen sich, durch einen fanatischen Enthusiasmus belebt, insgeheim wider uns. Vielleicht hätte man ohne Ausnahme alle töten sollen, deren Augen französische Kompanien hatten weichen sehen, aber die Gnade eilte der Reue zuvor. Eben deshalb erstickte aber die Bestürzung auch den Geist der Rache nicht. Dies las ich am anderen Tage deutlich in der Physiognomie der Mißvergnügten. Ich fühlte, daß wir schon vor dem Handgemenge des ersten Brumaire von einem Kreise Araber umschlossen waren und daß wir künftig nur mitten durch Feinde hin würden marschieren können. Einige Verräter fing man freilich auf und tötete sie, aber man gab die Moscheen zurück, die die Freistätte des Verbrechens gewesen waren, und der Stolz der Schuldigen brüstete sich mit dieser Nachgiebigkeit. Der Fanatismus wurde durch den Schrecken nicht vernichtet. Welche Gefahr man Bonaparte auch zeigte, so konnte doch nichts die gütigen Gefühle umwandeln, die er bei diesem Vorfall an den Tag legte. Er wollte so gnädig sein, als er hätte schrecklich sein können, und alles Vergangene wurde vergessen, ungeachtet wir zahlreiche und wichtige Verluste erlitten hatten.

Der General Dupuis (19a), ein vortrefflicher Kapitän, der in den glänzenden Feldzügen Italiens zwei Jahre hindurch allen Gefahren getrotzt hatte, womit die Bahn des Ruhmes besät ist, wurde beim Rekognoszieren durch einen feige angebrachten Wurf ermordet. Ein Messer, an das Ende eines Stocks gebunden, wurde aus einer Fensteröffnung auf ihn geworfen, und zerschnitt ihm die Pulsader. Nach wenigen Augenblicken starb er. Der junge und tapfere Sulkowsky (19b), dessen viele Wunden von dem ritterartigen Kampfe bei Saleyer kaum geheilt waren, sucht den Feind wieder auf, sieht ihn, greift ihn an, wirft ihn trotz der Ungleichheit der Anzahl zu Boden, verfolgt ihn und – fällt in einen Hinterhalt. Sein Pferd wird von einer Lanze durchstochen und wirft sich auf ihn, kurz, er wird erdrückt. So starb einer der ausgezeichnetsten Offiziere der Armee. Auf den Märschen war er ein sorgfältiger Beobachter; in den Schlachten ein wahrer Ritter, und bei der Feder ruhte seine Hand sich von den Beschwerden des Krieges aus. Kurz vor seinem Tode hatte er den Marsch nach Belbeis mit so viel Annehmlichkeit und Interesse beschrieben, als ein anderer nur hätte anwenden können, um die Kämpfe, die er dort unternommen hatte, zu erzählen. Dieser junge Fremdling, der nach Ruhm dürstete, glaubte in unseren Bataillonen dazu gelangen zu können. Er zähmte daher die Lebhaftigkeit seines Charakters und maß seine Bewegungen nach den Bewegungen derer ab, die er sich zum Vorbild gewählt hatte. Ich war der Vertraute seiner Jugendleidenschaften gewesen, ich war auch der Vertraute seines edlen Stolzes. Dies war einer von den Offizieren, die ich am meisten liebte, und vielleicht war es sein Verlust, der einen traurigen Schleier über den Sieg vom ersten Brumaire warf.

Wenngleich der Pöbel, einige Große und alle Devoten sich bei dem Auflauf von Kairo fanatisch zeigten, so war dagegen die Mittelklasse desto menschlicher und edler, so fremd uns auch Sitten, Religion und Sprache einander machten. Während man von den Galerien der Türme heuchlerisch zum Morden reizte, während Tod und Blutvergießen in den Straßen wüteten, bemühten sich alle diejenigen, deren Häuser die Franzosen bewohnten, sie zu beschützen, sie zu verbergen und ihren Bedürfnissen abzuhelfen. Eine alte Dame des Viertels, in dem wir wohnten, ließ uns sagen, unsere Grenzmauer sei gemeinschaftlich, wir dürften sie, falls wir angegriffen würden, niederreißen, so solle ihr Harem uns zur Freistätte dienen. Ein anderer Nachbar befriedigte ungebeten unsere Bedürfnisse auf Kosten der Seinigen, ungeachtet man in der Stadt nichts kaufen konnte, und alles eine Hungersnot ankündigte. Dann nahm er alle Zeichen, woran man die Wohnung als die unsrige hätte erkennen können, weg, setzte sich vor unsere Tür und rauchte, um etwaige Angreifer abzulenken.

Man könnte noch eine Menge anderer Anekdoten von so zarten Gefühlen erzählen, die uns in Augenblicken, wo die Menschheit alle ihre Bande zwischen sich und uns zu zerreißen scheint, wieder mit ihr verknüpfen. Der ernste Muselmann unterdrückt aber, um den edlen Ernst seines Charakters zu behaupten, den Ausdruck von Gefühl, den man andererwärts mit Stolz sehen lassen würde. Doch – ich gehe zu anderen Gegenständen über.

Man hatte zu Sakkara (20) einige Höhlen eröffnet und in einem Leichenzimmer mehr als 500 Mumien des Ibis (21) gefunden, wovon ich zwei bekam. Ich konnte dem Verlangen nicht widerstehen, eine zu öffnen. Der Bürger Geoffroy (22) und ich setzten uns allein an einen Tisch und versahen uns vorher mit allem Nötigen, um ruhig zur Eröffnung schreiten zu können. Um keinen Nebenumstand zu vergessen, richtete ich mich darauf ein, jede einzelne Enthüllung zu zeichnen und eine Art von Verbal-Prozeß darüber aufzunehmen.

Es findet sich eine sehr merkliche Mannigfaltigkeit in bezug auf die Sorgfalt, die man auf die Einbalsamierung dieser Vögel verwendet hat, nur der irdene Topf ist allen gemein. Diese Ungleichheit der Sorgfalt für die Mumien, die doch alle aus der gleichen Höhle genommen waren, beweist, daß die Preise für die Einbalsamierung unterschiedlich waren, daß also zu vermuten steht, daß die einbalsamierten Vögel nicht alle auf gleiche Art in einigen Tempeln, oder durch einige Priesterzünfte aus Erkenntlichkeit für die Dienste, die das ganze Geschlecht leistet, ernährt wurden. Man muß also glauben, daß der Ibis, der alle kriechenden Tiere verzehrt, in einem Lande, wo jene zu einer gewissen Jahreszeit im Übermaß sind, sehr geachtet wurde; so daß sich dieser Vogel, gerade wie der Storch in Holland, durch die gute Aufnahme, die man ihm bewies, an die Menschen gewöhnte. Jedes Haus hatte folglich die Seinigen, die ihm treu blieben, und denen man nach ihrem Tode, so gut man konnte, die Ehre des Begräbnisses erwies. Herodot sagt, man habe ihm erzählt, daß es in den ersten bekannten Zeiten eine große Menge solcher Vögel gegeben habe. Nachdem aber die oberägyptischen Sümpfe ausgetrocknet seien, hätten sie sich nach Unterägypten gezogen, um ihrer Nahrung nachzugeben. Wenn schon zu den Zeiten Herodots die Gattung abgenommen hatte, so ist es natürlich, daß seine Existenz in unseren Tagen fast problematisch wird. Herodot erzählt, die Priester von Heliopolis hätten ihm gesagt, daß beim Zurückziehen des Nilwassers durch die Täler, die Ägypten von Arabien trennen, ganze Wolken von geflügelten Schlangen ankommen, und daß die Ibisse sie verzehrten. Er fügt hinzu, er selbst habe zwar die geflügelten Schlangen nicht gesehen, sei aber in jene Täler gegangen und habe unzählige Skelette dieser Ungeheuer gefunden. Ich glaubte – der Erzvater der Geschichte mag es nicht übelnehmen! – des Ibis' bedurfte es nicht, daß man seinetwegen arabische Drachen erschuf. Er war schon interessant genug für Ägypten, das von selbst so viele schädliche kriechende Tiere hervorbringt; aber der ehrwürdige Herodot war ein Grieche, d.h., er liebte das Wunderbare.

Es gibt keine geflügelten Schlangen (23) mehr in Ägypten, aber dieses Tier hat noch immer etwas von seinem Zauber behalten. Ich war einmal gerade bei dem General en Chef, als man ihm einige

Psyllen[18] vorstellte. Man legte ihnen mehrere Fragen hinsichtlich ihrer Sekte und ihrer Verbindung mit den Schlangen, denen sie zu gebieten scheinen, vor. Ihre Antworten zeigten mehr Kühnheit als Klugheit. Man stellte sie auf die Probe. Könnt Ihr wissen, sagte der General, ob in diesem Palais Schlangen sind, und wenn welche darinnen sind, könnte Ihr sie zwingen, ihre Schlupfwinkel zu verlassen? Sie antworteten auf beide Fragen mit »Ja!«. Man verlangte den Beweis. Sie gingen durch alle Gemächer und erklärten dann, es sei eine Schlange da. Nun suchten sie aufs neue, um zu erforschen, wo sie sei, bekamen einige Konvulsionen, indem sie vor einem Wassergefäß, das im Winkel eines der Zimmer des Palais stand, vorbeigingen, und versicherten dann, das Tier befände sich da, und in der Tat, man fand es. Das war ein wahrer Taschenspielerstreich. Wir sahen uns untereinander an und gestanden, daß sie sehr geschickt seien.

Ich achte immer sorgfältig auf die Mittel, die die Menschen anwenden, um über die Meinungen zu herrschen, es tat mir daher leid, bei der Prozession des Ibrahimfestes nicht in Rosette gewesen zu sein. Denn hierbei sind die Konvulsionen der Psyllen für das Volk der interessanteste Teil dieser religiösen Feierlichkeit. Um mich zu entschädigen, wandte ich mich an den Chef der Sekte. Ich schmeichelte ihm, und er versprach mir, mich die Begeisterung eines Psyllen, dem er »den Geist eingeblasen habe« (so drückte er sich aus), mit ansehen zu lassen. Er schloß aus meiner Neugierde, daß ich ein Proselyt zu werden wünsche, und bot mir an, mich einweihen zu wollen. Ich nahm es an. Da ich aber hinterher erfuhr, daß der Großmeister, bei der Aufnahmezeremonie dem Neuling in den Mund spuckt, so wurde durch diesen Umstand mein innerer Beruf abgekühlt und ich fühlte, daß er bei dieser Probe nicht aushalten würde. Ich gab dem Kastellan einiges Geld, und der Großmeister versprach mir, mich einen Inspirierten sehen zu lassen. Der Augenblick kam wirklich. Der Großmeister besuchte mich mit aller Gravität eines Obersten einer Sekte. Er trug ein langes Kleid, dessen Pracht durch die Erniedrigung der drei Eingeweihten, die ihn begleiteten und die nur einige Lumpen um ihren Leib hatten, erhöht wurde.

Sie hatten Schlangen mitgebracht, die aus einem großen ledernen

---

[18] Schlangenbeschwörer

Sack, worin sie sie verwahrt hielten, hervorkrochen. Sie machten sie bäumen und pfeifen, indem sie sie reizten. Ich bemerkte, daß das Licht hauptsächlich der Grund ihres Unwillens war, denn sobald man sie wieder in den Sack steckte, war ihr Zorn vorbei, und sie hörten auf zu beißen. Sie hatten das Eigentümliche an sich, daß der Zorn die Haut unterhalb ihres Kopfes in einer Länge von sechs Zoll eine volle Hand breit ausbreitete. Ich sah deutlich, daß ich den Biß der Schlangen ebensowenig als die Psyllen zu fürchten hätte; denn ich hatte wohl bemerkt, daß sie sie mit der einen Hand reizen, und mit der anderen im Genick angreifen. Ich machte es daher – zu ihrem großen Ärgernis – gerade wie sie, und zwar ohne Schaden. Von diesem Spiel ging man nun zum großen Geheimnis über. Ein Psylle nahm eine von den Schlangen, der er zuvor die untere Kinnlade zerbrochen hatte, und der er auch noch das Zahnfleisch bis zur gänzlichen Wegnahme des Gaumens abschabte. Als dies geschehen war, ergriff er sie mit angenommener Heftigkeit, näherte sich ihrem Anführer, der ihm mit vieler Würde »das Einblasen« bewilligte, d. h., er blies ihm nach einigen geheimnisvollen Worten in den Mund. Sogleich fing der andere, von heiligen Zuckungen ergriffen, mit Verdrehungen der Hände und Füße und stierem Hervortreten der Augen an, das Tier mit den Zähnen zu zerreißen. Seine beiden dienenden Brüder schienen von dem, was er leiden müsse, gerührt, hielten ihn mit Mühe und rissen ihm die Schlange aus der Hand, die er ihnen aber nicht überlassen wollte. Kaum hatte er sich davon getrennt, so blieb er wie starr stehen. Der Anführer näherte sich ihm, murmelte einige Worte, nahm durch Anziehen des Atems den Geist wieder zurück und jener gelangte wieder zu seinem vorigen Zustand. Aber der, der die Schlange in die Hand genommen hatte, fühlte eine glühende Begierde in sich, das Geheimnis zu vollenden und bat ebenfalls um das »Einblasen«. Da er nun stärker war als der erste, so waren auch seine Konvulsionen und sein Geschrei heftiger und – lächerlicher. Ich hielt mich nun für eingeweiht genug, und die große Gaukelei hatte ein Ende.

Die Sekte der Psyllen geht in diesen Gegenden bis ins höchste Altertum zurück. Vorzüglich existierte sie in der Cyrenaika. Der Gott Keuphis oder der Erbauer des Weltalls nach Strabo und Eusebius, wurden zu Elephantina in der Gestalt einer Schlange angebetet.

Von der Schlange in Eden an bis zu der des Achonin herab, von welcher Savary erzählt, genießt dieses kriechende Tier einen ununterbrochenen Ruf. Nachdem es unsere Urmutter zuerst verführt hatte, mußte es den Apfel loslassen, um sich in den Schwanz zu beißen, und so wurde es das Sinnbild der Ewigkeit. Man ließ es sich um einen Stock hinaufschlingen, und hieß es den Gott der Gesundheit. Die Ägypter befestigten zwei derselben an einen Globus, vielleicht um das Gleichgewicht des Weltsystems darzustellen. Wir haben daraus bald die Gerechtigkeit, bald die Klugheit gemacht. Man denke ferner an die eherne Schlange der Israeliten, an die Lernäische und an den Pythischen Drachen bei den Griechen, an den neuerlichen Mädchenschänder Harridi bei den Muselmanen. Doch hat dieser große Ruf nichts bei diesem weisen Tier verändert. Es fährt fort, die Dunkelheit zu suchen, flieht den Glanz und erhebt sein Haupt nur um die Hälfte seiner Größe. Wozu denn diese Berühmtheit? Wozu diese allgemeine ihm geweihte Verehrung? Es hat den Befehl der Schrift befolgt: Erniedrige dich, so sollst du erhöhet werden. Es kroch, und dadurch ist es gestiegen (23).

Die Kamele dienen in Alexandrien statt der Karren. Sie bringen die Lebensmittel herbei und schaffen den Unrat weg. Gesattelte Pferde dienen statt der Kutschen und die Esel statt der Fiaker. Man findet sie in allen Straßen, gesattelt und gezäumt und immer bereit, abzugehen. Dieses Tier ist in Europa bekanntlich phlegmatisch und um so trauriger, je mehr es sich dem Norden nähert; in Ägypten aber ist es in dem ihm zukommenden Klima; dort scheint es auch seine Existenz ganz zu genießen, gesund, gelenkig und munter, das sanfteste und sicherste Tier zum Reiten, das man haben kann. Es geht in der Regel einen Trab oder Galopp, und bringt seinen Reiter, ohne ihn zu beschweren, schnell durch die weiten Räume, die man in Kairo zurückzulegen hat. Mir gefiel diese Art, fortzukommen, so gut, daß ich die meiste Zeit auf den Eseln zubrachte. Bald nach meiner Ankunft kannten mich daher auch alle Eselverleiher. Sie wußten mit allen meinen Gewohnheiten Bescheid, sie trugen mein Portefeuille und meinen Zeichenstuhl und waren den ganzen Tag hindurch meine Stallmeister. Bezahlte ich sie doppelt, so ritten sie auf einem anderen Esel mit. Ich kam auf diese Art ebenso schnell, und zwar länger fort als auf den besten Pferden. In dieser Zeit habe ich auf meinen Spazierritten den Kanal gezeichnet, der das Nilwasser zur Zeit der Überschwemmung nach Kairo führt.

Ich befand mich in Kairo ganz wohl; indes ich hatte Paris nicht verlassen, um mich in Kairo wohl zu befinden. Es langte eine arabische Karawane an, sie kam vom Berg Sinai (24), sie brachte Kohlen, Gummi und Mandeln von daher und bestand aus 500 Mann und 700 Kamelen. Diese Art, Waren zu tragen, für die man so wenig Geld lösen kann, war freilich sehr kostspielig, aber – sie brauchten mancherlei Dinge, die sie anderwärts nicht erhalten konnten, und hatten nur Kohlen dagegen auszuwechseln. Einige von ihnen hatten vier Wochen zuvor versucht, einige Griechen zu begleiten, um zu erfahren, ob die Franzosen als Herren von Kairo die Araber nicht auffräßen. Man hatte sie gut behandelt, und sie kamen nun in Karawanen. Der General en Chef wünschte, daß irgendjemand die Gelegenheit ihrer Rückreise benutze, um die Straße nach Tor (24) kennenzulernen. Ich fühlte mich in Versuchung, die Reise der Israeliten mitzumachen, und schlug es dem General mit der Bedingung vor, daß er meine Rückreise sichere. Er erbot sich, den Chef der Krawane als Geisel dazubehalten, lächelte aber über meine Einbildung, daß ich in etwa 12 Tagen hoffte, die Gegenden des wundervollen Teils der Expedition des Moses von seinem Auszuge aus Memphis an bis zu seiner Ankunft in der Wüste Pharon kennenzulernen und zu zeichnen; sowie, daß ich, ohne 40 Jahre dazubleiben, in wenigen Tagen den Berg Sinai besehen und einen Punkt der Erde durchreisen wollte, über den die Annalen vorzüglich weit zurückgehen, der die Wiege dreier Religionen und das Vaterland dreier Gesetzgeber war, die alle drei aus Abrahams Familie (25) waren. Kaum hatte ich dem Anführer der Araber meine Absicht gesagt, so versicherte er mir, daß er mich für alles Gold der Welt nicht mitnehmen könne, indem er mein Leben, das Leben der Mönche auf dem Berge Sinai, ja aller einzelnen Mitglieder der Karawane wagen würde, weil zwei mächtige Stämme, die Ovatis und Ayaidis, sich an den Franzosen rächen wollten. Als ich dem General en Chef Nachricht von meiner Sendung gab, befahl er eben, dem General Desaix eine Bedeckung zu schicken. Ich hatte nach Osten reisen wollen, jetzt bat ich um einen Paß nach Süden, und einige Stunden später war ich schon unterwegs.

KAPITEL VI

Niederlage Murad Beis bei Sediman, Zug ins Fajum

Mit Anbruch des folgenden Tages befanden wir uns eine Stunde von Sakkara, denn wir hatten die Nacht über, aus Mangel an Wind, nur vier Stunden gemacht. Ich zeichnete alles, was ich von den Pyramiden von Sakkara sehen konnte, die einen Raum von zwei Stunden einzunehmen scheinen. Sie sind zwar weit vom Nil, aber ich konnte doch wahrnehmen, daß die nächste, die eine mittelmäßige Größe hat, terrassenartig erhöht ist. Hinter ihr sind einige kleinere, fast zerstörte Pyramiden. Eine halbe Stunde weit von diesen befindet sich eine, die ebenso viel Grundfläche, aber weniger Höhe zu haben scheint als die größte bei Gizeh. Sie ist sehr wohl erhalten. Eine andere halbe Stunde weit von dieser letzteren steht die größte von allen bei Sakkara; ihre Form ist unregelmäßig, d.h., die Linie ihrer Kante hat die Krümmung einer umgestürzten Konsole. Dicht neben dieser befindet sich eine kleine, und näher nach dem Nil zu wieder eine andere, die gänzlich eine Ruine zu nennen ist, und jetzt nur noch das Ansehen eines gräulich braunen Felsens hat. Die Materialien, woraus sie bestehen, und die mir ungebrannte Ziegelsteine zu sein schienen, geben ihr diese Farbe. Ich glaube, das Ufer des Flusses verbarg uns noch andere kleinere. Diese Menge Pyramiden, die Ebene der Mönche, die Höhlen voll Ibis, alles dies beweist, daß die Gegend von Sakkara die Nekropolis[19] südwärts von Memphis und die entgegengesetzte Vorstadt von dem Orte war, wo die Pyramiden von Gizeh sich befinden. Ebenfalls eine Stadt von Toten, die Memphis nordwärts begrenzte und uns noch heute den Maßstab seiner Ausdehnung bietet.

Nachmittags sahen wir gegen Missenda (1) über noch eine sehr große Pyramide, die aber so unkenntlich war, daß man sie in der weiten Entfernung, in der man sie vom Nil aus sieht, in jedem anderen Lande als Ägypten für einen kleinen Berg halten würde: eine

[19] Totenstadt

halbe Stunde weiter findet sich noch eine, die größer, aber auch entstellter ist.

Die kleinen Inseln, die sich auf dieser Höhe des Nils befinden, waren mit Enten, Reihern und Pelikanen bedeckt.

Gegen Abend sahen wir die Pyramide vor Medun (2) zwischen den Dörfern Rigga und Caffr-el-Risk.

Wir langten in der Nacht bei Zaoge an. Der General Belliard (3) bot mir aus Artigkeit an, seine Wohnung mit mir zu teilen. Das hieß, wirklich etwas sehr Kleines teilen. Denn unsere Betten nahmen das ganze Zimmer ein. Um den Tisch hinzusetzen, mußte man sie wegnehmen, und wollten wir uns anziehen, so mußte der Tisch herausgetragen werden. Diese Gemeinschaft war für mich aber eben so glücklich als sie eng war, denn wir beide verließen uns während des ganzen Feldzugs nicht wieder. Ich wünsche, daß er sich ebenso angenehm an mich zurückerinnern möge, als ich mich an seine Sanftheit, an seine Vertraulichkeit und an die unwandelbare Liebenswürdigkeit seines Charakters. In der zweiten Nacht stürzte unsere Küche und unser Pferdestall ein; aber gleichgültig, wie echte Muselmanen rührten wir uns nicht von der Stelle. Auch war, trotz diesem Unglück, unser Haus doch immer noch das beste und schönste der ganzen Stadt. In dieser Gegend von Ägypten wird alles, was gebaut wird, von Dung und gehacktem Stroh, das an der Sonne gekocht ist, aufgeführt. Treppen, Fenstereinfassungen, Backöfen, Hausgeräte, Möbel, alles ist aus dem gleichen Stoff. Durch Hilfe des Klimas aber dauert ein Haus, wenn es auch so gebrechlich gebaut ist, dennoch die Lebenszeit eines Menschen hindurch.

Den Tag nach meiner Ankunft sollte eine Kolonne von 300 Mann den Miri oder den Grundzins und eine Requisition von Pferden und Büffeln einfordern. Wir befolgten darin die Weise der Mameluken. Jeder von ihnen machte aus dem nämlichen Grunde in der ihm zugeteilten Provinz eine solche militärische Spazierreise, schlug vor den Städten und Dörfern ein Lager auf und aß und trank auf ihre Kosten, bis das bezahlt war, was sie erhalten sollten. Dies erinnert an das, was Diodorus Siculus (4) von den Ägyptern sagt, daß sie sich nämlich für betrogen hielten, wenn sie das, was sie schuldig waren, früher bezahlten, als sie Prügel bekommen hätten. Ich bemerkte deutlich, daß sie kein sinnreiches Mittel unangewendet ließen, die Trennung von ihrem Gelde noch um einige Stunden aufzuschieben, ohne doch das Geforderte je abzuschlagen.

Die Bewegungen dieser Kolonne waren ein glückliches Mittel, Entdeckungen zu machen, und die Eigentümlichkeit des Landesinneren zu beobachten. Diese erste Tour näherte mich der Pyramide von Medun, die ich von fern gesehen hatte. Ich war nur noch eine halbe Stunde weit davon entfernt, aber dieser Raum war durch den Kanal Jusef (5) und durch einen anderen kleinen Kanal durchschnitten, und wir hatten kein Schiff. Mit Hilfe eines trefflichen Fernglases und des besten Wetters der Welt konnte ich indes alle einzelnen Teile der Pyramide so genau beobachten, als wenn ich daneben gestanden hätte. Sie ist auf einer erhöhten Ebene vor der Libyschen Gebirgskette erbaut. Ihre Form besteht aus fünf Stufen, die je mehr und mehr abnehmen. Da der Kalkstein, woraus sie erbaut wurde, mürbe ist, so ist ihre Grundfläche und ihre erste Stufe mehr als alle übrigen verfallen.

Der Strich Landes, den wir durchwandert hatten, war sehr fruchtbar und mit Korn, spanischem Klee, Gerste, Bohnen, Linsen und mit Durra oder Sorgum, einer Art von Hirse, deren Anbau in Oberägypten fast allgemein ist, besät. Während das Korn dieser letzteren Pflanze noch milchig ist, rösten die Bauern es wie den türkischen Weizen. Den grünen Halm kauen sie wie Zuckerrohr. Das Blatt nährt das Vieh. Das trockene Mark dient als Zunderschwamm. Der Halm ersetzt das Holz zum Kochen und Backen. Aus dem Korn bereitet man Mehl, und aus diesem Kuchen; aber nichts von diesem allem taugt viel.

Unsere zweite Tour war nach Meimound, einem sehr reichen Dorfe von 10000 Einwohnern. Es ist, wie alle übrigen, von ganzen Haufen Unrat und Trümmern umgeben, die in einem so ebenen Lande schon Berge bilden, von denen man das ganze Land umher übersieht. Auch sind die Spitzen dieser Hügel alle Abende mit einigen Einwohnern bedeckt, die dort hingehockt frische Luft schöpfen, ihre Pfeife rauchen und achthaben, ob die Ebene ruhig ist. Das Übel bei diesen Kotmassen ist, daß sie die Dörfer verdunkeln und sie ungesund machen, weil sie ihnen die frische Luft rauben, und daß sie die Augen der Einwohner mit einem schlammigen Staube, der mit unbemerkbaren Strohhälmchen vermischt ist, beschmieren, also eine von den vielen Ursachen der Augenübel (6) sind, womit Ägypten geplagt ist.

Von Meimound gingen wir nach El-Caffer, einem hübschen Dörfchen in einem freundlichen Landstrich. Man sammelt dort das Gummi, das unter dem Namen Gummi arabicum (7) bekannt ist, und durch den Einschnitt in eine Mimose gewonnen wird. Diese Mimose hat den Namen ägyptischer Dorn, oder Kassia, und trägt goldene, sehr wohlriechende Knöpfchen. Man gab uns zu El-Caffer schöne Pferde und ein gutes Frühstück. Von dort aus entdeckten wir Aboussir, Benniali, Dellaste, Bacher, Tabouch, Bouch, Zeitoun und Eschmen-el-Arab. Bei El-Caffer fanden wir ein Dutzend Araber vor dem Dorfe lagernd. Ich zeichnete das Zelt des Chefs, das aus neun Stangen bestand, die ein schlechtes wollenes Gewebe unterstützten. Unter diesem befanden sich alles Mobiliar seiner Haushaltung, d. h. eine Matte, ein Teppich von dem gleichen Zeug wie das Zelt, zwei Säcke, einer für Korn für den Herrn und einer für Gerste für das Maultier; ein großes Wassergefäß, um die Kleider zu pressen, eine Handmühle, um Mehl zu bereiten, ein Hühnerkäfig, ein Gefäß, worin die Hühner legten, verschiedene Töpfe und endlich Kaffeekannen und Tassen. Die Weiber und Kinder waren voll Runzeln.

Von El-Caffer kamen wir nach Benniali; hier gab man uns nichts. Wir nahmen also ihre Scheichs mit, und den folgenden Tag brachte man uns Pferde und zahlte uns die Summe des Miri. Ohne Bedauern verließ ich diese Station, um zu Desaix zu kommen, den ich kannte und liebte, den ich nie wieder verlassen sollte und dessen Schicksal bei seinen Operationen mein Reiseschicksal werden sollte. Wir reisten von Zaoyé ab und kamen durch Meimound und Benniali nach Chendavuyeh, um da die Nacht zu bleiben. Unser Vortrab hatte die Einwohner dieses Dorfes alle bewaffnet gefunden. Dies hatte ein Mißverständnis veranlaßt, weshalb einige Flintenschüsse fielen. Mehrere unter ihnen wurden getötet. Man hatte sich aber erklärt, und alles war ausgeglichen. Einige Augenblicke darauf hörten wir großen Lärm, der uns entweder einen schrecklichen Vorfall verkündigen oder die Folge davon sein mußte. Die Axt unserer Sappeurs[20] hatte sich an die dürren Äste eines verfaulten Stammes gewagt, der

[20] Pioniere

DESAIX.

unseren Soldaten sehr brauchbar vorgekommen war, um ihre Suppe damit zu kochen, das war nun freilich eine härtere Beschwerde als die erste.

Für die Leidenschaften des unwissenden Menschen bedarf es der Untergottheiten, gröbere Götter, die seiner gröberen Einbildungskraft anpassend sind, ja, er bedarf, sozusagen, lasterhafter Gottheiten, mit denen er wegen seiner lasterhaften Gewohnheiten unterhandeln kann. Mahomets Religion (8), die sich auf Gebote beschränkt, kann folglich der phantastischen Unwissenheit der Araber nicht Genüge tun; auch haben sie sich der Ketzerei und dem Reize des Götzendienstes nicht entziehen können, trotz aller ihrer blinden Ehrfurcht für den Koran, trotz ihres unumschränkten Gehorsams in allem, was von dem Propheten kommt, und trotz des Fluchs, der auf den gelegt ist, der sich davon entfernt. Sie haben daher auch Heilige, denen sie in ihrem Paradiese keine besonderen Plätze anweisen, denen sie aber Grabmäler errichten und deren Asche sie verehren. Das Unsinnigste dabei ist, daß diese Heiligen dann erst der Gegenstand ihrer Verehrung werden, wenn sie ihnen während ihres Lebens zum Gespötte gedient haben. Sie schreiben nämlich den »Geistesarmen« nach ihrem Tode Kräfte und Einflüsse zu. Einer ist der Vater des Lichts und heilt Augenübel. Ein anderer ist der Vater des Geschlechts und beschützt die Niederkünfte. Die meisten von diesen Heiligen brachten ihr Leben, in den Winkel einer Mauer hingehockt, damit zu, daß sie unaufhörlich: Allah! Allah! wiederholten, und ohne alle Erkenntlichkeit das, was zu ihrem Unterhalt notwendig war, annahmen. Andere schlugen sich den Kopf mit Steinen, wieder andere umhingen sich mit Rosenkränzen und sangen Hymnen; andere endlich, z. B. die Fakire (8) blieben, ohne sich zu bewegen, völlig nackt, und ohne je die geringste Empfindung zu verraten, auf dem gleichen Flecke und warteten auf ein Almosen, das sie aber nicht erbaten und wofür sie auch nicht dankten. Außer diesem Götzendienste gibt es noch andere, die mit der Zauberei zusammenhängen; z. B. Steine oder Bäume, die einen guten oder z. B. bösen Genius in sich schließen, die dann geheiligt sind, und von denen man ohne Entheiligung nichts hinwegnehmen kann, und denen man häusliche Geheimnisse anvertraut. Der Gottesdienst geschieht heimlich und ist geheimnisvoll, aber man verehrt sie öffentlich. Ein Baum dieser

Art war zu Chendavuyeh, und die Gefahr, die ihm drohte, hatte eben jenen Lärm erregt. Ich ging hin, ihn zu besehen, und erstaunte über seine gänzliche Abgelebtheit: Er hatte nur noch einen einzigen Zweig, der Blätter trug. Alle übrigen waren dürre oder abgebrochen, aber sorgfältig an der Stelle aufbewahrt, wo sie die Erde berührt hatten, als sie vom Stamme abfielen. Ich untersuchte diesen Baum sehr sorgsam, und fand daran Haare mit Nägeln angeheftet, Zähne, kleine lederne Säcke, kleine Fahnen und dicht bei demselben Gräber, einzelne Steine und einen Stuhl in Gestalt eines Sattels, unter welchem eine große Lampe stand. Die Haare waren von Weibern angenagelt, um die Unbeständigkeit ihrer Männer zu fixieren; die Zähne gehörten Erwachsenen, die sie weihten, um sich andere an deren Stelle zu erbitten. Die Steine sind geweiht, damit das Haus, das man zu bauen im Begriff ist, immer von dem, der es bauen will, bewohnt werde. Derjenige, der sein Gelübde des Nachts anbringen will, setzt sich auf den Stuhl, nachdem er die untenstehende Lampe angezündet hat. Gern hätte ich dieser Zeremonie beiwohnen mögen, um ein Gemälde mit dem zauberischen Effekt der Nacht daraus zu machen. Ich zeichnete einen ihrer Mönche und ein paar jener nackten Heiligen. Ihre Köpfe sind ganz eigentümlich. Es gibt einige unter ihnen von großem Charakter, die eher an das Erhabene der Geschichte grenzen, als an die gemeinen und niedrigen Formen, die dem Elend und der Bettelei gewöhnlich zuteil zu werden pflegen.

Bei Chendavuyeh durchwachten wir die Nacht in einem Palmengebüsch, wo ich zum ersten Mal Rosen in Ägypten fand. Kaum hatten wir uns in unsere Mäntel eingehüllt, so rissen uns eine Menge Schüsse wieder empor. Wir brachten die Nacht damit zu, daß wir die Runde der Posten machten und vergebens umhersuchten, was wohl diese Störung hervorgebracht haben möge. Diese Nachtwache war sehr malerisch. Den folgenden Tag kamen wir bei Benisuef an (9).

Desaix hatte den Auftrag erhalten, Murad Bei zu verfolgen und Ober-Ägypten, wohin Murad sich nach der Schlacht bei den Pyramiden geflüchtet hatte, zu erobern. An dem nämlichen Tage war die Division Desaix vorgerückt, um vor Kairo sich festzusetzen. Desaix selbst war nur in die Stadt gegangen, um die Befehle des Generals en Chef zu empfangen, und seine Bewegungen mit denen des Chefs übereinstimmend abzureden. Den 3ten Fructidor war er mit einer kleinen Flotte von da abgereist, die seinen Marsch decken sollte.

Unterwegs erfuhr Desaix, daß ein Teil der Provisionen und Munitionen der Mameluken auf Schiffen bei Rechuesé sei, und war, trotz der Überschwemmung, dahin marschiert, um sie wegzunehmen. Die 21ste leichte Division war durch acht Kanäle und durch den See Bathen bis unter die Arme im Wasser gewatet und hatte so die Bedeckung bei Benesech erreicht, die Mameluken, die sie verteidigen wollten, verjagt, und sich derselben bemächtigt. Murad selbst war nach Fajum (10) geflohen. Desaix hatte sich bei Abugirge wieder mit seiner Division vereinigt und war nach Tarout-el-Cherif marschiert, wo er sich am Eingang des Kanals Iusef festgesetzt hatte, um sich seine Vereinigung mit Kairo zu sichern. Er ging nach Siut (11), aber die Mameluken hatten nicht gewagt, ihn da zu erwarten; er hatte es nun versucht, sie bei Beneadi zu treffen, aber sie hatten sich mit ihren Weibern und ihrer Equipage zurückgezogen. Da er sie zuletzt alle in Fajum zusammengebracht hatte, war er von Siut wieder abgereist, um nach Tarout-El-Cherif hinabzugehen. Hier hatte er seine Armee eingeschifft, und sie den Kanal Jusef hinauftransportiert, trotz der unerhörten Hindernisse, die die Krümmungen des Kanals, die Angriffe der Mameluken und der Widerstand der Einwohner hervorbrachten. Desaix kam indes auf der Höhe von Manzura, an der Grenze der Wüste an, wo er endlich auf Murad traf. Da das Feuer des Feindes ihn zu landen hinderte, ließ er umwenden, um nach Minkia zurückzuschiffen. Die Mameluken wurden durch diesen entgegengesetzten Marsch mutig gemacht, und beunruhigten die Barken, aber einige Grenadierkompanien verjagten und zerstreuten sie. Die Ausschiffung der Truppen geschah wirklich, und sie formten sich in viereckige Bataillone. Man nahm, von Barken begleitet, den Weg zur Wüste zurück, bis gegenüber Manzura. Murad Bei war etwa zwei Stunden weit von uns. Während sein Hintertreffen uns beunruhigte, gewann er die Höhen, wo wir ihn mit aller morgenländischen Pracht sich ausbreiten sahen. Durch Hilfe von Ferngläsern konnte man ihn selbst über und über von Gold und Steinen glänzend unterscheiden. Er war von allen Beis und Kiachefs umgeben, die er befehligte. Wir marschierten gerade

auf ihn los, und diese blitzende Kavallerie, die immer in ihren Operationen ungewiß ist, wurde durch das Beschießen zweier unserer Kanonen (der einzigen, die uns folgen konnten) aufgehalten, zurückgedrängt und ließ sich bis Elbelamon jagen. Bei ihrer Verfolgung hatten sie die Unsrigen von den Schiffen entfernt. Wir waren ohne Lebensmittel und mußten also rückwärts, um Zwieback zu holen. Der Feind aber glaubte, wir flohen. Er griff uns daher mit Geheul an. Unsere Kanonen entfernten zwar seine Masse, aber die Verwegensten kamen dennoch, um mit ihren Säbeln unserer Musketerie zu trotzen, und nahmen uns zwei Mann dicht vor unseren

Bajonetten. Nur die Nacht befreite uns von ihrer Hartnäckigkeit. Wir erreichten die Barken wieder, versahen uns mit Zwieback, ruhten ein wenig und setzten uns wieder in Bewegung. Während dieser Zeit hatte Murad Bei einen Unbekannten zu seinem Heere kommen lassen, der die Neuigkeit verbreitete, die Engländer hätten alles, was Franzose heiße, in Alexandrien aufgerieben, und die Einwohner von Kairo hätten diejenigen umgebracht, die die Stadt eingenommen hatten, kurz, es existieren in Ägypten weiter keine Franzosen als die Handvoll Soldaten, die man am vorigen Abend habe fliehen sehen, und die man jetzt vernichten werde. Er hatte deshalb ein Fest angeordnet und bei demselben einen bildlichen Kampf, wo diejenigen Araber, die die Franzosen vorstellten, den Befehl hatten, sich schlagen zu lassen. Das Fest endete auf gut kannibalisch, d.h., sie töteten die beiden Gefangenen, die sie zwei Tage zuvor genommen hatten.

Desaix hatte erfahren, daß Murad zu Sediman (12) sei, und daß er sich in Bewegung setze, um ihn zu erreichen und ihm eine Schlacht zu liefern. Er beschloß also, ihn selbst anzugreifen. So wie wir das bedeckte und bebaute Land verlassen hatten, und uns auf einer völlig ebenen Oberfläche befanden, wo man uns zählen konnte, ließ sich ein Jauchzen wilder Freude hören. Da es aber schon spät am Tage war, verschoben die Feinde ihren Sieg, den sie für unfehlbar hielten, bis auf den folgenden Morgen. Die Nacht verging in ihrem Lager unter Festlichkeiten. Ihre Patrouillen nahten sich in der Dunkelheit unseren Vorposten und höhnten sie durch Nachäffen unserer Sprache. Beim ersten Sonnenstrahl formierten wir ein viereckiges Bataillon mit zwei Pelotons auf den Seiten.

Nicht lange danach sah man Murad Bei an der Spitze seiner furchtbaren Mameluken und acht- bis zehntausend Araber uns gegenüber einen Umkreis von einer Stunde wenigstens bedecken. Ein Tal trennte die beiden Heere, man mußte hindurch, um anzugreifen. Kaum erblickten sie uns auf diesem unvorteilhaften Standpunkte, als man sie uns von allen Seiten umzingeln und mit einer Tapferkeit über uns herfallen sah, die an Wut grenzte. Aber unsere Musketiere schleuderten ihre Blitze und warfen so ihren ersten Angriff zurück. Sie halten an und weichen, um mehr Raum zu gewinnen, ein wenig, fallen aber dann alle miteinander auf eins unserer

Pelotons. Dieses wird dadurch zerschmettert. Was nicht getötet ist, wirft sich unwillkürlich zur Erde. Gerade diese Bewegung stellte den Feind unserem Viereck bloß. Dieses sieht seinen Vorteil, es beschoß ihn nachdrücklich. Das Feuer hält den Feind abermals an und bringt ihn wieder zum Weichen. Was noch von dem Peloton übrig ist, tritt in Reihe und Glied, und man sammelt die Verwundeten. Wir werden aufs neue in Masse angegriffen, zwar nicht mehr mit dem Jauchzen des Sieges, aber doch mit dem Geschrei der Wut. Der Mut ist auf beiden Seiten gleich. Sie unterhielten den ihrigen durch Hoffnung, wir den unsrigen durch Verachtung. Unsere Flintenschüsse werden durch ihre Säbelhiebe verhindert. Ihre Pferde stürzen sich auf unsere Reihen, die dadurch aber nicht erschüttert werden. Die Tiere weichen beim Anblick unserer Bajonette zurück. Unsere Leute, die wohl einsehen, daß ihre ganze Wohlfahrt im Zusammenhalten ihrer Kräfte besteht, drängen sich ohne Unordnung. Die ohnmächtigen Versuche der Mameluken erregen einen wütenden Wahnsinn bei ihnen. Jetzt schleudern sie uns die Waffen entgegen, die uns nicht auf andere Art erreichen konnten, und gleich als ob dies der letzte Kampf sein sollte, sahen wir sie Flinten, Doppelhaken, Pistolen, Äxte und eine Menge anderer Waffen auf uns werfen. Der ganze Boden war bedeckt. Diejenigen, die ihrer Pferde beraubt sind, kriechen unter unsere Bajonette, um mit ihren Säbeln nach den Beinen unserer Soldaten zu hauen. Der Sterbende noch sammelt seine letzten Kräfte und ringt mit einem anderen Sterbenden, selbst ihr Blut, das miteinander vermischt den Staub benetzte, hat ihren gegenseitigen Haß nicht gestillt. Einer der Unsrigen, der am Boden lag, hatte einen sterbenden Mameluken erreicht und erwürgte ihn. Dies sieht ein Offizier und spricht: Wie? In deinem Zustande kannst du noch so etwas Abscheuliches begehen?

Ja, antwortete er, Ihr habt gut reden, aber ich – ich muß die wenigen Augenblicke, die ich noch zu leben habe, zu genießen suchen.

Die Feinde hörten nun auf, uns anzugreifen. Sie hatten uns viele Leute getötet, auch waren sie nicht geflohen, indem sie wichen; unsere Lage war also nicht im geringsten vorteilhafter geworden. Kaum hatten sie sich zurückgezogen, und uns ihrem Geschütz bloßgestellt, so ließen sie eine Batterie von acht Kanonen, die sie verdeckt hatten, und die mit jedem Schuß sechs bis sieben Mann der Unsrigen wegnahm, auf uns spielen. Dies brachte einen Augenblick lang Verwirrung und Schrecken hervor. Die Zahl der Verwundeten vermehrte sich mit jeder Minute. Wurde der Rückzug befohlen, so würde der Mut der Feinde dadurch gestärkt und wir setzten uns großen Gefahren aus. Wollten wir aber ihnen entgegen gehen, so mußten wir die Verwundeten verlassen, und sie verlassen hieß, sie einem gewissen Tode überliefern. Ein schrecklicher Umstand in allen Kriegen, besonders aber in einem so gräßlichen Kriege, wie wir ihn zu führen hatten. Welcher Befehl sollte gegeben werden! – Desaix blieb, tief gerührt, einige Augenblicke lang unschlüssig. Aber die allgemeine Not befahl. Die Stimme der Notwendigkeit übertönte das Geschrei der unglücklichen Verwundeten, und man marschierte. Wir hatten nur die Wahl zwischen dem Siege und einer gänzlichen Niederlage. Diese ängstliche Lage hatte das Interesse aller so eng ineinander verflochten, daß die Armee nur ein Mann zu sein schien, und daß man alle Mitglieder des ganzen Heeres hätte nennen müssen, wenn man die Tapferen hätte angeben wollen. Unsere leichte Artillerie, die der feurige Tournerie kommandierte, tat Wunder der Geschicklichkeit und Schnelligkeit, und während sie eiligst einige Kanonen der Mameluken demontierte, langten unsere Grenadiere an. Die Batterie wurde verlassen, die Kavallerie wird im Augenblick bestürzt, setzt sich in Bewegung, weicht zurück, entfernt sich und verschwindet wie ein Dunst.

Nie gab es wohl eine schrecklichere Schlacht, einen glänzenderen Sieg und ein unerwarteteres Resultat. Es war ein Traum, von dem bloß ein schreckliches Andenken zurückblieb. Ich entwarf zwei Zeichnungen von dieser Schlacht, denn ich wollte in beiden den Krieg darstellen, wie er ist, edel und unversöhnlich, grausam und erhaben.

Der Hauptvorteil, den wir aus der Schlacht bei Sediman zogen, war der, daß wir die Araber von den Mameluken trennten. Doch muß man aber auch den Schrecken zu unseren Vorteilen zählen, den unsere Art zu kämpfen den Mameluken nun in Zukunft einflößte. Trotz der Ungleichheit der Zahl, trotz unserer ungünstigen Stellung und trotz den glücklichen Umständen, die ihre Waffen begünstigt, und sie unsere gänzliche Niederlage hatten hoffen lassen, war das

Resultat des Streites für sie der Verlust einer Täuschung. Die Folge davon war, daß Murad Bei alle Hoffnung verlor, die Linien unserer Infantrie zu durchbrechen und gegen ihre Angriffe standzuhalten oder sie zurückzutreiben. Er benahm uns daher auch alle Gelegenheit, ihn zu besiegen. Wir sahen uns genötigt, einen schnellen und leichten Feind zu verfolgen, der uns bei seiner unruhigen Vorsicht weder Ruhe noch Sicherheit ließ. Unsere Art, Krieg zu führen, wurde fast die gleiche, wie die des Antonius bei den Parthern (13). Die römischen Legionen überwanden zwar die feindlichen Heere, und fanden, ohne die Überwundenen zählen zu können, keinen weiteren Widerstand, als den Raum, den der Feind vor ihnen ließ, aber erschöpft durch die täglichen Verluste, und ermüdet von Siegen, schätzten sie es für ein Glück, den Boden eines Volkes zu verlassen, das, immer überwunden, aber nie bezwungen, den nächsten Tag nach einer Niederlage wiederkam, um mit einer stets neuen Kühnheit diejenigen zu beunruhigen, denen es am Abend zuvor das Schlachtfeld geräumt hatte.

Die Hitze des Tages und die Kühle der Nacht in dieser Jahreszeit hatten die Armee mit einer großen Anzahl von Augenkrankheiten beschwert. Krankheiten dieser Art sind unvermeidlich, sobald lange Märsche oder große Beschwerden von Nachtwachen begleitet sind, bei denen die Feuchtigkeit der Luft die Ausdünstung hemmt. Solche Kontraste bringen Flüsse hervor, die sich entweder auf die Augen oder auf die Eingeweide werfen.

Desaix strebte sehr danach, den Miri zu erhalten und die Pferde in der Provinz, die er eben erobert hatte, einzuheben. Er ließ also 150 Mann in Fajum und reiste ab, um die Dörfer wieder zur Ruhe zu bringen, die Murad Bei empört hatte.

Während er die Provinz durchzog, kamen tausend Mameluken und eine Menge Fellahs oder Bauern in die Stadt, um die zurückgebliebenen Kranken anzugreifen. Desaix verbindet sich wieder mit ihnen, und die ganze Armee marschiert auf Benisouef, um Murad Bei den Miri dieser reichen Provinz streitig zu machen.

Als Desaix bei Benisouef angekommen war, ging er nach Kairo, um sich die Mittel zu verschaffen, sich wieder ins Feld zu stellen. Hier versammelte und versandte er dann alles, was er für nötig hielt, um seine Bewegungen zu decken, und Murad zum Kampf zu zwingen. Ich verachtete die Annehmlichkeiten der Hauptstadt und blieb zu Benisouef: so wenig malerisch es auch war, so zeichnete ich es dennoch.

Auf dem linken Nilufer, gegenüber Benisouef, erniedrigt sich die arabische Gebirgskette und bildet das Tal Araba oder das Wogental, das der Berg Kolsun begrenzt, der durch die Höhlen der beiden Patriarchen oder Klosterleute St. Anton und St. Paul (14) berühmt ist. Sie waren die Stifter der Mönche. Auf der Erdfläche, die die Höhlen bedeckt, welche die beiden heiligen Einsiedler einst bewohnten, stehen noch jetzt zwei Klöster, aus deren einem man, wie es heißt, den Berg Sinai jenseits des Roten Meeres erblickt. Die Öffnung dieses Tales nach der Nilseite zu zeigt nur eine traurige Ebene, deren eine enge Seite auf dem Rande des Flusses allein bebaut ist. Jenseits dieser Linie erblickt man noch einige Reste von Dörfern, die der Sand verschlungen hat; sie zeigen das betrübende Schauspiel einer täglichen Verwüstung, die durch das unaufhörliche Vorrücken der Wüste und den überschwemmten Boden hervorgebracht wird.

Nichts ist so traurig, als über solche Dörfer hin zu marschieren, ihre Dächer unter sich zu haben, auf Spitzen ihrer Türme zu stoßen, und daran zu denken, daß hier einst bebaute Felder waren, daß hier Bäume wuchsen, und daß auch Menschen hier wohnten, daß aber jetzt alles verschwunden ist. Um die Mauern her und innerhalb der Mauern allenthalben herrscht tiefes Stillschweigen. Diese stummen Dörfer gleichen Toten, deren Leichen uns erschrecken.

Wenn die alten Ägypter von diesem Verschlingen durch den Sand reden, bezeichnen sie es durch »das geheimnisvolle Eintreten des Typhon (15) in das Bette seiner Schwester Isis«. Diese Blutschande muß Ägypten noch in eine ebenso greuliche Wüste verwandeln, als die benachbarten Wüsten schon jetzt sind. Und dieses Ereignis wird eintreten, wenn der Nil sein Bett verlassen und seinen Lauf ändern wird. Diese Idee, die für den Augenblick sonderbar scheint, wird wahrscheinlich, wenn man die örtlichen Gegebenheiten betrachtet. Die Erhabenheit des Nils, und die Erhöhung seiner Ufer haben ihm einen künstlichen Kanal bereitet, der das Fajum (16) schon unter Wasser gelassen haben würde, wenn der Kalif Jusef nicht neue Deiche auf den alten erhoben und unterhalb Benisouef einen Seitenkanal hätte graben lassen, um dem Flusse einen Teil des Wassers wieder zuzuführen, das die Überschwemmung jährlich in dieses weite Bassin ausgießt. Ohne die Dämme, die aufgeworfen sind, um die Überschwemmung aufzuhalten, würde der große Anwachs des Wassers bald nur einen großen See aus dieser ganzen Provinz machen. Das wäre vor ungefähr 25 Jahren beinahe geschehen, denn eine außerordentliche Anschwellung des Nils, in welcher der Fluß über die Deiche von Illahun hinwegging, ließ befürchten, daß die ganze Provinz unter Wasser bleiben oder der Nil wieder einen Weg nehmen werde, den er offenbar vor weit entfernten Jahrhunderten genommen hat. Um diesem Unheil abzuhelfen, hat man bei Illahun einen stufenartigen Deich aufgeworfen, der die Wassermassen verteilt, und die nötige Menge in das Fajum eintreten läßt, um es zu bewässern, das übrige aber ableitet, und durch andere tiefere Kanäle in den Fluß zurückzufließen zwingt. Wenn man es wagen wollte, ein System zu entwerfen, so müßte man sagen, daß vor unvordenklichen Zeiten das ganze Delta wahrscheinlich nichts als ein großer Meerbusen war, in welchen das mittelländische Meer hineintrat; daß der Nil die Öffnung des Tals, das in das Fajum hineingeht, durchfloß; und daß er durch den Fluß den See Mareotis (17) bildete, dessen Mündung das Meer war, so wie der See Madieh es von der Kanopitischen Mündung gewesen ist, und wie die Seen Berelos und Munzaleh es noch jetzt von den Schenitischen, Mendesischen, Tanitischen und Pelusischen Mündungen sind; daß ferner der See Bahr-Belame, oder der wasserlose See eine Ruine des alten Flußlaufs darstellt, denn man findet darin in Versteinerungen unverkennbare Beweise von Überschwemmungen, von Vegetationen und von menschlichen Arbeiten, die beweisen, daß dieser Boden durch den Lauf des Flusses und durch das beständige Hin- und Hertreiben des Sandes, der stets von Westen nach Osten geht, erhöht worden ist. Irgend einmal hat der Nil seinen Lauf geändert, weil er mehr Gefälle nach Norden zu als nach Nordwest, wohin er damals lief, fand, und sich in den Meerbusen stürzte, den ich eben vorausgesetzt habe, daß er daselbst zuerst Sümpfe und dann das Delta bildete.

Daraus würde folgen, daß die ersten Arbeiten der alten Ägypter, z.B. der See Moeris und der erste Deich, wohl nur unternommen wurden, um einen Teil des Wassers der Überschwemmung zurückzuhalten, um die Provinz Arsinoe (18), die unfruchtbar zu werden drohte, damit zu bewässern, und daß man späterhin, weil der See Moeris nicht mehr Wasser genug empfing und also das Fajum nicht mehr bewässern konnte, gezwungen gewesen ist, den Fluß höher hinauf zu nehmen und den Kanal Jusef zu graben, der seinen Namen ohne Zweifel von dem Kalifen erhalten hat, der dieses große Werk ausführte. Zu gleicher Zeit ließ aber dieser Fürst, in der Besorgnis, daß das Fajum durch große Überschwemmungen für immer überflutet werden möchte, neue Deiche über den alten aufwerfen, so wie sie noch jetzt existieren, und ließ die beiden Kanäle von Bouche und Zaoye graben, um das überflüssige Wasser wieder in den Fluß zurückzuführen.

Gleich nach Desaix's Abreise fingen wir an, das Land zu rekognoszieren und eine Tour zu machen, um Kontributionen zu erheben. Wir besuchten die Dörfer, die eine halbe Stunde westlich von Benisouef am Eingang des Fajum liegen. Wir gingen über den Kanal und langten nach einem Wege von zwei Stunden in Davalta an. Davalta ist ein schönes Dorf, es liegt in einer schönen Landschaft, denn wenn die Natur in Ägypten schön ist, so ist sie bewundernswürdig, trotz allem, was auch die Menschen hinzufügen. Die Tadler des Savary, die über seine begeisterten Beschreibungen in Wut geraten, mögen übrigens diese Bemerkung verzeihen. Man kann nicht leugnen, daß die Natur hier von selbst ohne Zutun der Menschen Gehölze von Palmenbäumen schafft, mit welchen sich der Pomeranzenbaum, der Feigenmaulbeerbaum, die Opuntien, der Bananenbaum, die Akazie und der Granatbaum vermischen, daß diese Bäume Gruppen der schönsten Mischung der Blätter und des Grüns hervorbringen. Wenn diese Gebüsche, soweit das Auge reicht, mit Feldern umgeben sind, die mit reifem Durra oder mit Zuckerrohr, das eben abgeerntet werden soll, oder mit Korn, Flachs und Klee bedeckt sind, die, sowie die Überschwemmung sich zurückzieht, die Risse des Bodens mit grünem Samt bekleiden; wenn man endlich in unseren Wintermonaten dieses glänzende Gemälde der Reichtümer des Frühlings, das schon den Überfluß des Sommers ankündigt, vor Augen hat, so muß man wohl mit Savary sagen, daß Ägypten dasjenige Land ist, welches die Natur aufs wunderbarste eingerichtet hat, und daß ihm nichts mangelt, als schattige Hügel, von welchen Bäche herabfließen, eine Regierung, die seine Volksmasse arbeitsam macht, und die Entfernung der Beduinen, um es zum schönsten und besten aller Länder des Erdbodens zu machen.

Wir durchzogen die reiche Gegend, die ich eben beschrieben habe, wo das Auge zwanzig Dörfer zugleich entdeckt, und kamen zu Dindyra[21] an, wo wir die Nacht bleiben wollten. Die Pyramide von Illahun (19), die am Eingang des Fajum steht, scheint von dort aus eine Festung, die man erbaut hat, um den Eingang zu beherrschen. Sollte dies etwa die Pyramide des Mendes sein? Der Kanal Bathen, der dabei endet, ist vielleicht jener Moeris, den Menschenhände ausgegraben haben, wie Herodot und Diodor glauben: denn der See Birket-el-Kerun, der nach Strabo und Ptolemäus (20) der Moeris ist, kann unmöglich etwas anderes sein als ein Werk der Natur. Sosehr wir uns auch an riesenmäßige Arbeiten der Ägypter gewöhnt haben mögen, so werden wir uns doch wohl nie überreden können, daß sie einen See, wie der Genfersee ist, gegraben hätten. Alles, was die alten Geschichtsschreiber und Geographen vom See Moeris gesagt haben, ist zweideutig und dunkel. Man sieht klar, daß ihnen alles, was sie davon geschrieben haben, durch Priester diktiert wurde, die immer eifersüchtig auf alles das waren, was ihr Land betraf, und die um so eher einen geheimnisvollen Schleier über diese Provinz geworfen haben, weil sie von der gewöhnlichen Landstraße entfernt lag. Daher erklärt sich denn wohl jener von Menschenhänden gegrabene See, der 300 Fuß tief sein soll; jene mitten darin erbaute Pyramide; jenes berüchtigte Labyrinth; jener Palast von 100 Zimmern; jenes Schloß zur Ernährung der Krokodile, kurz, alles das, was zu dem Fabelhaftesten in der Geschichte der Menschen gehört, und alles Unglaubliche, was uns in der Geschichte von Ägypten übrig ist. Aber beim Betrachten dessen, was da ist, ergibt sich offenbar, daß ein Kanal da war, nämlich der jetzige Kanal Bathen, der noch von der Überschwemmung unter Wasser stand, als wir uns ihm mehrmals nacheinander näherten. Es erhellt, daß die Pyramide bei Illahun die Pyramide des Mendes sein kann, die denn am Ende dieses Kanals, der der Moeris sein würde, gebaut wäre. Es wird deutlich, daß der See Birket-el-Kerun eine Wasserniederlage ist, die von jeher da sein mußte, deren Bassin durch die Grundbewegung des Erdbo-

[21] Dendera

dens hervorgebracht ist, aber alljährlich durch die Überschwemmung, die das Fajum bewässert, unterhalten und ernährt wird.

Die Ruinen, die man nicht weit von der Stadt Fajum findet, sind ohne Zweifel die von Arsinoe. Ich habe diese so wenig gesehen als die, die auf der westlichen Spitze des Sees nahe beim Dorf Sasr-Kerun sich befinden, aber man hat mir einen Plan davon gezeigt; er stellt bloß einige Zimmer und einen Portikus dar, der mit einigen Hieroglyphen geschmückt ist.

Die Pyramide bei Illahun ist von allen Pyramiden, die ich gesehen habe, am meisten zerfallen, sie wurde aber auch mit der mindesten Pracht gebaut. Ihr Gebäude besteht aus Massen von Kalksteinen, die einem Haufen ungebrannter Ziegelsteine zum Kern dienen. Dieser gebrechliche Bau ist vielleicht älter, als die Pyramiden von Memphis, existiert aber noch immer. So günstig ist das Klima von Ägypten den Monumenten! Was bei uns durch einige Winter zerstört sein würde, das widersteht dort siegreich der zerstörenden Gewalt von Jahrhunderten.

Es gibt unglückliche Stunden, worin alle Bewegungen, die man macht, mit einem widrigen Zufall verbunden sind. Auf meiner Rückreise von dieser Tour, auf dem Wege nach Benisouef, trug mir der General auf, der Spitze der Kolonne einen Befehl zu überbringen. Ich ritt in Galopp. Ein Soldat, der außer der Linie marschierte, hört mich kommen, dreht sich gerade in dem Augenblicke links, als ich rechts vorbeireite, und stellt mir durch diese Bewegung sein Bajonett entgegen, ich kann es nicht mehr vermeiden, kurz, der Stoß hebt mich aus dem Sattel, und der Gegenstoß wirft den Soldaten zur Erde. »Wieder ein Gelehrter weniger«, ruft er fallend, denn für unsere Soldaten in Ägypten war alles, was nicht selbst Soldat war, Gelehrter. Einige Piaster, die ich in einer kleinen Tasche des Unterfutters von meinem Kleide hatte, waren mein Schild gewesen, und ich kam also mit einem zerrissenen Kleide davon.

An der Spitze der Kolonne finde ich den Adjutanten, Rapp (21). Wir waren beide gut beritten. Der Schritt unserer Pferde kam der Infanterie zuvor. Es war schon völliger Abend. Je mehr man sich dem Wendekreis näherte, desto weniger Dämmerung gibt es, denn da die Sonne senkrecht unter dem Horizont taucht, so folgt die Dunkelheit unmittelbar auf ihre letzten Strahlen. Die Beduinen machten das offene Feld unsicher. Wir erblickten in der unermeßlichen Ebene einige Punkte. Rapp sagt zu mir: wir sind hier gefährdet, wir müssen zur Kolonne, oder schnell über die Ebene hinweg nach Benisouef. Ich wußte wohl, daß mein Begleiter das vorzog, was am gewagtesten war, aber ich akzeptierte. Wir gaben den Pferden beide Sporen und trotzten den Beduinen, deren Stunde der Jagd es war. Der Weg war lang, wir reiten schärfer, mein Pferd geht mit mir durch. Die Nacht bricht ein, und sie war schon schwarz, als ich mich bei den Verschanzungen von Benisouef befinde. Ich glaube, den nämlichen Weg nehmen zu können wie am Morgen. Mein Pferd strauchelt, ich richte es durch einen Stoß mit den Sporen wieder auf. Es springt über einen Graben, den man während des Tages gemacht hatte, und ich befinde mich auf der anderen Seite, mit der Nase an einer Palisade, ohne vor- noch rückwärts zu können. Währenddessen hatte die Schildwache gerufen, und ich hatte es nicht gehört. Sie schießt. Ich rufe ihr auf französisch zu. Sie fragt mich, was ich da mache, schimpft auf mich und schickt mich zurück. So war denn der Ungeschickte oder Gelehrte mit einem Bajonett gestoßen, war beschossen, gescholten und nach Hause geschickt worden wie ein Schulknabe, der ohne Erlaubnis aus dem Kolleg gegangen ist.

Den 19ten Frimaire kam General Desaix von Kairo zurück und brachte 1200 Mann Kavallerie, 6 Artilleriestücke und 200–300 Mann Infanterie mit. Dies vermehrte die Division auf 3000 Mann Infanterie, 1200 Mann Kavallerie und 8 Stück leichter Artillerie. Es war also alles da, was man nötig hatte, um Murad Bei zu verfolgen, anzugreifen und zu schlagen, wenn er wartete, bis wir uns näherten. Wir waren voll Mut und Hoffnung. Ich war vielleicht der einzige, der bei dem allem weder Ehre noch Rang zu erhalten hoffen konnte, aber ich konnte nicht lassen, mich wegen meines Mutes stolz zu fühlen. Meine Eigenliebe wurde durch den Gedanken erhoben, mit einer von Siegen glänzenden Armee zu marschieren, meinen Posten bei dem Vortrab der Expedition genommen zu haben, zuerst aus Toulon gegangen zu sein und jetzt mit der Hoffnung vorzurücken, daß ich auch zuerst in Syena [22] ankommen werde; endlich alle meine Projekte sich realisieren zu sehen und mich dem Ende meiner Reise

[22] Assuan

zu nähern. Wirklich fing von hier erst der bedeutende Teil meiner speziellen Sendung an. Ich war im Begriff, in ein ganz neues Land aufzubrechen. Ich sollte es zuerst, sollte es ohne Vorurteil sehen. Ich sollte ein Stück Erde betreten, das von jeher mit dem Schleier des Geheimnisses bedeckt und seit zweihundert Jahren jedem Europäer verschlossen war. Seit Herodot bis zu uns sind alle Reisende sich auf dem Fuße gefolgt, sind eiligst den Nil hinaufgeschifft, haben aber nicht gewagt, ihre Barken aus dem Gesichte zu verlieren, und sich deshalb nur einige Stunden weit davon entfernt, um etwa mit Ängstlichkeit die nächsten Gegenstände in einer Weite von einigen 100 Toisen obenhin zu besehen. Alles, was nicht den Ufern des Nils nahe lag, übernahmen sie von den morgenländischen Erzählern auf gut Glauben. Ermuntert durch die Art, wie mich der General en Chef behandelte, unterstützt durch alle Offiziere, die meine Liebe für die Künste teilten, fürchtete ich bloß, es werde mir an Zeit, Zeichenstift, Papier und Talent fehlen. An Schlafen unter freiem Himmel war ich gewöhnt, und der Soldatenzwieback schreckte mich nicht. Von Murad Bei besorgte ich nur eins, nämlich, er möchte in die Wüste fliehen und uns von Benisouef nach Fajum und von Fajum nach Benisouef umherführen.

KAPITEL VII

General Desaix' Aufbruch nach Oberägypten

Am 26sten endlich des Abends verließen wir diese Stadt. Das Schauspiel des Ausmarsches war bewundernswürdig. Es ging mir sehr nahe, daß ich zu beschäftigt war, um es zeichnen zu können. Unsere Kolonne dehnte sich bis auf eine Stunde weit aus. Alles atmete Freude und Hoffnung. Beim Sinken des Tages wurden wir beim Anblick eines unbebauten Ackers und eines verlassenen Dorfes traurig. Die Stille der Nacht, ein unbebauter Boden und verlassene Häuser, wie viele melancholische Ideen führen solche Gegenstände herbei. Die Tyrannei setzt den Anfang für eine schreckliche Entvölkerung, und die Verzweiflung und das Verbrechen vollenden sie. Wenn der Herr eines Dorfes alles aufgebraucht hat, was das Land geben kann, und dann das Elend der Einwohner noch durch neue Forderungen vermehrt wird, so geraten sie in Verzweiflung und setzen der Gewalt Gewalt entgegen. Von dem Augenblick an betrachtet man sie als Rebellen und verfolgt sie. Haben sie dann ja das Unglück, bei ihrer Verteidigung einige Trabanten ihrer Tyrannen zu töten, so bleibt ihnen nichts als die Flucht, um ihr Leben zu retten, nichts als der Raub, um sich zu erhalten. Männer, Weiber und Kinder irren umher, sind aus der Gesellschaft der Menschen ausgetilgt, werden zum Schrecken ihrer Nachbarn, erscheinen nur heimlich in ihren Hütten, bedienen sich, wie Nachtvögel, ihrer Mauern nur als Höhlen für ihren Raub, und erscheinen nur, um die zu ängstigen, die an ihrer Stelle da wohnen wollen. Daher bieten solche Dörfer, die der Sitz des Verbrechens geworden sind, den Blicken nur wüste Äcker, Ruinen, tiefes Schweigen und völlige Öde.

Um ein Uhr nachts kamen wir nach El-Beranouah, und mit Anbruch des Tages zogen wir wieder davon ab. Wir frühstückten in Bebe, einem beträchtlichen Dorfe, das aber nichts Besonderes hat, außer daß es die Haut des hl. Georg besitzt, eine für jeden frommen Ritter sehr merkwürdige Reliquie (1). Hier nähert sich die arabische Gebirgskette dem Nil so sehr, daß sie nur ein grünes Band an seinem Ufer übrigläßt.

Bei Miniel-Guidi wurden wir durch widrige Zufälle, die unserem Artillerietrain beim Übersetzen über Kanäle zugestoßen waren, aufgehalten. Wir erfuhren hier, daß die Mameluken in Fechneh seien. Während wir im Schatten saßen und warteten, brachte man einen Verbrecher zum General Desaix. Man schrie: ein Dieb! Er hat Flinten gestohlen. Wir haben ihn bei der Tat ertappt. Indem sahen wir ein zwölfjähriges Kind, schön wie ein Engel, erscheinen, das am Arme durch einen großen Säbelhieb verwundet war. Es betrachtete seine Wunde ohne Ängstlichkeit, stellte sich dem General mit einer naiven und vertraulichen Miene dar und erkannte ihn sogleich als seinen Richter an. Oh, über die Gewalt der naiven Grazie! Keiner von allen Zuschauern fühlte noch Zorn. Man fragte das Kind, wer ihm befohlen habe, die Flinten zu stehlen. »Niemand!« Wer es denn zu diesem Diebstahl beredet habe? Es wisse es nicht. Der Mächtige, Gott! Ob es Eltern habe? Eine Mutter bloß, die aber blind und sehr arm sei. Der General sagte zu ihm, wenn es bekenne, wer es geschickt habe, so werde man ihm nichts tun, wenn es aber hartnäckig schweige, so solle es nach Verdienst gestraft werden. »Ich habe es dir ja gesagt«, antwortete es, »niemand hat mich geschickt. Gott hat es mir eingegeben.« Dann legte es seine Mütze zu den Füßen des Generals mit den Worten: »Hier ist nun mein Kopf, laßt ihn abschlagen!« Unglückliche Religion, in der lasterhafte Grundsätze, mit den Glaubensartikeln vermischt, den Menschen zwischen Heldenmut und Bosheit führen. »Armes, unglückliches Kind!« sagte der General. »Laßt es nach Hause gehen.« Das Kind begriff, daß sein Urteil gesprochen sei, blickte jetzt den General und jetzt den, der es fortführen sollte, an, erriet, was es nicht verstehen konnte, und ging mit einem zutraulichen Lächeln fort. Dieses Lächeln drang mir bis in die Seele. Ich zeichnete diese Szene, so gut ich konnte. Aus Anekdoten lernt man oft die Moral der Nationen am besten kennen. Aus Anekdoten kann man, besser als aus Abhandlungen, den Einfluß der Religionen und Gesetze auf die Völker erklären.

Auf diese rührende Szene folgte eine sehr seltene Begebenheit, es fing an zu regnen. Der Regen verursachte in uns für einen Augenblick Empfindungen, die uns Europa und – am 17ten Dezember –

Das Mameluken-Kind vor Desaix (Kupferstich nach der Zeichnung Denons)

den ersten Frühlingshauch ins Gedächtnis riefen. Nach einigen Augenblicken meldete man uns, daß die Mameluken uns zwei Stunden entfernt mit einer Armee von Fellachen erwarteten. Jetzt war Freude. Alles hoffte auf eine Schlacht, entweder diesen Abend schon oder spätestens den folgenden Morgen. Indem wir uns Fechneh näherten, entdeckten wir eine Abteilung Mameluken, welche uns bis auf einen halben Kanonenschuß weit herankommen ließ, und dann verschwand. Man sagt uns, daß Gros ihrer Armee sei eine Stunde weiter, bei Saste-Elsayene. Wir mußten auf die Kanonen warten, denn ihr Marsch wurde jeden Augenblick durch die Kanäle aufgehalten, und so gern der General den Feind erreichen, ja ihn angreifen wollte, ehe die Schlachtordnung vollkommen war, so konnten wir dennoch nicht früher bei Saste anlangen als in der Nacht. Die Mameluken waren aber schon seit zwei Stunden fortgeritten. In Saste benachrichtigte man uns, daß sie unseren Marsch etwa um Mittag, und zwar gerade in dem Augenblicke erfahren hatten, wo die Einwohner mit ihnen über die außerordentliche Abgabe stritten, die sie von ihnen verlangten; kaum aber hörten sie von uns, so vergaßen sie alles, beluden schnell ihre Kamele und nannten uns die Geißel Gottes, die gekommen sei, sie für ihre Sünden zu züchtigen. Sie hätten weniger fromme Ausdrücke brauchen können.

Sie zündeten Feuer an, die aber bald wieder verloschen. Wir brachen den 28sten mit Anbruch des Tages auf, sie waren uns aber zuvorgekommen und hatten uns drei Stunden Vorsprung abgewonnen. Sie entfernten sich auf ihrem Marsche vom Nil, wendeten sich in die Gegend zwischen den Bahr el Jusef und der Wüste und verließen so das reichste Land der Welt. Bei diesem dritten Übergang begriff ich, daß dieser Kanal niemals gradlinig verläuft, wie er doch fast auf allen Karten erscheint. Gegen Abend durchwateten wir den Kanal Jusef. Das Geheimnis des Kanals ist einer großen Operation aufbewahrt, die zur Zeit des Friedens angestellt werden muß, und die entscheiden kann, was man zu tun habe, um die vernachlässigten oder verlorenen Vorteile dieses geheimnisvollen Kanals wiederzuerlangen. Diese wichtige Arbeit würde General Cafarelli übernommen haben, wenn der Tod nicht in ihm einen zärtlichen Freund des Generals en Chef und einen Wohltäter ganz Ägyptens hinweggerafft hätte.

Wir näherten uns der Wüste, die auf uns zukam, denn, wie die alten Ägypter sagen: der Tyrann Typhon verzehrt Ägypten von Zeit zu Zeit – die Berge waren noch zwei Stunden weit von uns entfernt, und doch stießen wir schon an die Dünen, die den Saum zwischen der Wüste und dem bebauten Lande bilden. Während wir Halt machten, benachrichtigte man uns, daß die Mameluken mit unseren Vorposten in einem Handgemenge wären. In Paris befördert man die Neuigkeiten von einem Viertel ins andere, bei einer Division des Vortrupps tut man das Gleiche. Dem Heere ist es in dergleichen Fällen nie erlaubt, solche Neuigkeiten zu verachten, sobald sie nur möglich sind. Daher spornte auch diese unseren Marsch an. Wir fanden indes keinen Feind, kamen aber bis zum Dorfe Benachie, wo wir die Nacht in einem angenehmen Palmengehölze zubrachten.

Den 20sten setzten wir uns mit Tagesanbruch in Marsch und hofften gewiß, den Feind zu erreichen, erfuhren aber, daß er die ganze Nacht hindurch marschiert sei. Die Artillerie machte unser Vorrükken beschwerlich, und brachte alle Augenblicke kleine Hindernisse hervor. Die Mameluken besaßen keine, und die Wüste, in deren Mitte sie unserem Feuer trotzten, war ihr Element. Wir suchten, in die Wüste einzudringen, aber unsere Zugpferde versagten bald. Wir kamen auf diesem Wege nach Benesech, wo man sich, glücklicherweise für mich, gezwungen sah, Halt zu machen.

Benesech wurde auf den Ruinen des alten Oxyrinchus (2) erbaut, das einst die Hauptstadt des dreiunddreißigesten Nomos (Provinz) von Ägypten war. Von seiner ehemaligen Existenz ist nichts mehr übrig als einige steinerne Säulen, einige andere marmorne Säulen in den Moscheen und endlich eine aufrecht stehende Säule mit ihrem Kapitäl und mit einem Teil ihres Gebälkes. Aus Neigung zum Zeichnen, die um so heftiger geworden war, seitdem ich seltene Gelegenheit fand, sie zu befriedigen, war ich vorausgegangen. Nur mit einiger Gefahr war ich eine halbe Stunde vor der Division allein angekommen, aber es wäre noch gefährlicher gewesen, wenn ich hinter derselben hätte zurückbleiben wollen. Ich hatte also bloß die Zeit, zu Pferde alles flüchtig durchzulaufen, eine Ansicht dieses traurigen Landes zu entwerfen und die einzige aufrecht stehende Säule zu zeichnen, die allein von dem alten Glanze noch übrig ist. Von diesem Punkt aus erblickt man ein Monument, das aus den

Händen der Natur und der Zeit hervorgeht, das aber, statt Bewunderung und Erkenntlichkeit zu erregen, ein melancholisches Gefühl in die Seele bringt. Oxyrinchus, einst eine Hauptstadt, umgeben von einer fruchtbaren Ebene, zwei Stunden weit von der Libyschen Gebirgskette, ist unter dem Sande verschwunden. Das alte Benesech, das jenseits Oxyrinchus lag, ist ebenfalls unter dem Sande verschwunden, die neue Stadt sieht sich genötigt, dieser Geißel zu entfliehen, indem sie ihr täglich einige Wohnungen überläßt, und wird sich am Ende noch jenseits des Kanals Jusef sichern. Dieser schöne Kanal scheint dem Beobachter seine blühenden Ufer darzubieten, um das Auge über die Schrecknisse der Wüste zu trösten – der Wüste, ein furchtbarer Name für den, der sie einmal gesehen hat! Ein Horizont ohne Grenzen, dessen Raum erdrückt, dessen Oberfläche, wenn sie eben ist, nur beschwerliche Tagereisen zum Durchwandern darbietet, wo der Hügel den Wanderer nicht verbirgt, und ihm nichts als Absterben und Zerfallen der Natur entdeckt, wo das Schweigen des Nichtseins allein über die Unermeßlichkeit herrscht. Darum gewiß setzten die Türken ihre Grabmäler hierher. Grabmäler in der Wüste, das heißt wohl recht: der Tod neben dem Nichts.

Da ich vom Zeichnen müde war, überließ ich mich, weil ich allein zu sein glaubte, gänzlich der Melancholie, die dieses Schauspiel mir einflößte; indem erblickte ich Desaix in der nämlichen Stellung und von dem nämlichen Gefühl durchdrungen, als ich es war.

»Ist das hier nicht«, sagte er zu mir, »lieber Freund, ein Mißgriff der Natur. Nichts empfängt hier Leben. Alles scheint nur dazusein, um traurig zu machen und zu schrecken. Man möchte glauben, daß die Vorsehung, nachdem sie die übrigen drei Erdteile überflüssig beschenkt hat, an Urstoffen Mangel hatte, als sie diesen Teil der Erde bilden wollte, daß sie ihn also verließ, ohne ihn zu vollenden, weil sie nicht wußte, was sie machen sollte.« Ich antwortete ihm: »Zeigt dies nicht vielmehr das Veraltern desjenigen Weltteils an, der zuerst bewohnt war, ist es nicht vielleicht der Mißbrauch durch die Menschen, der ihn in diesen Zustand versetzt hat? – Es finden sich Täler, es findet sich versteinertes Holz in dieser Wüste, es hat also Flüsse, es hat Wälder gegeben. Diese sind zerstört worden, seitdem verschwanden der Tau, die Nebel, der Regen, die Flüsse, das Leben überhaupt, mit einem Worte: es blieb das Nichts«.

Wir fanden in den Moscheen von Benesech eine Menge von Säulen verschiedener Arten Marmor, die sich unstreitig aus dem alten Oxyrinchus herschreiben.

Wir setzten uns wieder am Kanal entlang in Marsch. Dieser Teil des Kanals gleicht der Marne. Eine Stunde später wurden wir eine beträchtliche Explosion gewahr, deren Geräusch wir aber nicht hören konnten. Wir dachten, es wäre ein Signal, erfuhren aber drei Tage darauf, daß es ein Teil des Pulvers der Mameluken war, der Feuer gefangen hatte. Nach einer Viertelstunde bemächtigten wir uns einer Herde von 800 Hammeln, sie tröstete unsere Leute wegen der Beschwerden dieser großen Tagesreise. Wir kamen in Elsack zu spät an, um dieses Dorf vor der Plünderung retten zu können. In einer Viertelstunde war nichts mehr in den Häusern übrig, nichts, im eigentlichen Sinne des Wortes. Die Einwohner hatten sich in das Feld geflüchtet. Man sagte ihnen, sie sollten doch zurückkommen, aber sie antworteten kalt: was sollen wir zu Hause suchen! Sind diese wüsten Felder für uns nicht ebenso gut als unsere Häuser? Wir konnten dieser lakonischen Rede nichts entgegensetzen.

Der folgende Tag, der 30ste, hatte nichts sehr Merkwürdiges. Wir brachten die Nacht in Tata, einem großen Dorf zu, das von Kopten und einem arabischen Chef bewohnt wird, der sich mit Murad Bei vereinigt und uns ein schönes Haus zurückgelassen hatte, worin wir Matratzen fanden, auf welchen wir eine köstliche Nacht zubrachten. Wir konnten ja so selten mit einiger Bequemlichkeit schlafen!

Den folgenden Tag langten wir mittags in Mynyeh[23] an, einer großen und schönen Stadt, wo einst ein Tempel des Anubis war. Ich fand keine Ruinen daselbst, wohl aber schöne Säulen in der großen Moschee, Säulen, die sehr hübsch spindelförmig gearbeitet waren, mit einem sehr feinen Ring. Machten sie einst etwa einen Teil von dem Tempel des Anubis aus? Ich weiß es nicht. Sicher aber waren sie aus einer späteren Zeit.

Die Mameluken waren aus der Stadt Mynyeh abgezogen und wären beinahe von unserer Kavallerie, die nur einige Stunden später ankam, überfallen worden. Sie hatten sich gezwungen gesehen, fünf Schiffe, mit zehn Kanonen und einem Bombenmörser bewaffnet,

[23] Minieh

zurückzulassen, zwei andere Mörser hatten sie vergraben. Mehrere griechische Deserteure vereinigten sich mit uns.

Mynyeh war die reizendste kleine Stadt, die wir gesehen hatten. Hübsche Straßen, gute Häuser in guter Lage, der Nil floß in einem breiten und lachenden Bette. Ich zeichnete es.

Von Mynyeh bis nach Come-el-Caser, wo wir die Nacht blieben, ist das Land fruchtbarer und reicher als das, durch das wir gekommen waren, die Dörfer sind so zahlreich und nahe beieinander, daß ich mitten in der Ebene neunundzwanzig um mich herum zählte. Sie waren so sehr mit dichten Bäumen umpflanzt, daß man die Gemälde zu sehen glaubte, die uns die Reisenden von den Inseln des Stillen Ozeans entworfen haben.

Den folgenden Tag um 4 Uhr befanden wir uns zwischen Antinoe und Hermopolis. Ich war nicht sehr neugierig, Antinoe (3) zu besuchen; Monumente aus Hadrians Jahrhundert hatte ich schon gesehen, und das, was er in Ägypten gebaut hatte, konnte nicht viel Neues für mich haben, aber ich brannte vor Begierde, nach Hermopolis zu gehen, wo sich, wie ich wohl wußte, ein berühmter Portikus[24] befand. Meine Freude war daher sehr groß, als Desaix mir sagte: wir wollen 300 Mann Kavallerie mitnehmen, und geschwind nach Achmounin (4) reiten, während sich die Infantrie nach Melaui begeben wird.

Als wir uns der Höhe, auf welcher der Portikus gebaut ist, näherten, sah ich, wie er sich am Horizont abzeichnete, und seine Riesenformen entwickelte. Wir gingen über den Kanal Abuassi und bald darauf mitten durch Berge von Trümmern, bis wir endlich dieses schöne Monument, ein Überbleibsel des allerhöchsten Altertums, erreichten.

Ich seufzte vor Freuden. Dies war der erste Gewinn von allen Bemühungen, die ich aufgewandt hatte: dies war, wenn ich die Pyramiden ausnehme, die erste Frucht meiner Arbeiten. Es war das erste Monument, das für mich ein Typus der alten ägyptischen Baukunst war; die ersten Steine, die ihre anfängliche Bestimmung behalten hatten, die ohne Vermischung und Veränderung mich seit 4000 Jahren dort erwarteten, um mir eine ungeheure Idee von den

[24] Säulenhalle, Bogengang

Künsten und ihrer Vervollkommnung zu geben. Zöge man einen Bauer aus den Hütten seines Weilers und stellte ihn unvermutet vor ein solches Gebäude, er würde glauben, daß ein großer Unterschied zwischen ihm und den Wesen sei, die es aufgeführt haben. Ohne irgendeinen Begriff von der Baukunst zu besitzen, würde er sagen: »Das ist das Haus eines Gottes, ein Sterblicher würde nicht wagen, es zu bewohnen.« Waren etwa die Ägypter die Erfinder und Vervollkommner dieser großen und schönen Kunst? Darüber läßt sich schwer entscheiden, aber daran zweifelte ich seit dem ersten Augenblick, wo ich dieses Gebäude entdeckt hatte, nicht weiter, daß die Griechen nie etwas von erhabenerem Charakter erbaut hätten. Der erste Gedanke, der meinen Genuß ein wenig trübte, war, daß ich diesen großen Gegenstand bald würde verlassen müssen, daß meine Augenblicke gezählt seien, und daß die Zeichnung, die ich zu entwerfen im Begriff war, das Gefühl, das ich empfand, bei weitem nicht ausdrücken könne. Hierzu war Zeit und ein hohes Talent erforderlich, und mir fehlte beides; aber wenn ich gleich nicht wagte, Hand ans Werk zu legen, so konnte ich doch noch weniger fortgehen, ohne eine Zeichnung, wie sie auch geriet, mitzunehmen. Ich machte mich daher mit dem aufrichtigen Wunsche daran, daß ein Glücklicherer als ich einst vollenden möge, was ich nur flüchtig hinwerfen konnte.

Unter den Hügeln sieht man halb versenkte, ungeheure Steinmassen und Fundamente, die von einem Gebäude zu sein scheinen, wozu Säulen aus Granit gehörten, die verschüttet sind und die man auf der Oberfläche des Bodens kaum noch unterscheidet. Weiterhin, immer noch auf den Trümmern des großen Hermopolis, ist eine Moschee erbaut, worin sich eine Menge Säulen befinden, von lauchgrünem Marmor und mittelmäßiger Größe, die aber alle durch die Araber verändert worden sind. Dann kommt das große Dorf Achmounin, das von ungefähr 5000 Einwohnern bewohnt wird, denen wir eine ebenso seltene Erscheinung waren, als ihr Tempel es uns gewesen war.

Wir kamen nach Melaui[25], eine halbe Stunde Weges jenseits Achmounin, um daselbst die Nacht zuzubringen. Aber ich höre den

[25] Mellawi

Leser mir zurufen: was, du verläßt schon Hermopolis, nachdem du mir mit weitläufigen Beschreibungen von Monumenten beschwerlich gefallen bist, und gehst jetzt schnell zu etwas anderem über, jetzt, da du mich interessieren könntest? Wer drängt, wer beunruhigt dich? Hast du nicht einen unterrichteten General, der die Künste liebt, bei dir, und begleiten dich nicht 300 Mann als Bedeckung? Das ist alles wohl wahr, aber so sind nun einmal die Umstände einer Reise und so das Schicksal eines Reisenden. Der General hat vielleicht den besten Willen, aber seine Neugierde ist bald befriedigt, er spricht zum Zeichner: unsere 300 Mann sind schon seit zehn Stunden zu Pferde, ich muß sie nun ins Quartier bringen und ihnen zu essen schaffen, ehe sie schlafen gehen. Der Zeichner hört dies vielleicht um so lieber, weil er ebenfalls müde ist, weil er Hunger hat, weil er alle Nächte unter freiem Himmel zubringen, weil er 12 bis 16 Stunden täglich zu Pferde sitzen muß, weil die Wüste seine Augenlider verwundet hat und weil seine brennenden und schmerzenden Augen nicht mehr anders als durch einen Schleier von Blut sehen können.

Melaui ist größer und angenehmer noch als Mynyeh, seine Straßen sind gerade, sein Marktplatz wohl gebaut, und es ist ein geräumiges Haus für die Mameluken da, das leicht zu befestigen sein würde.

Wir waren spät angekommen, und ich hatte noch Zeit darüber verloren, die Stadt zu durchwandern und mein Quartier zu suchen. Ich logierte außerhalb der Mauern, und zwar vor einem hübschen Hause, das sehr bequem zu sein schien. Sein freundlicher Eigentümer saß vor der Tür. Er zeigte mir, daß er den General Belliard in einem Zimmer einquartiert habe, in welchem ich ebenfalls bleiben konnte. Ich hatte nun schon einige Zeit immer draußen geschlafen, ich gab also der Versuchung nach: Kaum war ich eingeschlummert, so erweckten mich Blutaufwallungen, die ich für ein hitziges Fieber hielt. Je nachdem der Schmerz oder der Schlaf die Oberhand behielt, erfuhr ich alle Augenblicke das Schreckensgefühl einer schweren Krankheit oder die lähmende Müdigkeit. Halb eingeschlafen, einer Ohnmacht nahe, hörte ich meinen Freund zu mir sagen: »Mir geht es sehr schlecht.« »Ach«, antwortete ich, »ich kann nicht mehr!« Diese Unterredung erweckt uns alle beide, wir stehen auf, verlassen unsere Kammer und bemerken im Mondenschein, daß wir rotauggeschwollen und unkenntlich sind. Endlich, völlig wach, bemerken wir, daß wir allen möglichen Arten von unreinen Tieren zur Beute geworden sind.

Die Häuser von Oberägypten sind weitläufige Taubenböden, in welchen der Eigentümer ein einziges Zimmer für sich behält. Hier wohnt er mit seinen Hühnern nebst allen Insekten, die diese Tiere und er selbst hervorbringen. Das Aufsuchen dieser Insekten beschäftigt ihn den Tag über, und seine harte Haut trotzt ihren Bissen während der Nacht; auch begriff unser Wirt, der uns ganz treuherzig eine große Gefälligkeit zu erweisen glaubte, durchaus nicht, warum wir entflohen waren. Wir entledigten uns, so gut wir konnten, der beißendsten unserer Gäste und nahmen uns fest vor, nie wieder eine ähnliche Gastfreundschaft anzunehmen.

Den dritten fuhren wir fort, die Mameluken zu verfolgen. Sie waren immer Stunden weit vor uns, und wir konnten ihnen nicht näher kommen. Das Land, das sie zwischen uns ließen, verwüsteten sie, so sehr sie konnten. Gegen Abend sahen wir eine Abordnung mit Fahnen, als Zeichen freundschaftlicher Gesinnung, auf uns zukommen. Es waren Christen, von denen die Mameluken eine Kontribution von 100 Kamelen verlangt hatten. Da die Unglücklichen sie ihnen nicht geben konnten, hatten sie sechzig der Ihrigen getötet. Dieses Verfahren hatte die Christen so in Wut gesetzt, daß sie ebenfalls wieder acht Mameluken ermordet hatten, deren Köpfe sie uns zu bringen erbötig waren.

Wir kamen nach Elganfanier, um da die Nacht zu bleiben, und wurden recht gut in dem Grabmal eines Santons (türkischer Mönch) einquartiert.

Den vierten gingen wir auf Mont-Falout los, als man uns sagte, die Mameluken wären zu Beneadi; schnell eilten wir dahin, um sie aufzusuchen. Unsere Hoffnung war auch diesmal vergeblich; wir fanden daselbst bloß Araber, die unsere Kavallerie in die Flucht trieb. Beneadi ist ein reiches Dorf, das eine halbe Stunde lang ist, sehr vorteilhaft für die Handelskarawanen von Darfur (5) liegt und in einem sehr fruchtbaren Gebiet gelegen ist. Es ist immer hinreichend bevölkert gewesen, um imstande zu sein, mit Mameluken zu unterhandeln, ohne sich durch sie brandschatzen zu lassen. Wir glaubten ebenfalls, uns für den Augenblick in die Zeit schicken zu müssen, sosehr auch das freundschaftliche Zuvorkommen, das man uns bewies, etwas Bedingungsmäßiges an sich hatte; wir suchten daher das Trotzige dieses Benehmens mit dem Scheine der Herzlichkeit zu verschleiern.

Den fünften fanden wir, ehe wir nach Siut (6) kamen, eine große Brücke, eine Schleuse und einen Damm, um das Wasser des Nils nach der Überschwemmung aufzuhalten. Diese arabischen Arbeiten, die sicher nach älteren Spuren verfertigt sind, sind ebenso nützlich als wohl ausgedacht; überhaupt schien es mir, als wenn die Verteilung der Gewässer in Oberägypten mit mehr Verstand und durch einfachere Mittel bewirkt wird.

Siut ist eine große und wohlbevölkerte Stadt, die allem Anschein nach auf der Stelle steht, wo einst Lycopolis oder Wolfsstadt stand. Warum aber eine Wolfsstadt in einem Land, wo es keine Wölfe gibt? Sollte die Verehrung desselben etwa von den Griechen und Lateinern entlehnt sein? Denn dieses Tier ist doch nur im Norden zu Hause.

Man findet keine Altertümer in der Stadt, aber die Libysche Gebirgskette, an deren Fuße sie gebaut ist, zeigt eine so große Menge Grabmale, daß kein Zweifel übrigbleiben kann, sie nimmt den Raum einer großen alten Stadt ein. Nachmittags um ein Uhr waren wir angekommen, man mußte Lebensmittel für die Armee beschaffen, Kranke versorgen, Schiffe mit Provision in Besitz nehmen, die die Mameluken nicht hatten fortbringen können; wir beschlossen also, die Nacht dazubleiben, und ich fing an, das heutige Siut, eine halbe Stunde weit von der Libyschen Gebirgskette, zu zeichnen.

Ich lief schnell auf dieses Gebirge zu, um es zu untersuchen, so begierig war ich, einen ägyptischen Berg aus der Nähe zu sehen. Schon seit Kairo hatte ich zwei Ketten zu Gesicht bekommen, ohne es wagen zu dürfen, eine einzige davon zu übersteigen. Ich fand sie so, wie ich es mir vorgestellt hatte: aus horizontalen und regelmäßigen Lagen von Kalksteinen bestehend, die bald mehr, bald weniger weich und weiß waren, untermischt mit großen elliptischen und runden Kieselsteinen, die der Kern dieser langen Kette zu sein scheinen. Ihre Zerstörung wird täglich durch die salzige Luft bewirkt, die alle Oberflächenteile des Kalksteins durchdringt, sie zersetzt und sie, sozusagen, als Sandbäche herunterfließen läßt. Sie werden durch die Winde fortgetrieben und verwandeln immer weiter und weiter Dörfer und fruchtbare Felder in traurige Wüsten. Die Felsen sind fast eine Viertelstunde von Siut entfernt, sie sind durch unzählige kleinere und größere Grabmale ausgehöhlt, die mit mehr oder weniger Pracht verziert sind. Diese Pracht läßt keinen Zweifel daran, daß sich hier in der Nähe einst eine große Stadt befand. Eins der vorzüglichsten Grabmale nebst seinem inneren Plane zeichnete ich. Alle inneren Vorhöfe dieser Grotten sind mit Hieroglyphen bedeckt. Monate würden notwendig sein, sie zu lesen, wenn man auch ihre Sprache verstände! Jahre würde man aber brauchen, um sie zu kopieren! Soviel ich durch Hilfe des wenigen Tageslichtes, das durch die äußere Tür eindringt, habe bemerken können, so haben die Griechen alle Ornamentik ihrer Baukunst, die Krümmungen und Schnörkel hier mit dem feinsten Geschmack und der ausgesuchtesten Delikatesse angewandt. Sollte eine solche Ausarbeitung das Werk eines Einzigen nur sein, wie man aus der Regelmäßigkeit ihres Plans schließen möchte, so war die Erbauung eines Grabmales ein großes Unternehmen. Ich glaube aber vielmehr, daß sie für eine ganze Familie, ja für ein ganzes Geschlecht erbaut wurden, daß man hierher kam, um den Verstorbenen seine Achtung zu erweisen. Wozu dieser sorgfältige Schmuck, diese Inschriften, diese kostspielige, verborgene, ja verlorene Pracht? Sicher feierte man zu gewissen Zeiten und Festen des Jahres, jedesmal vielleicht, wenn neue Begräbnisse hinzukamen, ein Trauerfest daselbst, wobei die prachtvollen Zeremonien den Glanz des Ortes erhöhten. Dies ist um so wahrscheinlicher, weil die inneren sehr reichen Verzierungen gegen die Einfachheit des Äußeren so sehr abstehen, denn das Äußere ist der bloße rohe Felsen. Ein Grabmal fand ich mit einem einfachen Saal, der zu unzähligen Begräbnissen diente, die alle der Reihe nach in den Felsen gestellt waren. Der ganze Felsen war durchgraben, um die Mumien herauszunehmen, ich fand indes noch einige Fragmente: Leinwand, Köpfe, Hände und einzelne zerstreute Gebeine.

Außer diesen Hauptgrotten gibt es noch kleinere, so daß der ganze Berg dadurch ein ausgehöhlter und klingender Körper geworden ist. Weiterhin nach Süden findet man Reste großer Steinbrüche, deren Höhlungen durch Pfeiler abgestützt sind. Ein Teil dieser Steinbrüche wurde durch fromme Einsiedler bewohnt. Mitten in diesen Felsen vereinigten sie in dieser öden Zurückgezogenheit mit dem traurigen Anblick der Wüste die Aussicht auf einen Fluß, der in seinem majestätischen Laufe an seinen Ufern hin den Überfluß verbreitet. Das war das Bild ihres Lebens; ehe sie sich zurückzogen, erduldeten sie Kränkungen, Reichtum und Erschütterungen, nachher empfanden sie Ruhe und beschaulichen Genuß. Die stumme Natur ahmte hier das Stillschweigen nach, wozu sie sich verurteilt hatten; der beständige und hehre Glanz des ägyptischen Himmels befiehlt ein ewiges Staunen. Das Erwachen des Tages wird nicht durch das Freudengeschrei und das Hüpfen der Tiere erheitert, kein Vogel feiert hier die Rückkehr der Sonne durch seinen Gesang, die Lerche, die unsere Felder erheitert und ermuntert, schreit in diesem heißen Himmelsstrich und ruft, aber nie singt sie, weder ihre Liebe noch ihr Glück. Die ernste und stolze Natur will hier bloß das tiefe Gefühl einer demütigen Erkenntlichkeit einflößen, kurz, die Grotte des Einsiedlers scheint durch den Befehl und die Wahl eines Gottes selbst hierher gesetzt zu sein. Alles, was die Natur in Bewegung bringen sollte, scheint mit ihm sein trauriges und stummes Nachdenken über die Vorsehung, die Spenderin ewiger Wohltaten, zu teilen.

Kleine Nischen und Bekleidungen mit Stukkatur sowie einige rötliche Gemälde, die Kreuze vorstellen, und Inschriften, die ich für koptisch halte, sind die Beweise und zugleich einzigen Überreste der Wohnung jener strengen Zenobiten (7) in diesen traurigen Zellen. In der Jahreszeit, worin wir sie sahen, war das Grün aller Schattierungen, die die Ufer des Nils, soweit man blicken konnte, schmücken, ganz unvergleichlich.

Das Abreisen aus einer großen Stadt ist für eine Armee allemal mit Schwierigkeiten verknüpft. Wir brachen am folgenden Morgen schon vor Tage auf, wir brachten einen Teil des Morgens damit hin, uns mit Mühe zusammenzufinden. Wir folgten allen Biegungen des Kanals Abuassi, der der letzte bedeutende in Oberägypten ist. Er teilt mit dem Fluß den Durchmesser des Tales, das während dieses ganzen Tages mir nur eine Stunde breit zu sein schien aber sorgfältiger und verständiger angebaut war als alles, was wir bisher gesehen hatten. Alle halbe Stunden weit fanden wir Cisternen mit einem kleinen gastfreundschaftlichen Monument, um dem Reisenden und seinem Pferd zu trinken zu geben. Ich zeichnete eine der bedeutendsten dieser kleinen menschenfreundlichen Einrichtungen, die so angenehm als nützlich sind und die Barmherzigkeit der Araber sehr gut andeuten. Gegen Mittag näherten wir uns der Wüste, wo ich drei mir ganz neue Gegenstände fand: den Dum-Palmbaum (8), der seinem Blatt nach dem Raketen-Palmbaum, den wir kennen, gleicht, und der, wie der Dattelbaum, nicht bloß in einen, sondern sich in acht bis fünfzehn Stämme verzweigt. Seine holzartige Frucht befindet sich haufenweise am Ende der vordersten Zweige, von wo die kleinen Äste ausgehen, die das Blätterwerk des Baumes bilden. Die Frucht ist dreieckig und von der Größe eines Eis, ihre äußerste Hülle ist schwammig und schmeckt wie Johannisbrot. Ihr Geschmack ist honigartig und hat viel Ähnlichkeit mit dem des Pfefferkuchens. Innerhalb dieser Hülle befindet sich eine harte und fasrige Schale, wie die der Kokosnuß, der sie überhaupt mehr als jeder anderen Frucht gleicht; jener holzartige und feine Teil fehlt ihr aber gänzlich, das gallertartige in ihr ist geschmacklos, wird aber sehr hart. Man macht davon Knöpfchen zu Rosenkränzen, die sich färben und polieren lassen. Ich sah auch einen kleinen, allerliebsten Vogel, den ich nach seiner Gestalt und seinen Eigenschaften in die Klasse der Fliegenschnäpper setzen möchte. Alle Augenblicke erhaschte er sich mit einer bewundernswürdigen Geschicklichkeit Insekten. Wegen der Gleichgültigkeit der Türken sind alle Vögel bei ihnen Haustiere. Die Türken lieben zwar nichts, aber sie stören auch nichts. Die Farbe des Vogels, von dem ich rede, ist hellgrün und glänzend, sein Kopf golden, so auch das Obere der Flügel, sein Schnabel landschwarz und spitzig, und im Schwanze hat er eine Feder, die einen halben Zoll länger ist als die übrigen. Er ist so groß wie eine kleine Meise.

Nachdem wir dreizehn Stunden marschiert waren, kamen wir nach Gamerissiem, um da, unglücklicherweise für dieses Dorf, die Nacht zu bleiben. Das Geschrei der Weiber gab uns bald zu erkennen, daß sich unsere Soldaten der Dunkelheit der Nacht bedient und trotz ihrer Müdigkeit unnützerweise Kraft verschwendet und unter dem Vorwande, Lebensmittel zu suchen, etwas an sich gerissen hatten, dessen sie nicht bedurften. Durch Raub und Entehrung aufs höchste getrieben, fielen die Einwohner über unsere Patrouillen, die zu ihrer Verteidigung ausgesandt waren, her. Oh Krieg! Du bist glänzend in der Geschichte, aber näher betrachtet, wenn sie nicht die Schrecken deiner einzelnen Züge verbirgt, bist du voller Runzeln.

Den 7ten gingen wir tiefer in die Wüste hinein, die durch eine Reihe von Dörfern begrenzt wird. Trotz der Kälte, die wir die Nacht hindurch fühlten, gab uns die Hitze des Tages zu erkennen, daß wir uns der Sonnenwende näherten. Die Gerste war reif, das Getreide körnte, und die Melonen, die in freier Erde gepflanzt waren, blühten schon. Wir hatten eben jetzt eine Nacht im Gehölz unter freiem Himmel zugebracht.

Den 8en durchzogen wir eine Wüste und kamen endlich an ein koptisches Kloster, das die Mameluken den Abend zuvor angezündet hatten, und das noch brannte, weshalb ich nicht hineingehen konnte. Indes, man kann seine einzelnen Teile durch die bald folgende Beschreibung des weißen Klosters (9) kennenlernen; denn dies ist jenem ähnlich und nur zwanzig Minuten weit von ihm entfernt, ebenfalls unterhalb des Gebirges und am Rande der Wüste gelegen. Man nennt das erste das rote Kloster (9), weil es aus Ziegelsteinen erbaut ist, das andere das weiße Kloster, weil es aus gehauenen Steinen von dieser Farbe besteht. Dieses letztere war ebenfalls den Abend zuvor angezündet worden, aber die Mönche hatten bei ihrer Flucht das Tor offen und einige Diener dagelassen, um die Trümmer zu retten.

Man schreibt die Einrichtung des Gebäudes der heiligen Helena (10) zu, welches auch nach dem Plan zu urteilen wahrscheinlich ist. Sicher stand neben dem Kloster ein Tempel; einige abgerissene Stücke Mauer und einige Granitblöcke bezeugen sein ehemaliges Dasein. Da das Kloster nicht in der Art wie die Kirche erbaut war, nämlich sich einschließen und verteidigen zu können, so ist es wahrscheinlich schon einmal unter ähnlichen Umständen verbrannt oder zerstört worden. Die Bauart der Kirche ist noch jetzt so beschaffen, daß man durch Hilfe einer Galerie über den Toren und einiger Kanonen auf den Mauern sich darin sehr wohl gegen die Araber, ja selbst gegen die Mameluken verteidigen könnte; ohne Waffen aber hatten diese armen Mönche ihnen nichts entgegensetzen können als Geduld, Ergebung, Heiligkeit und vorzüglich Armut, die sie bei jeder anderen Gelegenheit gerettet hätte, bei dieser aber hatten sich die Mameluken gerade an Katholiken (11) wegen der Übel rächen wollen, die ihnen Katholiken zufügten. Wir fanden unter den Ruinen, die dieser traurige Zufall hervorgebracht hatte, mehrere Kohlen, die aus dem Verbrennen des Holzes vom Chore entstanden waren, und die grenzenlosen Bedürfnisse des unersättlichen Krieges machten, daß wir auch noch diese Trümmer des Elends mit wegnahmen.

Seit der ehemaligen Zerstörung des Klosters hatten sich die Mönche in einem Seitengange des Klosters Wohnungen bereitet, wenn man anders die kleinen Hütten, die sie unter diesen prächtigen bedeckten Gängen errichtet haben, Wohnungen nennen kann; sie gleichen vielmehr Wohnungen des Elends in dem Palaste des Stolzes.

Die heiligen Väter waren entflohen, wir fanden bloß die Brüder, mit Lumpen bedeckt, und von der Todesangst kaum zu sich gekommen, die sie den Abend zuvor ausgestanden hatten. Um das Leben, den Charakter und die Mittel zum Unterhalt dieser Mönche kennenzulernen, muß man dasjenige lesen, was General Andreossi (11a) in seinem vortrefflichen Memoire über die Natron-Seen (12) und über die Klöster El-Baramus, St. Ephraim und St. Macarius von ihnen niedergeschrieben hat. Dieser sorgfältige und scharfsinnige Beobachter hat dort die Bedürfnisse dieser Mönche aufgezeichnet, als auch ihren immerwährenden Kampf mit den Arabern.

Während man Halt machte, entwarf ich so schnell als möglich einige Zeichnungen. Die eine Zeichnung stellt die Aussicht von dem roten Kloster aus dar und zeigt die Lage dieser beiden Klöster. Eine zweite Zeichnung gibt eine Ansicht der Bauart dieser Gebäude des vierten Jahrhunderts, die folglich 2000 Jahre jünger sind als jene großen ägyptischen Monumente, und deren ernster Stil, Karnies[26] und Türen völlig an die Gattung jener alten Baukunst erinnern. Wir gingen nach Bonasse-Boura, um dort die Nacht unter freiem Himmel zuzubringen.

Den 7ten kamen wir an den Nil zurück und zogen über das Schlachtfeld, wo Hassan-Pascha (13) im letzten Kriege der Türken mit den Mameluken von Murad Bei geschlagen wurde und wo dieser letztere mit 5000 Mameluken 18000 Türken und 3000 Mameluken in die Flucht schlug und zerstreute. Malem-Jacob, ein Kopte,

---

[26] Simse

der als Aufseher der Finanzen uns begleitete, war Zuschauer und mithandelnde Person in dieser Schlacht gewesen und setzte uns die einzelnen Umstände derselben auseinander. Er zeigte, mit welchem Talent Murad seine Vorteile wahrgenommen hatte und wie er sie benutzt hatte. Der nämliche Murad Bei mußte jetzt aber vor Zorn glühen, weil er sich gezwungen sah, das gleiche Schlachtfeld auf der Flucht vor 1500 Mann Infanterie zu passieren. Während wir so über den Wechsel des Glücks uns unterhielten, hatten wir, durch den Reiz des Gespräches hingerissen, uns unbedachtsamerweise, wie es täglich der Fall war, eine halbe Stunde weit vor der Armee vorausgemacht. Ich sagte scherzhaft zu Desaix, es würde doch sehr komisch sein, in der Geschichte zu lesen, daß ihm durch fünf oder sechs Mameluken, die ihm begegnet wären, der Kopf abgeschlagen sei, und was mich beträfe, so würde ich untröstlich sein, wenn ich den meinigen hinter einigen Gesträuchen zurücklassen sollte, wo man ihn unfehlbar vergessen werde.

In dem Augenblick passierten wir Minchie (14). Der Adjutant Clement sagte dem General, es wären Mameluken im Dorfe, wirklich erschienen erst zwei, dann sechs, dann zehn, dann vier andere, dann wieder zwei andere, und endlich Reiterei. Sie stellten sich in der Entfernung eines Flintenschusses vor uns in Ordnung, und beobachteten uns. Wären wir zurückgewichen, so wären wir gefangengenommen worden. Das Land war buschig. Desaix entschloß sich also, den Unerschrockenen zu spielen und zu tun, als ob er Anordnung gäbe. Er hatte vier Füsiliere bei sich, die er wechselweise auf verschiedene Standpunkte stellte, um durch die Veränderung ihres Ortes ihre Anzahl scheinbar zu vermehren. Wir suchten einige Gräben zwischen uns und die Mameluken zu bekommen, bis endlich unser Vortrab erschien und sie sich zurückzogen. Man sagte uns, daß Murad uns vor Girge (15) erwartete; wirklich hörten wir von Zeit zu Zeit ein großes Geschrei und sahen Staubwolken sich erheben. Desaix glaubte nun endlich die Schlacht erzwungen zu haben, wonach wir uns schon seit vierzehn Tagen sehnten. Ich wurde zurückgeschickt, um unsere Infanteriekolonne vorrücken zu lassen. Indem ich im Galopp vorüberritt, bemerkte ich die Außenmauer eines Bollwerks am Ufer des Nils und stufenartige Anfahrten, die bis in zwei Bassins hinabgingen. Waren das etwa die Ruinen von Ptolemais? Man schoß eine Kanone ab, damit die Kavallerie, die eine Stunde weit von uns die Nacht zugebracht hatte, sich mit uns vereinigen möge. Nach einer halben Stunde befanden wir uns fertig zur Verteidigung und zum Angriff, und marschierten in Schlachtordnung auf den Sammelplatz der Feinde los, die sich aber zerstreuten. Die Mameluken selbst verschwanden, und wir kamen nach Girge, ohne Feinde angetroffen zu haben.

Unerbittlich fragt hier der Leser, der mit der Karte in der Hand an seinem Schreibtisch sitzt, den armen, ermüdeten, verfolgten, hungrigen, kurz allen Beschwerden des Krieges ausgesetzten Reisenden: »Hier fehlt mir ja Aphroditopolis, Krokodilopolis und Ptolemais (16); was hast du denn mit diesen Städten gemacht? Warum bist du denn dorthin gegangen, wenn du mir nicht davon Rechenschaft geben kannst? Hattest du kein Pferd, um dich zu tragen, keine Armee, um dich zu beschützen, keinen Dolmetscher, um ihn zu befragen? Hast du gar nicht daran gedacht, daß ich dich mit meinem Zutrauen beehren würde?« – Aber um Gottes willen! Lieber Leser, so bedenke doch, daß wir von Arabern und Mameluken umringt waren, die mich wahrscheinlich gefangengenommen, beraubt und getötet haben würden, wenn ich's mir hätte einfallen lassen, mich hundert Schritte weit von der Kolonne zu entfernen, um dir einige Steine von Aphroditopolis aufzusuchen.

Der bekleidete Damm, den ich, als ich im Galopp bei Minchia vorbeiritt, in der Eile sah, das war Ptolemais. Weiter ist nichts davon übrig.

Nur noch ein wenig Geduld, und wir wollen miteinander einen für alle Forschungen ganz neuen Boden betreten, wollen besehen, was Herodot selbst nur nach phantasievollen Erzählungen beschrieben hat und was neue Reisende nur mit der äußersten Angst, ohne den Nil und ihre Barke je aus dem Gesicht zu verlieren, zeichnen und messen konnten. Wirklich sind diese unglücklichen Reisenden, die wechselweise und unter allerlei Vorwänden durch die Reis, durch ihren Dolmetscher und durch alle die Scheichs, Kiachefs und Paschas ausgeplündert, von den Ihrigen verlassen und von anderen bestohlen wurden, die man wie Schatzsucher hütete und sie alle Augenblicke der Schätze wegen quälte, die sie bald gefunden haben, bald noch suchen sollen; die beim Zeichnen beständig ein

Sklavenschiff bei Girge

Auge auf alle haben mußten, die sie umgaben, und die immer bereit waren, sich gegen sie aufzulehnen und ihr Geschäft zu unterbrechen, wenn sie nicht gar ihnen nach dem Leben trachteten; diese Reisenden, sage ich, sind schuldlos daran, daß sie nicht alle Details aufgezeichnet haben, die man von diesem so gefahrvoll zu beobachtenden Lande verlangen möchte.

Dank sei der mutvollen Widersetzlichkeit des tapferen Murad Bei, der das Kriegsglück auf die Probe stellen will, daß wir ihn noch weiter verfolgen und endlich wohl noch gar ins Gelobte Land eintreten müssen!

Girge, wo wir um zwei Uhr nachmittags ankamen, ist die Hauptstadt von Oberägypten, es ist eine später erbaute Stadt, die keine Merkwürdigkeiten besitzt. Sie ist so groß wir Mynyeh und Melaui, aber kleiner als Siut und weniger hübsch als alle drei. Den Namen Girge oder Dgirdge hat es von einem großen Kloster, das früher als die Stadt gebaut und dem heiligen Georg, der in der Landessprache Gergé ausgesprochen wird, gewidmet war. Das Kloster ist noch da, und wir fanden dort europäische Mönche. Der Nil stößt an die Gebäude von Girge und zerstört täglich einen Teil davon, man würde hier nur mit großen Kosten und immer nur einen schlechten Hafen anlegen können. Diese Stadt ist also nur darum interessant, weil sie gleichweit von Kairo und Siena[27] liegt und ein so reiches Gebiet besitzt. Wir fanden alle Lebensmittel hier zu geringen Preisen. Das Pfund Brot galt einen Sou, zwölf Eier zwei Sous, zwei Tauben drei Sous, eine Gans von fünfzehn Pfund zwölf Sous. War das Armut? Nein, es war Überfluß, denn nach einem Aufenthalt von drei Wochen, wo mehr als fünftausend Menschen viel verbraucht und viel Geld verbreitet hatten, war alles noch zu gleichen Preisen erhältlich.

Die Barken erreichten uns nicht, uns fehlten aber Schuhe und Zwieback, wir blieben also hier, es wurden Öfen gebaut und eine Kaserne eingerichtet, um fünfhundert Mann einzuquartieren. Die Truppen ruhten sich aus, und ich fühlte insbesondere das Glück, daß meine Augen sich besserten, die schon drohten, mir ihren Dienst ganz zu versagen. Ich hatte kein einziges Heilmittel für sie, aber ein Topf voll Honig, den ich in dem Hause eines Scheichs, wo ich wohnte, fand, und ein Gefäß mit Weinessig dienten mir statt aller Heilmittel. Von dem ersten aß ich, bis ich mir den Magen verdorben hatte, und durch das Trinken des anderen, mit Wasser und Zucker vermischt, kühlte ich die Hitze meines Blutes ab.

Den dreizehnten erfuhren wir, daß einige Bauern, durch die Mameluken verführt, sich hinter uns sammelten, um uns im Rücken anzugreifen, weil man ihnen versprochen hatte, uns von vorne anzufallen. Vor einem Monat erst hatten sie eine Karawane von zweihundert Kaufleuten beraubt, die durch das Rote Meer, Kosseir (17) und Quoß von Indien kamen. Sie hielten sich also für sehr tapfer. Vierzig aufrührerische Dörfer hatten sechs- bis siebentausend Mann zusammengebracht, aber ein Angriff unserer Kavallerie, die zwölfhundert derselben niedersäbelte, zeigte ihnen, daß ihr Vorhaben nichts taugte.

---

[27] Assuan

Wir fanden in Girge einen nubischen Prinzen, er war der Bruder des Fürsten von Darfur (18), kam von Indien zurück und wollte sich mit einem anderen Bruder vereinigen, der eine Karawane, die aus achthundert Nubiern von Sennar (19) und aus ebenso vielen Frauen bestand, begleitete. Elefantenzähne und Goldstaub waren die Waren, die er nach Kairo brachte, um sie gegen Kaffee, Zucker, Schals, Tücher, Blei, Eisen, Sennesblätter und Tamarinden zu vertauschen. Wir sprachen viel mit diesem jungen Prinzen, der lebhaft, heiter, feurig und geistvoll war, seine Physiognomie bezeichnete dies alles, er war mehr als kupferfarben, seine Augen waren sehr schön und von hübscher Farbe, die Nase ein wenig aufgeworfen, aber klein, der Mund sehr breit, aber weniger platt, die Schenkel, wie bei allen Afrikanern, hager und bogenförmig. Er sagte uns, daß sein Bruder mit dem König von Bornu (20) im Bunde stände, daß er Handel mit ihm treibe und einen beständigen Krieg mit denen von Sennar unterhalte. Er erzählte uns ferner, daß von Darfur nach Siut vierzig Tagesreisen seien[28], während welcher man nur alle acht Tage Wasser fände, entweder in den Zisternen oder in den Oasen, an denen man vorüberkäme. Der Vorteil dieser Karawanen muß also nicht zu berechnen sein, um die großen Reisekosten aufzuwiegen und sie für ihre ungeheuren Strapazen zu belohnen. Wenn ihre weiblichen Sklaven nicht Gefangene sind und sie sie also kaufen, so kosten sie eine schlechte Flinte, die männlichen aber zwei. Er erzählte, daß es in seinem Lande während einer gewissen Zeit des Jahres sehr kalt sei, er kannte kein Wort, um den Begriff Eis auszudrücken, und sagte daher: man äße dort viel von einer Sache, die zwar hart sei, wenn man sie in die Hand nähme, die aber den Fingern entgleite, wenn man sie ein wenig darin festhalte (21). Wir sprachen mit ihm von Tombout (22), dieser berühmten Stadt, deren Dasein in Europa noch ein Rätsel ist. Unsere Fragen überraschten ihn nicht, nach ihm lag Tombout südwestlich von seinem Lande, die Einwohner von Tombout kamen nach Darfur, um mit ihnen zu handeln, und brauchten sechs Monate zur Reise. Sie verkauften ihnen alle diejenigen Dinge, die sie von Kairo geholt hatten, und ließen sich mit Goldstaub bezahlen. Ihr Land hieß in ihrer Sprache das Paradies;

---

[28] vgl. im folgenden S. 271.

die Stadt Tombout endlich liege, sagte er, am Ufer eines Flusses, der westwärts fließe, und ihre Einwohner seien sehr klein und sanft.

Wir bedauerten ungemein, diesen interessanten Reisenden nur so kurze Zeit bei uns zu haben, da wir ihn doch nicht bis zur Unbescheidenheit befragen konnten. Er erkundigte sich dagegen ebenso fleißig, als er uns mancherlei mitteilte, denn er hatte nichts von dem Ernste eines Muselmannes, und drückte sich deutlich und gewandt aus. Er sagte uns, daß die Thronfolge in der königlichen Familie auf Wahl beruhe, daß die militärischen und bürgerlichen Anführer unter den Söhnen des verstorbenen Königs denjenigen wählten, den sie für den Würdigsten hielten, ihm in der Regierung zu folgen, und daß man noch kein Beispiel kenne, wo dies zu einem Bürgerkrieg geführt hätte. Alles eben Gesagte ist Wort für Wort das Protokoll der Antworten, die uns dieser fremde Prinz auf unser Befragen gab. Er fügte hinzu, daß wir den Afrikanern unendlich viele Dinge bringen und daß wir sie sehr leicht uns tributpflichtig machen könnten, ohne dem Handel zu schaden, den sie selbst zu treiben pflegten, daß wir sie durch ihre mannigfaltigen Bedürfnisse und durch die Ausfuhr ihrer überflüssigen Produkte an unser Interesse knüpfen würden, daß der Handel mit Indien auch über Mekka gehe, indem man diese Stadt oder Kosseir zur gemeinschaftlichen Waren-Niederlage mache, so wie es Aleppo (23) für die türkischen Staaten sei, trotz der Weite des Weges, den man zu machen habe.

Wir warteten immer noch auf die Barken, die uns auf unserem Marsche folgen sollten und die unsere Lebensmittel, unsere Munition und das Schuhwerk unserer Soldaten mitbrachten. Der Wind war gegen die Gewohnheit dieser Jahreszeit immer günstig gewesen, und doch kamen die Barken nicht an. Wir hatten mehrere Boten abgeschickt, um uns nach ihnen zu erkundigen. Die ersten waren auf der Durchreise durch die aufrührerischen Dörfer umgekommen, die anderen kamen nicht wieder zurück, und so verloren wir die gute Jahreszeit mit Nichtstun; das Land konnte glauben, wir fürchteten uns vor den Mameluken, und dieser Anschein konnte aufs neue die Fellachen wider uns aufbringen. Schon jetzt weigerten sie sich, den Miri zu bezahlen, und gaben an, es müsse doch eine Schlacht geliefert werden, sie würden dann dem Sieger bezahlen.

Den 20. Januar 1799, am zehnten Tage nach unserer Ankunft,

entschloß sich der General Desaix, seine Kavallerie bis Siut zurückzuschicken, um bestimmt zu erfahren, was aus seinem Schiffsgefolge geworden sei. Man hatte vorwärts von Girge ein Bataillon nach Bardis geschickt, um Lebensmittel zu holen. Der Offizier, der es anführte, ließ uns am neunzehnten Abends sagen, es verbreitete sich die Neuigkeit, daß die Mameluken am einundzwanzigsten sich von Hau[29] aus in Marsch setzen würden, um eine Schlacht zu liefern. Diese Neuigkeit bestätigte sich von allen Seiten, und ob Desaix gleich dieses Glück noch nicht für ausgemacht hielt, so war doch seine Lage unbefriedigend, da er es unserer Marine vorwerfen mußte, ihn seiner Kavallerie zu berauben, ohne die er seinen Sieg nicht benutzen konnte, wenn er siegte; denn die bloße Infanterie konnte den Kampf mit den Mameluken nur annehmen, aber nicht sie dazu zwingen noch ihn verlängern.

Eine andere Geißel, die uns quälte, war ein beständiger Diebstahl, der so angestellt wurde, daß keine militärische Strenge unsere Waffen und unsere Pferde sichern konnte. Alle Nächte schlichen die Einwohner wie Ratten in unsere Lager und gingen wie Fledermäuse daraus hinweg, indem sie fast immer ihre Beute mitnahmen. Man hatte einige ergriffen, die das Opfer der ersten Wut der Soldaten geworden waren, man hoffte, daß diese Strenge einige Abschrekkung hervorbringen würde, man verdoppelte die Wachen, aber noch am selben Tage wurden zwei Schmiedeöfen der Artillerie gestohlen, man ergriff die Diebe und erschoß sie. In der nächsten Nacht wurden aber schon wieder die Pferde des Generaladjutanten der Kavallerie geraubt, der General selbst wettete, ihn solle man nicht bestehlen, und am folgenden Tag schon entwendete man ihm sein Pferd, und hatte eine Mauer niedergerissen, um ihn selbst zu überfallen, wenn ihm nicht der Tag zu Hilfe gekommen wäre.

Den zwanzigsten erfuhren wir, daß Murad Bei die arabischen Chefs der unterworfenen Dörfer einlud, gegen uns zu marschieren, und ihnen Girge zum Vereinigungspunkt bestimmte. Den zweiundzwanzigsten, also an dem Tage, wo er uns angreifen sollte, schickten mehrere derselben uns Briefe zu und ließen sagen, sie würden dem Vertrag treu bleiben, wobei sie uns zugleich diejenigen nannten, die

[29] Hau, das alte Diospolis parva

versprochen hatten, gegen uns zu marschieren. Diese waren aber unserer Kavallerie begegnet und hatten ihr Projekt aufgegeben.

Den einundzwanzigsten war der Himmel bedeckt, und wir litten darunter wie unter einem ziemlich strengen Wintertage, ungeachtet es einer unserer vorzüglich schönen Apriltage gewesen sein würde. Ich sah indes an diesem gräßlichen Tage ein Weinspalier, das so grün war als bei uns im Monat Julius. Die Blätter verhärten sich hier nur, werden rot und dürre, während das Auge der Rebe sein Grün ewig erneuert. Mit den rankenden Erbsen ist es das Gleiche, ihr Halm wird holzig. Ich habe einige gesehen, die vierzig Fuß hoch wurden und bis in die Wipfel der Bäume reichten.

Wir wußten, daß zahlreiches Fußvolk über Kosseir von Mekka angekommen sei, um sich mit Murad Bei zu verbinden, und daß sie auf dem Marsch seien, uns anzugreifen.

Am dreiundzwanzigsten erfuhren wir, daß unsere Kavallerie in Menshieth einen Auflauf wider uns gefunden, tausend niedergesäbelt und dann ihren Weg fortgesetzt hatte. Eine sehr unbrüderliche Lektion, die aber unsere Lage vielleicht notwendig machte. Diese von jeher aufrührerische Provinz stand im Ruf der Aufsässigkeit, es war also notwendig, ihr zu zeigen, daß es unvernünftig war, sich mit uns zu messen. Überdies mußten wir ihnen unsere geringen und noch dazu verteilten Hilfsmittel verhehlen. Vielleicht war es sogar notwendig, daß sie uns für ebenso rachsüchtig als gnädig hielten.

Wir entschlossen uns, sogleich nach der Rückkehr der Kavallerie abzureisen, die Barken mochten dann endlich ankommen, oder man mußte darauf verzichten. Denn durch längeres Warten vergrößerten wir nur unsere üble Lage, indem wir die Einwohner der Gegend dadurch bedrängten, daß wir diesen Zustand des Krieges, der Ungewißheit und Unordnung ferner bestehen ließen.

Wir ließen uns zum Zeitvertreib und um unsere Ungeduld zu mäßigen, arabische Märchen hersagen. Die Araber erzählen langsam, und wir hatten Dolmetscher, die zur Not folgen konnten. Sie haben für die Märchen die gleiche Leidenschaft behalten, die wir von ihnen seit dem Sultan Schahriar aus Tausend und einer Nacht her kennen, und in diesem Punkte waren wir beide, Desaix und ich, fast Sultane, sein bewunderungswürdiges Gedächtnis vergaß keine Phrase von dem, was er gehört hatte, und ich schrieb bloß darum nichts von diesen Märchen auf, weil er mir versicherte, sie mir jederzeit Wort für Wort wieder hersagen zu wollen. Nach meinen Beobachtungen indes waren die Geschichten zwar weniger reich an wahren und sinnreichen Details (ein Verdienst, das besonders nur den nördlichen Erzählern eigen zu sein scheint), aber sie hatten einen Überfluß an außerordentlichen Begebenheiten, starken Situationen, die durch übermäßige Leidenschaften hervorgebracht wurden. Gefangennahme, Schlösser, Eisengitter, Gift, Dolch, nächtliche Szenen, Irrtümer, Verrat, kurz alles, was eine Geschichte verwirrt und ihre Entwicklung unmöglich zu machen scheint, wird von diesen Erzählern mit der größten Kühnheit angewandt, immer aber endet die Geschichte ganz natürlich und aufs deutlichste. Das ist aber das Verdienst des Erfinders, dem Erzähler bleibt nun noch das der Präzision und der Deklamation, worauf die Zuhörer vielen Wert legen. Auch trifft sich's, daß die gleiche Geschichte von mehreren Erzählern hintereinander vor den nämlichen Zuhörern vorgetragen wird, und zwar mit dem gleichen Interesse und mit dem gleichen Glück. Der eine hat etwa die empfindsame und verliebte Partie besser behandelt und deklamiert, der andere die Gefechte und die schrecklichen Partien besser dargestellt, ein dritter hat mehr zu lachen gegeben usw., kurz, dies ist ihr Schauspiel, man geht also wie bei uns einmal ins Schauspiel des Stücks wegen und die anderen Male des Spieles der Akteure wegen. Die Wiederholungen werden daher nicht langweilig. Auf diese Erzählungen folgen Auseinandersetzungen, man streitet z.B. über die Beifallsbezeugungen, und so vervollkommnen sich die Talente. Es gibt deshalb auch einige unter ihnen von großem Ruf, die sehr beliebt sind und das Glück einer ganzen Familie, ja einer ganzen Horde ausmachen. Die Araber haben auch ihre Dichter, ja ihre Stegreifdichter, die man zu festlichen Gelagen kommen läßt; sie werden von ihnen bezaubert. Ich habe sie hören können. Indes ihre Gesänge möchten wohl, sobald sie für den, der sie hört, nicht mehr »Lobgedichte« sind, durch die Übersetzung viel verlieren, mir wenigstens erscheinen sie wie Konfetti oder bloße Wortspiele. Ihre Dichter haben überdies ganz besondere Manieren und Eigenheiten, die sie in den Augen der Eingeborenen auszeichnen, die ihnen aber in unseren Augen einen Schein von Narrheit gaben, der Mitleid und Abneigung einflößt. Mit den Erzählern war es nicht so, sie scheinen mir mehr wahres, mehr natürliches Talent zu haben.

Ich hätte mich weniger als jeder andere über die mancherlei Verzögerungen betrüben sollen, weil sie mir die Zeit gaben, die Entzündung, die meine Augen zu Grunde richtete, zu heilen, aber ich teilte dennoch die Ungeduld Desaix', der alle Hilfe von Seiten der Bedekkung benötigt hätte, deren Abwesenheit jetzt seine Operationen in jeder Hinsicht lähmte und ihn in einer verdrießlichen Blöße ließ. Glücklicherweise gab es nur wenig Kranke und Verwundete, denn da die Ärzte keine Heilmittel hatten, so schienen sie nur da zu sein, um zu sagen, was man den Kranken geben solle, aber sie konnten kein einziges Mittel anwenden. Man ließ indes doch ein Hospital, auch Öfen, ein Magazin und eine Kaserne anlegen, die ziemlich gut befestigt waren, um sich gegen einen Aufruhr oder gegen einen Angriff der Fellachen verteidigen zu können.

Da ich nicht wußte, was ich mit meinen kranken Augen machen sollte, entschloß ich mich, die Bäder des Landes zu benutzen, und sie halfen mir. Ich verweise den Leser in dieser Hinsicht auf die allerliebste Beschreibung derselben von Savary, dessen lachende Einbildungskraft zu gleicher Zeit ein Gemälde ihrer Annehmlichkeiten, aber auch der Wollüste, entworfen hat, die sie geben können.

Den fünfundzwanzigsten war es am Morgen so kalt, daß man sich nach einer warmen Stube sehnte. Doch glich diese Kälte der, die man bei uns bisweilen im Monat Mai empfindet. Am Abend des nämlichen Tages donnerte es, was in dieser Gegend sehr selten geschieht. Wirklich kommt es während eines ganzen Menschenalters kaum einmal vor, wofür ein Zusammentreffen von Umständen, die vielleicht nicht schwer zu erklären sind, die Ursache ist. Der Nordwind, der beständigste von allen Winden, die in dieser Erdgegend die Oberhand haben, führt die Wolken einer kälteren Region aus dem Meere her, und fegt sie ins Tal von Ägypten, wo der glühende Boden sie in Dunst verwandelt; dieser Dunst wird bis nach Abessinien getrieben, der Südwind, der die erhabenen und kalten Gebirge dieses Landes durchstreicht, bringt bisweilen kleinere Wolken von da zurück, die nur eine geringe Veränderung der Temperatur erfahren, wenn sie bei der Überschwemmung des Nils sein feuchtes Tal wieder entlangziehen, folglich verdichtet bleiben und bisweilen einen kleinen augenblicklichen Regen ohne Donner und Unwetter hervorbringen. Der Donner ist deshalb für die Einwohner dieser Gegenden so selten, daß selbst die Weisen des Landes sich nicht einfallen lassen, ihn aus einem physischen Grunde zu erklären. Als der General Desaix einst einen Rechtsgelehrten seinetwegen befragte, antwortete ihm dieser mit fester Überzeugung: »Man weiß bestimmt, daß es ein Engel ist, aber er ist so klein, daß man ihn nicht in der Luft erblicken kann. Er hat jedoch die Kraft, die Wolken aus dem Mittelländischen Meer bis nach Abessinien zu treiben, und wenn die Bosheit der Menschen ihren höchsten Grad erreicht hat, läßt er seine Stimme hören, die zu gleicher Zeit die Stimme des Vorwurfs und der Drohung ist. Zum Zeichen, daß ihm auch die Strafe zu Gebote steht, öffnet er die Tür des Himmels, woraus dann der Blitz hervorkommt, da aber Gottes Gnade immer unendlich ist, so hat sich der Donner in Oberägypten nie auf eine andere Weise dargestellt.« Man gerät in Erstaunen, wenn man einen vernünftigen Menschen mit einem ehrwürdigen Barte eine so kindische Erzählung hersagen hört. Desaix wollte ihm jene Erscheinung auf eine andere Art erklären, aber er fand seine Auseinandersetzung so tief unter der seinigen, daß er sich nicht einmal die Mühe gab, zuzuhören. Es hatte übrigens die ganze Nacht geregnet, so daß die Straßen kotig, gleitend, ja fast unpassierbar wurden. Damit endigt die Geschichte unseres Winters.

Den 26sten wurde Zwieback gebacken. Ich wollte, ich hätte in einer Zeichnung davon die Geschicklichkeit und Schnelligkeit der Arbeiter ausdrücken können, man kann mit Recht sagen, daß die Ägypter einzeln fleißig und geschickt sind und daß man, da sie alles Werkzeug entbehren, sich wundern muß, was sie alles mit ihren Fingern – denn weiter haben sie nichts dazu – und mit ihren Füßen, die sie bewundernswürdig zu brauchen wissen, hervorbringen können. Als Arbeiter haben sie eine vortreffliche Eigenschaft, sie sind nämlich nicht von sich eingenommen, sind geduldig und fangen immer wieder von vorne an, bis sie ungefähr das hervorbringen können, was man von ihnen verlangt hat. Ich weiß nicht, ob und wie weit man sie zur Tapferkeit erziehen könnte, aber wir sollten ihre vielen Eigenschaften, die einen guten Soldaten ausmachen, bemerken. Sie sind nämlich ungemein mäßig, Fußgänger wie Läufer, Reiter wie Zentauren und Schwimmer wie Tritone[30]. Hinzu kommt, daß es mehrere Millionen sind, die diese Eigenschaften besitzen, und die nur 4000 isolierte Franzosen auf einer Strecke von 200 Stunden Landes gewaltsam beherrschen!

Den 28sten kam die Kavallerie zurück, sie zeigte die Ankunft der Barken an und berichtete die einzelnen Vorfälle von einem Gefecht, das sie gegen einige Mameluken und deren Agenten auszustehen gehabt hatte. Jene hatten nämlich das Gerücht verbreitet, sie hätten uns vernichtet, und die, die man zurückkommen sähe, seien nur der Rest der Franzosen, die sich bemühten, wieder nach Kairo zu gelangen. Zweitausend Araber zu Pferde und fünf- bis sechstausend Fellachen zu Fuß hatten geglaubt, mit uns fertig zu werden: sie waren bis vor Tata gekommen, als unsere Kavallerie sie in Schlachtordnung entdeckte. Diese hatte sich in Bewegung gesetzt, um ebenfalls eine Schlachtordnung zu formieren, jene hatten geglaubt, sie weiche einer Schlacht aus und hatten sich mit der gewöhnlichen Unordnung auf sie geworfen, d. h. einige Tapfere voraus und die anderen hinterher, stets angreifend, ohne sich zu verteidigen. Beim zweiten Schuß aber hatten sie, erstaunt darüber, daß die Kavallerie ein Bataillonsfeuer machte, zu fliehen angefangen, und waren, nachdem sie etwa vierzig der Ihrigen verloren und ungefähr hundert Verwundete bekommen, zerstreut und verschwunden, und verließen ihre arme Infanterie, die, wie gewöhnlich, in Stücke zerhauen und vernichtet worden wäre, wenn ihr die Nacht nicht Hilfe geleistet hätte.

Den 31sten kamen endlich die Barken an, einige Bequemlichkeiten, die sie uns mitbrachten, und vorzüglich die Musik einer unserer Halbbrigaden, die französische Arien spielten, brachten eine so außerordentlich angenehme Sensation in Girge hervor, daß sie allen Zorn, den die Ungeduld in unserer Seele erregt hatte, stillte. Aber ach, es war ihr Schwanengesang! Doch, ich will die Begebenheit nicht vorwegnehmen!

Den 1sten Pluviose (20. 1. 1799) belebten die Löhnung und der Branntwein unsere Existenz aufs neue, und die Soldaten, die nachgerade müde waren, sechs Eier für einen Sou zu essen, reisten freudig ab, um der Not entgegenzugehen.

---

[30] Meergötter mit Delphinschwänzen dargestellt

KAPITEL VIII

Durch das Niltal von Girge nach Assuan

Seit einundzwanzig müßigen Tagen befand ich mich in der Gegend von Abydos (1), wo Ossimond (2) einen Tempel, Memnons Desidera, erbaut hatte. Ich drang in Desaix, bis El-Araba rekognoszieren zu lassen, wo man mir mehrmals das Dasein alter Ruinen versichert hatte. Ich selbst will Sie hinführen, sagte Desaix täglich; Murad Bei steht zwei Tagereisen von uns. Übermorgen kommt er hier an. Es wird ein Treffen geben. Wir werden seine Armee zurückschlagen. Die folgenden Tage wollen wir den Altertümern widmen, ich selbst werde Ihnen bei der Aufnahme helfen. Der gute Desaix hatte recht, auch wenn er unrecht gehabt hätte, hätte ich mich seinem Schlusse fügen müssen.

Den zweiten Pluviose (21. 1. 1799) verließen wir endlich mit Anbruch der Nacht Girge. Bald befanden wir uns den Altertümern gegenüber. Desaix vermochte nicht, mich anzusehen. Zittern Sie, sagte ich zu ihm, wenn ich morgen falle, wird mein Schatten Sie verfolgen. Unablässig wird meine Stimme Ihnen El-Araba widerhallen. Er erinnerte sich dieser Drohung, gab fünf Monate nachher, von Siut aus, Befehl, mir ein Detachement zur Begleitung mitzugeben.

Wir kamen vor einem Dorfe an, dessen Namen El-Besera wir erst am folgenden Morgen erfuhren, da sich den Abend vorher kein Einwohner sehen ließ, der ihn uns hätte sagen können. Ich stieß gern auf solche menschenleeren Dörfer, um dem Geschrei der geplünderten Einwohner enthoben zu sein. Nichts als die Mauern hatte man stehen lassen. Bei der vorhergesehenen Plünderung hatte man Türen und Angeln mit weggenommen, und das kaum seit zwei Stunden verlassene Dorf erhielt das Ansehen einer hundertjährigen Ruine.

Am dritten, auf einem beschwerlichen Marsch, entdeckte ich zuerst die anrückenden Mameluken. Sie marschierten in einer außerordentlich weit ausgedehnten Front auf uns zu. Wir bildeten drei Karrees, zwei Flügel Infanterie zu beiden Seiten, welche die Kavallerie als Zentrum in ihre Mitte schlossen, gedeckt mit acht Kanonen auf den Ecken. So geordnet, marschierten wir, unserer Route gemäß, bis eine Viertelstunde vor Samanhout[31], einem auf einer Anhöhe gelegenen Dorfe, an das wir uns anzulehnen suchten. Die Mameluken breiteten sich aus, umgaben uns von drei Seiten, begannen ihr Feldgeschrei und Musketenfeuer, ehe wir daran gedacht hatten, unsere Kanonen zu richten. Ein Korps Freiwilliger aus Mekka hatte in einem Graben zwischen dem Dorfe und uns Posten gefaßt und deckte das Karree.

Desaix beorderte ein Detachement Infanterie, sie aus dem Graben zu delogieren, und eins von der Kavallerie, sie so lange zu verfolgen, bis sie zerstreut wären. Die Kavallerie, zu hitzig, griff zu bald und zu unvorteilhaft an, einer der unsrigen ward getötet, ein anderer ver-

[31] Samhoud

Angriff der Mameluken

wundet. Der Leutnant Rapp erhielt einen Säbelhieb und wäre wahrscheinlich getötet worden, hätte nicht ein Freiwilliger vier ihm zugedachte Säbelhiebe glücklich auspariert. Indes wurden die Mekkaner zurückgetrieben.

Chasseurs wurden ins Dorf geschickt, jene zu delogieren, die es eingenommen hatten. Die Mameluken schickten sich an, unseren linken Flügel zu attackieren, während die anderen sich ausbreiteten, den rechten einzuschließen. Ein glücklicher Moment für sie erschien – sie zögerten und verloren ihn ungenützt. Sie scharmuzierten vor uns, ließen ihre glänzenden Waffen blinken, machten Manöver mit den Pferden und ließen uns ihr ganzes morgenländisches Kriegszeremoniell sehen. Einen nicht minder imposanten Anblick gewährte unsere nördliche Rauheit und strenge Ordnung. Der Kontrast war auffallend, das Eisen schien das Gold zu überglänzen. Die Ebene schimmerte. Ein außerordentliches Schauspiel! Vorzüglich zog unsere Artillerie alle Aufmerksamkeit auf sich. Sie machte eine blinde Attacke von unserem rechten Flügel aus. Ein Chef, getroffen von einer Kugel, war zu nahe vor unserer Front gestürzt, um Hilfe von den Seinigen zu erwarten. Sein Pferd, scheu gemacht, da es ihn nachschleifen sah, ließ niemand sich nahen. Glänzend von Gold, erregte es die Begierde der Schützen, welche, jeder nach seinem Plan, versuchten, bald auf dieser, bald auf jener Seite dem Tier beizukommen. So von seinem Pferde hin- und hergerissen, endete jener Unglückliche erst sein Leben, nachdem er alle Schrecken eines tausendfachen Todes empfunden hatte.

Einige Chasseurs, die nach Samanhout abgeschickt waren, um die darin postierten Feinde zu delogieren, hatten sie bald in die Flucht geschlagen. Unter der Zahl dieser Fliehenden war auch Murad Bei. Er hatte sich zurückgezogen und nahm den Weg nach Farshiut. Dieser Vorfall trennte die feindliche Armee. Desaix erkannte es, ließ marschieren, die Kavallerie kommandierte er selbst, um, was uns noch auf dem rechten Flügel belästigte, zu verjagen. Augenblicklich sahen wir die Feinde mit erstaunlicher Geschwindigkeit einen Berg in der Sandwüste erklettern; wir glaubten, sie würden auf der Ebene den Unsrigen das Anrücken wehren, aber der Schrecken und die Unordnung ließen sie auf weiter nichts denken, als sich wieder auf ihrer Flucht zu vereinigen. Einige der Anführer wurden getötet,

Bellange

John Quartley

Kamele weggenommen, ein kleiner abgesonderter Haufen zur Linken floh. Gegen Nachmittag ließ das Feuer nach. Um 1 Uhr sahen wir keinen Feind mehr. Wir marschierten durch Farshiut, welches Murad Bei schon verlassen hatte. Die unglückliche Stadt war vor einigen Stunden durch die Mameluken ausgeplündert worden. Der Scheich war ein Abkömmling der Scheichs Amman, der mächtigsten und beliebtesten Souveräne in Said, die zu Anfang des achtzehnten Jahrhundertes mit ruhmwürdiger Gerechtigkeit regiert und ihre Untertanen gegen die Überfälle der Mameluken verteidigt hatten. (3)

Dieser, von Murad Bei geschlagen und in das größte Unglück versetzt, sah mit Freuden seinen Rächern entgegen und hatte ihnen Zwieback bereiten lassen. Murad, der nach der Schlacht zur Flucht genötigt war, suchte, ehe er Farshiut verließ, den alten Fürsten auf, überhäufte ihn mit Vorwürfen und hieb ihm in der Wut eigenhändig den Kopf ab. Bei unserer Ankunft plünderten wir die Magazine. Man drang in den General, diese Unordnung zu verhindern, er hätte die ganze Armee strafen müssen. Man machte Anstalt zu einem forcierten Marsch. Den Vorwürfen und vielleicht tätlichen Beleidigungen des Volkes auszuweichen, brachen wir gegen Mitternacht auf.

Undurchdringliche Finsternis und heftige Kälte nötigte uns, Feuer anzuzünden, als wir mit der Artillerie zusammentrafen. Geschützt vor den heftigen Kälteanfällen durch die Mauern eines Hauses, nicht weit von einem dieser Feuer, wärmte sich Desaix mit seinem Leutnant und mir, als wir auf einmal Musketenschüsse über die Mauer erhielten. Sie kamen noch von den Freiwilligen von Mekka her, auf die wir allenthalben stießen. Es waren ihrer ungefähr zwanzig, acht wurden niedergehauen, die anderen retteten sich, von der Finsternis begünstigt, durch die Flucht. Diese Freiwilligen gaben sich für Abkömmlinge edler Herkunft aus und trugen gleich Enkeln des Stammes Hali grüne Turbane. Irrenden Rittern gleich, plündern sie die Karawanen auf dem Wege nach Gidda[32], und angetrieben von edlem Eifer, benutzen sie die rauhe Jahreszeit, eine europäische Nation anzufallen, die sie mit Gold beladen glauben. Bewaffnet mit drei Wurfspießen, einer Pike, einem Dolch, zwei Pistolen und einem

[32] Djedda

Karabiner, griffen sie uns mit Kühnheit an und leisteten hartnäckigen Widerstand. Obgleich tödlich verwundet, schienen sie dem Tode zu trotzen. Noch sah ich einen fechten und zwei der Unsrigen verwunden, die ihn mit ihren Bajonetten an die Mauer gespießt hatten.

Eine Stunde nach Sonnenaufgang trafen wir in Hau ein. Die Mameluken hatten es eben verlassen. Ein Teil der Armee des Bei war mit seinen Kamelen durch die Wüste gegangen, um auf diesem Wege in anderthalb Tagen in Esneh einzutreffen. Die anderen gingen längs des Nils, wo sie vier Tage brauchten.

Hau ist das alte Diospolis parva, in guter militärischer Verfassung, es enthält keine Altertümer. Wir machten halt in Hau, welches wir eine Stunde vor Anbruch der Nacht verließen, die allem Anschein nach finster und dem Marsch unserer Artillerie gefährlich werden mußte.

Aber die Eroberung Ägyptens, die sich so glänzend mit der Schlacht bei den Pyramiden angefangen, sollte sich eben so durch die bei Theben enden, wenn es anders mit unserem Fabius Murad Bei möglich war.

Welche forcierten Märsche opferten wir dieser Schlacht! Doch Desaix war nicht Fortunas Schoßkind, und seine Aussichten begannen sich zu trüben. Keine Erfahrung konnte ihn von unserem Unvermögen überzeugen, dem von uns verfolgten Feinde die Geschwindigkeit abzugewinnen. Er wollte nichts hören, was seine Hoffnungen enttäuschen konnte. Die Artillerie war zu ungeschickt, zu langsam die Infanterie, die schwere Kavallerie zu unbeholfen, die leichte Reiterei würde mit Mühe seinem Willen gefolgt sein, und ich weiß, daß er sich in diesem Augenblick in einen schlichten Offizier verwandelt wünschte, um im Feuer seiner Streitlust mit seiner Kompagnie Murad Bei anzugreifen und zu schlagen. Wir marschierten endlich beim Schimmer eines Nordlichtes, nachdem wir bis halb elf den Mond erwartet hatten.

Beim Eintritt in die Wüste erblickten wir ein wildes Tier. Der Größe und dem Körperbau nach hielten wir es für eine Hyäne. Wir setzten ihm nach, aber der Galopp unserer Pferde konnte es nur verfolgen, ohne es zu erreichen. Wir näherten uns Tentyra (4), ich schlug einen Rasttag vor, aber der Held antwortete mir mit Härte.

Doch augenblicklich kehrte seine ihm eigentümliche Herzensgüte zurück. Er suchte mich auf, nahm Anteil an meiner Liebe für die Künste, zeigte sich als deren eifriger Freund, eifriger vielleicht als ich selbst. Mit einer Zartheit der Empfindung verband er eine Liebe für alles Schöne und Gute und eine brennende Begierde nach Ruhm. Eine Menge Kenntnisse und der immer tätig fortschreitende Wille zu lernen und nachzuholen, worin er sich aus Zeitmangel noch nicht ausgebildet, sowie eine ewig rege Wißbegierde machten seine Gesellschaft angenehm und gaben seinen Unterhaltungen immer neue Anmut.

Der erste Gegenstand, der mir bei unserer Ankunft in die Augen fiel, war ein kleiner Tempel links am Wege, in einem so schlechten Stil und so voller Mißverhältnisse, daß ich ihn von fern für die Ruinen einer Moschee ansah.

Zur Rechten gewandt, entdeckte ich unter den traurigen Ruinen eine Tür von regellosen Steinmassen erbaut, mit Hieroglyphen überdeckt. Hinter diesem Eingang sah ich den Tempel. Ich wag' es nicht, die allgewaltigen Gefühle, die Schauer der Vorwelt, die mich beim Eintritt in dieses verödete Heiligtum überfielen, zu schildern. Zu sehr von Erstaunen hingerissen, vermochte ich kein Urteil über diese ehrwürdigen Trümmer zu fällen. Alles, was ich bis jetzt von der Baukunst gesehen, bewundert hatte, blieb weit hinter diesem neuen Gegenstand meines Staunens zurück. Diese ehrwürdigen Trümmer trugen der Urwelt erhabenes Siegel.

Heiliges hehres Stillschweigen umfing die erhabenen Trümmer, füllte mit wehmütiger Rührung mein Herz und versetzte mich in eine schwärmerische Ekstase. Nicht nur mir – der ganzen Armee gab der Anblick der heiligen Trümmer einen Anstrich schweigender Andacht. Die sicherste Probe der Allgewalt eines Eindrucks, der bei mir allein, als Altertumsforscher, parteiisch geschienen hätte. Ich bemühte mich, die Lage und Verhältnisse dieses Gebäudes sowie seinen gegenwärtigen Zustand und seine malerische Wirkung kenntlich zu machen. Diese Entwürfe nebst den Zeichnungen dienen zur allgemeinen Übersicht der ehemaligen Lage der Stadt, ihrer Gebäude, ihres gegenwärtigen Zustandes und der reichen Verzierungen einzelner Teile. Diese Denkmäler lagen am Eingang der Wüste, am letzten Abhang der Libyschen Gebirgskette, an deren

Fuße die Überschwemmung des Nils, ungefähr eine Meile von seinem Bett, beginnt.

Einfacher und erhabener für seine Wirkung kann nichts berechnet sein als die wenigen Linien, wonach dieser Bau ausgeführt ist. Die Ägypter borgten nicht von anderen Völkern, keine fremde Verzierung verpflanzten sie an ihre Gebäude, überflüssig schien alles, was die absolute Notwendigkeit ihnen nicht vorschrieb. Ordnung und Einfalt schrieben ihnen Gesetze vor, welche sie bis zur höchsten Stufe des Erhabenen führten. Hier blieben sie stehen, heiligten ihre Art zu bauen durch feste unverletzbare Regeln. Schmückten sie auch ihre Gebäude mit Basreliefs, Inschriften, historischen und wissenschaftlichen Bildern, so beschrieben diese Zierden nur eine einzige Linie, ohne die Anordnung des Ganzen zu unterbrechen. Sie wurden verehrt, schienen geheiligt. Alle diese reichen Verzierungen, dieser Aufwand von Bildnerkunst, der in der Nähe überladen erscheint, schwindet in der Entfernung, um dem Totaleindruck Platz zu machen, welcher allezeit groß ist und das Werk eines allmächtigen Genius beim ersten Anschauen verrät.

Der wenige Regen in diesem Himmelsstrich machte Terrassen zum Schutz für die Sonnenstrahlen nötig. Daher hervorspringende Dächer, häufigere Gesimse. Die Abdachung ist die erste Norm der edlen Einfalt. Die Ewigkeit ihrer Götter ward durch die ihrer Tempel versinnlicht; ihre Verzierungen, niemals bedeutungslos, beständig zweckmäßig, sprechend, beziehend, zeugen von festen Grundsätzen, einem auf Wahrheiten gegründeten Geschmack, einer langen tief durchdachten Kettenreihe von Schlußfolgen. Kennen wir auch nicht die erhabene Stufe, die sie in den spekulativen Wissenschaften erklimmt, die Geheimnisse, die sie der Natur entrungen, das ehrwürdig-rätselhafte Gebäude der Mystik, das sie errichtet, zur Niederlage philosophischer Wahrheiten bestimmt hatten: wahrlich, die Ruinen ihrer Gebäude, die ehrwürdigen Tempel würden uns auch in ihrem gegenwärtigen Zustand laut zugerufen haben: hier wohnte einst ein Volk, ehrwürdig durch seine Wissenschaften, Sitten, Gebräuche, Verfassung und Alter.

Vergebens suchte ich nach Ausdrücken, die Gefühle darzustellen, die mich unter dem Portikus von Tintyra überfluteten. Ich fühlte mich im Heiligtum der Künste und Wissenschaften. Vorüber am

Spiegelglas meines Gedächtnisses glitten die unzähligen Räume der Zeit mit ihren Begebenheiten, die dieses Gebäude erlebt hatte. Welche Reihe von Jahrhunderten ward erfordert, ein Volk, schöpferisch wie dieses, auf diesen erhabenen Gipfel der Vollkommenheit in Kunst und Wissenschaft zu führen! Und wie viele andere Jahrhunderte mußten vergehen, um dieses Volk von seinem erhabenen Gipfel der Erkenntnis in den rohen Naturstand zurückzuführen, worin wir es antrafen; alle Schätze mühsam gesammelten Wissens zu verwischen, den übersprudelnden Quell ihrer reichen Kenntnisse zu stopfen, zu vernichten, was mühsam gepflegt, gezogen, zur inneren Kraft herangereift war! Dies sind nicht Werke eines kurzen Zeitraumes. Im gleichen Schritte geht die Zeit vorüber, Erfahrung folgt ihr auf dem Fuß, und nirgends fand ich deutlicher als hier die Spuren ihrer Schritte. Welche Macht, welch anhaltender Fleiß! Welche Schätze, welchen Überfluß von Mitteln in des Herrschers Hand erfordert das Unternehmen eines solchen Gebäudes! Wer wählt unter dieser Nation die mit Energie und Kunst beseelten Baumeister, es zu entwerfen, zu begründen und auszuführen! Mit dem Gepräge der Anmut, Leichtigkeit auszuschmücken, daß die verzierten Wände zu Auge und Herzen des spätesten Wanderers vom Geiste jener Zeiten sprechen. Nie hob sich meine Seele im Anschauen eines Altertums so hoch als bei den großen Trümmern von Tintyra. Zu Riesen schuf mir das Gebäude seine Schöpfer.

Fest war mein Vorsatz, alles abzuzeichnen, doch die verzagte Hand versagte, erdwärts sank der Gedanken hoher Flug, und an der Größe, der Erhabenheit des Gegenstandes zerfloß der Mut.

Diese grauen Denkmäler waren die entfalteten Bücher menschlichen Wissens. Hier entschleierte sich die Mystik, die Sittlichkeit schrieb Gesetze, die Kunst unterrichtete ihre Schüler, alles sprach, alles goß Seele und belebende Kraft in den empfänglichen Sinn, mit ewig neuer unerschöpflicher Fülle. Die Türbekleidungen, die Winkel, der geheimste Aufenthalt, predigten eine Lehre, und alles in einer bewundernswürdigen Übereinstimmung. Die leichteste Verzierung verbreitete Leben und Heiterkeit. Der Maler erhöhte den Reiz der Werke des Bildners und Baumeisters und schuf eine angenehme Fülle, ohne das Mindeste der Einfalt und Würde zu vergeben.

Die Malerei in Ägypten (5) war damals noch keine besondere

Kunst, bloß eine zierende Begleiterin. Die Bildhauerkunst war emblematisch, architektonisch. Die Baukunst nur war selbständig, geheiligt durch ihren Nutzen. Sie war die Grundlage von allem, was wir bis jetzt bewundert haben und ausschließend den drei griechischen Ordnungen, der dorischen, jonischen und korinthischen zuzuschreiben. Doch muß man nicht denken, daß die Baukunst der Ägypter die Kindheit der Kunst wäre, vielmehr ist sie die Norm aller übrigen.

Ich war hingerissen von der Schönheit der Tür, welche das innere Heiligtum vom Tempel schied. Jede Art der Verzierung, der sich die Kunst bediente, half hier der Veredelung des Stils.

Ich zweifelte, etwas Vollkommeneres und Vollständigeres in Ägypten anzutreffen als Tintyra.

Am Gewölbe entdeckte ich die Planetensysteme, den Tierkreis (6), die Himmelskugeln in geschmackvoller Ordnung vorgestellt. Einige der Wände waren mit Vorstellungen ihrer gottesdienstlichen Gebräuche, des Verfahrens beim Ackerbau und anderen Künsten, ihren Sittengesetzen und Religionspflichten bemalt. Das höchste Wesen zeigte sich allenthalben in emblemischen Vorstellungen seiner Eigenschaften. Alles war gleich wichtig und belehrend, und nur wenige Stunden waren mir vergönnt, das Werk vieler Jahrhunderte zu bewundern, zu beobachten, abzuzeichnen. Unsere französische Ungeduld war hingerissen staunend von der standhaften Beharrlichkeit und dem eisernen Willen jenes Volkes, das solche Gebäude aufgeführt, der Nachwelt bleibende Denkmäler seines Kunstfleißes hinterlassen hatte.

Derselbe Plan, die nämliche Sorgfalt in der Bearbeitung, leuchtet aus allem mächtig hervor und führt auf den Gedanken, daß nicht der Wille eines Königs diese Werke hervorrief, sondern eine gesamte Nation unter Aufsicht ihrer Priester sie nach festgesetzten Regeln erbaute. Verschiedene Zeiträume konnten ihrer Kunst einige Vollkommenheiten geben, aber ein Tempel glich im Ganzen, so wie in allen seinen einzelnen Teilen, allen übrigen des Landes so sehr, als hätte eines Meisters Sinn mit Tempeln ganz Ägypten versehen.

Die Bildhauerkunst schloß sich an die Baukunst, war durch Anfangsgründe, Methode und Geschmack der Zeit bestimmt. Keine Figur drückte ein bestimmtes Gefühl aus.

Der Künstler hatte sich bei der Arbeit des Meißels bedient und durfte sich keine Abweichung erlauben, die Figuren glichen den Bildern unserer Spielkarten. Die Vollkommenheit, die sie ihren Tieren gegeben haben, beweist, was sie für Ideen vom Stil hatten. Mit wenigen Zügen wußten sie den Charakter anzudeuten.

Der Charakter ihrer Menschenfiguren hat nichts von anderen Völkerschaften Geborgtes. Ihre eigene Natur voll Grazie diente ihnen zum Muster. Die weiblichen Figuren gleichen noch jetzt unseren antiken Frauen. Rundung des Körpers, wollüstige Fülle, kleine Nasen, lange, wenig geöffnete und am äußeren Winkel erhöhte Augen, wie bei allen Völkern, wo diese durch Sonnenhitze oder blendenden Schnee überreizt werden. Die Wangen ein wenig dick, die Lippen gerändert, einen großen, aber angenehm lächelnden Mund. In allem zeigt sich der afrikanische Charakter, der am Neger, dem wahrscheinlichen Stammvater dieser Menschenrasse, so sehr auffällt.

Bei den Ägyptern war alles symbolisch, und jeder Fries, jede Kornische[33] und sonstige Verzierung eines Gebäudes gab irgendeine Lehre, erzählte eine Geschichte, bot Stoff zum Nachdenken. Bedeutungslos war nichts bei ihnen. Ich fand zu Tintyra Vorstellungen des Peristyls[34], des Tempels wieder, wie sie gemalt in den Bädern des Titus (7) ausgeführt und von Raffael nachgezeichnet sind, und die wir täglich in unseren Zimmern erblicken, ohne zu ahnen, daß uns die Ägypter die ersten Modelle dazu lieferten.

Die Reißfeder in der Hand irrte ich von einem Gegenstand zum anderen. Immer angezogen, immer vom Gefühl neuer Schönheiten ergriffen, fehlten mir Augen, Hände und ein umfassender Kopf zu sehen, zu entwerfen und in einer gewissen Ordnung alles aufzubewahren, dem Gedächtnisse zu vertrauen, was mich so allgewaltig gerührt, entzückt hatte. Ich schämte mich der ärmlichen Zeichnungen, der mageren Entwürfe, die ich von diesen erhabenen Gegenständen gemacht hatte. Aber ich wollte nur bloße Erinnerungen der Eindrücke, die ich an dieser ehrwürdigen Stätte erhielt, niederschreiben, mit einzelnen Strichen die Grundlinien andeuten, woraus

[33] Der oberste Teil am Gesims der Säule oder des Gebälks
[34] Säulengang, Säulenhalle

in der Folge meine Phantasie das herrliche Gebäude ausführen sollte. Ich fürchtete, Tintyra möchte für immer meinen Blicken entrückt werden, und mein Verdruß hielt bei diesem Gedanken meinem Vergnügen die Waage.

Die Sonne vergoldete eben die Ruinen mit ihren letzten Abschiedsstrahlen und erinnerte mich an meine Einsamkeit an einem unsicheren Orte, als ich aus einer kleinen Halle trat, in der ich ein Planisphärium[35] des Himmels entdeckt hatte. Ich war allein mit dem guten, beharrlichen und gefälligen General Belliard, der, nachdem er sich umgesehen, mich nicht an diesem einsamen Orte mir selbst überlassen wollte.

Im Galopp eilten wir zur Division, die wir schon zu Dindera, drei Viertelstunden von Tintyra, trafen. Hier war unser Nachtquartier. Ohne Order zu geben oder zu erhalten, hatte sich jeder Offizier, jeder Soldat von der Marschroute auf verschiedenen Umwegen nach Tintyra begeben, und die Armee brachte freiwillig den Rest des Tages in dieser Gegend zu.

Latournerie, ein Offizier von außerordentlicher Tapferkeit und scharfsinnig, mit gebildetem Geschmack, hatte mich noch abends aufgesucht und sagte mir: Krank und verdrießlich war ich, seitdem ich Ägyptens Küste betrat, Tintyra hat mich geheilt und ausgesöhnt mit ganz Ägypten. Was ich heute gesehen habe, hat mir all mein Ungemach gezahlt. Wenn mir auch der Ruhm bleibt, für die Nation an der Expedition in Ägypten teilzunehmen, so wird schöner noch die Erinnerung des verflossenen Tages vor meiner Seele stehen und ewig teuer, ewig festlich meinem Gefühl der Moment vorüberwallen, in dem ich Tintyras Anblick genoß.

Am 6ten entschleierte die Natur uns eines ihrer noch unbekannten Bilder. Dattelpalmen, unendlich größer, als wir sie je gesehen; Tamarinden, Riesen gegen alle bisher bekannten Bäume dieser Gattung, meilenlange Dörfer, Ländereien, die nach der Überschwemmung unbebaut geblieben waren, wahrscheinlich mit Willen der Bewohner, die genug für sich erzeugten und mit ihrem Überfluß ihre Tyrannen nicht bereichern wollten.

Wir erfuhren, eine Partie Mameluken habe das rechte Ufer des

---

35 Himmelskarte

Flusses passiert, die andere folge der Route nach Esne und Syene (8). Desaix ließ seine Kavallerie aufbrechen, um gegen Mitternacht auf die letzteren zu stoßen.

Am 7ten brachen wir zwei Stunden nach Tagesanbruch gegen acht Uhr auf. Am Rande des Flusses fanden wir ein totes Krokodil, es war noch frisch und hatte acht Fuß Länge. Der obere, allein bewegliche Kiefer paßt nicht zum besten in den unteren. Ohren und Nasen schließen sich wie die Gehörorgane der Fische. Seine kleinen hervorstehenden Augen vermehren das Schreckliche seines Anblicks.

Gegen neun Uhr, beim Umgehen der Spitze einer Bergkette, die eine Art Vorgebirge bildet, entdeckten wir mit einem Male die Stätte des alten Theben (9) in ihrem ganzen Umfange. Diese Stadt, deren Größe uns Homer (10) mit dem einzigen Ausdruck Theben mit hundert Toren schildert, was man so lange für eine poetische Übertreibung hielt, lag jetzt in ihren Ruinen vor unserem Anblick ausgebreitet.

Die Ebene von Theben

Diese Stadt, beschrieben von Herodot, nach Erzählungen ägyptischer Priester, dem nun wieder alle folgenden Geschichtsschreiber nachschrieben, berühmt durch die Menge seiner Könige, welche ihrer Weisheit wegen unter die Götter versetzt wurden, durch Gesetze, welche man verehrte, ohne sie jemals zu kennen, durch die Wissenschaften ehrwürdig durch die Zeit – dieses verlassene Heiligtum – verödet, von der Barbarei der Wüste gleichgemacht, diese rätselhafte Stadt, eingehüllt im Schleier des Geheimnisses, hinter dem sich selbst die Kolosse vergrößerten, diese in Finsternis verbannte Stadt, welche selbst der Einbildung sich in dunklen zurückgedrängten Schattenbildern der Vergangenheit zeigte, erschütterte noch jetzt als Gespenst ihrer ehemaligen Herrlichkeit. Der Anblick ihrer weit und breit zerstreuten Ruinen überraschte die Armee so, daß sie von selbst stehenblieb, als wäre die Eroberung der Trümmer dieser ehemaligen Hauptstadt das Ziel ihrer rühmlichen Unternehmen, die vollendete Eroberung Ägyptens.

Ich entwarf diese erste Ansicht, so flüchtig, als sollte Theben mir entlaufen. Ich fand unter den begeisterten Soldaten keine, die mir zur Stütze meines Reißbretts dienten, keine, die die brennenden Sonnenstrahlen von mir abhielten. Wie gern möchte ich meinen Lesern die Szene versinnbildlichen, ihnen das Gefühl mitteilen, das der Anblick dieser großen erhabenen Gegenstände in mir erweckte; die Bewegung der Soldaten, eines Heeres, dessen Empfänglichkeit für alles Schöne mich glücklich machte, mit ihnen zu reisen, stolz, der großen Nation anzugehören.

Die Lage dieser Stadt ist ideal schön, ihre Ruinen beschreiben einen weiten Umfang, der jenen alten Ruf ihrer Größe bestätigt. Ihre Denkmäler lehnen sich an die beiderseitigen Bergketten, die sie begrenzen, ihre Gräber nehmen die Täler ein von Ost bis beinahe in die Wüste. Ich entwarf eine Zeichnung von dem Punkte, wo ich seine Obelisken und die berühmten Tore unterscheiden konnte.

In der Nachmittagsstunde gegen ein Uhr kamen wir in eine Wüste, ehemals das Tal der Toten. Der Felsen, seiner senkrechten Fläche nach behauen, bildete auf drei Seiten eines Vierecks regelmäßige Eingänge, hinter welchen doppelte und dreifache Kammern zur Ruhestätte der Verstorbenen dienten. Ich ritt mit Desaix hinein, im festen Vertrauen auf den Frieden, der diese Wohnungen der Ruhe

Das Tal der Toten

und des heiligen Schweigens umschwebt. Bald aber wurden wir aus den finsteren Teilen der Galerie mit Steinwürfen und Wurfspießen von unsichtbaren Feinden empfangen, welche unsere weiteren Entdeckungen beendeten. In der Folge erfuhren wir, daß ein beträchtlicher Völkerstamm diese finsteren Schlupfwinkel bewohne und zu Räuberhöhlen entweihe; dieses Volk sei in beständigem Aufruhr und der Schrecken der umliegenden Gegend.

Wir hatten wichtigere Geschäfte, als eine genauere Bekanntschaft jener Höhlenbewohner zu suchen, und eilten schleunigst zurück. Für diesesmal hatten wir Theben nur im Vorüberfluge gesehen.

Ein hämisches Schicksal bestimmte meinen Aufenthalt monatelang in Zoaïe, Benisouef und Girgé, während es neidisch die großen Gegenstände meines Suchens schnell an mir vorüberriß. Kurz nach der Flucht aus den Grabmälern stießen wir auf einen Tempel, meinem Urteil nach einen der ältesten und früh verfallenen, Farbe der Steine, die unvollkommene Bauart, außerordentliche Einfalt seiner Verzierungen, Regellosigkeit seiner Linien, seiner Verhältnisse, vorzüglich die Plumpheit seiner Skulptur, verkündeten sein Altertum. Ich eilte, ihn meinen Zeichnungen einzuverleiben. Unseren

Truppen, welche jetzt Tag und Nacht marschierten, im Galopp folgend, fiel mir eine Bildsäule von schwarzem Granit auf. Einige Schritte davon fanden sich die Überbleibsel eines ungeheuren Kolosses. Man hat ihn mutwillig zertrümmert, die Überbleibsel haben ihre Politur schön erhalten. Seine Schultern beschreiben fünfundzwanzig Fuß. Nach diesem Verhältnis wäre das Maß des ganzen Koloß siebzig Fuß. Seine Verhältnisse sind regelmäßig, der Stil ist mittelmäßig, aber die Ausführung vollkommen. Im Sturz ist er auf das Gesicht gefallen, wodurch dieser interessante Teil dem Betrachter entzogen wird. Der Kopfputz ist zertrümmert, man kann daher nicht bestimmen, ob er einen König oder eine Gottheit vorstellen sollte, war es das Bild des Memnon oder des Ossimand (11)?

In der Ebene wird man durch zwei sitzende, große Figuren angezogen, zwischen denen, Herodot und Strabo zufolge, die berühmte Statue des Ossimand, der größte Koloß, gestanden haben soll (12). Ossimand selbst war so stolz auf so ein kühnes Unternehmen, daß er auf das Piedestal dieser Statue eine Inschrift setzen ließ, worin er aller menschlichen Macht trotzte, die sich an dieses Bild frevelnd wagte, so wie jene an seinem Grabmal, dessen abenteuerliche

Die Reste der Kolossalstatue Ramses' II.

Beschreibung wahrscheinlich idealistisch ist. Die beiden Statuen sind ohne Zweifel die der Mutter und des Sohnes, jene des Königs ist verschwunden. Zeit und Eifersucht stritten sich um das Werk ihrer Vernichtung, nur ein unförmiger Granitblock bezeichnet ihre ehemalige Existenz und erfordert den geübten Blick des Altertumsforschers oder Bildners, einige einzelne der vernichtenden Zeit entgangene Partien aufzufinden. Doch sind auch diese so unbedeutend, daß sie nicht die geringste Idee von ihren Umrissen geben können. Die beiden noch vorhandenen legen sitzend ihre beiden Hände auf die Knie. Alles, was sich daran erhalten hat, zeigt einen so harten Stil als richtige Ausführung. Den Basreliefs und kleinen Figuren, welche den Sitz der einen gegen Mittag gerichteten Figur bilden, fehlt es nicht an Feinheit und Grazie in der Ausführung. An dem nach Mitternacht gerichteten Bein sind die Namen der vornehmen Reisenden alter und neuer Zeit mit griechischer Schrift eingegraben, welche hierher reisten, um die Töne der Bildsäule des Memnon zu hören. Hier ist der Ort, wo man sich von der Macht des Rufs über den menschlichen Geist überzeugen kann; wo, selbst in jenen Zeiten noch, als die alte Regierung Ägyptens und der Neid der Priester den Fremden den Zutritt zu diesen Denkmälern nicht mehr wehrten, der Hang zum Wunderbaren eine Menge Neugieriger herbeilockte, diese sonderbaren Bildsäulen zu besuchen. Noch im Zeitalter Hadrians (13), aufgeklärt durch das Licht der Philosophie, versicherte Sabina, die Gemahlin des Kaisers, so gelehrt sie war, wie die Gelehrten, die sie begleiteten, die Stimme des Bildes gehört zu haben. Aber der Stolz, seinen Namen durch eine Inschrift auf einem Altertum dieser Art zu verewigen, war zu übermächtig. Daher die unzähligen Inschriften von Namen aus allen Völkerschaften und Zeitaltern.

Eben hatte ich angefangen, diese fürchterlichen Kolosse abzuzeichnen, als ich mich umsah und mich mit meinen erhabenen Originalen allein fand. Die Gedanken, die mir die Verlassenheit des Ortes eingab, wo ich mich, verlassen von aller Hilfe, mancherlei Unfällen ausgesetzt sah, beflügelten meine Füße, meine neugierigen Begleiter aufzusuchen, welche schon bei einem großen Tempel unfern dem Dorfe Medinet-Habu angekommen waren. Im Vorbeieilen bemerkte ich, daß die Stelle von Ossimands Grab bebaut war und

Die Memnonskolosse

folglich die Überschwemmung auch bis dorthin dringt, weil die Gegend, wo man in alten Zeiten durch Dämme das Eindringen der Überschwemmung nach diesem Teil der Stadt zu verhindern suchte, sich jetzt in ein weitschichtiges Feld mit grünen Kräutern verwandelt hatte, das eine reiche Ernte versprach.

Rechts auf dem Weg nach dem Dorfe Medinet-Habu, am Fuße eines Berges, steht ein großer Palast, in verschiedenen Zeitaltern erweitert und verbessert.

Soviel ich im Vorüberreiten beim ersten Überblick bestimmen konnte, ist die Basis dieses Gebäudes, welches an den Berg gelehnt mir der älteste Teil des Gebäudes schien, überall mit tief eingehauenen Hieroglyphen bedeckt. Die Katholiken benutzten ihn im vierten Jahrhundert zu einer Kirche, gaben ihm zwei Reihen Säulen, um im Stil der damaligen Zeit ein Gewölbe zu tragen (15). Gegen Mittag befinden sich ägyptische Zimmer mit viereckigen Fenstern, Treppen mit Geländern, das einzige Gebäude von allen, die ich bis jetzt gesehen, das kein Tempel war. Auf der Seite waren Gerüste von alten Baumaterialien errichtet, vor ihnen war eine Fassade und ein Hof unvollendet geblieben.

Nur die Übersicht eines flüchtigen Augenblicks, nicht eine genaue Untersuchung konnte ich diesem Gegenstand widmen. Kaum war der Neugier erster Durst gelöscht, als Desaix wieder in seinen Galopp fiel, als habe er Mameluken auf der Ebene gesehen. Er führte uns noch zwei starke Stunden ins Nachtquartier, wo ich in einen Tempel einquartiert wurde.

Endlich konnte ich einmal vom Pferd steigen. Der letzte Augenblick des Tages verschwamm soeben, ich benutzte ihn noch so schnell als möglich, eine Zeichnung von der Gegend zu entwerfen. Die Figur des Typhon oder Anubis (14) ist sehr oft im Innern des Tempels wiederholt, daß man glauben sollte, dieses Denkmal sei ihm geweiht. Er wird mit dem Bauch eines Schweines mit Brüsten vorgestellt, ähnlich jenen der heutigen Ägypterinnen.

Zweihundert Toisen weiter in der gleichen Richtung stößt man auf die Trümmer einer Kirche, im vierten oder fünften Jahrhundert erbaut; die schönsten ägyptischen Trümmer, Säulen von Granit, prächtig gearbeitet, zierten das Schiff dieser Kirche. Jetzt ist alles zerstört, nichts ist übrig als der rückwärtige Teil des Chors und die Trümmer der Grundmauern. Menschenhände haben dieses Gebäude verwüstet, denn seiner guten Bauart nach konnte es noch lange der Zeit trotzen.

Der Tag endete. Ich kehrte zurück, voll von Eindrücken, die in diesem kurzen Raum meinen Augen vorüberglitten. Ich hatte in den vergangenen zwölf Stunden so viel gesehen, womit ich mich einen ganzen Monat und länger köstlich unterhalten konnte.

Am Morgen des 8ten sah ich am Ufer des Nils einen Tamarindenbaum von ungeheurer Größe. Die Überschwemmungen hatten ihn nach und nach unterwurzelt, daß er endlich umgestürzt war. Der größte Teil seiner Wurzeln trieb jetzt Blätter. Die alten Zweige, welche auf der Erde lagen und sich mit ihr vereinigt hatten, bildeten nun seinen Fuß. Der Stamm lag also horizontal. Durch eine umgekehrte Ordnung des Kreislaufs seiner Säfte blühte er allenthalben, daß die Türken, seines sonderbaren Ansehens wegen, keinen

Augenblick gezögert hätten, ihn zu einem Wunderbaum zu machen. Ich würde ihn abgezeichnet haben, wenn ich mich nicht zu weit hinter der Division befunden hätte.

Bei unserem Halt fanden wir abermals eine Verengung des Nils. Die Libysche Bergkette schließt den Nil gegen das arabische Kettengebirge ein. Gedrängt zwischen diese beiden natürlichen Dämme stürzt er auf jenen nieder, der am wenigsten Widerstand leistet, läuft angeschwollen durch seinen unterirdischen Fall, durch ein Bett sandigen Kieses, den er im Libyschen Flußbett fand, und bildet zwei hervorragende Felsenspitzen. – Gibelin, oder die zwei Berge, wird dieser Fels genannt. Er dient zur Grenze einer Unterabteilung des oberen Ägypten, und unter der vorigen Regierung bildete er die Schranken der rebellischen Beis, welche sie, in das obere Said verwiesen, nicht überschreiten durften, ohne gesetzeswidrig zu handeln.

Osman Bei, nachdem man ihn nach Kosseir geschickt hatte mit geheimen Befehlen, ihn bei seinem Einschiffen nach Mekka, dem Ort seiner Verbannung, zu töten, kam seinen Meuchelmördern zuvor und rettete sich nach dem oberen Ägypten. Dort versammelte er eine Anzahl Mameluken und zwang mit diesen Murad, mit ihm zu unterhandeln und ihm die Oberherrschaft zwischen dem Gibelin und Syene abzutreten (16).

Nach dieser Verengung erweitert sich das Nilbett wieder, ohne Gewinn für den Feldbau. Weite Felder vom übergetretenen Wasser durchwühlt und zerrissen, warten vergebens auf ihre Bestellung.

Den 9ten kamen wir zeitig des Morgens zu Esne, der letzten und wenig bedeutenden Stadt in Ägypten an. Murad mußte sie einige Stunden vor der Ankunft unserer Reiterei verlassen und einen Teil seiner Zelte und viel Bagage verbrennen, um seinen Marsch zu beschleunigen. Wir glaubten, daß er willens sei, Ägypten zu verlassen, und sich, um uns zu ermüden und zu zerstreuen, nach Nubien zurückziehen würde. Dieses Land konnte unmöglich eine Armee, wie die unsrige, ernähren. Demnach konnte er hoffen, seine Kräfte wieder zu sammeln und neuverstärkt aus der Wüste unsere Detachements anzugreifen.

Esne ist das alte Latopolis (17). Noch sieht man am Ufer des Nils einige Trümmer seines Hafens, welcher öfters wiederhergestellt worden ist, und obgleich hier und da ausgebessert, sich doch in einem kläglichen Zustand befindet.

Auch befindet sich in der Stadt der Portikus eines Tempels, meiner Meinung nach eines der vollkommensten Überbleibsel der alten Baukunst. Er steht bei dem Bazar, auf dem großen Platz, den er außerordentlich zieren würde, könnten die Einwohner seinen Wert begreifen. Statt dessen haben sie ihn mit den abscheulichsten Begräbnissen verunstaltet und zu dem unwürdigsten Gebrauche herabgewürdigt. Der Portikus ist sehr gut erhalten und mit Bildwerk reich verziert, er besteht aus achtzehn Kolonnen mit geschweiften Kapitälen, kanneliert und ebenso elegant als edel. Ich entwarf eine Ansicht dieses Altertums. Die erhaben gearbeiteten Hieroglyphen, womit er inner- und außerhalb bedeckt ist, sind mit vieler Sorgfalt ausgeführt. Man bemerkt einen Tierkreis, große Menschenfiguren mit Krokodilköpfen. Die Kapitäle, wenn schon jedes von verschiedener Gattung, nehmen sich schön aus. Ein Beweis, daß die Ägypter nichts von anderen Nationen entlehnten, ist, daß sie alle Verzierungen, woraus ihre Kapitäle zusammengesetzt sind, von Erzeugnissen ihres Landes nehmen, wie den Lotus, die Palme, die Weinrebe, die Binse usw. Ich verließ diesen Tempel nicht eher, bis wir uns auf den Marsch begaben. Die Hälfte unserer Artillerie ließen wir zu Esne, um desto leichter in einem Lande marschieren zu können, wo die Lebensmittel mit jeder Meile abnehmen und endlich fast vollends aufhören. Drei und eine halbe Meile von Esne blieben wir liegen.

Zwei und eine halbe Stunde vor Etfu (18) fanden wir die Ruinen von Hieraconpolis (19), welche in den Überbleibseln der Tür eines ansehnlichen Hauses bestanden, nach der Größe der Steine, dem Umfang der Ruinen, dem Durchmesser der zerstückten Kapitäle zu urteilen. Die Steinmasse, aus der der Tempel zu Hieraconpolis besteht, ist so brüchig, daß kaum die Form des Gebäudes kenntlich ist. Die einzelnen Partien sind gänzlich verloren. Die Überbleibsel der Stadt sind weiter nichts als Bruchstücke sehr hart gebrannter Ziegelsteine und einiger Trümmer von Granit. Ich zeichnete so viel ich konnte von diesen beinahe ganz verwitterten Ruinen und mich mit meinem sämtlichen Gefolge in unserer traurigen Gestalt, die eine Folge der Beschwerden dieser Reise war.

An der anderen Seite des Flusses sahen wir zweihundert Mameluken mit ihren Pferden herabkommen. Wir wußten, daß es Elfy Bei war, der, verwundet bei Samanhout, mit den anderen Beis die Katarakte nicht passieren wollte. Als wir näher kamen, bewunderten wir die vortreffliche Lage von Apollinopolis. Sie beherrschte den Fluß und das ganze Tal, und ihr prächtiger Tempel ragte noch immer, gleich einer Festung, herrschend über die weiten Trümmer und die Gegend empor. Wegen seiner Lage ist dieser Tempel im ganzen Lande nur unter dem Namen der Festung bekannt.

Mit Verdruß sah ich voraus, daß wir sehr spät dort ankommen würden und unsere Abreise wahrscheinlich sehr früh vor sich gehen werde. Ich eilte im Galopp, den vordersten Gliedern der Soldaten vorzukommen und noch vor Sonnenuntergang den Ort zu erreichen. Ich konnte für diesmal nichts tun als dieses Gebäude durchreiten, dessen Größe, Erhabenheit, Pracht und Standhaftigkeit, mit der es der Zeit trotzte, alles übertraf, was ich bis jetzt in Ägypten gesehen hatte. Der Eindruck, den der Anblick dieses großen Prachtgebäudes auf mich machte, war so gigantisch wie seine Verhältnisse. Es bildet eine lange Reihe pyramidenförmiger Tore, Höfe mit Galerien geziert, Säulengänge, bedeckte Hallen, zum Teil aus dem Felsen selbst gehauen.

Die einbrechende Nacht hinderte mich, dieses außerordentliche Gebäude völlig zu umwandern, und ich begann von neuem über das Schicksal zu seufzen, das mich von Gegenständen hinwegriß, an denen meine Bewunderung so gern länger verweilt hätte.

Die Festigkeit dieses Gebäudes stach wunderbar von den verwitterten Ruinen der neueren Bewohner in seinem Innern ab. Ein Teil der Einwohner des Dorfes hatte seine Wohnungen im Innern des Tempelhofs aufgeschlagen. Es waren elende Hütten, die, gleich den Schwalbennestern an unseren Häusern, an den Mauern klebten, ohne sie zu entstellen.

Dieser Anblick bildet einen malerischen Kontrast durch das Zusammentreffen der verschiedenen Zeitalter und Menschen. Es fragt sich, ist es billig von uns, anstößig zu finden, daß unwissende Völker ihrer Wohnungen leichtes Gebälk an die Riesentrümmer der Vorwelt lehnen, ohne zu fürchten, Schönheiten zu entstellen, die ihre Augen nie sahen, für die sie keinen Begriff finden konnten?

Über Etfu zieht sich das Land zusammen und behält nicht über eine Viertelmeile Breite zwischen der Wüste und dem Flußbett.

Gegen Mittag rasteten wir an dem Ufer des Nils. Die Kavallerie war vorangegangen. Eben als wir zum Marsche wieder aufbrechen wollten, ließ sie uns sagen, wir würden eine Wüste von sieben Meilen zu passieren haben. Es war schon zu weit am Tag, um einen so langen Weg zu beginnen; wir lagerten in einem verlassenen Dorf.

Gegen drei Uhr den 1sten brachen wir auf. Nach einer Stunde Wegs im bebauten Lande traten wir in die Wüste. Nach fünfstündigem Marsch in der Wüste waren die Schuhe zerrissen, die Soldaten wanden Leinwandlappen um ihre Füße. Ein brennender Durst folterte uns. Nur Nilwasser war zu finden. Die Quellen waren vertrocknet, die Leute abgemattet. An den Nil zu kommen, mußte man einen Umweg von einer Meile machen, aber der Durst befahl, man eilte hin. Die Reiterei war nur zum Teil gefolgt, da die Tiere, bei gänzlichem Mangel an Weide vor Hunger abgemergelt, nicht mehr fort konnten. Welche Verlegenheit, als man den Truppen ankündigen mußte, es sei nichts zu essen vorhanden! – Traurig sahen wir einander an. Kein Murren, aber fürchterliches Schweigen lag über dem ermatteten Heer. Tränen, der Verzweiflung traurige Vorboten, traten hervor. Schrecklicher war ihre stumme, markdurchgreifende Sprache als rasendste Ausbrüche wütendster Verzweiflung.

In dieser verzweiflungsvollen Lage teilten wir die leichte Ladung Butter eines Kamels mit jenen, deren Vorrat zu Ende war, man suchte in den Säcken, fand noch etwas Mehl und teilte jedem eine Handvoll mit. Man beschloß, Pfannkuchen zu backen. Ein Baum gab uns Holz. Die Melancholie war verscheucht, die französische Heiterkeit kehrte zurück und hob den gesunkenen Mut. Unser Mahl war bald verzehrt, aber vor uns lag der Weg – und unsere armen Pferde, die keine Pfannkuchen genossen, wankten erschöpft unter uns. Wir mußten sie führen oder stehen lassen. Vorwärts ging unser Weg. Ich hielt seine Vollendung unter diesen Umständen für unmöglich. Aber die Not trieb uns an.

Eine halbe Stunde danach fanden wir die Ruinen von Silsilis (20). Sie bestehen aus Trümmern von Ziegelsteinen und den Überbleibseln eines Tempels, dessen höchste Mauern nicht die Höhe von drei

Fuß über den Boten überschreiten. Man erkennt noch, daß das Schiff dieses Tempels, bedeckt mit Hieroglyphen, von einer Galerie umgeben war, zu der man in späteren Zeiten einen Portikus ohne Hieroglyphen gefügt hatte. Zum dritten Mal betraten wir die Wüste. Eine Hyäne folgte dem Zuge schon seit einiger Zeit. –

Die Felsen bestanden hier beinahe ganz aus Granit, Kiesel jeder Art und von jeder Farbe. Ich fand Karneol, Jaspis und Serpentin. Der Sand von Geröll von Granit und Kieseln, woraus die Felsen bestanden. Von einem erhabenen Berggipfel genossen wir die Aussicht in eine weit gedehnte Ebene, worin wir den Nil schlängeln sahen. Auf dieser Erdspitze bemerkt man die Trümmer eines Pharus, der diese den Schiffen gefährliche Gegend ehedem beleuchtete. Vom anderen Winkel erheben sich die Anhöhen von Ombos.

Mit der Krümmung des Flusses und einem seiner Arme bildet sich eine überschwemmte Insel, welche zwanzig Quadratmeilen beträgt. Ihre Lage schützte sie vor den Einfällen der Reiterei der Mameluken und unserem Besuch. Die Bewohner des festen Landes hatten sich dorthin zurückgezogen.

Den 12ten waren neue Wüsten zu durchirren. Die Felsen fand ich von Granit und Sand. Die Täler sind mit klarem Sand gefüllt. Seine Oberfläche ist wie jene des frischen Schnees, daß leicht die Fußstapfen der Tiere sich eindrücken und man sehen kann, wer seit dem letzten Wind die Wüste durchreiste. Am häufigsten findet man Spuren der Gazelle. Dieses artige kleine Tier, mehr furchtsam als wild, wenn es seine Nahrung an den Ufern des Flusses genommen, kehrt zurück, seine Furcht in der schweigenden Wüste zu verbergen.

Wir setzten unseren Weg lansam und beschwerlich fort, ruhten öfters, um unsere Strümpfe auszubessern und frischen Atem zu schöpfen. Nachmittags fand ich mitten in der Wüste Spuren einer alten Landstraße, zu beiden Seiten mit großen nach der Richtschnur eingemauerten Steinmassen. Sie führten geradezu auf Syene. Die Soldaten waren so ermattet, daß sie, statt die Wüste zu verlassen, am ersten Ort, wo unsere Pferde Weide fanden, sich wieder lagerten. Mir schien es unmöglich, sie der Wüste zu entführen oder sie wieder von ihrem Lager emporzubringen. Ich selbst war mit meinen Kräften zu Ende, blieb wie angeschmiedet auf dem Boden liegen und brachte die Nacht auf dem gleichen Platz zu.

KAPITEL IX

Am ersten Katarakt, die Insel Philae

Endlich betraten wir Assuan oder Syene (1), das Ziel unseres Marsches. Der Soldat vergaß seine Beschwerden, als habe er das verheißene Kanaan erreicht und nicht nötig, den beschwerlichen Weg zurück zu machen in ein Land, das ihn ernährte. Aber der Weg ist samt seinen Unannehmlichkeiten vergessen, und die Freuden der Gegenwart verschleiern die ungewisse Zukunft.

Die erste gute Neuigkeit für uns war, daß die Mameluken die Barken nicht verbrannt hatten, mit welchen sie über die Katarakte (2) fahren wollten. Wir verdoppelten die Wachen zu Nieder-Assuan.

Am anderen Morgen ging ich nach dem Kloster St. Laurenz (3), einer traurigen Ruine. Unter ihr ist der Wechsel der Winde ein Standpunkt, von dem man die sonderbarste Aussicht genießt. Hier ist das Ende der Welt. Zu Elephantine zeigt die Natur ein vollendeteres Bild: Bäume, bebaute Felder, Wohnungen der Menschen gewähren einen freundlichen Anblick, daher auch wahrscheinlich sein arabischer Name, Gezire-el-Sag (die Blumeninsel). Ich habe eine Zeichnung von diesem Landstrich entworfen.

Am 14ten Pluviose – (3ten Februar) – setzten wir über den Fluß, um am rechten Ufer Assuan oder Syene einzunehmen. Murad Bei hatte die Katarakte passiert und dehnte sich über einen großen Landstrich aus, um seinen Mameluken und Pferden bequemeren Unterhalt zu verschaffen. Wir sorgten auf ähnliche Art für die Unsrigen.

Den 16ten brach Desaix mit der Kavallerie auf, um Elfy Bei aufzusuchen, den wir am rechten Ufer hinter uns gelassen hatten. Seit meiner Abreise aus Kairo hatte ich Desaix noch nie verlassen. Mit Stolz kann ich sagen, der Abschied schmerzte uns beide. Wir hatten so angenehme und bittere Zeiten zusammen verbracht. Arm in Arm gingen wir zwölf oder fünfzehn Stunden miteinander, ohne zu sprechen, wir verloren uns in unseren Gedanken, und oft, nach diesen langen Pausen sagten wir uns: was werden wir uns alles zu sagen haben in unseren weiteren Lebensperioden? Welche Fülle nützlicher

Ideen, welche Vorschläge zum Wohl der Menschheit blühten und reiften in seiner Seele, welche herrlichen Früchte hätte sie tragen können, wenn der Ruf der Trompete und das Wirbeln der Trommeln aufgehört hätte, den Fieberreiz des Krieges bei ihm zu erregen. Welche interessanten Anmerkungen würde sein außerordentliches Gedächtnis jetzt liefern! Mit welchem Vorteil würde ich ihn um Rat fragen! Mit welchem Interesse würde er mein Werk lesen, das er ebensogut als sein eigenes betrachten könnte! Einige Augenblicke entfernte er sich von mir, als wollte er seinen Freund zur längeren bitteren Trennung allmählich vorbereiten.

Ich wollte mit dem General Belliard vom Gouvernement von Syene Besitz nehmen. Während meines Aufenthaltes in dieser Stadt wollte ich meine entworfene Zeichnungen ausführen und die Lücken meines Tagebuches ergänzen.

An der ägyptisch-nubischen Grenze

Nach den Trümmern zu schließen muß Syene eine sehr beträchtliche Stadt gwesen sein, wenn die Gebäude an beiden Ufern des Nils und der Insel Elephantine eine Stadt bildeten, was anzunehmen ist, da der Nil, der sie allein trennt, hier mehr tief als breit fließt. Die Trümmer aus den Zeiten der Araber liegen auf einem Felsen gegen Süden, an seinem Fuß jene der Römer. Auch findet man Fabriken auf der Insel Elephantine, an dieses alles schließt sich ein großes Dorf, besser als gewöhnlich gebaut, mit regelmäßigen Straßen, was man den vielen vorrätigen Mauersteinen und alten Baumaterialien verdankt, die von den Einwohnern zu ihren neuen Gebäuden verbraucht werden. In der Mitte liegt ein türkisches Schloß, von allen Seiten verbaut und zur Verteidigung nicht zum Besten gerichtet.

Die ersten Augenblicke benutzten wir, uns einzurichten. Wir hatten ein sehr gutes Quartier. Es war das Haus des Kaschefs, ein massives steinernes Gebäude mit einem Geschoß, Terrassen und gewölbten Zimmern. Wir machten unsere Betten und uns so bequem wie möglich. Die Ruhe auf weichen Betten nach so langen Strapazen war unbeschreiblich angenehm. Auch die Soldaten überließen sich dieser lang entbehrten Wohltat.

Gleich am anderen Tag nach unserer Einrichtung gab es in den Straßen von Syene Schneider, Schuhmacher, Goldschmiede, französische Barbiere mit ihren Insignien, Traiteurs und Konfektbäcker, die nach einer festgesetzten Taxe verkauften. Das Standquartier einer Armee stellt ein Bild der geschäftigsten Industrie dar. Ein jeder setzt da alle seine Kräfte in Bewegung zum Vorteil des Ganzen. Aber was eine französische Armee vor allen anderen charakterisiert, ist, mit dem Nötigen zugleich auch das Angenehme einzuführen, dem Mangel abzuhelfen und den Luxus zu befördern. Öffentliche Gärten, Kaffee- und Spielhäuser mit Karten, in Syene fabriziert, boten Erholung und Vergnügen. Am Ortsausgang zog sich die Armee nordwärts. Unsere Soldaten errichteten hier eine Meilensäule mit der Inschrift: Entfernung von Paris. No. 11. hundertsiebenundsechzigtausenddreihundertundvierzig Meilen, und dieses taten sie einige Tage, nachdem man ihnen Datteln statt ihrer ganzen Ration ausgeteilt hatte. Nur der Tod vermag der französischen Tapferkeit und Munterkeit Grenzen zu setzen, die größten Beschwerden unterdrücken sie nicht.

Auf dieser Seite des Flusses sind außer einem kleinen viereckigen Tempel mit einer umlaufenden Galerie keine ägyptischen Ruinen vorhanden. Aber auch dieser ist so verwüstet und entstellt, daß man nicht mehr sieht als die Einfassung zweier Säulengänge mit ihren Kapitälen und einen kleinen Teil der Bogen, welche die Säulen miteinander verbanden. Diese Trümmer hielt Savary, der bekennt, nicht nach Syene gekommen zu sein, auf Treu und Glauben für die Überbleibsel eines Observatoriums, unter welchen man den Nilmesser suchen muß (4).

Unfern dieser Ruine, unter Palmbäumen, sind die Trümmer eines Gebäudes, wahrscheinlich ehedem eine griechische Kirche. Noch sieht man zwei Säulen auf ihren Basen, von rotem Granit, zwei Türverzierungen, aneinander gereihte Säulen mit zwei Kranzleisten eines Pilasters, letztere umgestürzt.

Die Insel Elephantine war mein liebster Aufenthalt. Hier machte ich Beobachtungen, stellte Untersuchungen an. Ich glaube, kein Stein blieb von mir unbetrachtet, kein Felsen ununtersucht. In ihrem südlichen Teil war die ägyptische Stadt, die Wohnungen der Römer und späterhin die der Araber. Das Dasein der Römer deuten nur noch Bruchstücke, Scherben von Urnen und kleine Idole von gebrannter Erde und Bronze an, die man hier noch findet. Jenes der Araber zeigt sich durch Schutthaufen, welche den Boden bedecken, den gewöhnlichen Trümmern ihrer Gebäude. Alle diese Gebäude der späteren Zeitalter haben wenige, höchst unbedeutende Trümmer zurückgelassen. Sie sanken in ihr Nichts zurück, während jene Trümmer der Urwelt im Kriege mit Zeit und Menschen siegten und der Ewigkeit Trotz bieten.

Mitten auf diesem weiten Feld mit Trümmern und über Schutthaufen erhebt sich noch ein sehr alter viereckiger Tempel, von einer Galerie umgeben, auf Pilastern[36] ruhend, mit zwei Säulen am Portikus. War es der Tempel der Kneph (5) – der gute Geist, die erhabenste Gottheit der Ägypter, die sich am meisten unseren Begriffen vom höchsten Wesen näherte? Oder war es jener, bei den Geschichtsschreibern so berühmte Tempel, den man sechshundert Schritte nördlicher mehr zertrümmert, aber von derselben Form an-

---

[36] viereckige Pfeiler

trifft, und dessen Verzierungen alle mit Schlangen umwunden sind, dem Symbol der Weisheit und Ewigkeit, dem Gott Kneph, vorzüglich eigen?

Ostwärts steht noch das Bruchstück eines sehr kleinen und mit vielem Fleiß bearbeiteten Baues. Was man davon sieht, ist die Westseite eines kleinen Zimmers oder Tempels. Dieses Zimmer oder Tempelchen stand in Verbindung mit einem noch engeren Gang, welcher, nach einer Reihe der Gebäude zu schließen, sich in eine offene Galerie auf dem Nil verlor und sich an eine Mauer lehnte, die den östlichen Teil der Insel gegen die Verwüstung der Überschwemmung sicherte. Noch sieht man drei Bögen von jener Galerie, und eine Treppe von Granit, welche bis in den Fluß hinabgeht. Diese Galerie, dieses verzierte Zimmer, diese Treppe, war es nicht vielleicht jener Nilmesser, den die Reisenden vergebens zu Syene suchten?

Eingenommen von dieser Vermutung, betrachtete ich alles genau, konnte aber nicht die geringste Spur an der Mauer der Treppe finden, welche irgend der Bezeichnung eines Steigens oder Fallens ähnlich gewesen wäre, aber vielleicht dienten die Stufen selbst zur Bestimmung der Überschwemmungsgrade, und es kann sein, daß die Bezeichnungen auf dem oberen Teil derselben eingegraben waren, wo ich sie nicht sehen konnte, weil sie zu sehr mit Schutt bedeckt waren.

Strabo, der Syene genau besehen und beschrieben hatte, sagt, daß dieser Nilmesser ein Brunnen gewesen sei, welcher Nilwasser enthalten hat, und daß die Merkzeichen, nach welchen man die Überschwemmungsgrade beurteilte, an den Wänden dieses Brunnens eingehauen wären (4).

Alle diese Gebäude stehen auf Felsen, mit Hieroglyphen, mehr oder weniger fleißig ausgehauen, bedeckt. In einiger Entfernung gegen Norden finden sich zwei Schanzen, welche zwischen einander eine Öffnung lassen, um an den Fluß zu kommen. Auf der inneren Wand der Rechten ist ein Basrelief von Marmor, welches den personifizierten Nil vorstellt, wie jener Koloß zu Rom, der denselben Fluß vorstellt. Diese Kopie der Ideen beweist ein für allemal, daß dieses Gebäude römisch ist, und nach der Zeit, als man jenes griechische Meisterstück nach Rom geführt hatte, errichtet worden ist.

Ferner, daß die Römer in ihren Wohnungen zu Syene Luxus mit Notwendigkeit verbinden konnten, hier mehr als eine Festung besaßen, und eine mächtige Kolonie bildeten. Die Waschbecken und andere kostbare Geräte von Bronze, welche man noch täglich hier findet, bestätigen die Vermutung des Reichtums und der Dauer dieser Kolonie.

Die Insel Elephantine, gegen Mittag durch Mauern und Bastionen geschützt, ist gegen Mitternacht durch Anschwemmungen sehr vergrößert. Diese täglichen Überschwemmungen sind den Äckern und Gärten von großem Nutzen, welche, durch das Wasserrad beständig befeuchtet, jährlich vier bis fünf Ernten geben. – Die Zahl der Einwohner ist beträchtlich, sie sind geschickt und sehr verträglich. Ich rief einige vom anderen Ufer, sie kamen, mich mit ihren Barken abzuholen. Fast alle Kinder begleiteten mich, brachten mir Trümmer von Altertümern und rohe Karneole zum Verkauf. Mit einigen Talern machte ich die Kleinen glücklich und ihre Eltern zu meinen Freunden. Sie luden mich ein, bereiteten mir ein Frühstück in dem Tempel, wo ich zeichnete, mit einem Wort, ich schien als wohltätiger Eigentümer eines Gartens, wo alles, was man sucht, vorhanden war. Kleine Inselchen, Felsen, Wüsteneien, Felder, Wiesen, Gärten, Gesträuche, verlassene Dörfer, schattenspendende Wälder, seltene Pflanzen, Fluß, Kähne, Mühlen und erhabene Ruinen, bezaubernder als die gepriesenen Gärten der Armide (5), umgeben von Schrecken der Natur, der Thebäischen Wüste, deren Kontrast die Reize des Ortes erhöhten. Nie verlebte ich glücklichere Stunden als jene meiner einsamen Spaziergänge auf Elephantine.

Syene ist zahlreich bevölkert. Der Handel besteht in Datteln und Sennesblättern (6). Diese beiden Artikel verschaffen den Einwohnern alle anderen Bedürfnisse, den Unterhalt eines Kaschef, eines Gouverneurs, und einer türkischen Garnison. Die Sennesblätter in der Gegend von Syene sind von mittlerer Güte. Man verkauft sie mit jenen aus der Wüste vermischt, die den hundertsten Teil wohlfeiler gegeben werden, als wir sie in Europa bezahlen. Unstreitig sind sie mit einer Menge Zölle beschwert, ehe sie zu uns kommen und einer der Hauptzollartikel von Kairo und Alexandrien. An zweiter Stelle der Warenausfuhr stehen die Datteln, sie sind getrocknet und klein, aber in solcher Menge vorhanden, daß sie außer der hauptsächlichsten Nahrung der Einwohner täglich in großen Schiffsladungen nach Niederägypten versandt werden.

Durch unsere Spione erfuhren wir, daß die Mameluken über die Anhöhen der Katarakte zurückmarschierten und alles ausplünderten, was an beiden Nilufern an Fourage noch übrig sei. Sie hatten von Deier und Brib Vorräte an Mehl und Datteln kommen lassen, aber der Aga[37], welcher dort residierte, bedeutete ihnen, diese Quelle sei vertrocknet. Ihre Arriergarde stand kaum vier Meilen von uns. Sie waren von allen Bewegungen unsererseits so unterrichtet als wir von ihren, durch dieselben Mittel und vielleicht die nämlichen Emissäre, welche beiden Parteien mit gleicher Treue dienten.

Der General Davoût (7) war mit Hassan Bei am rechten Ufer zusammengetroffen, gerade vor Etfu, und in demselben Augenblick, wo er sich dem Nil näherte. Die augenscheinliche Gefahr, seine Equipage zu verlieren, nötigte ihn zum Angriff. Der Stolz der Unsrigen und die Überheblichkeit seit der Schlacht bei Samanhout ließen sie den Angriff zu nachlässig machen. Der Streit von zweihundert Reitern war mehr Handgemenge als Schlacht. Beide Parteien taten unerhörte Wunder der Tapferkeit. Der Angriff dauerte eine halbe Stunde. Die Franzosen behaupteten das Feld, aber Hassan Bei erreichte seinen Zweck, rettete seine Bagage, dreißig bis vierzig Tote, und beinahe ebenso viel Verwundete der Unsrigen, zwölf getötete und viele verwundete Mameluken. Hassan selbst war so stark am Fuße verwundet worden, daß ihm niemand zu diesem Gemetzel Glück wünschen konnte.

Wir hatten den Wunsch, die Katarakte zu sehen. Wir trafen beim Übergang der Granitfelsen die Steinbrüche, aus welchen man die Blöcke gebrochen, aus denen jene Kolossalstatuen gehauen waren, Gegenstände der Bewunderung so vieler Jahrhunderte, deren Trümmer noch jetzt zum Erstaunen hinreißen. Es scheint, als habe man auch die Plätze, woher man jene Steinmassen gebrochen, mit den Werken verewigen wollen. Hieroglyphische Inschriften sind eingehauen, und zeigen dieses vermutlich an.

Die Art, diese Blöcke auszubrechen, war mutmaßlich dieselbe, deren wir uns noch bedienen. Man macht eine Spalte und läßt die

---

[37] Befehlshaber

Steinmasse durch aufeinander eingetriebene Keile sprengen. Die Eindrücke dieser Arbeiten haben sich an der harten Masse so neu erhalten, als hätten die Arbeiter erst seit gestern aufgehört. Dieser Granit ist so hart und fest, daß die Felsen, welche vom Fluß bespült werden, eine Politur angenommen haben. Der schönste und am häufigsten gefundene Granit ist der rosenfarbige. Der graue ist oft von sehr glänzenden Quarzadern unterbrochen, von Steinmüttern, welche einen roten Stein einschließen, dem Porphyr an Härte ähnlich, und anderen Lagen jenes harten schwarzen Steines, den man lange für Basalt hielt, und dessen sich die Ägypter zu Bildsäulen von minderer Größe bedienten.

Anderthalb Meilen von diesen Steinbrüchen häufen sich die Felsenmassen und bilden eine Grenzmauer. Hier fanden wir die Barken der Mameluken zwischen den Felsen befestigt. Die Bauern aus der Gegend hatten sie ihrer Ausrüstung und des Proviants, womit sie beladen waren, beraubt. Wir verließen das kleine Fahrzeug, in welchem wir gekommen waren und erstiegen die Anhöhe von ungefähr einer Viertelstunde. Hier sahen wir, was man mit dem Namen Katarakte belegte. Es ist weiter nichts als die am Felsen gebrochene Welle des Flusses, der im Sturz über diese an einigen Orten Kaskaden von einiger Höhe bildet. Sie sind so unmerklich, daß man sie kaum auf der Zeichnung andeuten kann. Ich nahm nur zwei auf, an jenem Querfelsen, wo unsere Schiffahrt endete, um die falschen Vorstellungen von jenen berüchtigten Katarakten auszuräumen. Diese Berge, rauh, schwarz und bewässert, wiederholen sich in einem düstren Licht im Spiegel des vorübergleitenden Flusses, eingeengt und zurückgestoßen von Granitblöcken, welche seine Oberfläche zerreißen und ihn lange weiße Furchen bilden lassen. Diese wilden Formen in ebenso wilden Farbengebungen kontrastieren sonderbar zu dem zarten Grün der Palmbäume und dem azurnen Gewölbe des Himmels – hier gewiß dem schönsten, reinsten in der Welt.

Über den Katarakten erheben sich die Felsen, und auf ihren Gipfeln häufen sich die Granitblöcke, welche bald Pyramiden bilden, bald in schwankender Richtung herabzustürzen drohen. Hinter dieser rauhen Natur lacht dem überraschten Auge die Insel des Phileus entgegen, auf der man überall die prachtvollsten Denkmäler des Altertums findet. Der Nil macht hier eine Krümmung in seinem

Die Insel Philae

Lauf, als wollte er diese bezauberte Insel umarmen, wo nur Felsen oder Gruppen von Palmbäumen die Ruinen unterbrachen.

Der Enthusiasmus, der den Reisenden beim Anschauen der vielen herrlichen Denkmäler des Altertums im oberen Ägypten von einer Ekstase zur anderen unaufhaltsam mit sich fortreißt, wird dem Leser eintönig scheinen, und doch ist es weiter nichts als der natürliche Ausdruck des Gefühls beim Anblick so vieler Erhabenheiten. Ich fühle das wenig Entsprechende meiner Zeichung und ihren unendlich weiten Abstand von den Originalen, daß ich meine Zuflucht zur Rhetorik nehmen muß, die Einbildungskraft meiner Leser zu entflammen.

Das feste Land war menschenleer. Auch Philae (8) war verlassen. Die Einwohner hatten sich auf eine andere größere Insel zurückgezogen, wo sie ein wildes Geschrei anstimmten. Man sagte, es wäre Angstgeschrei. Wir wendeten unser Möglichstes an, sie zu überreden, uns eine Barke zu schicken, welche an ihr Ufer getrieben war, aber vergeblich.

Sehr zufrieden kamen wir von unserer Tagesfahrt zurück. Doch fand ich diese oberflächliche Ansicht für solche bedeutenden Werke des Altertums nicht hinreichend.

Einige Tage darauf erfuhren wir, daß die Mameluken am rechten Ufer herabfouragieren würden, bis zwei Meilen von unserem Standort. Wir machten uns zum Widerstand bereit, brachen mit vierhundert Mann auf und rückten nach Philae auf dem Landwege durch die Wüste vor. Das merkwürdige an diesem Wege ist, daß er gepflastert und ehemals sehr häufig benutzt worden war. Dieser Landstrich in Ägypten ist auch wohl der einzige, wo eine Landstraße unumgänglich nötig ist. Der Nil wird wegen seiner Katarakte unschiffbar. Alle Handelswaren aus Äthiopien, welche nach Philae gehen, müssen zu Land nach Syene gebracht und dort von neuem eingeschifft werden. Alle Steinblöcke dieser Insel sind mit Hieroglyphen bedeckt und scheinen zur Unterhaltung dem Reisenden in den Weg gelegt zu sein.

So gering das Baumaterial dieser Mauern ist, so zeigt sich doch der Aufwand von Arbeit, für wie wichtig man diesen Verteidigungsplatz gehalten hat. Wären dieses vielleicht die Trümmer jener berühmten Mauer, die eine ägyptische Königin namens Zuleikha, eine Tochter des Ziba, eines der Pharaonen, errichten ließ, und welche sich bis Alt-Syene dehnte und weshalb die Araber jene Trümmer heit-el-adjouz oder »die Mauer der Alten« nennen?

Wir fanden zwar die Einwohner von Philae nach ihren Wohnungen zurückgekehrt, aber fest entschlossen, uns nicht aufzunehmen.

Oberhalb Philae wird der Fluß wieder schiffbar. Nachdem wir an einer arabischen Festung und einer Moschee vorübergefahren, wurden die Ufer des Nils unfreundlich. Anstelle des malerischen Gewirrs von Bauten und Inschriften zeigte sich nur eine nackte armselige Natur, entblößt von allen ihren Reizen, und auf nackten Felsen hie und da eine Hütte. Wir kamen in eine Wüste, indem wir einen Winkel des Nils umfuhren, um den Weg abzukürzen. Nach einem steinigen Weg stiegen wir mehrere Stunden in tiefe Täler hinab, als kämen wir ins Reich der Stürme und wilden Ströme. Wir eilten durch einen vom Wasser gerissenen Hohlweg nach Taudi, einem elenden Dorf am Ufer des Flusses. Bei unserer Ankunft hatten es die Mameluken verlassen, ihre Teller und sonstigen Küchengeräte hatten sie samt der Suppe, die sie soeben gekocht, im Stich gelassen, weil sie nicht eher essen durften als nach Sonnenuntergang. Es war eben der Fastenmonat Ramadan, währenddessen die Türken und ihre Soldaten nicht eher etwas zu sich nehmen, als bis die Sonne unter dem Horizont ist.

Während der Nacht schickten wir einen Spion aus und erfuhren gegen Morgen, daß die Mameluken uns sehr nahe wären. Nachdem sie ihre Pferde gefüttert, waren sie gegen Mitternacht weiter gerückt.

Unser Zweck, sie zu entfernen, war erfüllt. Wir nahmen unseren Rückweg nach Syene.

Ich hatte von Äthiopien (9) genug gesehen. Die außerordentliche Häßlichkeit der Weiber der Goublis (10) kann mit nichts verglichen werden als der wütenden Eifersucht ihrer Männer. Ich sah einige, weil ich den Männern weniger verdächtig schien als die Soldaten. Erstaunt über unseren Marsch auf ungebahnten Wegen, hatten sie keine Zeit mehr gehabt zu fliehen und sich hinter Felsen zu verbergen oder auch über den Fluß zu schwimmen. Sie waren so roh und dumm wie Wilde. Die glühende Sonne, Mühseligkeit, Mangel an Lebensmitteln entstellen ihre natürlichen Reize und geben ihrer Jugend den Stempel des Alters und der Entkräftung. Diese Menschen scheinen von besonderer Rasse. Ihre Züge sind zart, ihre Haut fein, ihr Gesicht lebhaft und sprechend, ihre Augen und Zähne zum Bewundern schön. Lebhaft, empfänglich, legen sie in ihre Sprache viel Deutlichkeit und Bestimmtheit. Ihre Lebhaftigkeit gleicht mehr der unsrigen als der der anderen Völker des Orients. Sie begreifen und dienen schnell, stehlen mit großer Gewandtheit, aber ihre außerordentliche Armut und der Mangel an allem kann ihre Geldgier einigermaßen entschuldigen. Daher auch ihre Magerkeit, die aber keinen Einfluß auf ihre Gesundheit hat, denn ihre Farbe, wenn schon schwarz, ist voller Leben und Feuer. Ich sah unter ihnen nicht einen einzigen dicken, fleischigen Menschen.

Das Land mußte ausgehungert werden, wenn man den Feind abhalten wollte. Wir kauften die Herden, bezahlten die Ernten der Früchte und Kräuter. Die Einwohner selbst halfen uns, auszureißen, was ihnen Nahrung gab, und folgten uns mit ihrem Vieh, das sie noch hatten. Wir ließen nichts als eine Wüste hinter uns.

Bei meiner Rückkehr wurde ich durch die Ansicht der Prachtbauten von neuem überrascht. Es ist sehr wahrscheinlich, daß die Ägypter die glänzendste Seite dieser Stadt absichtlich nach Äthiopien kehrten, da Philae der Handelsplatz zwischen Ägypten und Äthiopien war, um den Äthiopiern einen reichen Eindruck von ihrem Reichtum und ihrer Pracht zu machen. Bis an die natürlichen Grenzen ihres Reiches, Syene und die Katarakte, errichteten sie eine Menge großer glänzender Gebäude. Wir hatten noch eine Unterredung mit den Bewohnern der Insel. Sie war deutlich genug. Sie gaben uns zu verstehen, daß wir seit zwei Monaten täglich hier erschienen wären, ohne Erlaubnis zu haben, zu ihnen zu kommen.

Man kehrte mit 200 Mann zu ihnen zurück. Kaum hatten sie diese gesehen, als sie sich auch zum Kriege rüsteten. Er war, wie gewöhnlich bei den Wilden, durch Geschrei der Männer, von den Weibern wiederholt, erklärt. Die Bewohner der benachbarten Insel[38] kamen mit ihren Waffen herbeigelaufen, welche sie, Ringern gleich, funkeln ließen. Einige unter ihnen waren ganz nackt, hielten in der einen Hand einen großen Säbel und in der anderen einen Schild. Andere standen mit langen Piken und Feuerrohren auf den Anhöhen. Im Augenblick waren die Felsen ringsum mit feindlichen Scharen bedeckt. Noch einmal schrien wir ihnen zu, wir kämen nicht in der Absicht, ihnen Übles zu tun, sondern wir verlangten nur freundlichen Einlaß in die Insel. Sie antworteten, sie würden uns nie den Eingang gestatten. Auch wären sie keine Mameluken, um vor uns davonzulaufen. Ein einstimmiges Geschrei begleitete diese Donquichotterie. Von allen Seiten wurde wiederholt, sie wollten fechten. Sie hatten sich gegen die Mameluken verteidigt, hatten ihre Nachbarn geschlagen und verlangten nun nach dem Ruhm, auch uns Widerstand zu leisten und zu demütigen.

Demnach erhielten unsere Pioniere Befehl, die Dächer der Hütten auf dem festen Lande abzubrechen, welche uns mit ihrem Holzwerk zu Flößen dienen konnten. Dieses war die bündigste Kriegserklärung. In Felsenritzen versteckt, warfen sie auf uns und beschossen uns mit sehr gut gezielten Kugeln. Jetzt eine Kanone, ihr bloßer Anblick trieb ihre Wut aufs Äußerste. Die Verbindung der großen Insel mit Philae war aufgehoben, die Völker zogen sich zurück,

[38] die Insel Bige

schwammen durch den Arm des Flusses und verloren sich in die Wüste.

Wir fanden das Palmholz zu leicht, auch zog es Wasser an. Die Überfahrt mußte bis morgen verschoben werden. Die Soldaten blieben stehen, während man alles Nötige zum Bau einer Fähre, die vierzig Mann tragen konnte, kommen ließ. Diese Arbeit verschlang den ganzen folgenden Tag und vermehrte die Unverschämtheit der Inselbewohner, welche sich erkühnten, dem General den Vorschlag zu machen, ihm gegen Bezahlung von hundert Piastern[39] allein und unbewaffnet den Eingang in die Insel zu gestatten. Aber die Szene veränderte sich, als sie mit einmal die große Insel von unseren Freiwilligen überschwemmt sahen. Eine Kanone mit gehackten Blei und Kupfer hatte ihren Einzug gesichert. Schrecken, der gewöhnliche Begleiter der Kühnheit, trat nun an ihre Stelle. Männer, Weiber, Kinder, alles stürzte sich in den Fluß, um sich durch Schwimmen zu retten. Konsequent sah man Mütter ihre Kinder, die sie nicht mit sich nehmen konnten, ersäufen, ihre mannbaren Töchter verstümmeln, um sie den Mißhandlungen der Überwinder zu entziehen. Als ich tags darauf die Insel besuchte, fand ich ein kleines Mädchen von sieben oder acht Jahren, das man mit der schändlichsten Brutalität vernäht, und grausam aller Mittel beraubt hatte, den dringenden Bedürfnissen der Natur Genüge zu leisten, welches ihr schreckliche Konvulsionen verursachte. Durch eine entgegengesetzte Operation und ein Bad rettete ich das Leben dieses unglücklichen kleinen Geschöpfes. Die anderen mannbareren zeigten sich minder spröde und wählten sich selbst ihre Überwinder. Die kleine Kolonne hatte sich zerstreut und sich selbst den größten unersetzlichen Schaden getan.

Sie hatten die Barken der Mameluken geplündert und von dieser Beute Magazine errichtet, welche, in Vergleichung mit ihren Nachbarn, unermeßliche Reichtümer enthielten und ihnen den Unterhalt auf mehrere Jahre zusicherten. Innerhalb einiger Stunden sahen sie sich für Gegenwart und Zukunft beraubt und mußten bei denen Zuflucht suchen, denen sie vor einigen Tagen den Krieg angekündigt hatten. Die Ausleerung der auf der großen Insel angelegten Maga-

---

[39] türkische Silbermünzen

Philae, Blick vom Isis-Tempel

zine beschäftigte die Soldaten den ganzen übrigen Tag. Ich benutzte diese Zeit, die Felsen und Altertümer zu zeichnen.

Diese Ruinen bestehen in einem kleinen Tempel mit einem vorhergehenden Portikus von vier Säulen mit sehr eleganten Kapitälen, welchem man späterhin einen anderen Portikus angebaut hatte, der wahrscheinlich den ganzen Tempel umlief. Der älteste Teil war mit größerer Sorgfalt gearbeitet und reicher verziert. Der katholische Kultus der späteren Zeiten hat ihn verändert. Bogen sind zu viereckigen Türen vermauert, und in der heiligen Halle, unweit den Bildern der Isis und Osiris sieht man noch die mirakulösen Fußstapfen des heiligen Antons oder Paulus (11), des ersten Einsiedlers.

Der folgende Tag erfreute mich mit dem schönsten Reisewetter. Schon war ich Besitzer von sieben oder acht alten Denkmälern und glücklicherweise nicht mit ungeduldigen neugierigen Gaffern umgeben, die immer glauben, alles gesehen zu haben und immer von einem Gegenstand zu anderen fortreisen, ohne Muße zu vergönnen, den vorhergehenden genau anzusehen. Keine wirbelnde Trommel rief mich zur Abreise, keine Araber, keine Fellachen, nichts störte mich. Mir selbst und meiner Muße überlassen, entwarf ich eine Karte der Insel, und die Pläne der Gebäude, womit sie besetzt ist.

Sechs Wanderungen hatte ich schon um die Insel Philae unternommen. Die ersten fünf hatte ich zur Aufnahme der Gegenden und Zeichnung ihrer Prospekte angewendet.

Ich durchschweifte die ganze Insel, um ihre verschiedenen Sehenswürdigkeiten kennenzulernen. Ich fand, daß diese Altertümer verschiedenen Zeiten, Völkern und Absichten ihr Dasein verdanken, und die Vereinigung dieser Gebäude, jedes in seinen Verhältnissen regelmäßig, eine unregelmäßige, aber sehr malerische Gruppe bildet. Ich unterschied sechs verschiedene Heiligtümer oder Tempel, von verschiedener Größe, von verschiedenen Zeitaltern. Einer hatte dem anderen als Muster gedient, daher die Übereinstimmung der Verhältnisse untereinander. Ein Teil der Verzierungen an manchen war nur hinzugefügt worden, um das an ihm, was früher erbaut war, dem anderen ähnlich zu machen, indem man mit möglichster Genauigkeit die unregelmäßigen Winkel nachahmte. Diese Art Verwirrung der architektonischen Linien erhebt die malerische Wirkung mehr als kalte Symmetrie, vermehrt die Mannigfaltigkeit der Gruppen und beschäftigt das Auge mehr.

Alle verschiedenen Epochen der bildenden Kunst zeigen sich hier auffallend deutlich. Wo man nicht sagen kann, welches das älteste Gebäude ist, sind es mehrere, welche die verschiedenen Denkmäler miteinander verbinden und welche nicht den geringsten Zierat noch Bildwerk hatten und denen die Vollendung fehlte. Hierher gehört das große länglich viereckige Gebäude. Schwerlich läßt sich sein eigentlicher Gebrauch bestimmen, wenn die einzelnen Verzierungen Opfer darstellten, so zeigten sie einen Tempel an. Doch hat es weder die Form eines Portikus noch eines Heiligtums. Die Säulen, welche seinen Bezirk bilden, und welche bis zur Mitte ihrer Höhe freistehen, tragen nichts als ein Quergebälk und eine Kornische ohne Dach und Plattform. Nur durch zwei Türen ohne Bekleidung, welche durch das Gebäude, seiner Länge nach, führen, gelangt man in das sonst nirgends zugängliche Gebäude. Ohne Zweifel ist es in der letzten Epoche ägyptischer Herrlichkeit errichtet. Die Kunst zeigt sich in ihrer höchsten Reinheit. Die Kapitäle sind bewundernswert schön ausgeführt, die Windungen und das Laufwerk so schön gearbeitet, als im goldenen Zeitalter der griechischen Bildnerkunst, und ebenso symmetrisch verteilt wie zu Apollinopolis, das heißt, verschieden untereinander und den gegenüberstehenden entsprechend.

Meine lebhafte Einbildungskraft stellte mir diese Trümmer in ihrer ehemaligen Vollkommenheit dar. Ich entriß diese lange Galerie dem Schutt, der sie bedeckte, verfolgte ihre Bedachung, richtete die Sphinxe wieder auf samt den Obelisken, suchte die Verbindungen der fehlenden Stufen an den Treppen wieder herzustellen.

Was konnten jene Tempel so nahe aneinander auf so kleinem Raum, und dennoch so charakteristisch unterschieden, bedeuten? Waren es Kapellen, aus Dankbarkeit von Einzelnen errichtet? Waren es – was die Katholiken Stationen nennen – Kapellen, worin bei feierlichen Umgängen gewisse Zeremonien verrichtet wurden? Die verborgensten Kapellen enthielten noch jetzt die geheimnisvollsten Heiligtümer, Tabernakel, welche das Hochwürdigste, das Heiligste enthielten, vielleicht den Vogel, welcher die Gottheit des Tempels vorstellte, den Sperber, das Emblem der Sonne, welcher dieser Tempel ausschließend gewidmet war.

In demselben Portikus befanden sich astronomische Deckengemälde, Theorien der Elemente, Planeten-Systeme, an den Wänden religiöse Zeremonien, Bilder von Priestern und Göttern; an den Seiteneingängen riesenmäßige Bilder, entweder einiger Monarchen oder Embleme der Stärke und Gewalt einer Gruppe Bittender drohend, die sie mit einer Hand bei den Haaren zusammengepackt hatten. Waren es Rebellen? Überwundene Feinde? Ich bin für das letztere, denn die ägyptischen Figuren sind nie mit langen Haaren vorgestellt.

Nächst diesen großen Kreuzgängen, dieser Verbindung von Tempeln und Wohnungen der Priester untereinander, finden sich noch zwei andere abgesonderte Tempel. Der große, wovon ich schon gesprochen habe, und ein kleinerer, der niedlichste, den man sich denken kann, so wohl erhalten und von so kleinen Verhältnissen, daß man versucht werden könnte, ihn fortzutragen.

Wollte man jemals einen Tempel von Afrika nach Europa übertragen, so müßte man diesen wählen, welcher in seinen verjüngten

Philae, Kiosk des Trajan

Verhältnissen ein solches Unternehmen möglich macht, und einen augenscheinlichen Beweis von der edlen Einfalt der ägyptischen Bauart abgeben und als Beleg des Satzes dienen könnte, daß nur der Stil und nicht das ausgedehnte Maß die Erhabenheit eines Gebäudes ausmachen (12). Außer den ägyptischen Denkmälern findet sich auch im südlichen Teil der Insel eine griechische oder römische Ruine. Mir schien sie der Rest eines kleinen Hafens und eines Zollhauses. Auch eine katholische Kirche läßt sich unter diesen ägyptischen und griechischen Gebäuden betreten. Sie ist von Trümmern des Altertums zusammengesetzt mit untermischten Kreuzen, Arabesken, Hieroglyphen und heidnischen Idolen und griechischen Verzierungen aus jener Zeit des gesunkenen Geschmacks aufgeputzt. Man verließ die Tempel und zerstörte sie, indem man ihre behauenen Steine zum Bau der Kirchen verschleppte.

Welche Gegenstände für den Altertumsforscher! Aber die Zeit rollt dahin! Ich hätte die Sonne aufhalten mögen, jede Stunde hatte ich zu meinen Beobachtungen verwendet, schickte mich zum Zeichnen an, veranstaltete Messungen. Das Abführen der Magazine versprach meinem Aufenthalt auf Philae keine lange Dauer mehr, auch konnte ich nicht hoffen, jemals wieder zurückzukehren. Ich fand hier nicht das gutmütige Völkchen von Elephantine. Die Eroberung dieser kleinen Insel hatte unsere Soldaten abgemattet. Mit ermüdeten Augen und die Seele voll Erinnerungen verließ ich die Insel mit einbrechender Nacht, beladen mit meiner Beute und meinem kleinen Mädchen, das ich an den Scheich von Elephantine gab, der es seinen Eltern wieder zustellte.

Man hatte vorgeschlagen, Syene zu befestigen. Der Ingenieur Garbé hatte für ein Fort die Plattform einer Anhöhe in der Südspitze ersehen, welche über alle andere hervorragte und von wo aus man die ganze Gegend rings umher beobachtete.

Es fehlten uns Rammen, Piken, Hämmer, Kellen. Man suchte alles zu benutzen. Das fehlende Holz, Backsteine zu machen, wurde von den alten arabischen Gebäuden zusammengeholt. Gleich den römischen Kohorten, welche auch einst in dieser Gegend hausten, kannten die braven Franzosen keine Schwierigkeiten und überwanden sie alle. Jedes Individuum sollte alle Tage zweimal Baumaterialien herantragen. Die meisten konnten ihre eigenen Glieder kaum fortschleppen, dennoch schloß sich keiner aus. Bastionen wurden aufgeworfen, und die Arbeiten mit solcher Tätigkeit betrieben, daß in wenigen Tagen die Festung sich erhob. Zugleich wurde ein römisches Gebäude befestigt. Seine gute Bauart, verbunden mit seiner glücklichen Lage – es war ein Badehaus gewesen und hatte sich trefflich erhalten – machten es doppelt nützlich, da es zugleich den Fluß verteidigen konnte.

Das Ziel der Reisen der französischen Armee in Ägypten wurde in einen Granitfelsen bei den Katarakten eingehauen (13). Ich benutzte die Gelegenheit einer Kundschaft, welche nach der Wüste des linken Nilufers beordert war, die Steinbrüche und ein altes Zenobitenkloster aufzusuchen, wovon Pococke (14) spricht. Nach einem Marsch von einer Stunde fanden wir es in einem kleinen Tal, von verwitterten Felsen eingeschlossen. Das Detachement setzte sein Kundschaften weiter fort und überließ mich an diesem traurigen Ort mir selbst und meinen Untersuchungen.

Ich durchirrte die langen düsteren Kreuzgänge. Langsam, feierlich laut tönten meine Schritte unter den traurigen Gewölben, vielleicht unterbrach ihr Schall seit mehreren Jahrhunderten zum erstenmal die Todesstille dieses grausigen Ortes. – Die Zellen der Mönche, Tierbehältern in einer Menagerie ähnlich, viereckige Löcher von sieben Schuhen, erhielten durch ein sechs Fuß hohes Dachfenster ihr sparsames Licht. Die traurige Aussicht nach dem weiteren Himmel und dem Horizont von Sandbergen vermehrte das Fürchterliche des Ortes und verbreitete eine wehmütige Dämmerung in dieser Wohnung des stillen Jammers und der Entsagung, unangenehmer den Augen als selbst die Finsternis der Nacht. Sicher vermehrte sie einst die Melancholie derer, die hier ihre Lebenstage vertrauerten.

Ein Lager von Backsteinen, ein Loch in der Wand statt des Schrankes, war die einzige Spur, welche die Kunst an den vier Mauern zurückgelassen hatte. Eine Winde an der Seite der Tür deutete noch, daß hier jene Einsamen ihr trauriges Mahl hielten. Einige verstümmelte Sprüche, in die Mauern eingegraben, zeigten, daß einst Menschen hier wohnten. Ich glaubte, in diesen Inschriften ihre letzten Empfindungen zu lesen, eine letzte Verbindung mit der Nachwelt, Hoffnung, daß die alles vernichtende Zeit hier ihr Andenken fristen werde. Ich sah sie ringen mit dem Tode, wie sie noch einige Worte sagen wollten und nicht mehr weiterkonnten.

Überströmt von Wehmut, die mir dieser traurige Aufenthalt einflößte, eilte ich, mir im Hofraum Luft zu machen. Umgeben von hohen durchbrochenen Mauern, bedeckten Gängen, Schießscharten für Kanonen, kündete er davon, daß die Stürme des Krieges auch hier an diesem traurigen Orte das grause Stillschweigen überbrüllt hatten, daß dieses Gebäude den Zenobiten, die es mit so vieler Mühe und Beharrlichkeit aufgeführt, in verschiedenen Epochen Überwundenen als Zufluchtsort oder den Siegern als Vorposten gedient habe.

Das Detachement, welches mich an dem einsamen Ort verlassen hatte, kam nun zurück, mich abzuholen. Mir ward's, als stieg ich aus einem schwarzen Grab, in die heitere Frühlingsluft hervor. Ich hatte indessen das melancholische Kloster abgezeichnet.

Wir erfuhren, daß die Mameluken, welche zu Damiette vor uns geflüchtet, sich rechts hinab in die Wüste gezogen hatten, sich mit Hassan Bei wieder zu vereinigen; daß Murad Bei alles, was an Lebensmitteln in dieser Gegend aufzutreiben war, an sich gezogen, durch die Wüste am linken Ufer zurückging und niemand hinter sich ließ, als den alten Soliman, der mit vierundzwanzig Mameluken Birbe besetzt hielt.

KAPITEL X

Kämpfe mit den Mameluken in Oberägypten

Wir hatten zu Syene nichts mehr zu tun, verließen es den 6ten Ventose (24ten Februar).

Gern wäre ich noch einige Wochen dageblieben, aber ich fürchtete die Ankunft der heißen Frühlingswinde. In der Hoffnung, mich auszuruhen, schiffte ich mich ein. Die Barke mußte gleichen Schritt mit den Truppen halten, welche denselben Weg zurücklegten, den ich schon einmal bereist hatte. Auf dieser Flußreise hoffte ich, Ombos und die Steinbrüche von Gebel Silsilis zu sehen, welche ich beim Hinweg nilaufwärts links liegen ließ.

Ich empfand alle Unbequemlichkeiten dieser Art zu reisen. Der Wind, die Unkunde der Schiffer, verbunden mit der Unmöglichkeit, die Landeseingeborenen steuern zu lehren, alles verband sich zu unsrem Unglück. Eingeschifft den 3ten, kamen wir nicht eher als den 6ten nach Kom-Ombos, (1) in demselben Augenblick, wo der Wind unserer Fahrt günstig wurde. Man eilte sehr, ihn zu benutzen, als daß ich den Wunsch äußern durfte, eine Stunde zu landen. Ich konnte nur wie im Vorüberflug, in größter Eile, eine Skizze von den Altertümern entwerfen.

Das alte Ombos, wo man das Krokodil anbetete, heißt noch Kom-Ombos (Ombos auf dem Berge). In der Tat liegt es auf einer Anhöhe, welche die Gegend beherrscht und sich bis an die Ufer des Nils erstreckt. Gehörten alle diese Trümmer zu einem einzigen Gebäude, so war dieses ungeheuer. In der Mitte ist ein großer Portikus mit Säulen von geschweiften Kapitälen von den größten Verhältnissen. Auf der Mittagsseite hat sich ein Tor vollkommen erhalten. Es gehörte zu einer Ringmauer, welche aber zerstört ist.

Es ist bekannt, daß die Ägypter mehr auf übermäßige Größe und malerische Wirkung als auf symmetrische Richtigkeit sahen. Sie ersetzten sie durch schöne Massen, durch reiche Verzierungen, große Partien und imposante Wirkungen. Es fragt sich, hatten sie Unrecht? Ohne mich auf eine Entscheidung dieser Frage einzulassen, sage ich weiter nichts, als daß die Trümmer von Ombos einen äußerst majestätischen, erhabenen Anblick geben. Ungeachtet sie im Verfall sind, ungeachtet der elenden Hütten, womit man sie verunstaltet hat, bieten sie noch immer das schönste, bezaubernste Bild einer Ruine dar, so romantisch als es nur die schöpferische Phantasie vorgaukeln kann.

Am folgenden Tag war ich glücklicher. Wir landeten großen Sandsteinbrüchen gegenüber, die in die Berge gebrochen waren, welche von beiden Seiten an den Nil grenzten. Der Ort heißt Gebel Silsilis, liegt zwischen Etfu und Ombos. Die Sandsteine dieser Brüche sind so gleichförmig, so vollkommen, daß man die Hälfte bestimmt abschlagen kann, wie man es braucht.

Die unermeßlichen Aushöhlungen und die Menge Bruchsteine, welche man noch in diesen Steinbrüchen sieht, zeigen, daß sie seit mehr denn einem Jahrtausend bearbeitet wurden und den Stoff zu den meisten Prachtgebäuden Ägyptens lieferten. Die Entfernung erschwerte den Transport nicht, denn sobald der Nil anschwoll, hob er die schon vor seiner Ankunft beladenen Fähren samt den Steinen auf und trug sie auf seinen Fluten an den Bestimmungsort.

Die Sucht nach Denkmälern bei den Ägyptern zeigt sich in allen ihren Steinbrüchen. Nachdem sie ihnen die Materialien zu ihren Tempeln geliefert hatten, dienten ihre ausgebrochenen Höhlen selbst zu Tempeln und wurden durch Denkmäler geheiligt.

Am Ufer des Nils findet man eine große Zahl in den Felsen gehauener Gräber. Diese Gräber sind merkwürdig, so sehr sie verschüttet und entstellt sind.

In einem der größeren und einer Menge kleinerer, welche ihm folgen, findet man, wie in besonderen Zimmern, große sitzende Figuren. Diese Zimmer sind mit Hieroglyphen, welche in den Felsen gehauen sind, geziert und mit gefärbten Stuck ausgeführt. Sie stellen fast allezeit Personen vor, welche Brote, Früchte, Flüssigkeiten, Vögel usw. opfern. Die Decken, ebenfalls von Stuck, sind mit Arabesken und allerhand ineinander verschlungenen Schnörkeln geziert und in einem eigenen Geschmack geformt. Der Boden ist mit mehreren Vertiefungen von der Größe eines Grabes und der Form der Mumiensärge versehen. Ihre Zahl steht im gleichen Verhältnis zu den ausgehauenen Figuren. Jene, welche Männer vorstellen, haben kleine viereckige Bärte und einen Kopfputz, der auf die Achseln herabhängt; jene der Frauen haben denselben Kopfputz, doch fällt er hier auf den entblößten Hals.

Gewöhnlich haben diese letzteren einen ihrer Arme auf die Schulter der nebenstehenden Figur gelegt, in der anderen Hand halten sie die Lotusblume, eine Pflanze des Acheron, das Emblem des Todes (2).

Stets aufgebrochene Türen ließen mich nie bemerken, wie sie geöffnet oder geschlossen wurden. Rechts von der Tür fand ich gewöhnlich ein Weib in klagender Stellung, vielleicht die Witwe, die ihren Mann überlebt hatte.

Die Auswahl dieses Platzes zu Begräbnissen bestätigt, daß zu allen Zeiten die stillen Wüsteneien in Ägypten die Versammlungsplätze der Toten waren. Die Ägypter tragen bis auf den heutigen Tag ihre Toten in trockene Sandfelder, sie vor frühem Moder zu schützen, manchmal mehr als drei Meilen von ihren Wohnungen. Ich war soeben im Begriff, das Interessanteste in diesem Steinbruch abzuzeichnen, als der günstige Wind mich an Bord rief.

Als wir uns Esne näherten, trafen wir wieder Krokodile an, in Syene findet man keine. Unterhalb der Katarakte findet man sie wieder, als zeigten sie eine besondere Vorliebe für gewisse Plätze, vorzüglich von Tintyra bis Ombos, am häufigsten findet man sie bei Hermontis (3). Wir sahen hier ihrer drei, unter denen das eine an Größe die anderen weit übertraf, wenigstens war es fünfundzwanzig Fuß lang. Alle drei waren eingeschlafen. Wir näherten uns ihnen bis auf zwanzig Schritt. Wir hatten hinlängliche Muße, ihren traurigen Gang zu beobachten, sie sahen aus, wie Kanonen mit ihren Lafetten. Ich feuerte ein Gewehr auf das größte, die Kugel traf, rollte aber an den Buckeln ab. Es tat einen Satz von zehn Fuß in die Länge und verschwand im Nil.

Mit Anbruch des Tages kamen wir in Esne an. Beim Anlanden hörten wir zur Versammlung trommeln. Ich wollte vom Schiff, dessen ich längst überdrüssig war, kaum war ich zehn Minuten auf dem Land, als ich mich auf mein Pferd schwang und nach Apollinopolis und Latopolis (4) eilte, wo ich noch einiges zu untersuchen hatte. Aber das Schicksal des Krieges trat mir in den Weg, ich hatte von Glück zu sagen, daß Murad Beis Eigensinn mir Syene zu sehen erlaubt hatte. Er hatte keinen anderen Plan als seine ausdauernde Hartnäckigkeit und war bloß dem Gesetz der momentanen Verhältnisse gefolgt.

Schon war die Koalition des Beis gebrochen. Soliman war zu Deir[40] geblieben, Hassan mit zwanzig Mameluken hatte sich auf den Gebirgen von Esne von Murad getrennt, und war nach Etfu zurückgegangen. Alle Scheichs vom linken Nilufer mußten sich trennen, und Murad allein mit seinen dreihundert Mameluken mußte bis unterhalb Siuts zurück. Aber bei Souhanta, unterhalb Girge traf er auf General Friant (5). Er nahm seinen Marsch nach Eloah, wo er erwartete, was das Schicksal über ihn und uns beschließen würde.

Den 13ten Ventose gegen Morgen kamen wir nach Hermontis. Hier erwarteten wir Nachricht über die Mameluken, Mekkaner und den übrigen Teil unserer Armee, der nach verschiedenen Punkten unseres Operationsplanes zerstreut war.

Beim wiederholten Besuch des Tempels, den ich schon gezeichnet hatte, stellte ich neue Untersuchungen der Hieroglyphen an, zeichnete alles, was ich der Beschauung der Gelehrten und Wißbegierigen wert hielt, auch entwarf ich seinen Grundriß und Prospekt.

Den 17ten brachen wir auf, um Osman Bei zu begegnen, der den Berichten nach den Nil bei Kene (6) passieren mußte.

Wieder mußte ich Theben durchirren. Mit noch größerer Eile, als das erstemal, ohne eine Säule zu messen, mich einem einzigen Denkmal nähern zu können, verfolgten wir die Ufer des Nils, gleich entfernt von dem Tempel von Medinet-Habu, von Memnonium, den Tempeln von Gournon[41] (7), welche ich links liegen ließ, und rechts blieben die Tempel von Luxor und Karnak (8) stehen. Tempel und abermals Tempel! Keine Spur jener berühmten hundert Tore, keine Mauern, keine Dämme, noch Brücken, keine Bäder, keine Theater, kein einziges Gebäude des öffentlichen Vergnügens. Ich gab fleißig acht, spürte allenthalben nach und fand immer nichts als Tempel, Mauern mit dunklen, rätselhaften Sinnbildern bedeckt, Hieroglyphen, die von der ehemaligen Herrschaft der heidnischen

[40] vermutlich Derr, nördlich Korosko in Nubien gelegen
[41] Kurna

Luxor

Priester sprachen, welche noch über diese Trümmer zu herrschen schienen, und deren Reich noch in meiner Einbildung spukte.

Wir verließen den Platz und machten Halt in der westlichen Vorstadt, im Viertel der Nekropolis, wo ich die Bewohner von Gournon fand, welche uns den Eingang in die Gräber – ihren jetzigen Zufluchtsort – noch immer streitig machten.

Gegen Abend meldete uns einer unserer Spione, daß die Mekkaner, vereint mit Osman Bei, uns bei Benhout, drei Meilen vor Kene, abzuschneiden gedächten, sie hätten Kanonen, und wären entschlossen, eine Schlacht zu wagen. Sie fügten noch hinzu: daß mehrere unserer Barken auf dem Nil angehalten worden wären und nach einem hartnäckigen Gefecht, in welche, viele Fellachen und Mekkaner umgekommen, hätten die Franzosen der Übermacht unterliegen müssen und wären alle niedergemetzelt worden. Wir hatten uns ans Ufer gelagert. Der Fluß mußte passiert werden, wenn wir dem Feinde gegenübertreten wollten. Wir erwarteten unsere Barken, die uns nachkamen. Wir konnten keinen Augenblick zweifeln, daß wir vom gegenseitigen Ufer beobachtet würden. Immer kamen bewaffnete Reiter, und gingen wieder zurück. Wir marschierten rückwärts, um auf unsere Bagage zu stoßen, mit welcher wir uns bald vereinigten.

Den 19ten Ventose setzten wir unseren Marsch fort. Bei unserer Ankunft in Kus (9) bestätigte man die Erzählung unserer Spione.

Kus liegt am Eingang der Mündung der Wüste, welche nach Berenice (10) und Kosseir (11) führt. Es hat noch einiges Ansehen, vorzüglich nach Süden. Seine außerordentlichen Melonenplantagen, seine Gärten, welche allenthaben Überfluß darbieten, machen es zum Paradies der Bewohner der Küsten des Roten Meeres und der ermüdeten entkräfteten Reisenden aus der Wüste. Es folgt nach Kophtos (12), berühmt durch seinen Handel.

Die Kopten machen den größten Teil der Bewohner aus. Der Handel und der hier noch sehr in Blüte stehende Katholizismus zog sie in Mengen hierher. Ihr Eifer gab uns alle möglichen Kostproben ihres Wohlwollens. Sie begleiteten uns persönlich mit ihren guten Wünschen bis an die Grenzen ihres Gebietes.

Ich war erstaunt über den aufrichtigen Anteil des Scheichs, welcher, fest überzeugt, wir gehen unserem Tode entgegen, uns von allen Umständen genau unterrichtete, ohne eine Gefahr zu verhehlen, welche uns drohte. Er gab uns mit wahrer Sachkenntnis Mittel an, ihnen auszuweichen, begleitete uns, soweit er konnte, und verließ uns mit Tränen in den Augen.

Desaix war acht Tage in Kus gewesen, hatte den Scheich oft gesehen und jener zärtliche Anteil, den er uns bezeugte, war sicher die Folge vorteilhafter Eindrücke, die er ihm durch seinen redlichen und offenen Charakter gegeben hatte.

Wir sahen nichts von den Barken, noch von jenem Gefecht, und waren weit entfernt, die Nachricht zu glauben. Wir waren nur vier Meilen vom Feind entfernt. Eine Stunde von Kus sahen wir rechts am Eingang der Wüste die Trümmer von Kophtos (12), berühmt im vierten Jahrhundert durch seinen Verkehr mit dem Orient. Man erkennt seinen ehemaligen Glanz nur an den großen Schutthaufen, welche es von allen Seiten umgeben. Die alte Stadt ist so wüst und menschenleer als ihre Nachbarin, die Wüste.

Als wir an Kophtos vorüber waren, sagte man uns, der Feind sei im Anmarsch. Wir machten Halt, und nach einem kleinen Mahle schickten wir uns an, den Feind zu empfangen. Bald sahen wir seine Fahnen. Ihre Front machte eine Linie von mehr als einer Meile aus. Unserer Order gemäß setzten wir den angefangenen Marsch im geschlossenen Karree fort, bedeckt von einer Kanone und fünfzehn Mann Kavallerie. Bald hörten wir das Feldgeschrei und trafen uns in einem Dorf, das das Ende ihrer Front besetzt hatte. Man schickte Scharfschützen ab, welche bald mit ihnen handgemein wurden. Ungeachtet einiger heftiger Ausfälle der Unsrigen zogen sie sich dennoch nicht zurück. Ihre Tapferkeit ersetzte ihren Mangel an Waffen. Indessen hatten wir sie bis zu einem anderen Dorf zurückgetrieben, ungefähr eine Viertelmeile weiter. Jetzt machten die Mameluken Miene, unseren rechten Flügel anzugreifen. Wir marschierten gerade auf sie zu, ohne uns in den Streit einzulassen, in dem sich die Chasseurs durch die Mekkaner durchschlugen. Unser mutiges Aufmarschieren und einige Kanonenschüsse befreiten uns von der Nachbarschaft der Mameluken, welche nicht so herzhaft als die Mekkaner darauf losgingen und nur versuchen wollten, ob die Zahl der letzteren und ihr Mut so viel Soldaten von unserem Karree losreißen könnten, um ihnen einen vorteilhaften Angriff zu verschaffen. Als wir die Infanterie auch aus dem zweiten Dorf verjagt hatten, fanden wir in einer kleinen Ebene vor Benhout, wo wir das Hauptkorps der Feinde abgeschnitten wußten, alle, die wir schon geschlagen hatten, mit ihm vereinigt. Wir ahnten eine blutige Schlacht, aber keine Kanonade von einer Batterie mit Kugeln und gehacktem Blei, welche rechts und links an unserem Karree vorbeiflogen, und trafen. Der Tod mähte vor und neben mir alles weg. Ich selbst erwartete ihn alle Augenblicke. Im Zeitraum von zehn Minuten, als wir unter Feuer standen, fiel beinahe jeden Augenblick einer vor meinen Augen. Drei wurden, indem sie mit mir sprachen, weggerafft. Ich mochte keinen mehr anreden. Der letztere war durch eine Kugel getroffen, welche wir beide ankommen und im Sande wühlen sahen. Wir glaubten sie entkräftet am Ziel ihres Laufes. Er hob den Fuß, um sie vorbei zu lassen. Sie sprang noch einmal auf, ergriff seine Ferse und zerriß alle Muskeln seines Fußes. Der junge Offizier starb am anderen Tag an dieser tödlichen Wunde, da der

Fuß aus Mangel an Instrumenten nicht amputiert werden konnte.

Wir glaubten, daß ihre Kanonen ohne Lafetten nur eine Richtung hätten, aber wie groß war unser Erstaunen, als wir sie uns in allen Richtungen verfolgen sahen. Wir waren genötigt, in größter Eile die Vorderseite des Dorfes einzunehmen und den Streit so lange fortzusetzen, bis die Karabiniers und Chasseurs ihre Batterien geschwenkt und die Bajonette abgenommen hatten. Im Augenblick, als man zum Angriff trommelte, stürzten die Mameluken auf unsere Karabiniers, welche sie mit einem Musketenfeuer empfingen, daß sie verhängten Zügels zurücksprengten, über die Batterie stürzten und ein allgemeines Gemetzel entstand. Es fand sich, daß die Kanonen französische waren, und zwar jene der Admiralsbarke »Italien« unserer kleinen Flotte. Wir hofften, daß nach dieser Eroberung der Streit enden werde, entweder durch Verzweiflung oder Flucht der Armee der Mekkaner. Indes hielt sich ein Teil noch lange in einem kleinen Palmwalde, bis der andere eine Art von Retirade machte, die wir nicht verhindern konnten, da jedesmal, wenn wir uns nähern wollten, die Mameluken, welche uns beständig in der Flanke waren, uns angreifen und schlagen konnten. Wir mußten demnach in Schlachtordnung marschieren, und jeden Augenblick ihres Angriffs gegenwärtig sein.

Sechs Stunden hatten wir schon gekämpft, ohne einen ungeübten, aber tapferen, schwärmerischen und an Menge überlegenen Feind zu ermüden, der mit Wut angriff, hartnäckigen Widerstand leistete und sich nur in Masse wieder zusammenzog.

Erschöpft, schmachtend von der Hitze, hielten wir einen Augenblick inne, um Atem zu schöpfen. Es gebrach uns an Wasser, und niemals hatten wir es nötiger. Ich erinnere mich, daß ich im Getümmel der Schlacht einen Krug mit Wasser in einem Mauerloch fand, und weil ich keine Zeit zum Trinken hatte, im Gehen das Wasser auf die Brust goß, um mich vor der wütenden Hitze zu schützen, die mich zu verzehren drohte.

So lange der Feind seine Batterie behauptete, zog er sich immer noch zusammen. Als wir einem Palmwalde näherkamen, fanden wir, daß er ein großes Dorf verbarg, mit einem befestigten Hause mit Schießscharten versehen, verschanzt und unzugänglich, da der Feind mit Waffen und Munition aller Art versehen war, die wir sowohl an der Schußweite als an den Kugeln für die Unsrigen erkannten.

Schon hielten wir zwei Stunden dieses Haus von allen Seiten belagert. Wir hatten sechzig Tote und ebensoviele Verwundete. Die Nacht brach herein, man warf Feuer in die nahegelegenen Häuser, eroberte eine Moschee, trennte die Verbindung des Feindes mit dem Nil und arbeitete, die eroberten Stücke wieder in Stand zu setzen. Die Belagerten ihrerseits beschäftigten sich, neue Schießscharten auszubrechen, niedrige Batterien aufzuwerfen und Kanonen aufzupflanzen, die sie vorher noch gar nicht benutzt hatten.

Die Fellachen, die dem Feuer der Belagerer sowohl als der Belagerten auswichen, erzählten uns, daß am Tag nach dem Abmarsch des General Desaix, um Murad zu verfolgen, die Mekkaner neuerdings aus der Wüste gekommen wären, und unsere Flotille erobert hätten. Daß sie eines unserer Schiffe zerschellt hätten, um alles, was den Fluß befuhr, zu nötigen, ihre Batterie zu passieren. So hätten sie sich zu Herren des Nils gemacht, und wären ungeachtet des großen Verlustes von Menschen noch immer sehr zahlreich und fest entschlossen, ihren Plan durchzuführen.

Mit Tagesanbruch fingen wir an, Breschen in das Haus zu schießen. Gegen neun Uhr morgens rückten die Mameluken mit Kamelen, welche Proviant trugen, an. Wir rückten ihnen entgegen, sie zogen sich ohne einigen ernstlichen Widerstand zurück. General Belliard, überzeugt, daß Zeit und Menschen durch weitere Schonung verloren würden, befahl einen Angriff. Man nahm ihn mit unerhörter Wut an. Unter dem feindlichen Feuer durchbrach man die erste Verschanzung und brachte unter den Feuergewehren der Belagerten brennende Materialien in diese Unglückswohnung. Das Feuer griff um sich. Eines ihrer Pulvermagazine sprang. Jetzt leckte das Feuer an allen Wänden des Gebäudes. Es fehlte an Wasser. Sie traten das Feuer mit den Füßen aus, suchten es mit den Händen, mit dem ganzen Körper zu ersticken. Schwarz und nackend sah man sie in den Flammen hin und her laufen – das wahre Bild der Teufel in der Hölle. Nicht ohne Gefühl des Mitleids und Schreckens betrachtete ich sie. Es gab Augenblicke, wo alles still war; man hörte ihre Stimmen. Von Neuem warfen sie sich über uns, obschon sie ihren gewissen Tod vor Augen sahen.

Mit der sinkenden Sonne machte man einen Ausfall. Er war lang und schrecklich. Zweimal drang man durch die Ringmauern, zweimal mußte man wieder zurück. Minder erschreckte mich der Verlust der Unsrigen, als der Gedanke, neue Anstrengungen aufbieten zu müssen, die Angriffe gegen einen sich beständig erneuernden Feind zu wiederholen, zumal ich wußte, daß unsere Patronen beinahe verschossen waren.

Mit einbrechender Nacht wurde Stillstand gemacht. Das Gefecht hatte nun zwei Tage gedauert.

Der Gefahr folgten Sorgen. Wir hörten das Geschrei unserer Verwundeten, und hatten keine Arzneimittel, keine Instrumente, die dringendnötigste Operation vorzunehmen. Wir hatten viele Leute verloren. Man brannte Feuer an, besetzte alle Zugänge mit Posten. Man schlief in Schlachtordnung. Die Gefahr heischte die genaueste Erfüllung der Dienstpflicht.

Ein unglücklicher koptischer Bischof, welcher in jenem Schlosse gefangen war, hatte sich, begünstigt von der Finsternis, mit einigen seiner Vertrauten geflüchtet und kam zu uns, vom Feuer unserer Vorposten mit Wunden und Stößen bedeckt. Nachdem er etwas zu sich gekommen, erzählte er uns die Schrecken ausführlich, welchen er entgangen war. Die Belagerten hatten schon seit zwölf Stunden kein Wasser mehr. Ihre Mauern brannten, ihre geschwollenen Zungen erstickten sie. Ihre Lage war fürchterlich.

Einige Augenblicke hernach, eine Stunde vor Tagesanbruch, forcierten dreißig der bestbewaffneten Belagerten mit zwei Kamelen einen unserer Posten und schlugen sich durch. Mit Tagesanbruch ging man durch die Breschen in den Hof und schlachtete vollends jene Unglücklichen, die halbverbrannt noch einigen Widerstand wagten. Man führte einen von ihnen zum General. Er schien einer der Aufrührer und war so verbrannt, daß, als er sich zum Niedersetzen bog, seine Haut von allen Seiten aufsprang. Seine erste Rede war: Hat man mich hierher geführt, mich zu töten, so säume man nicht länger, meine Leiden zu endigen.

Ein Sklave war ihm gefolgt. Er betrachtete seinen Herrn mit einem innigen ausdrucksvollen Blick, der mir für den einen sowie für den anderen Ehrfurcht einflößte. Die Gefahren, welche ihn betäubten, vermochten nicht sein Gefühl zu unterdrücken, er schien nur für seinen Herrn zu leben, er sah, er hörte nichts außer ihm. Welche

Blicke, welche gefühlvolle, tiefe Schwermut! Wie gut mußte der sein, den sein Sklave so lieben konnte! Wie schrecklich auch sein Los war, ich beneidete ihn.

Am 2ten des Morgens hatte General Belliard die Güte, den Gefangenen Pardon zu geben, sie mit Beweisen von unserer Großmut und der Verschiedenheit unserer Sitten zurückzuschicken. Die meisten unter ihnen, durch unseren Großmut innig gerührt, äußerten das Verlangen mit Tränen in den Augen, uns zu folgen.

Die Mameluken erschienen wieder. Wir gingen ihnen entgegen; es war nur ein blinder Angriff, um Zeit zu gewinnen, ihre Kamele frisches Wasser nehmen zu lassen. Wir trieben sie bis in die Wüste. Hier sahen wir ihre ganze Macht versammelt. Sie bestand in tausend Pferden, ebensovielen Kamelen und ungefähr zweitausend Infanteristen. Das Übrige bestand aus Mekkanern, die ebenso treulos in ihren Krieg verwickelt waren, als sie sie in der Folge leichtsinnig verließen. Wir glaubten, sie würden sich tief in die Wüste begeben, aber sie hielten sich seitwärts, und richteten ihre Bewegungen nach den unsrigen ein.

Die Reiterei machte die Arriergarde, welche sie durch Pistolenschüsse von dem Stillstand und Bewegungen der Unsrigen benachrichtigten.

Wir überzeugten uns mehr als jemals, wie unnütz es sei, sie zu verfolgen, wenn sie sich nicht schlagen wollten, und von der Unmöglichkeit, sie in einem Lande zu überrumpeln, wo ihnen auf jeder Seite des Flusses ein sicherer Rückzug offenstand. Überdies waren sie uns an Reiterei weit überlegen und wußten ihre Kamele zu schützen. Demnach ließen wir eine unnütze Verfolgung und kehrten zurück, unsere Barken zu bewachen. General Belliard nützte den übrigen Tag, um Kanonen, Munition und alles Übrige, was wir von unserer Artillerie wieder erobert hatten, zu sammeln und aufpacken zu lassen.

Unsere Munition war verschossen, wir hatten kaum so viel, uns in einen neuen Streit einzulassen; unsere Flottille, war samt ihrer Bedeckung vernichtet, und wir hundertfünfzig Meilen von Kairo, wo man nicht ahnte, daß wir Not an allem litten. Ich hatte den gelassenen Mut des Generals Belliard während des dreitägigen Gefechts bewundert. Seine Einsicht, die er in den Stunden bewies, welche auf dieses heiße Gefecht folgten, war nicht minder glänzend. Die geringste Unvorsichtigkeit hätte den Verlust unserer Flotten vollkommen gemacht.

Während man über das Schicksal der Einwohner, welche in Benhout geblieben, oder geflüchtet waren, beratschlagte, war ich nicht wenig erstaunt, alle Weiber des Dorfes mit den Soldaten gemein zu finden. Sie überließen sich ihrer Willkür mit einer Freude, einer Wohlbehaglichkeit, die mich ganz verwirrt machte! Jede überließ sich jedem, und schien mit den Liebesdiensten der Soldaten äußerst zufrieden. Es waren schöne reizende Frauen und Mädchen. Von ihren Überwindern sich ernährt, bedient und gut behandelt zu sehen, war ihnen so neu, daß ich glaubte, sie wären willig der Armee gefolgt. Sklaverei ist ihre Bestimmung. Nur das Gefühl des Gehorsams brachte sie wieder zu ihren Vätern und Männern, welche sie ohne die mindeste Spur von Eifersucht, die sich sonst in fürchterlichen Ausbrüchen an den Morgenländern charakteristisch zeigt, wieder aufnahmen. Es ist Krieg, sagten sie, wir konnten sie nicht verteidigen.

Den 21sten machten wir uns auf zum Marsch nach Kene, zu erfahren, wo der General Desaix sein könnte. Dieser Marsch wurde durch Winde unterbrochen, welche die wolkenlose Luft mit einer solchen Menge Sand erfüllten, daß man den Tag nicht von der Nacht unterscheiden konnte. Tags darauf kamen wir in Kene an, gegen neun Uhr morgens. Wir fanden Briefe von General Desaix, der vom Schicksal unserer Flotte und unserer Lage nichts wußte. Die Stadt war von Feinden befreit, die Einwohner kamen uns entgegen.

Kene folgt auf Kus wie Kus auf Kophtos. Ihre Lage hat den Vorzug, daß sie unmittelbar am Ausgang der Wüste und an den Ufern des Nils liegt. Sie war nie so blühend wie die beiden anderen, weil sie erst entstand, als der Handel mit Indien sich beinahe ganz verlor, entweder durch die Entdeckung des Vorgebirges der Guten Hoffnung, oder die despotische Regierung Ägyptens. Nur als bloßer Aufenthalt der Pilger belebt sich sein Handel nur zur Zeit des Durchmarsches der großen Karawane. Zu Kene versahen sich die Pilger der Oasen mit Lebensmitteln, wie die aus Mittel-, Oberägypten und Nubien. Sie versahen sich nicht nur mit dem Nötigsten durch die Wüste bis nach Kosseir, sondern auch auf die Reise nach

Gedda[42], Mekka und Medina, und von da zurück, weil diese Städte nichts als steinige Wüsten um sich haben.

Unsere Bewegungen in Syrien (13) und der Krieg in Ägypten hatten im sechsten Jahre (der Republik) die Karawanen verdorben, und folglich für das siebente jene von Europa und Afrika; die Inder fanden keinen Handel für ihre Waren, die sie nach Mekka gebracht hatten. Dieser Handel, längst schon vermindert, litt in dieser letzten Epoche unersetzlichen Schaden.

General Belliard brauchte Munition, um den Kampf weiter zu führen, die uns gänzlich fehlte. Wir sahen uns genötigt, das Haus zu Kene, in dem wir wohnten, zu befestigen. Von Desaix hatten wir keine Nachrichten. Die Gegend wimmelte von zerstreuten Feinden, welche alle unsere Kundschafter anhielten, töteten oder hinderten, ihren Weg fortzusetzen. So hielten sie uns von allen abgeschnitten in fürchterlicher, peinigender Ungewißheit. Der unermüdliche Desaix hatte die Mameluken bis Siut getrieben, Murad Bei gezwungen, sich in die Oasen zu flüchten, den General Friant das rechte Ufer passieren lassen, um mit ihm vereinigt Elfy Bei und die zerstreuten Mameluken zu verjagen. Schließlich fand uns Desaix in Kene, und wir erneuerten den Feldzug.

Wir marschierten nach Kus, wo die Mameluken sich gesammelt hatten, und von wo aus sie Ausfälle in die Dörfer der beiden Ufer machten, Christen und Kopten plünderten, mordeten und als Geiseln mit sich schleppten, Auslösung von ihnen zu erpressen.

Die Wüste einnehmen, in militärischer Bedeutung, im oberen Ägypten, heißt nicht nur, das bebaute Land verlassen, um in Sandwüsten umherzuirren, die es links und rechts umschließen, sondern sich in Schlünden und Tälern zu verwirren, die beiden Bergketten durchschneiden und deren Ausgänge, weil sie die Stellung bestimmen, und als eine Art von Observationsposten sehr wichtig sind, erobern und verteidigen. Die Mameluken hatten den Vorteil vor uns, sie alle zu kennen, die Zahl der Brunnen, und wo man sie finden konnte, zu wissen. In jenem Tale, welches von Kosseir an den Nil führt (14), finden sich vier Brunnen, einer eine halbe Tagesreise von Kosseir – sein Wasser ist nur für Kamele trinkbar. Der zweite an-

[42] Djedda

derthalbe Tagesreisen vom ersten, dann jener von Kattah, wieder anderthalbe Tagesreisen. Dieser letztere ist sehr wichtig, wenn man die Wüste einnehmen will, weil er an einem Ort liegt, wo sich drei Wege durchschneiden, deren einer nach Südwest, nach Redisi, der andere mehr gegen Abend, nach Nakade, und der dritte gegen Nordwest, nach Birambar führt, wo der vierte Brunnen ist. Von Birambar kommt man auf drei gleichen Wegen von Kus nach Kefth oder Kophtos, und nach Kene.

Desaix entschloß sich, die Mameluken in der Wüste zu belagern, oder wenigstens ihnen den Nil zu versperren, seine Bewegungen so einzurichten, daß sie sich nicht trennen konnten, ohne ihren Untergang zu befürchten, und sie endlich durch Hunger aufzureiben. Er hatte dreihundert Mann und einiges Geschütz zu Kene zurückgelassen, ging nach Birambar, dorthin sich mit der Infanterie, Kavallerie und Artillerie zu postieren, und wir mit den leichten Truppen der neunundzwanzigsten Legion wollten den Paß von Nakade besetzen. Die Hoffnung, auf dem Marsche Theben auf dieser Seite zu sehen, ließ mich noch einmal mit Freuden Kairo den Rücken zukehren.

Meine Bestimmung war, mit jenen zu marschieren, welche die höchsten Anhöhen überstiegen. Ich begleitete General Belliard, mußte mich aber wieder mit Desaix vereinigen. Unterwegs entwarfen wir eine Menge Pläne für die Zukunft. Unser Abschied war sehr trübe, unsere Trennung schmerzlicher als jemals. Wir trennten uns, ich sah ihn nicht wieder. Schon war ich eine Meile entfernt, als ich mich vom braven Latournerie eingeholt befand. Er war zurückgekommen, mir Lebewohl zu sagen, wir liebten uns sehr. Gerührt von diesem Beweis seiner Zärtlichkeit entging mir seine Erschütterung nicht. Weinend umarmten wir uns.

Spöttelt nicht, wenn ihr dieses lest! Das Handwerk des Krieges kann nur gefühllose Herzen verhärten, aber seine Schrecken stumpfen nie das Gefühl der Seelen. Bündnisse, geschlossen mitten unter Drängnissen und den Gefahren des Feldzuges von der Art wie in Ägypten, sind unauflöslich.

Als wir Kus passierten, wo ich seit meiner Rückkehr von den Katarakten des Nils nicht hineingekommen war, fand ich mitten auf dem Platz den Kranz eines Tores von erhabener Größe und der reinsten Proportionen bis an die Schnecken verschüttet. Dieses einzige Überbleibsel, das nur zu einem großen Gebäude gehören konnte, beweist, daß Kus auf die Stätte von Klein-Apollinopolis nun gebaut sei.

Wir marschierten noch eine Stunde und kamen nach Nakade (15), einem großen, traurigen Dorf in der Wüste. Seit zwölf Stunden war es von den Mameluken geplündert. Ehe wir die Wüste betraten, schickten wir Kundschafter voraus, welche einige Kamele wegnahmen und an die dreißig Mekkaner töteten. Wir kamen an eine Mauereinfassung eines verlassenen Klosters, ehedem von Kopten bewohnt, danach hatte man es in eine Moschee verwandelt, und jetzt diente es zur Ruhestätte der Toten. Wir schlugen unsere Wohnung hier auf, verjagten die Fledermäuse, und wühlten die Gräber auf. Festung, Wüstenei, Grabmäler, was hatte die Welt noch traurigeres, womit sie uns umschließen konnte? Traurige Bilder stellten sich bösen Geistern gleich unserer Seele vor. Während der Nacht verließen wir einigemal die Wohnung der Trauer, um frische Luft zu schöpfen, und unser Atem war es allein, der die Totenstille rings um uns unterbrach. Der Wind irrte durch die leeren Räume, gleich dem ungeselligen Nachtgeist.

Die Kaufleute, die das Glück gehabt, ihre Ballen vor den Mameluken zu retten, trauten uns zunächst nicht. Darum brachten sie uns Geschenke, die wir ausschlugen. Nicht wenig waren sie darüber erstaunt, gewohnt, die Leute in Gold und Silber gekleidet zu sehen, die sie ausplünderten, während wir mehr Straßenräubern als Soldaten glichen. Wir, entblößt von allem Notwendigen, befahlen, ihre Ballen zu öffnen, wir hatten Linnen nötig. Alle Hoffnung war bei ihnen nun verloren! Wir wählten aus, was wir brauchten, und fragten, was es koste. Sie sagten: wir möchten geben, was wir wollten. Aber wir verlangten ein für allemal den bestimmten Preis zu wissen. Sie sagten ihn, und wir bezahlten pünktlich, sie waren darüber so erstaunt, daß sie, ihren Augen nicht trauend, ihr Geld mit den Händen befühlten. Bewaffnete Menschen, die bezahlen! Asien und Afrika hatten sie durchreist, aber so etwas Sonderbares war ihnen noch nie vorgekommen! Wir hatten uns dadurch ihr unbeschränktes Zutrauen, ihre völlige Achtung erworben. Sie bereiteten uns ein Frühstück, brachten uns indisches und arabisches Konfekt, Kokos, machten uns den delikatesten Kaffee, den wir trinken konnten. Dieser plötzliche Wechsel vom Ungemach und Mangel mit dieser unverhofft angenehmen Erfrischung bildete einen sonderbaren Kontrast. Keine Lage in der Welt ist ganz freudenlos. Diese Wahrheit fand ich in den Gräbern von Nakade bestätigt.

Die Besetzung dieses Ortes ist sehr wichtig. Hier ist der besuchteste Weg durch die Wüste, weil der kürzeste. Mit einem Dromedar in zwei und zu Fuß in drei Tagen, kann ein Bote von Kosseir nach Nakade kommen.

Wir, die sich rühmten, viel gerechter als die Mameluken zu sein, begingen täglich notgedrungen eine Menge Ungerechtigkeiten. Die Schwierigkeiten, unsere Feinde an Gestalt, Farbe und Kleidung sogleich zu erkennen, machte, daß wir täglich unschuldige Fellachen umbrachten. Die Soldaten, auf Kundschaft ausgesandt, hielten öfters die armen Kaufleute, die in Karawanen gezogen kamen, für Mekkaner, und ehe ihnen Gerechtigkeit widerfahren konnte, waren zwei oder drei niedergeschossen, ein Teil ihrer Ladung geraubt oder verdorben, ihre belasteten Kamele gegen unsere verwundeten ausgetauscht, und der Gewinn von allem floß, genau betrachtet, den Kopten und Dolmetschern, und anderen Blutsaugern zu. Die Soldaten wollten sich bereichern und beim Zapfenstreich war das Projekt wieder vergessen, was bei der Reveille gefaßt worden war. Das Los der Einwohner, zu deren Glück wir gekommen, war nicht sonderlich beneidenswert. Hatten sie aus Furcht vor unserer Ankunft die Flucht ergriffen, so fanden sie bei ihrer Zurückkunft nach unserem Abmarsch nichts als die kahlen Lehmwände, die wir ihnen gelassen hatten; alles andere Gerät hatten wir benutzt, Wagen, Dächer, Türen, alles hatten wir verbrannt, um Suppe zu kochen, ihre Töpfe waren zerbrochen, ihre Getreide verbacken, Hühner und Tauben gebraten, nichts blieb liegen als die Kadaver ihrer Hunde, welche bei der Verteidigung des Eigentums ihrer Herren umgekommen waren. Kam man in ein Dorf, so zwang man die Einwohner zur Rückkehr, wenn sie nicht als aufrührerisch oder Verbündete unserer Feinde betrachtet sein wollten, so waren sie mit doppelter Kontribution heimgesucht; denn hatten sie sich den Drohungen gefügt, und kamen, die Auflagen zu bezahlen, so ergab es sich oftmals, daß man eine große Anzahl derselben für einen Volksaufstand, ihre

Stöcke für Waffen hielt, und oft hatten die Tirailleurs oder die Patrouillen einige totgeschossen, ehe man wußte, was sie eigentlich wollten; die Toten wurden eingescharrt, und man blieb Freund, bis zur nächsten Gelegenheit, die sich zur Rache oder Genugtuung darbot. Freilich hatten sie Gelegenheit, zu sehen, wie die Armen mit ihren Ersparnissen regelmäßig gefüttert wurden, sie erhielten ihren Teil davon, aber am Ende blieb ihnen nichts als ihre geschändeten Weiber und Töchter. Auch wurden sie für die Anhänglichkeiten an uns von den Mameluken, die uns nachmarschierten, bestraft, diese ließen ihnen kein Geld, kein Pferd, kein Kamel, und oft bezahlte der Scheich die vorgebliche Parteilichkeit, der man ihn beschuldigte, mit seinem Kopf.

Denselben Tag hatten wir durch Spione vernommen, daß die Mameluken und Mekkaner Kittah[43] verlassen hätten, und daß, wie aus ihren Marschrouten zu schließen, sie versuchen würden, Kene oder Samata zu nehmen. Von unserer Seite waren die Dispositionen gut genommen, sie beständig in der Wüste zu halten, oder zu überrumpeln, sobald sie sie verlassen wollten. Aber alle diese Maßregeln wurden durch die voreilige Hitze unserer Soldaten und das Zutrauen ihrer Offiziere vereitelt. Die Vorposten, welche General Desaix nach Kene geführt hatte, stießen auf die Arriergarde der Mameluken und griffen sie an. In einigen Augenblicken waren sie angegriffen und niedergehauen, zwei Chefs dieser Bataillons bezahlten ihre Unvorsichtigkeit mit dem Leben, zwanzig Dragoner wurden getötet.

Duplessis, Chef der Brigade, ein verdienter Offizier, der in Indien kommandiert hatte, und seinem Vaterland rühmlich gedient hatte, ergriff die erste Gelegenheit, sich auszuzeichnen; er vergaß die erhaltene Order, sich auf einer unangreifbaren Höhe, die er besetzt hatte, zu halten, stürzte allein voran, mitten unter die Feinde, wählte sich den wichtigsten, drang auf ihn ein. – Es war Osman, der tapferste unter den Beis; beider Pferde stießen gegeneinander, jenes von Duplessis bäumte sich, er sprang über den Sattel, packte Osman, und erstickte ihn in seinen Armen. Aber während diesem der alten Ritterschaft würdigen Ringen fand sich der unglückliche Duplessis, dem keiner der Seinigen gefolgt war, von Feinden umringt und

[43] Laketa

Tod des Brigadechefs Duplessis
(Kupferstich nach der Zeichnung Denons)

wurde zugleich über dem Leichnam seines Gegners von einer Lanze durchstoßen. Ein Kachef, der diesen Vorfall mit angesehen hatte, und ihn mir umständlich beschrieb, war voll Ehrfurcht und sprach mit Enthusiasmus von der außerordentlichen Unerschrockenheit unseres Offiziers.

Die Schlacht bei Birambar[44] (16), ungeachtet ihrer unbesonnenen Anlage, wirkte beinahe entscheidend zur Auflösung der Koalition der Beis. Wir erfuhren durch Spione, die wir aufs Schlachtfeld geschickt hatten, daß von vier Toten zwei Bärte gehabt und folglich, daß es größtenteils Kachefs gewesen. Die Mameluken sind gewöhnlich bartlos, und nur vorzugsweise erhalten jene, denen man gestattet zu beraten, Erlaubnis, ihren Bart wachsen zu lassen. So wußten wir

[44] Bir Ambar

auch, daß Hassan Bei eine Kugel in den Hals und einen Säbelhieb an den Arm bekommen habe, daß Osman Bei beinahe alle Finger abgehauen, daß zwölf seiner tapfersten Mameluken dienstunfähig gemacht waren, daß sie zurückgekommen waren, frisches Wasser einzunehmen und nun ihren Weg von Redisi nach Oberägypten genommen hätten. Ich gestehe, daß alle militärische Dispositionen, welche mich Theben und dem rechten Nilufer näherten, mir die angenehmsten und besten schienen, auch war ich der einzige, der sich über die Order freute, sie einzuholen.

KAPITEL XI

Rückkehr nach Theben und Etfu

Gegen Mittag betraten wir den Boden von Theben (1). Es war das dritte Mal, daß ich Theben durcheilte, aber als wenn es vom Schicksal bestimmt wäre, daß ich es immer nur in Eile sehen sollte, ohne der Menge interessanter Gegenstände einer ruhigen Betrachtung zu widmen, begnügte ich mich diesesmal, alles auf mich wirken zu lassen, was ich sah und was ich auf meiner Rückkehr näher zu betrachten hoffte.

Endlich kamen wir nach Karnak (2), einem Dorfe auf einem Tempel erbaut, welcher der Sage nach eine halbe Stunde Weges im Umfang hatte. Herodotus, der ihn nicht gesehen hatte, gab eine Vorstellung seiner Pracht und Größe. Diodor und Strabo, welche nur die Trümmer davon sahen, scheinen eine Beschreibung seines gegenwärtigen Zustandes geliefert zu haben. Alle Reisenden, welche diesen nachschrieben, nahmen den ungeheuren Umfang der Massen

Karnak

zum Maßstab der Schönheit, und mehr beeindruckt als bewegt beim Anblick der größten aller Ruinen, wagten sie es nicht, ihnen die Tempel von Etfu, Apollinopolis, Tyntira und den in seiner Art einzigen Portikus zu Esne vorzuziehen. Wahrscheinlich muß man die Tempel von Karnak und Luxor (2) in das Zeitalter Sesostris (3) setzen, wo das Glück die Künste in Ägypten gebar. Die Sucht, Kolosse zu erheben, war der erste Gedanke der Übermacht. Man wußte noch nicht, daß Vollendung des Kunstwerks eine von der Proportion unabhängige Größe ist, daß eine gut gearbeitete Gemme einem Koloss vorzuziehen ist. Die Prachtliebe der Ägypter zeigt zu Karnak sogar behauene Berge, in großen massiven Verhältnissen, eine Arbeit von leichter Behandlung und imposantem Ansehen, barbarische Basreliefs, geschmack- und farblose Hieroglyphen, im Zeichnen und Aushauen gleich roh und hart. Nichts zeigt hier vollendete Arbeit, als die Obelisken und einige äußere Türbekleidungen, welche von bewundernswerter Eleganz sind.

Man kann jedoch nicht leugnen, daß die Anlage des Tempels zu Karnak edel und groß ist.

Den bekannten Beschreibungen muß ich noch hinzufügen, daß jenes große Gebäude zu Karnak nichts war als ein Tempel, und nichts anderes sein konnte, da alles ringsum sich auf ein kleines Heiligtum bezieht. Der Anblick dieser Ruine wirkte allmächtig auf die Seele. Es war mir unmöglich, einen Grundriß davon aufzunehmen, und ich begnügte mich, ein Bild zu entwerfen, um mich dereinst zu versichern, daß, was ich gesehen, keine Sinnestäuschung war, sondern wirklich existiert. Unter den hundert Säulen eines einzigen Portikus dieses Tempels haben die kleinsten, sieben Fuß im Durchmesser, die größten elf Fuß. Im Bezirk der Ringmauern dieses Tempels liegen Seen und Berge. Riesige Sphinxe besetzen die Eingänge dieser Mauern. Man glaubt zu träumen, wenn man sich beim Lesen die Herrlichkeit dieses Tempels vorstellen will, wie man zu träumen wähnt, wenn man alles in Wirklichkeit sieht. Schade, daß auch hier der Geist der Zerstörung waltete, der einen großen Teil der Anlage vernichtete. Die Sphinxe sind abscheulich verstümmelt. Ermüdet von ihrer Vernichtung, ließ die Barbarei noch einige übrig. Diese zeigen, daß einige Frauenköpfe, andere Löwen-, andere Widder- und Stierköpfe hatten. Der Eingang, der von Karnak nach Luxor

Der große Hof des Amon-Tempels in Karnak

blickt, war mit Sphinxen, mit Stierköpfen besetzt. Dieser Raum von einer halben Meile bietet eine Reihe dieser Figuren zu beiden Seiten verteilt.

Luxor, das schönste Dorf in der Gegend, ist auf denselben Platz erbaut und diesen Ruinen gegenüber ein Tempel minderer Größe als die von Karnak, aber besser erhalten. Vierzig Säulen von zehn Fuß im Durchmesser und am Haupteingang zwei Figuren von Granit, bis an die Ellenbogen verschüttet, sind das Größte, was man hier findet. Vor ihnen stehen die zwei schönsten und größten Obelisken, die man kennt und die am besten erhalten sind. Die Franzosen haben einen Versuch gemacht, sie zu entführen. Also auch das alte Theben muß die Räubereien der Republik erfahren (4)?

Eine Eigenheit des Tempels zu Luxor ist ein Damm an der Ostseite gegen Überschwemmungen, den man in der Folge mit Backsteinen ausgebessert hat, ein Beweis, daß der Fluß seit jenen Zeiten sein Bett nicht veränderte.

Trotz der unerträglichsten Mittagshitze entwarf ich eine Zeichnung jenes Tempeltores. Größer, einfacher als diese beiden Gegenstände läßt sich nichts antreffen, und keine der berühmtesten Städte kündigt sich so prächtig an als dieses elende Dorf von zwei oder dreitausend Einwohnern hinter den Ruinen, wo ihre niederen Hütten, auf den Boden des Tempels gebreitet, erscheinen, die unter den Ruinen das Ansehen der Bewohnbarkeit verlieren.

Tags darauf gingen wir wieder in die Wüste und kamen zeitig nach Esne. Den Tag danach, als wir uns auf den Weg machten, trafen wir auf einen kleinen Tempel, sehr verwüstet, aber dessen ungeachtet äußerst malerisch. Er besteht aus Pilastern, dem Allerheiligsten in der Mitte und den beiden Seitenpartien, deren rechte zerstört ist.

Obelisk und Propylon in Luxor

Im Portikus ist eine Tür an der Mauer angebracht, welche zu keiner anderen Bestimmung dienen konnte, als ein kleines Heiligtum zu verschließen, welches Opfergeräte, Geschenke und Kostbarkeiten des Tempels verwahrte.

Unter allen Gebäuden, die ich in Ägypten sah, ist dieses eines, das der Zahn der Zeit am meisten zernagt hat. Dieser außerordentliche Verfall hat seine Ursache wohl in den Sandsteinen, wovon der Tempel (5) erbaut ist. Deutlich erkennt man noch die Ringmauern des Tempels, worin die Wohnungen der Priester waren. Der Tempel lag oberhalb der kleinen Stadt Kontra-Latopolis (5). Es scheint Mode gewesen zu sein, allen großen Städten an den Ufern des Nils am gegenseitigen Ufer eine kleine Stadt gegenüber zu bauen oder einen Hafen anzulegen.

Mit Tagesanbruch ging der Marsch weiter, ohne mir Zeit zu lassen, eine Zeichnung zu entwerfen. Längs der Bergkette setzten wir unseren Weg vort.

Gegend Abend erreichten wir die Stadt und die Tempel von Chenubis (6). Eine Viertelmeile von dieser Stadt sind zwei Gräber in Felsen gehauen und ein kleines Heiligtum, umgeben mit einer Galerie und einem Portikus. Dieses Monument lag ganz einsam, auf die Art wie in katholischen Ländern auf den Feldern hier und da einzelne Kapellen.

An der Abendseite der Stadt sieht man noch den Eingang in ein Heiligtum und zwei Trümmer, verhältnismäßig klein, über deren eigentliche Bestimmung sich nichts Gewisses angeben läßt.

Was Chenubis besonders hat, ist eine Ringmauer von an der Sonne gedörrten Backsteinen. Diese Mauer, welche kegelförmig in die Höhe steigt, hat am Fußboden eine Dicke von mehr als fünfundzwanzig Fuß und hat sich größtenteils erhalten. Ist es ein arabisches Werk?

Nachdem ich einen Entwurf von Chenubis während der Fahrt auf dem Fluß gemacht hatte, mußte ich zu anderen Geschäften aussteigen. Ich verwünschte den Krieg, die Krieger und die Wichtigkeit ihrer Unternehmungen, die mich nötigten, immer vor allem vorbeizueilen, um für nichts und wieder nichts Leuten nachzurennen, welche in einem Tage weiter marschierten als wir in dreien, und denen wir die Pässe offengelassen hatten.

Tags darauf nach dem Marsch von einer Stunde fanden wir auf ebener Erde die Trümmer zweier Tempel, wovon weder Plan noch Prospekte aufzunehmen sind, da ihre wenigen Reste nur die Städte bezeichnen, wo die Stadt Junolucina stand, welche der infallible[45] d'Anville (7) hierher setzte. Endlich kamen wir durch die Wüste zum Paß bei Redisi (8), wo die Mameluken einen fatalen Weg gehabt haben mußten, da sie beinahe alle ihre Pferde, einen Teil ihrer Kamele, eine Anzahl ihrer Knechte und sechsundzwanzig von achtundzwanzig Frauen, welche die Beis mitgenommen, verloren hatten. Unglücksfälle verfolgten ihren Marsch, so daß sie ihre Zelte, Waffen, Kleider, Kadaver ausgehungerter Pferde, Kamele, die unter der Last ihrer Ladung zusammenbrachen, Bediente und Frauen verlassen mußten. Man denke sich den Zustand eines solchen Unglücklichen, stöhnend von Erschöpfung und Durst, mit ausgetrockneter Kehle mühsam die brennende Luft einsaugend, die ihn erstickt. In der Hoffnung, ein Augenblick Ruhe werde ihm neue Kräfte geben, ruht er aus; er sieht seine Gefährten vorübergehen, von denen er vergebens Hilfe erwartet. Das eigene Unglück eines jeden verschließt alle Herzen für fremdes Mitleid; ohne sich umzusehen, einen Blick auf den Unglücklichen zu werfen, folgt jeder traurigen Stillschweigens der Spur seines Vorgängers, alles geht vorüber, alles eilt, alles flieht, und seine kraftlosen Glieder erliegen unter der Last ihres eigenen unglücklichen Daseins, er will weiter und kann nicht, nicht drohende Gefahr, nicht Schrecken kann ihn mehr vorwärtstreiben. Die Karawane zieht vorüber. Schon scheint sie ihm eine wandelnde Linie in der unwegsamen Sandwüste, bald wird sie zum Punkt und verschwindet gänzlich. Der letzte Lichtpunkt verlöscht. Seine starren Augen suchen und finden nichts mehr. Bald schließt er die Augen, um dem grausigen Anblick der Wüste zu entfliehen, wo ihm das Todesbild aus jeder Felsenritze entgegenstarrt. Allein, ganz allein auf der großen weiten Welt geht er dem Tode entgegen. Seine Leiche, ausgedörrt von der Sonnenglut, wird bald nichts als die gebleichten Beine dem irrenden Wanderer auf ungewissem Wege als Wegweiser zurücklassen, der vielleicht einem ähnlichen Lose entgegenwandelt.

---

[45] unfehlbare

Der Horus-Tempel von Etfu

Das ist das Bild, das uns die Mameluken auf ihren unglücklichen Marsch boten, dieses waren die schaudervollen Wegweiser, nach denen wir unsere Marschroute nahmen und ihren Jammerzug erkannten. Seit drei Tagen waren sie hier vorüber, sie waren nach den Katarakten zurückmarschiert. Ihre trostlose Lage beruhigte uns über ihre Absichten, wir begrenzten unsere Nachforschungen in einem Lande, wo wir keine Ressourcen antrafen.

Wir lagerten uns am Fluß und schickten alles Entbehrliche nach Etfu, in der Hoffnung, mit Muße den erhabenen Tempel von Apollinopolis[46] noch einmal betrachten zu können, begleitete ich den Zug.

Das ganze dieses stolzen Baus steht auf einem erhabenen Boden, welcher nicht nur das Land, sondern das ganze Tal beherrscht. Ein

[46] Horustempel von Etfu (9)

wenig niedriger, und ganz nahe jenem großen Tempel ist ein kleiner, beinahe bis an seine Kuppel verschüttet. Was noch sichtbar ist, ist in Haufen von Schutt vergraben, welcher einen kleinen Portikus von zwei Säulen und ebenso viel Pilastern, ein Peristyl, und das Allerheiligste des Tempels, umgeben mit einer Galerie von Pilastern, sehen läßt.

Man muß glauben, daß dieser Tempel dem bösen Geist gewidmet war, weil die Figur des Typhon erhaben auf allen vier Seiten ausgehauen ist, deren jede die Kapitäle übersteigt. Der ganze Fries, alle inneren Abbildungen, zeigen die Isis, wie sie sich gegen die Angriffe dieses Ungeheuers verteidigt.

Den zweiten Tag kam General Belliard an, und wir marschierten tags darauf und kamen am dreiundzwanzigsten Germinal nach Esne zurück. Ich schmeichelte mir mit der Hoffnung, einige Tage Ruhe zu genießen, aber schon bei unserer Ankunft erfuhren wir, daß der Rest der Mekkaner, verbunden mit einigen Mameluken nach Girge gekommen wären, den Bazar zu plündern.

Wir begaben uns auf den Weg, die Pässe nach der Wüste zu besetzen. Eine ganze Nacht wendeten wir an, den Fluß zu passieren. Als wir uns wieder zum Marschieren anschickten, war die Sonne schon

Der erste Hof des Amon-Tempels in Karnak

hoch und glühend, wir machten Halt unter ihren herabschießenden Feuerstrahlen und ruhten zu Salamieh. Folgenden Tags nach einem Marsche von einigen Stunden sah ich zum viertenmal die Ruinen von Theben.

Wir hielten diesmal in Karnak, was mir gut zu statten kam. Ich zeichnete die Trümmer, die sich am besten erhalten hatten, einen Pharao, Memnon Ossimandias (10) und vielleicht Sesostris, wie er allein auf einem Triumphwagen streitet. Er verfolgt entfernte Völker, welche Bärte und lange Tunikas tragen, er treibt sie in einen Morast, zwingt sie, sich in eine Festung zurückzuziehen. Auf einem dieser Fragmente wirft er den Anführer zu Boden. Auf einigen anderen führt er die Gefangenen fort, die er auf dem folgenden gefesselt, dreien Gottheiten vorstellt, unter deren Schutz er vermutlich den Sieg erhielt. Es ist zu bemerken, daß bei allen Begebenheiten seine Waffen von einem oder zwei emblematischen Sperbern begleitet werden. Die Gottheiten, welchen er seine Opfer bringt, sind jene des Überflusses unter dem Bilde des Priap (11), der in seiner Rechten eine Geißel hält. Dieser Gottheit war der Tempel zu Karnak, der größte zu Theben, und der ältesten und größten einer, welcher je erbaut wurde, geheiligt. Vom inneren Heiligtum bis an die Mauern des äußeren Vorhofes ist dieser Gott allenthalben mit seinen charakteristischen Zeichen eindeutig dargestellt.

Noch wollte ich ein Basrelief abzeichnen, welches ein Schiff, von Schiffern gezogen, darstellt, aber es ist zu sehr beschädigt. Der Tag neigte sich, und wir hatten noch nichts gegessen. Reisende sind keine Romanhelden, denn sie empfinden öfters das Bedürfnis, sich durch eine Kollation[47] zu erquicken. Wir beschlossen, in Karnak zu bleiben und da zu übernachten. Ich durchlief die Ruinen, überzeugte mich, daß wenigstens acht Tage erforderlich sein würden, einen Plan zu entwerfen, der den Gruppen der Gebäude, die sein Bezirk einschloß, ein wenig nur entspräche. Doch machte ich einen kleinen Entwurf, ohne mich an einen Maßstab zu binden, was ich sonst auf meiner Reise beobachtete, in der Meinung, mit Hilfe etlicher einfacher Linien die Form der Gebäude deutlicher als durch eine lange Beschreibung darzustellen.

---

[47] Imbiß

Ich konnte den Umfang dieser Ruinen nicht nach Toisen bestimmen. Ihre Mauern waren durch sechs Tore unterbrochen, welche noch vorhanden sind, und wovon drei mit Sphinxen bedeckt sind. Sie umfaßten nicht nur den großen Tempel, sondern drei andere, welche alle ihre Türen, Höfe, Portikus, Zugänge und besondere Ringmauern hatten. Waren das lauter Tempel? Waren es Paläste? Wohnten die Könige in dem Portikus und den Säulenhallen der Tempel? Oder hatten ihre Gebäude dieselbe Form wie die Tempel? Oder bewohnten die Fürsten und Könige gewöhnliche Häuser, die die Zeit nicht überdauerten? Wahrscheinlich wohnten sie nichts weniger als bequem. Große Höfe mit offenen Galerien, ein Portikus, durch Zwischenkolonnaden verengt, konnten nichts anderes als traurige Wohnungen abgeben.

Welche Eintönigkeit! Welche traurige Weisheit! Welche Steifheit! Welch unerträglicher Ernst in den Sitten! Ich bewundere mit Schrecken eine Staatsverfassung dieser Art. Die Spuren, die sie zurückgelassen hat, erschüttern und empören mich noch jetzt beim Anblick der Trümmer ihrer ehemaligen Herrlichkeit. Die Gottheit, ägyptisch, priesterlich gekleidet, in der einen Hand einen Haken, in der anderen eine Geißel, den ersteren zum Ergreifen, den zweiten zum Strafen. Das Gesetz trug Fesseln und Zuchtrute unablässig mit sich, ich sehe die Künste sich krümmen unter der Last dieser Kette und ihren Genius schmachten, ringen unter dem Druck. Das Zeichen der Fortpflanzung wurde schamlos im Heiligsten der Tempel aufgestellt, die Wollust zu einer Art Pflicht gemacht. Hier war kein Zirkus, keine Rennbahn, kein Theater. Tempel nur, Mysterien, Weihungen, Priester, Schlachtopfer! Zum Vergnügen leere Zeremonien! Gräber und Leichentücher für den Luxus!

Nachdem ich den Raum mehrmals durchirrt hatte, alle Details dieses Gebäudes zu bemerken, fand ich mich am südwestlichen Teil der Ringmauer, wo verschiedene Tempel sich befinden. Hinter zwei dicken Mauern liegt ein offener Portikus von achtundzwanzig Säulen. Unregelmäßig in seinen Verhältnissen trägt er einen Charakter, den seine Rauheit adelt. Am Ende dieses ersten Portikus öffnet ein weites Tor die Aussicht in einen zweiten von acht Säulen in doppelten Reihen gestützt. Ernster noch als des ersteren sind seine Verhältnisse, sein Stil durch die darin waltende Finsternis noch schrecklicher. – Es ist der Tempel der Eumeniden.[48]

Ganz entkräftet, abgespannt, war ich nicht imstande, zu entwerfen, was ich sah. Die Hitze war so groß, daß mich die Sonne durch die Beinkleider brannte. Ich hatte keinen Platz zum Zeichnen, wo ich vor der Sonne gesichert ruhig hätte sitzen können. Mein Bedienter mußte zwischen mir und der Sonne gehen, mir nur einigermaßen mit seinem Körper Schatten zu geben. Die Steine hatten einen solchen Grad der Hitze angezogen, die Karneole und Achate, welche sich häufig im Bezirk innerhalb der Ringmauern finden, waren so glühend, daß ich mich bei ihrer bloßen Berührung verbrannte, wollte ich sie mit mir nehmen. Erschöpft, lechzend nach Erfrischung, ging ich, mich in einem kleinen arabischen Grabe niederzulegen, das man uns für die Nacht bereitete hatte, und das ich so lange für das herrlichste Schlafzimmer hielt, bis man mir sagte, einer unserer Gefährten sei beim letzten Durchmarsch, als er sich hinter dem Zuge verspätet hatte, hier erdrosselt worden. Die Spuren des Meuchelmordes an den Wänden erfüllten mich mit Schauder und Entsetzen. Aber ich war ermüdet, entschlief, und hätte mich nicht erhoben, und wenn ich auf der Leiche jenes unglücklichen Schlachtopfers gelegen hätte.

Noch vor Anbruch des folgenden Tages reisten wir ab. Diesmal trug ich mehrere Zeichnungen und weniger Unmut davon, aber der Gedanke, Theben vielleicht nie wieder zu sehen, ließ unwillkürlich meine Brust seufzen. Noch hatte ich die Gräber der Könige nicht gesehen, aber sie aufzusuchen, brauchte ich Soldaten, und die Truppen waren von dem vielen Hin- und Hermarschieren, von den forcierten Märschen durch die Wüste so ermattet, daß sie unmöglich noch weiter gehen konnten. Ich empfahl mich dem Zufall, und er begünstigte in der Folge meine Wünsche.

Mittags kamen wir nach Kus, wo wir erfuhren, die Mekkaner seien allen unseren Detachements durch die Hände gegangen, und hätten auf der Flucht unter den Säbeln unserer Reiterei Tata passiert. Ihre Not machte sie zum Schrecken der Einwohner, die sie wilden Tieren gleich verfolgten.

---

[48] Rachegöttinnen

Die Einwohner von Kus, die uns immer gut gesinnt waren, kamen uns entgegen und empfingen uns als Sieger.

Der Scherif von Mekka (12) machte durch Abgesandte an General Desaix gegen den Feldzug seiner Landsleute Einwendungen, und unterbreitete Vorschläge zur Verbindung und Freundschaft. Die Städte Djedda und Tor (13) wünschten ebenfalls Frieden, und Kosseir bot sich zur Unterwerfung an. Wir wußten, daß Soliman und ein anderer Bei mit ihren Weibern in die Oasen gegangen waren, und die Heiterkeit, die sich über das ganze Land verbreitete, ließ mich hoffen, daß jetzt etwas zum Besten des Landes und zum Glück seiner Bewohner wirken könnte.

Desaix ließ bekannt machen, daß die Länder, deren Saat die Mameluken und Franzosen durch ihre Pferde hatten abweiden lassen, keinen Tribut bezahlen sollten. Diese erste Verordnung der Billigkeit erfüllte die Einwohner mit Freude und Erstaunen. Aber besonders wurden sie gewonnen, als man ihnen sagte, sie könnten sich ohne Unterschied kleiden, wie sie wollten, und nach Maßgabe ihres Vermögens, ohne daß dieses ihr Eigentum im geringsten kompromittieren würde. Kaufleute von Kosseir, die sich verborgen gehalten hatten, kamen aus ihren Dörfern hervor, Getreide aus Kene zu kaufen. Jene aus Djedda kamen auf ihren Schiffen mit Kaffee beladen. Wir sahen Geld ohne Bajonette, Stroh, Gerste, Ochsen ankommen, unsere Magazine und Barken füllten sich, die Vorsteher der Dörfer versprachen uns im Namen ihrer Landsleute, daß die Äcker, jetzt verwüstet und dürr, im kommenden Jahr eine reichliche Ernte geben würden, da der einzige Tribut von diesem Jahr die ganze Ernte verschlungen hätte.

Auch die Karawanen schickten Deputationen an uns, und verlangten Pässe, die Mameluken, von ihren Anführern verlassen, lieferten ihre Waffen an uns aus, baten um Dienste bei unserer Armee. So genossen wir das beruhigende Schauspiel, eine von allen abgelehnte Regierung zusammenstürzen zu sehen.

Von Kus ging unser Weg nach Kene, wo wir eine Anzahl Kaufleute aller Nationen versammelt fanden, die entferntesten Völker waren hier miteinander verbunden, man berechnete die Tage der Reise, und zog die weiten Räume enger zusammen. Das Unermeßliche hörte auf, verschwand gänzlich, da man sich aus allen Teilen vereinigt sah. Das Rote Meer, Djedda, Mekka schienen nahe, Indien unser Grenznachbar. Zur anderen Seite waren die Oasen nicht weiter als drei Tagesreisen von uns. Sie hörten auf, für unsere Vorstellung ein verlorenes Land zu sein. Von Oase zu Oase durch Märsche von einer oder zwei Tagereisen höchstens, näherte man sich Sennar (13a), einer der Hauptstädte Nubiens, welches Ägypten von Abessinien trennt, oder Darfur (14), welches auf dem Wege nach Timbuktu (15) liegt, und dessen wirkliche Existenz man vor einigen Monaten noch bezweifelte. Braucht man nicht mehr als 40 Tage nach Darfur, so werden deren hundert und mehr erfordert, nach Timbuktu zu kommen.

Ein Kaufmann, den ich zu Kene fand, welcher diese Reise oft gemacht hatte, gab mir die Marschroute von Siut nach Darfur und Sennar durch Dongola:

Wenn man sich durch die Wüste südwestlich hält, kommt man nach vier Tagesreisen in Korg-Elouah (16) an, der bevölkertsten und am meisten kultivierten Oase. Hier findet man süßes Wasser. Hier ist eine Festung und ein großes Dorf. Von Korg-Elouah kommt man nach Bulague, eine andere Oase, eine halbe Tagesreise. Von Bulague nach el-Bsaktah eine Tagesreise. Das Wasser ist salzig (Brackwasser). Von el-Bsaktah nach Beris eine halbe Tagesreise, ein großes Dorf, ziemlich gutes Wasser. Von Beris nach el-Mekh zwei Stunden; hier trifft man noch Wasser an, und versorgt sich damit auf den Weg, weil von el-Mekh die Oasen aufhören, und man auf dem ganzen Weg nur salziges Wasser antrifft. Nach einem sechstägigen Marsch kommt man nach Desir. Von Desir nach drei Tagen nach Selima, mit salzigem Wasser, aber minder gefährlich. Von Selima nach Dongola (17), wo man wieder auf den Nil trifft, vier Tagesreisen; hier erneuert man seine Vorräte. Von Dongola, mehr nach Westen gerichtet, erreicht man in vier Tagen el-Goyah. Von el-Goyah nach Zagaoné in sechs Tagen, das Wasser ist salzig, aber frisch. Von Zagaoné nach Darfur sechs Tagesreisen, ohne Wasser noch ein Dorf zu finden. Von Dongola braucht man siebzehn Tage, nach Sennar zu kommen, man hält sich südlich. Von Sennar nach Darfur zwölf Tagesreisen in die Quere, von Morgen gegen Abend. Wer auf einer solchen Reise nicht folgen kann, wird verlassen, denn auf ihn warten, hieße das Leben und Heil der ganzen Karawane aufs Spiel setzen.

Wir fanden auch eine Anzahl türkischer Kaufleute, Mohren und Mekkaner, welche Kaffee und indische Tücher mit sich führten, um Getreide dagegen zu laden.

Ungeachtet dieser Lage hatte der Pöbel, der nichts zu verlieren hatte, gewohnt, grausamen Herren zu gehorchen, das für Schwäche gehalten, was wir ihnen als Güte und Billigkeit angedeihen ließen, und sich neuerdings durch die Beis verführen lassen, die unter dem Vorwand der Religion das Volk verführten und acht oder zehn Meilen von uns versammelten.

Beneadi, ein zwei Meilen langes Dorf an der Wüste von zwölftausend Einwohnern, gegen jede Regierung rebellisch, hatte die Araber angerufen. Murad Bei wußte hiervon. Der General Davoût wurde mit der Kavallerie nach Beneadi beordert. Die allgemeine Ruhe erforderte Zerstörung dieses unablässig drohenden Vulkans. Man ließ der Wut der Soldaten, durch die Hoffnung auf Beute erhöht, freien Lauf. – Das Dorf verschwand. Die zerstreuten Einwohner vereinigten sich mit den übriggebliebenen Mekkanern, marschierten nach Miniet, wo sie in einem zweiten Treffen geschlagen wurden.

Unter der Beute von Beneadi fand sich eine beträchtliche Zahl Frauen, Mädchen vom Lande, Sklaven aus der Karawane. Die ersten, denen bei der Teilung die Frauen zufielen, verhandelten sie vorteilhaft. Aber wie es in Europa in gewissen Städten und mit gewissen Frauen, die wir anführen könnten, zu geschehen pflegt, stiegen sie bei jeder Veränderung ihres Eigentümers doppelt im Preis. Der Unterschied zwischen beiden bestand darin, daß unsere Damen bei dergleichen Gelegenheit des Männerwechsels immer schwieriger werden, diese mit williger Ergebenheit jedem, wie er sie erhandelt hatte, folgten, bis sie endlich ihr Vater, ihr Mann oder ihr alter Herr, ohne von dem, was in der Interims-Regierung vorgegangen war, Notiz zu nehmen, sich einfand, sie wieder auszulösen, und dem letzteren Verkäufer viel teurer, als sie ihnen vorher gekommen waren, zu bezahlen.

Murad Bei, der durch die Wüste gekommen war, um unsere Verbindung mit Kairo abzuschneiden, begnügte sich, seine Maßregeln zu nehmen, uns eingeschlossen zu halten, ohne sich selbst einer Gefahr auszusetzen. Er zögerte und wartete auf Veränderung der

Umstände, da er weder in seiner gegenwärtigen Lage Bedingungen vorschlagen noch annehmen konnte.

Die Abwesenheit des Generals en Chef, der Feldzug nach Syrien (18), welcher einen Teil unserer Truppen entfernt hatte, einige Verschwörungen, alles gab ihm Hoffnung.

Bei meiner Ankunft in Kene bedauerte ich den Tod eines Krokodils, das die Bauern schlafend überrascht, gebunden, und lebendig zu dem Stellvertreter General Belliards gebracht hatten. Es war noch jung, und hatte nichts Schreckliches an sich. Mit einem eisernen Reifen zwischen Bauch und Schultern hatte man es gefesselt. Wir hätten es beobachten, seine Lebensart kennenlernen und erfahren können, die selbst in dem Lande unbekannt ist, das es bewohnt. Es wäre der Mühe wert gewesen, es zu zähmen oder es lebendig nach Paris zu schicken, den Beobachtungen der Naturforscher, der Schaulust der Pariser zu übergeben, und endlich der Nation als eine Art von Huldigung, eine Trophäe der Eroberung des Nils zu senden! Da ich täglich an den Ufern dieses Flusses entlangging, sah ich eine beträchtliche Zahl von unterschiedlicher Größe, von drei bis zu sechs und achtundzwanzig Fuß Länge, und mehrere glaubwürdige Offiziere versicherten mir, eines von vierzig Fuß Länge gesehen zu haben. Sie sind nicht so wild, als man vielleicht glaubt; sie zeigen eine Vorliebe für gewisse Gegenden, ein Beweis, daß sie gern in Familien zusammenleben. Gewöhnlich halten sie sich auf Sandbänken auf, wo sie sich sonnen. Sie scheinen die Wärme zu suchen. Gewöhnlich sieht man ihrer mehrere beisammen, immer still und meistenteils schlafend, oft mitten unter Vögeln, die sich nicht im geringsten von ihnen stören lassen. Wovon können solche großen Tiere leben? Wohl erzählt man mancherlei Geschichten von ihnen, aber nie waren wir Zeugen einer solchen Tat. Kühn bis zur Unvorsichtigkeit reizten sie unsere Soldaten. Ich selbst badete mich täglich im Nil. Die ruhigsten Nächte, welche mir die angenehmste Zeit zum Baden waren, brachte ich furchtlos im Wasser und an den Ufern zu, ohne je eine Gefahr zu bestehen. Zudem wurden wir niemals von ihnen angegangen, niemals trafen wir eines entfernt vom Fluß an. Wahrscheinlich gibt ihnen der Nil hinlängliche Nahrungsmittel und solche, die sie leicht verdauen können, da sie wie andere Amphibien kaltes Blut und einen minder tätigen Magen haben.

Als ich Kene verließ, hatte General Belliard ein kleines von sechs Zoll. Es war schon boshaft. Der General sagte mir, daß es vier Monate gelebt habe, ohne zu essen, und ohne einigen Anschein, daß es leide, ohne zu- oder abzunehmen und ohne zahm zu werden.

Ammianus Marcellinus (19) schrieb zu den Zeiten Julians (20), daß die Ägypter von ältesten Zeiten her sich für betrogen halten, wenn sie bezahlt hätten, was sie schuldig wären, ohne daß man sie mit Gewalt dazu anhielt. Glücklicherweise waren die Bewohner von Dendera für mich von dieser alten Art.

Aus meinen Fenstern zu Kene sah ich auf die Ruinen von Tentyra, zwei Meilen vom jenseitigen Nilufer; diese Ruinen von Tentyra, deren ich mich mit so lebhaftem Interesse erinnere, und worunter ich vorzüglich einen Tierkreis (21) beklagte, der den deutlichsten Beweis von den großen Kenntnissen der Ägypter in der Sternkunde darlegte.

Man weigerte sich zu Dendera, den Tribut zu bezahlen. Hundert Mann wurden hinbeordert. Ich begleitete sie. Von Dendera nach den Ruinen von Tentyra bedarf es nur eines Weges von fünf Minuten. Abends kamen wir im Dorf an. Am folgenden Morgen begab ich mich mit dreißig Mann nach den Ruinen.

Diesesmal war ich mein eigener Herr, und hatte völlig Muße. Zu meiner Freude überzeugte ich mich, daß mein Enthusiasmus für den großen Tempel keine Sinnestäuschung durch den Anblick des Neuen, Ungewöhnlichen gewesen sei: da, nachdem ich bereits alle Denkmäler Ägyptens gesehen hatte, dieses mir wiederum als eines der vollkommensten erschien.

Meine Zeit war mir zugemessen. Ich fing an, was der Gegenstand meiner Reise war, das himmlische Planisphärium abzuzeichnen, welches einen Teil des Plafonds eines kleinen Zimmers einnimmt, das am Ende des großen Tempels angebaut ist. Der Gedanke, den Gelehrten meines Vaterlandes die Zeichnung eines ägyptischen Basreliefs von solcher Wichtigkeit vorzulegen, machte mir zur Pflicht, geduldig alle Rücken- und Halsschmerzen zu ertragen, die ich während des Abzeichnens auszustehen hatte.

Hinter diesem ersten Zimmer befindet sich ein zweites, nur durch die Tür erhellt. Es ist ebenmäßig mit den interessantesten hieroglyphischen Bildern bedeckt, in der Ausführung sorgfältig und schön.

Es ist schwer zu bestimmen, zu welchem Zweck diese beiden Zimmer dienten, die so sorgfältig im Detail ausgearbeitet und mit Bildern erhabenster Arbeit geziert waren. Es scheint, daß jene des Plafonds sich auf die Bewegung des Himmels, jene an den Wänden auf die der Erde, der Luft und des Wassers beziehen. Die Erde ist allenthalben unter dem Bild der Isis vorgestellt, diese war die Gottheit aller Tempel zu Tentyra, denn man findet ihr Emblem allenthalben. Ihr Kopf dient als Kapitäl der Säulen des Portikus. Auf allen Bildern erscheint sie mit ihren Attributen, ihr brachte man alle Opfer. Sie ist an den Toren der Ringmauer, ihr sind alle die kleinen Tempel geweiht.

Meine Untersuchungen und Arbeiten wurden unterbrochen, unsere Gegenwart hatte den Scheich des Dorfes gleich am ersten Tage in Schrecken versetzt. Er kam, brachte seine Kontribution, der General rief seine Truppen zusammen, und mein Geschäft war beendet.

Im Gehen nahm ich noch eine allgemeine Ansicht von der Lage Tentyras, von der Gruppe der Bauten, welche aus den Trümmern der Stadt hervorragen, und den Bergen, die sich hinter ihnen erheben. Auch nahm ich Abschrift von einer Inschrift in schönen großen griechischen Lettern ausgehauen, rechts und links auf den Kranzleisten einer Tür in den Ringmauern des großen Tempels gegen Mittag. Hier ist sie in Übersetzung:

»Für das Wohl des Kaisers Tiberius Caesar, des jungen Augustus, des Sohnes des göttlichen Augustus, als Aulus Avilius Claccus Präfekt, Aulus Fulvius Crispus Epistratege und Sarapion des Trychambos Sohn Stratege war, haben die Leute aus der Hauptstadt und dem Gau den Pronaos der Aphrodite, der sehr großen Göttin und ihren Mitgöttern geweiht im Jahr ... des Kaisers Tiberius.«

Einige Tage nach meiner Rückkehr von Tentyra schickte man die Kavallerie zur Bedeckung eines Geldtransports von Esne nach Kene. Ich benutzte die Gelegenheit, Keft oder Kophtos zu besuchen, wo ich dreimal vorübergekommen war, ohne daß es mir möglich gewesen wäre, es zu durchwandeln. Ich wußte nicht, daß diese Stadt, berühmt durch ihr Unglück während Diokletians Christenverfolgung (22), einige Spuren tieferen Altertums trägt. Der Erhaltungszustand seiner verschiedenen Denkmäler setzte mich beim Eintritt in Erstaunen. Der ältere Teil befindet sich noch in dem Zustand, worin ihn die Feuersbrunst ließ, welche die lange Belagerung endigte, die die Stadt im dritten Jahrhundert vernichtete. In diesem alten, ganz verlassenen Bezirk stieg eine arabische Stadt empor, mit einem Wall von gedörrten Lehmbacksteinen; mehr nach Westen gerichtet, baute man Keft, das Dorf, welches gegenwärtig vorhanden ist. War Kophtos der alte Name dieser Stadt und hatten die Kopten (23) ihren Namen von Kophtos, wo sie ihr religiöser Eifer versammelt hatte, und sie eine so unglückliche als hartnäckige Belagerung unter Diokletians Christenverfolgung erdulden ließ? Noch unterscheidet man genau die verschiedenen Ruinen zweier Tempel und die einer katholischen Kirche, wo Geschmack und Kunst sich weniger bemerkbar machen als die Pracht und der Reichtum der Materialien.

Die Trümmer der Säulen und Pilaster von Porphyr und Granit über den weitschichtigen Boden ausgestreut, zeugen vom Reichtum und der Prachtliebe der ersten Gläubigen. Aber die Skulpturen der dorischen Friese, wovon man noch einige Reste erblickt, beweisen, daß die Kunst jener Zeit nichts tat, als die Pracht der kostbarsten Materien zu vergeuden.

KAPITEL XII

Durch die Wüste ans Rote Meer nach Kosseir

Öfters schon hatte ich vom Kamsin (1) sprechen hören, den man den Orkan Ägyptens und der Wüste nennen kann, schrecklich durch das Schauspiel, das er gibt, und seine Folgen. Schon waren wir in der Jahreszeit, wo er sich zeigt, als ich mich am 28. Floreal abends durch eine stickende Hitze gleichsam vernichtet fühlte. Die Luftströme schienen mit einemmal verstopft. Im Augenblick, als ich ins Bad ging, wurde ich bei meiner Ankunft am Ufer des Nils von einem ganz neuen Naturschauspiel überrascht. Eine Helligkeit und Farben, wie ich sie noch nie gesehen hatte, erschienen mir. – Die Sonne hatte ihre Strahlen verloren. Trüber als der Mond, gab sie nur einen weißen schattenlosen Tag. Das Wasser gab keinen Widerglanz ihrer Strahlen von sich und schien unruhig. Alles hatte ein anderes Ansehen, eine andere Farbengebung erhalten. – Die Ufer waren weiß und hellglänzend. Die Luft war trübe und schien von irgendeinem unsichtbaren Gegenstand beschattet. Ein gelber Horizont gab den Bäumen die Farbe eines verloschenen Blau. Ganze Züge Vögel flogen ängstlich unter dem Gewölke hin und her.

Noch war der Wind, der die ungeheure Staubmasse erhoben hatte, und vor sich hertrieb, nicht zu uns gekommen. Wir glaubten, wenn wir ins Wasser gingen, welches allgemach wieder ruhig wurde, uns vor den Wirkungen dieser immer weiter vordringenden Staubmasse, welche südwestlich auf uns losging, zu sichern. Aber kaum waren wir im Fluß, als er in Bewegung geriet, als wollte er sein Bett verlassen, die Ufer überschwemmen. – Die Wogen stürzten sich unter unseren Füßen, unsere Kleider flohen mit dem Fluß, der getrieben von dem Sturm, sich mit uns vor ihm zu flüchten schien.

Spärlich erhellt durch einen rötlichen Dämmerschein, waren unsere Augen geblendet, die Nase verstopft. Unser Mund konnte den Staub nicht anfeuchten, den wir geschluckt hatten, wir schienen ersticken zu müssen. Einer verlor den anderen, wir verloren unseren Weg und mußten uns, Blinden gleich, mit Tappen und Fühlen an den Wänden forthelfen, die uns den Weg zeigten. Jetzt erst konnten wir uns das Elend jener Ärmsten deutlich machen, die von diesem Schrecknis der Natur in der Wüste ergriffen werden.

Tags darauf zog die Staubmasse unter denselben Ereignissen längs der Libyschen Wüste. Sie folgte der Bergkette, und schon glaubten wir uns von ihr befreit, als der Westwind sie uns wieder brachte und uns abermals mit seinem stickenden Glutbad überschüttete. Schrecklich zerrissen die Blitze die finsteren Wolken. Alle Elemente waren im Kampf. In die Feuerwirbel mischte sich Regen und Staub; Bäume, Pflanzen und alles organische Leben schien in diesem Augenblick des Schreckens ins Chaos der Vernichtung zu stürzen.

Zwei Tage nach dieser Schreckensszene berichtete man uns, daß die ganzen Felder mit Vögeln bedeckt seien, die in geschlossenen Zügen von Ost nach West gingen. Wirklich schienen in der Entfernung die Felder sich zu bewegen. In der Annahme, es wären Vögel, die in großen Zügen das Land passierten, eilten wir sie zu sehen. Aber statt der Vögel fanden wir eine ungeheure Menge Heuschrekken, welche alles abfraßen und bei jeder Pflanze, bei jedem Kraut so lange blieben, bis sie es aufgefressen hatten.

In einer Jahreszeit, wo die Saat noch zart ist, wäre dieses eine wahre Plage gewesen. So dürr und ebenso heftig wie die arabischen Beduinen sind sie, gleich jenen, eine Erscheinung der Wüste. Interessant wäre es, zu wissen, wie sie in einer so nahrungslosen Weltgegend leben und sich fortpflanzen. War es der Regen, der sie verscheucht hatte? Der Wind drehte sich und jagte sie wieder in die Wüste zurück. Sie sind rosenfarben, schwarz, getupft, wild, stark und schwer zu fangen.

Desaix, um Murad aus seinem Hinterhalt zu verjagen, plante in Siut einen Feldzug in die Oasen, während General Belliard einen Zug organisierte, den wir nach Kosseir unternehmen mußten. Gern wäre ich bei beiden gewesen, aber hier mußte gewählt werden. Während meiner Unentschlossenheit verließ Murad Helouan, die Engländer hatten sich bei Kosseir sehen lassen, alle Sorgen richteten sich nun auf diesen Punkt. Der General Donzelot (2) kam in Kene an. Er hatte Befehl, hier den Plan eines Forts, das sich gegen sechshundert Mann halten konnte, zu entwerfen und zu Kosseir ein

Standquartier zu errichten. Man versah sich mit allem Nötigsten, und bald war alles zum Marsch in die Wüste bereit.

Wir versammelten eine große Anzahl Kamele. Ich sage wir, was die einundzwanzigste Halbbrigade betrifft. Ich war der Genosse ihrer Gefahren, ihrer Siege, ihres Unglücks und glaube auch – ihres Ruhms. Dreihundertsechsundsechzig der Unsrigen bildeten die Karawane. Jeder von uns hatte ein Kamel, welches noch überdies die Bagage und das nötigste Wasser trug. Zweihundert Kamele waren mit den notwendigsten Dingen zu unserem Etablissement in Kosseir beladen. Mit unserer Karawane hatten sich die Chefs der verbündeten Araber vereinigt, welche als Wegweiser, Eskorte und Arriergarde dienten. Der ganze Zug mochte tausend oder elfhundert Menschen und ebenso viele Kamele betragen. Das Kamel, so langsam in seinen Handlungen, schlägt hitzig mit dem Bein hinten aus, sobald man ihm den Sattel auflegt, wirft seinen Reiter ein paarmal vor und zurück, und erst nach viermaligem Auf- und Absitzen, wobei der Reiter den Hals brechen kann, trägt es geduldig. Fast jeder von uns mußte sich diese Kavalkade beim ersten Anlauf gefallen lassen. Jeder spaßte über seinen Nachbarn, man setzte sich von neuem auf, und es wurde abgereist.

Wir verließen Kene am 6ten Prairial, des Morgens um zehn Uhr, und kamen um vier Uhr nachmittags nach Bir Ambar – den Brunnen der Brunnen – ein Dorf am Eingang der Wüste auf der Höhe von Kophtos und dem engen Paß gegenüber, der nach Kittah führt. Zu Bir Ambar machten wir Halt. Nachdem unsere Kamele hinlänglich getrunken und gegessen hatten, nötigte man sie noch, eine zweite Fütterung von Gerste und Bohnen zu sich zu nehmen, die man ihnen in den Mund stopfte.

Vermutlich kommt der Name Bir Ambar von zwei Brunnen, welche die einzigen des Ortes sind. Das Wasser ist schweflig, doch süß und erquickend durch den Salpeter, den es enthält. Ich hatte mich vor dem schwankenden Gange des Kamels gescheut, und die Lebhaftigkeit des Dromedars ließ mich fürchten, über seinen Hals herabzustürzen, aber ich fand meine Befürchtungen unnötig. Einmal im Sattel, erfordert es weiter nichts, als sich ihrem Gange überlassen. Auf langen Wegen ist der Ritt auf diesen Tieren freilich nicht der beste. Das Kamel stolpert selten und läßt sich niemals fallen, wo es kein Wasser hat. Die Dromedare sind unter den Kamelen die Windspiele unter den Hunden. Man kann sie nicht ohne Sattel reiten. Man macht ihnen einen Ring durch die Nase, an welchem ein Seil befestigt ist, womit man sie, statt des Zaumes, leitet, anhält, wendet und hinknien läßt, wenn man absteigen will. Die Öffnung der Winkel, welche sich zwischen ihren langen Beinen bilden, die geschmeidige Schnellkraft ihrer fleischigen Füße, macht ihren Trott sanfter, und so schnell wie jenen des leichtesten Pferdes.

Aus Bir Ambar lenkten wir ostwärts, und kamen in ein weites langgedehntes Tal, welches eine lange Ebene bildete, nur hier und da hervorragende Felsen erinnerten, daß der Weg längs einer Bergkette hingeht. So marschierten wir bis zwei Uhr in der Nacht in so guter Ordnung, daß wir, wenn wir hielten, in Reih und Glied standen. Jeder breitete neben seinem Kamel seinen Teppich aus, aß und schlief. Um ein Uhr des Morgens ging der Mond auf, man trommelte, und fünf Minuten darauf waren wir wieder auf dem Marsch, ohne die geringste Unordnung, ohne allen Tumult. In der Wüste verdoppelt sich die Achtung für das Kamel, dieses wahrhaft ehrwürdige Tier. So hart sein Schicksal ist, weiß es sich geduldig darein zu finden und vorzusehen. Ein unverkennbares Geschenk der Vorsehung. Der Sand ist sein Element. Außer ihm, auf der Erde, im Morast, erhält es sich mühsam, stolpert und sein öfteres Stolpern macht für es selbst, für den Reiter und seine Ladung zittern, aber in der Wüste ist das Kamel wie der Fisch im Wasser.

Mit Tagesanbruch kamen wir nach Kittah (4) zu einem sonderbaren Brunnen. Er besteht aus drei Brunnen von sechs Fuß Tiefe, in ein Sandbett gegraben. Er quillt aus einem Sandfelsen, wodurch sich das Wasser filtriert und sanft herabtröpfelnd das Bett füllt. Hier ist eine kleine Moschee, oder Karawanserei, welche Reisende von nicht zu großer Anzahl in ihren kühlenden Schatten aufnimmt und gegen die glühenden Sonnenstrahlen schützt.

Hier lernt man die Wichtigkeit dieser Brunnen kennen, wovon im alten Testament und in der Geschichte der Araber so oft die Rede ist, da man einsieht, wie schwer und kostspielig es ist, an diesen einsamen, entfernten Orten auch nur das kleinste Gebäude aufzuführen. Bei einer Niederlassung in Ägypten wäre es unumgänglich notwendig, ein Fort mit Garnison zu Kittah zu errichten, um sich der freien Kommunikation von Kosseir auf dem Nil zu versichern und die Araber abzuhalten.

Wir marschierten den ganzen übrigen Tag, ohne daß die Sonne zu scheinen nachließ. Sie erhob sich unmerklich, und die Berge rückten links und rechts näher zusammen. Wir verdoppelten die Wachen und begaben uns wieder auf den Marsch.

An diesem Tage veränderte sich die Szene. Die Berge, die wir tags vorher getroffen hatten, waren Sandfelsen, diese aber marmorartig und die Bruchsteine davon mit Granit, Porphyr, Serpentin und anderen Urgesteinsarten vermischt. Das Tal begann jetzt sich mehr und mehr zu verengen, von allen Seiten erhoben sich Felsen.

Nachdem wir diese Felsen passiert hatten, gingen wir zurück bis an eine Quelle, el-More genannt, welche nur ein kleines Loch unter einem Felsen ist; ihr Wasser schmeckt köstlich. Für unsere zahlreiche Karawane war sie nicht genügend. Wir kamen zu einer zweiten, welche mehrere Brunnen hatte. Hier allein ist der Weg bis auf vierzig Schritte von den Felsen eingeengt und machte unserer Artillerie viele Beschwerden; übrigens glich er einer Sandallee in einem Garten. Der Fuß der Felsen ist durch Wasserströme abgespült und wie gekehrt, denn dieser Erguß des Wassers, wenn es hier regnet, dauert nur einige Stunden und ebnet hier nur den Boden des Tales, ohne Schluchten und Furchen zu reißen. Die Formen und verschiedenen Farben der Felsen benahmen die Eintönigkeit der Wüste und bildeten sie zu einer malerischen Landschaft. Das Land ertönte vom Geräusch unserer Tritte und der Widerhall der Felsen ahmte unsere Reveille nach. Unsere Soldaten hatten schweigend die Sandebene passiert, in den Tälern fingen sie an zu sprechen, Echo wiederholte die Jubelgesänge – die Wüste verschwand. Dieser zweite Brunnen, so reichhaltig an Wasser, lieferte uns nicht genug, nur einige füllten ihre Schläuche und wir rückten vor bis an jenen von el-Adute, wo das Tal geräumiger und das Wasser sehr gut ist.

Wir gruben einen Brunnen, der uns für den Augenblick vortrefflich Wasser gab. Dieses war die letzte erträgliche Quelle, die wir antrafen, wir und unsere Kamele tranken für erlittenen, gegenwärtigen und kommenden Durst, der Vorrat in den Schläuchen ward erneuert für den Weg nach Kosseir, wo wir wußten, daß das Wasser selten und schlecht war. Auch hier müßte ein Fort, eine große

Zisterne und eine Karawanserei angelegt sein, dann würde der Weg von Kosseir zum Nil eben so bequem wie jeder andere.

Sowie wir bergabwärts stiegen, wurden die Berge niedriger. Nach einem Marsch von achtzehn Stunden hielten wir an, um einige Stunden zu schlafen. Mit Tagesanbruch fanden wir das Tal sehr ausgedehnt. Hier kommt man zum Brunnen Ambagi, sein Wasser ist nur für Kamele trinkbar. So reichhaltig er ist, so mineralisch ist er auch, und würde zur Heilung mancher Übel nicht minder anwendbar sein, als vielleicht die Quellen zu Spa, Aachen, Pyrmont. Aber hier, der sengenden Sonne und der Mäßigkeit der Bewohner sei es gedankt, wo es sehr wenig Kranke und noch weniger Ärzte gibt, steht sie unberühmt unter ihrem schwarzen ägyptischen Schlamm. Sie gibt sieben oder acht Palmbäumen in ihrer Nähe Nahrung, das einzige Gebüsch im Umkreis von fünfzig Meilen.

Die Leichtigkeit der Luft sagte mir, daß wir uns dem Meer näherten. Wirklich sahen wir, als wir einen Hohlweg zurückgelegt hatten, seine Wellen an Felsenriffe branden. Ein dichter Nebel am Horizont verriet uns Asiens Küsten, zu entfernt, um deutlich erkannt zu werden. Die arabischen Ababditen (5), die uns vorgegangen waren, hatten die Bewohner von Kosseir (6) von unserer Ankunft benachrichtigt, wir sahen sie mit dem Scheich der Stadt und ihrer Suite zurückkommen, begleitet von einem Trupp Hammeln, das erste Zeichen der Huldigung und des Friedens. Die Kleidung der Bewohner von Kosseir ist dieselbe der Mekkaner und der Ababditen, die zum Teil nackend gehen, nur um die Lenden ein Tuch geschlagen, in der Hand eine Lanze, am linken Arm einen kurzen Degen. Sie sitzen mit kreuzweis untergeschlagenen Beinen auf den Sätteln der schnell trabenden Dromedare. – Alles dieses bildete ein höchst eigentümliches und interessantes Ganzes. Die Mekkaner, von ernsthafter Haltung, gleich Auguren in lange weite Talare gekleidet, saßen auf großen Kamelen. Beim Zusammentreffen der verschiedenen Korps saß alles ab. Unsere Truppen stellten sich in Schlachtordnung und nach einer freundschaftlichen Unterhandlung von einigen Minuten gingen wir, um Besitz vom Schlosse zu nehmen, wo bereits die weiße Friedensfahne wehte. Ich hatte mir die Stadt Kosseir so abscheulich, das Schloß ganz zertrümmert vorgestellt, daß ich die erstere fast prächtig fand und das zweite für eine Festung ansah.

Letzteres ist ein arabisches Gebäude aus den Zeiten der Kalifen, im Stil der Fortifikationen von Alexandrien. Es bildet ein Viereck von vier Kurtinen, gedeckt durch ebenso viel Bastionen, ohne Gräben: aber mit Nachhilfe der vorhandenen Kontreskarpe könnte es einer schwimmenden Batterie und den Mächten, die sich auf dem Roten Meer sehen lassen, Widerstand leisten.

Ich entwarf eine Zeichnung wo ich den Hafen, die Reede, die Stadt, den Pharus, das Schloß und unser Zusammentreffen mit den Einwohnern darstellte. Tags darauf nahm ich die Gegend von der entgegengesetzten Seite auf, hier sieht man die Brandungen und doppelten Felsenriffe, welche den Hafen bilden, den Eingang gegen den Nordwind schützen und dem Ost- und Westwind offen lassen. Hier zeigt sich die Bergkette, welche die Seite der Mauer einfaßt, ohne Hafen und Wasser – und der Sage nach wüst bis Bab-el-Mandeb (7). Sehr interessant würde es sein, die Reede von Berenice (8) aufzusuchen, die mit großen Kosten von den Ptolemäern vierzig Meilen weiter südlich erbaut und verlassen ist, seit jene von Kosseir besucht wird, die nur eine geringe Anzahl kleiner Kaufmannschiffe fassen kann, indem die Reede nur zwei und eine halbe Klafter an ihrer tiefsten Stelle aufweist. Man muß bei der Landung die Waren hundertfünfzig Schritte weit vom Ufer schleppen lassen, wo sie durch Schaluppen nach dem Gebäude geführt werden, von dem man sie verlädt. Bei allen diesen Unbequemlichkeiten muß man erstaunen, noch einige Betriebsamkeit unter den verfallenen Gebäuden des armseligen Kosseir zu finden. Allein wenn man erwägt, daß dieses noch der beste unter den bekannten Häfen des Roten Meeres ist, daß er Mekka mit Getreide versieht, und Kaffee aus Jemen zurückbringt, daß es der Vereinigungspunkt von Asien und Afrika ist und das Warenlager dieser beiden Weltteile werden könnte, muß man sich über die Blindheit und Raubsucht einer Regierung wundern, die an nichts dachte, als durch allerhand Auflagen und Bedrückungen einen Handel zu erschweren, der mit Zins und Zinseszins alle Auslagen, die man zu seinem Besten gemacht, bezahlt hätte. Weder Zollhäuser noch Magazine, nicht einmal eine Zisterne trifft man zu Kosseir. Bei unserer Ankunft in diesem Hafen fanden wir kein anderes Wasser, als man aus Asien hergebracht hatte, und wovon jedes Maß einen Sou kostete. Die Tätigkeit unserer Soldaten verschaffte sich binnen vierundzwanzig Stunden eine Quelle, die uns unentgeltlich schmackhafteres Wasser lieferte, als jenes, was man teuer verkaufte.

Die Armut der Gegend um Kosseir übertrifft alle Beschreibung. Aber das Meer ist sehr fischreich, und faßt eine Menge Conchylien[49], Muscheln und Korallen, letztere in so großer Menge, daß von ihnen wahrscheinlich das Meer seinen Namen – das Rote – erhalten hat, wenn auch sein Sand weiß ist. Die Felsen sind mit Korallen und Madreporen[50] bedeckt, die sich vom Ufer oft eine halbe Meile weit zu den benachbarten Felsen dehnen. Entweder erheben sich die Ufer, oder das Meer tritt zurück. Mit Vergnügen hätte ich hier Conchylien sammeln können, welche in ungeheurer Menge und verschiedener Art vorhanden waren. Allein einige Zeichnungen, die ich zu entwerfen hatte, und die Sorge für den Rückweg ließen mir gerade so viel Zeit, eine Exkursion längs des Ufers mit den arabischen Ababditen, unseren neuen Bundesgenossen, zu machen. Ich bestieg eines von ihren Dromedaren, mit einem Sattel nach ihrer Art. Die Leichtigkeit des einen sowie die Bequemlichkeit des anderen entzückten mich. Wir gewannen ihre vollkommene Hochachtung, da wir ihnen so viel Zutrauen erwiesen.

Zwei Tage nach unserer Ankunft machten wir uns wieder auf den Weg, um unsere zurückgelassene Garnison nicht dem Hunger auszusetzen. Unsere Araber gingen beständig voraus.

Sie scheinen für die Wüste geboren, und ließen unterwegs keines ihrer Produkte unbenützt. Zwei Gazellen flohen durch die Wüste. Schnell schickten sie vier der ihrigen mit Flinten nach. Einige Minuten darauf hörten wir nur Schüsse fallen, und bald kamen sie mit den erlegten Gazellen zurück, die so fett waren, als hätten sie die beste Fütterung genossen. Sie luden mich ein, von dieser Beute zu genießen. Begierig auf die Art ihrer Zubereitung ging ich in ihr Quartier.

Der Chef, despotisch wie ein orientalischer Souverän, verfügte über keine besonderen Bequemlichkeiten. Sein Palast war allenthalben, wo er seinen Teppich ausbreitete. Sein Küchengerät bestand

---

[49] Muschelart
[50] Steinkorallen

in zwei kupfernen Stürzen und einem Topf aus demselben Metall. Etwas Butter, Mehl, und einige Bündel Reiser waren sein ganzer Vorrat. Alter Kamelmist wurde zusammengekehrt, Steine aufeinander gestellt, Mehl angemengt und in einigen Augenblicken hatte man Zwieback fertig, der ziemlich genießbar sein mochte, so lange er warm war. Suppe, Fleisch in der Brühe gekocht, und Braten machten eine ganz gute Mahlzeit aus, für den, der Appetit gehabt hätte. Aber dieser fehlte mir in der Wüste gänzlich. Ich lebte von der Limonade, die ich mir gewöhnlich auf dem Kamel machte. Ich steckte die Stücke Zitrone mit Zucker in den Mund und trank das Wasser hinterher.

Unsere Araber kannten jedes, auch das geringste Fleckchen, welches einige Weide hervorbrachte. Sie wußten genau, wie weit diese oder jene Pflanze im Wachstum vorgerückt war an den Orten, die wir passierten, und schickten ihre Kamele hin, sie abzuweiden. Diese armen Tiere essen jeden Tag nur einmal eine geringe Anzahl Bohnen, welche sie die übrigen vierundzwanzig Stunden wiederkäuen. Mit gleicher Geduld traben oder ruhen sie auf glühendem Sand. Nur die Liebe erzeugt bei ihnen einige heftige Augenblicke, vorzüglich bei den Weibchen, bei denen mir die Leidenschaft wärmer schien. Merkwürdig ist es, daß die Strapazen des Weges den Geschlechtstrieb bei ihnen mehr reizen als abstumpfen. Ich hielt mich verpflichtet, eine Zeichnung von der Art ihrer Begattung zu entwerfen, um die Zweifel zu heben, welche einige sonderbare Abbildungen über die Begattungsart der Kamele verbreitet haben und zu beweisen, daß die Begierde zur Vereinigung sie rücklings zu liegen reizt, was besonders bei der Vereinigung des Männchens auffällt.

Unser Rückweg beschleunigte sich vorzüglich dadurch, daß wir der Artillerie entledigt waren. Obwohl wir Halt machten, einige Stunden dem Schlaf widmeten, kamen wir in dreieinhalb Tagen zurück. Aber am dritten halben Tag konnte ich kaum mehr fort, Ermattung, Hunger und Durst hatten mich gänzlich entkräftet. Nur durch den Genuß einiger Zwiebäcke und das Baden im Nil konnte ich mich einigermaßen erfrischen. Nach achttägigem Aufenthalt in der schweigenden Wüste fand ich meine Organe durch die wenigen Eindrücke, die sie hier erhielten, sehr geschärft, ihre Empfänglichkeit mehr konzentriert. Ich vermag nicht die Empfindungen zu beschreiben, die meine höher gestimmte Seele befielen, vorzüglich in der Nacht, wenn ich am Ufer des Nils lag. Ich hörte den Wind flüstern in den Zweigen, sich erfrischen, indem er in schwankenden Palmblättern wogte, alles schien mir lebhafter, alles wärmer beseelt, die Luft belegt, ich wähnte die Atemzüge der Natur zu vernehmen.

Auch überzeugte ich mich auf dieser Reise, die in die heißeste Jahreszeit fiel, und deren Gefahren man uns weit größer ausgemalt hatte, daß Unternehmungsgeist alles vollendet und Mut und Beharrlichkeit jede Gefahr verscheuchen.

KAPITEL XIII

Das Tal der Könige und seine Gräber

Abgeschnitten und verbannt, wie wir jetzt waren, erwarteten wir täglich neue Kunde. Bei jeder Rückkunft von unseren Märschen wurden wir begieriger nach Nachrichten von den Unternehmungen unserer Chefs und ihren Folgen. Aber nur zu oft ward dieser Genuß durch Trauerbotschaften vom Verlust unserer Gefährten gestört. Anhaltende Strapazen des Geistes und des Körpers wirkten gleichförmig auf beide, die Sehnsucht nach dem Vaterlande war erwacht, und das tägliche Hinsterben der Unsrigen ließ jeden zweifeln, jemals seine Heimat wieder zu betreten, seine Teuren zu umarmen. In dieser trüben Periode hatten wir den Verlust des Generals Caffarelli (1) zu beklagen.

Voller Hoffnung, uns mit dem heilsamen Wasser des Nils zu stärken, unsere ausgetrocknete Haut zu erfrischen, kamen wir zu seinen Ufern, wir fanden uns getäuscht und diesen Fluß ganz verändert. Seit den letzten Tagen des Kamsin stockte sein Lauf, er verlor seine gewöhnliche Reinlichkeit, seine Klarheit. Seine Fluten waren grün und führten schwarzen Schlamm mit sich, der unerträglich faul stank.

Dieses ist nicht der Nil, jener Schöpfer und Erhalter Ägyptens; er selbst kränkelt und sein Hinschwinden würde die Bewohner von seinen Ufern verjagen, wenn diese Veränderung nicht das Zeichen seines baldigen Anschwellens wäre. Er fällt bis zum 28. Prairial, bleibt zwei Tage gleich einem Teiche stehen und fängt mit dem 30sten an zu wachsen. Zu dieser Zeit wird der Aufenthalt in Oberägypten unerträglich. Die Winde wechseln beständig, wehen ohne Unterlaß von Ost nach Süd, oder Süd-West. Dieser letztere Windstrich ist in seinen Wirkungen fürchterlich. Er verdickt die Atmosphäre, verhüllt mit weißen, austrocknenden, brennenden Dämpfen die Sonne, erzeugt Fieber, zehrt aus, entzündet das Blut, reizt die Nerven, und macht das Leben äußerst schmerzhaft. Sein Druck auf die Lungen ist so schwer, daß man unwillkürlich einen anderen Ort sucht, wo man frei atmen könnte. Man glaubt sich beständig vor der Mündung eines glühenden Schmelzofens. Zieht man die Luft ein, so empfindet man die fürchterlichsten Schmerzen im Gehirn und wenn man den Atem wieder ausläßt, hat man die Empfindung, als wenn die Nase blutete. Alles, was man angreift, glüht, selbst das Eisen hält, in der Nacht sogar, denselben Grad von Hitze, wie in Frankreich, wenn es in den Hundstagen den Sonnenstrahlen ausgesetzt ist.

In diesen letzteren Tagen machten wir eine Reise nach Sahmatah und Abumanah, wo wir mit den Einwohnern die Arbeiten an den Dämmen und Kanälen ordneten. Unser General wurde als Gouverneur der Provinz empfangen. Der Kaimakan (2), oder General der Gendarmerie, ein reicher Mann, hatte uns auf einem seiner Güter einen geräumigen Hof bereiten lassen. Fleißiges Besprengen des Erdreichs, Verteilung einer großen Anzahl Zwiebäcke und erfrischender Getränke linderten einigermaßen die Unerträglichkeit der Jahreszeit. Abends gab er uns, den Scheichs der Provinz, dem Detachement, welches uns begleitete, und der ungeheuren Zahl von Dienern, die sich an unser Gefolge geschlossen hatten, ein Essen. Im Morgenland gibt es immer eine Menge überlästigen Volks, das sich anhängt, uns beschmaust, ohne daß wir uns seiner erwehren können. Hat man einen Bedienten, so wird man gleichwohl durch einen anderen bedient, der aber niemals viel Eifer zeigt, da er keinen Lohn erhält, und sich eigentlich gar keine Mühe gibt, weil er nicht unser, sondern unseres Bedienten Bedienter ist, gleichwohl muß er ein Kleid haben, ein Pferd, und kaum ist er equipiert, als sich auch schon ein drittes dienendes Geschöpf an diesen zweiten als Diener hängt, und so weiter. Diese Menge fressender Wesen, welche sich bei der Armee unmerklich anhäuft, ist eine größere Landplage als diese selbst, grausamer und verheerender. Sie rauben mit einer Frechheit, die mit der Würde desjenigen, den sie bedienen, größeres oder geringeres Maß hält. Sie glauben sich minder strafbar, je vornehmer ihr Herr ist und begehen oft die größten Unverschämtheiten, um sich bei ihren dienenden Genossen in mehr Respekt zu setzen, da die Würde ihres Herrn der Maßstab ihrer Straflosigkeit ist. Täglich begehen sie die größten Räubereien auf Kosten der nützlichen Mitglieder der bürgerlichen Gesellschaft. Freilich verscheuchte jede Schlacht eine große Zahl dieses Gesindels von der Armee, aber bei der Plünderung stellten sie sich wieder ein, nur mit dem einzigen Unterschied, daß sie zu einer anderen Division gingen. Ich habe das Beispiel erlebt, daß einige, die zu Anfang des Feldzuges bloße Reitknechte waren, zu Ende desselben drei Diener hatten und die Bedienung ihres Herrn so schamlos eigenmächtig untereinander verteilt hatten, daß einer von ihnen nur den Steigbügel zu halten brauchte, wenn der Herr zu Pferde stieg, und auch da half vielleicht ein Unterbedienter.

Bei diesen Beratschlagungen bringt man keine Neuerungen hervor, ohne die Einwohner vorher davon unterrichtet zu haben, man verspricht ihnen alle Arten von Aufmunterungen, und es gereicht zur Ehre dieses braven Volkes, daß sie beim Schluß der Sitzung sagten: »diese Versammlung gleicht jenen aus den Zeiten des Fürsten Scheich Amman, wo man keine Projekte zur Bedrückung des Volkes machte, sondern beständig das allgemeine Wohl vor Augen hatte.«

Dieser Fürst Amman war ein mächtiger Araber, der sich in den unruhigen Zeiten Ägyptens unabhängig gemacht hatte und von Girge ab die ganze obere Thebais beherrschte (3). Die Mameluken, bei denen er in Ungnade stand, betrachteten ihn, gestützt auf das Ansehen der Pforte, als einen Rebellen, einen Beschützer der Mißvergnügten, griffen ihn an und richteten ihn endlich ganz zu Grunde. Meine Leser kennen das unglückliche Ende des letzten Prinzen dieses Hauses nach der Schlacht bei Samanhut[51]. Den folgenden Tag gaben uns die Dörfer von Abumanah ebenfalls ein Gastmahl, bei welchem gleicher Überfluß herrschte. Doch ging es hier etwas ungesitteter zu. So lauerten unsere Wirte mit gieriger Ungeduld auf den Augenblick, wo wir mit Essen aufhören würden, um das, was wir übrig ließen, zurückzunehmen und sich einen Nachtisch davon zu bereiten.

Mit dem 7ten Messidor fing der Nil an zu steigen, das Wasser begann sich zu erfrischen, verlor seine grüne Farbe, ohne sich zu trüben. Jetzt gab es zu tun. Man mußte die Kanäle wieder aufgraben, sie verbessern, und alle Anstalten treffen, woran man die väterliche Sorge einer guten Regierung erkennt.

Die Hitze war jetzt unerträglich, der Westwind erstickte uns fast,

---

[51] vgl. Seite 200

erregte Nasenbluten und bedeckte unseren Leib mit schmerzhaften Geschwüren, trocknete unsere Haut aus und erschwerte die Ausdünstung. Die senkrecht herunterfallenden Sonnenstrahlen, die Hauptursache aller jener Ungemächlichkeiten, erzeugten auf der Haut lauter kleine Geschwüre, den Pocken gleich, die das Liegen und Sitzen gleich schmerzhaft machten. Auch ich blieb von dieser Krankheit so wenig als jeder Andere frei, aber ich trotzte der Entzündung, die mir äußerst beschwerlich und ekelhaft war, und machte mich mit dem Detachement auf den Weg nach den Königsgräbern von Theben.

Heute, den 14. Messidor, erreichte die Hitze ihren höchsten Grad. Zwei Soldaten verschmachteten beim Ausmarsch aus Kene. Wären wir nicht schon einigermaßen an das Klima gewöhnt gewesen, wir alle hätten umkommen müssen. Wir durften nur kurze Tagesreisen machen und konnten nur am frühesten Morgen marschieren. Auf den Feldern lebte indessen alles, sämtliche Einwohner unter Aufsicht der Scheichs waren beschäftigt, die Kanäle zu säubern, ihre Schleusen am Nil zu öffnen. Sorglos weideten die Herden am Eingang der Wüste, und die Felder, vor vier Monaten noch öde und

Medinet Habu

verlassen, waren jetzt mit Vieh bedeckt. Einen Tag hielten wir uns zu Kus auf, am dritten kamen wir mit Sonnenaufgang nach Karnak.

Wir näherten uns Theben. Diesesmal bekam ich die Gräber der Könige (4) zu sehen, das letzte, was bis jetzt meiner Schaulust in diesem Lande des Sonderbaren versagt geblieben war. Aber als waltete ein ungnädiges Schicksal über mir, das mir keine meiner Arbeiten zu vollenden gestattete, ich sah diese Denkmäler, um deren Ansicht ich einen beschwerlichen Weg von mehr als fünfzig Meilen gemacht hatte, mir abermals entfliehen. Ich hatte die Sicherheit, die sich nun allgemach im Lande verbreitet, genützt, und war voraus galoppiert, um einige Ruinen des Tempels Medinet Habu (5) aufzunehmen, wo mich der Trupp der Unsrigen wieder antreffen und abholen sollte, welcher dort vorbei müßte. Ich kam eine Stunde vorher an, nahm den Prospekt des Tempels auf, der an das Dorf stößt. Rechts von diesem Tempel stand ein viereckiges Monument, welches vermutlich ein Palast war, der mit demselben in Verbindung stand; er war freilich verhältnismäßig sehr klein, aber der Portikus und Galerien trugen viel zu seiner Erweiterung bei. Ich zeichnete diesen kleinen Palast, der von allen übrigen Gebäuden so ganz verschieden ist, wohl in seiner Anlage als durch die doppelten Etagen seiner viereckigen Fenster durch die Art der Balkons, welche von vier Köpfen in der Attitüde von Kariatiden gestützt werden.

Beständig ging ich den Truppen vor, ihr Marsch trieb mich. Ich lief zu den beiden Kolossen, von welchen ich eine Zeichnung entwarf, eben als die Sonne aufging, also zur nämlichen Zeit, wo man sie ehedem besuchte, um das Bild des Memnon reden zu hören. Auch den einsamen Palast, Memnonium (6) genannt, besuchte ich und entwarf den Prospekt davon.

Während ich mich in Beobachtungen vergaß, hatte man gleichfalls vergessen, mich abzurufen, ich erfuhr, daß das Detachement schon eine halbe Meile voraus war, im Galopp holte ich es ein. Die Truppen waren ermüdet, man fragte mich, ob ich die Gräber gesehen habe? Ich verbiß stillschweigend meinen Ärger und erhielt mehr, als wenn ich mein Mißvergnügen hätte laut werden lassen, denn man machte sich ohne weitere Umstände auf den Weg. Wir gingen durch das Dorf Kurna (7), das alte Nicopolis. Als wir uns jenen unterirdischen Wohnungen näherten, feuerten die unverbesserlichen Einwohner nun zum drittenmal mit Feuergewehren auf uns. Es waren die einzigen von ganz Oberägypten, die unsere Regierung nicht anerkennen wollten. Sicher in ihren Gräbern, gingen sie, Schreckensgeistern gleich, nur heraus, um die Menschen zu erschrecken. Belastet mit anderen Verbrechen, verbargen sie sich und ihren Ungehorsam in der Finsternis jener Höhlen, deren Anzahl allein die ungeheure Bevölkerung des alten Theben bezeugt.

Hierher, längs den finsteren Gräbern wurden die Könige zwei Meilen von ihrem Palast in dieses stille Tal, ihre letzte ruhige Wohnung, getragen. Dieses Tal liegt nordwestlich von Theben, zieht sich nach und nach allmählich zusammen, von schroffen Felsen umschlossen, an welchen Jahrhunderte nur leichte unmerkliche Veränderungen ihrer alten Form hervorbringen konnten. Die zahlreichen Begleiter im prunkenden Leichengepränge müssen einen auffallenden Kontrast zu den schauerlichen Felsen gebildet haben. Indessen kann man glauben, daß sie diesen Weg nur nahmen, wenn sie ihren Zug verlängern und ansehnlicher machen wollten, da das Tal und der Ort, wo die Gräber sind, nur sehr wenig vom Memnonium entfernt sein kann. Diese Entfernung mag allenfalls drei Viertelstunden betragen, so lange dauerte unser Marsch durch dieses öde Tal, als wir mitten in den Felsen ihrer Eingänge, dem Boden gleich, ansichtig wurden. Diese Eingänge sind von keiner besonderen architektonischen Schönheit und bestehen nur aus einer Tür mit einfacher Bekleidung von viereckiger Form. Ihr Oberteil war mit einem abgeschliffenen Oval versehen, auf welchem eine hieroglyphische Inschrift und eine Skarabea (8), die Figur eines Menschen mit einem Sperberkopfe, sich befanden. Wenn man die erste Tür passiert hat, kommt man auf lange, zwölf Fuß breite und zwanzig Fuß hohe Galerien, die mit Stuck überzogen und bemalt sind. Die Gewölbe sind mit unzähligen Hieroglyphen bedeckt, welche mit so vielem Geschmack geordnet sind, daß sie ein angenehmes Ganzes und eine Mannigfaltigkeit von Farben auf dem Plafond bilden, deren Wirkung reich und gefällig ist.

Der Aufenthalt mehrerer Wochen wäre kaum hinreichend gewesen, etwas Systematisches über die Gegenstände zu entwerfen, die mit ihrer Zahl auch das Geheimnisvolle vermehrten, und nur einige Minuten waren mir vergönnt. Mit Ungeduld sah ich alles an und konnte beim Scheine einer vorgetragenen Fackel nichts tun, als aus einem Begräbnisse ins andere gehen. Am Ende der Galerien standen die Sarkophage, frei und von einem einzigen Granitblock von zwölf Fuß Länge und über acht Fuß Breite. Sie waren innen und außerhalb mit Hieroglyphen geziert, an einem Ende gerundet, viereckig am anderen, wie jener bei der Moschee des heiligen Athanasius zu Alexandrien. Diese Gräber waren mit einem Deckel in gleicher Größe und von verhältnismäßiger Stärke bedeckt, welcher in Fugen eingepaßt war. Aber weder diese Vorsicht noch die ungeheuren schweren Steinmassen konnten die Reste der Könige, die darin verwahrt waren, vor den Nachstellungen der Habsucht sichern. Alle diese Gräber sind erbrochen. In dem ersten ist die Figur eines Königs, Priesters oder einer Schutzgottheit auf dem Sarkophagdeckel gehauen. Sie ist so beschädigt, daß man nicht einmal an der Kleidung unterscheiden kann, ob sie einen König, einen Priester oder eine Gottheit vorstellen soll, in den anderen Gräbern ist die Grabstätte mit einem Säulengang von Pilastern umgeben. Die Galerien, mit Logen umgeben, sind auf dieselbe Art abgestützt; Seitenkammern, unregelmäßig in Felsen gehauen, sind mit einem weißen und feinen Stuck überzogen, auf welchen Hieroglyphen ausgehauen und gemalt sind, welche sich außerordentlich gut erhalten haben. Alle Verzierungen haben sich so vollkommen erhalten und die Malereien sind noch so frisch, als hätte sie erst soeben der Pinsel verlassen. Die Farben der Deckenstücke – gelbe Figuren auf blauem Grund – sind so geschmackvoll, daß sie unsere elegantesten Säle und Zimmer zieren könnten.

Schon hatte man das Zeichen zum Aufbruch gegeben, als ich noch kleine Kammern entdeckte, auf deren Mauern alle Arten von Waffen gemalt waren, als Panzer, Tigerhäute, Bogen, Pfeile, Köcher, Lanzen, Wurfspieße, Säbel, Sturmhauben und Geißeln; in einer anderen Hausgeräte, wie Schiebefächer, Putztische, Stühle, Lehnsessel, Stühle ohne Lehnen, Ruhe- und Feldbetten von schöner Form, so wie wir sie seit Jahren schon bei unseren Ebenisten, die sich nach Modellen geschickter Baukünstler bilden, bewundern. Da die Malerei sich nur mit Naturgegenständen beschäftigt, so sind wir überzeugt, daß die Ägypter sich des indischen Holzes zu ihren Möbeln bedienten, welches sie ausschnitzten, vergoldeten und mit gestickten Stoffen wieder bedeckten, mit ihnen waren zugleich andere Hausgeräte vorgestellt, wie Gefäße, Kaffeegeschirr, ein Krug mit dem Waschbecken, Teegeschirr und ein Korb. Eine andere Kammer war dem Ackerbau gewidmet, mit den zum Ackerbau nötigen Werkzeugen, ein Pflug nach jetziger Form, ein Mann, der am Ufer eines Kanals sät, von dem sich die Überschwemmung zurückzieht, Früchte zur Sichel reif, Reisfelder, die man bearbeitet. In einer vierten eine weißgekleidete Figur, die auf einer Harfe mit elf Saiten spielt. Sie war mit Schnitzwerken verziert von der nämlichen Farbe und Holz, aus welchem die unsrigen jetzt verfertigt werden. Wer hätte wohl diese prächtigen Raritäten ungezeichnet lassen können (9)?

Wer könnte zurückkehren, ohne sie zeigen zu können! Ich bat noch um eine Viertelstunde Aufschub; man gestattete mir zwanzig Minuten, die Uhr in der Hand, eine Person leuchtete mir, während ein anderer vor jedem Gegenstand, den ich bezeichnete, eine Wachskerze aufsteckte, ich vollendete meine Arbeit in der vorgeschriebenen Zeit so richtig wie möglich. Ich bemerkte viele Figuren ohne Köpfe, auch fand ich welche enthauptet, es waren lauter Schwarze, und jene, welche sie enthaupteten und das Richtschwert noch in den Händen hielten, waren rot.

Waren dies Menschenopfer? Opferte man Sklaven? Oder war dies das Resultat der Gerechtigkeit und die Bestrafung des Straffälligen?... Ich beobachtete alles, was sich von diesen Überbleibseln forttragen ließ. Als ich mit dem Zeichnen der Gegenstände beschäftigt war, fand ich eine kleine schöne Opferschale, von gebrannter Erde, welche allen Nationen würde Ehre gemacht haben. Gottheiten aus Feigenholz, mit außerordentlicher Freiheit aus dem Rohen gearbeitet, feines, glattes und blondes Haar, einen kleinen Fuß einer Mumie, welcher der Natur nicht weniger Ehre macht; unstreitig war es der Fuß eines jungen Mädchens, einer Fürstin, eines reichen reizenden Wesens, dessen Füße nie ihre Form veränderten, und dessen Form vollkommen war. Ich schien ganz dafür eingenommen, einen verliebten Diebstahl unter den Nachkommen Pharaos zu begehen. Endlich zog man mich von diesen Gräbern weg, wo ich mich drei Stunden aufgehalten hatte, und wo ich ganze drei Tage hätte beschäftigt sein können! Das Geheimnis und die Pracht dieser Grabkammern, die Tore, welche sie beschützten, alles zeigte mir, daß der nämliche Gottesdienst diese Grotten ausgehöhlt und verziert, der die Pyramiden entstehen ließ.

Wir verließen geschwind diese verborgenen Gemächer, wo so viel interessante Gegenstände uns zurückhalten und unsere Ankunft zu Alikate verspäten mußten. Ich empfand wie jedesmal, daß die Reise durch Theben bei mir ein Fieberanfall war, wie eine Art von Krise, die bei mir einen gleichen Eindruck von Ungeduld, Enthusiasmus, Erregung und Schwäche zurückließ.

Den anderen Morgen kamen wir früh nach Nakade, einen reichen Ort, von Christen bevölkert. Der koptische Bischof mit seinem Bischofsstabe kam uns an der Spitze seiner Getreuen entgegen und führte uns in ein Haus, wo für den Stab und das ganze Korps ein Frühstück bereit stand. Ohne Zweifel geschah es aus Dankbarkeit, daß wir ihr Land von den Streifereien der Mekkaner und besonders den Bischof aus der Gefangenschaft befreit hatten, als wir ihn im Schloß Benhout[52] antrafen. Beim Untergang der Sonne kamen wir zu Ballasse an, von dem die irdenen Töpfe ihren Namen haben, mit denen seine Manufakturen nicht allein ganz Ägypten, sondern Syrien und die Inseln des Archipelagus versehen, sie haben die Eigenschaft, das Wasser zu filtrieren und es dadurch hell und frisch zu machen. Da sie mit wenig Kostenaufwand verfertigt werden, so verkauft man sie so billig, daß man sich ihrer öfters zur Aufführung einer Mauer zu einem Hause bedient, und daß der ärmste Einwohner sich im Überfluß damit versehen kann. Die Natur gibt den Stoff schon zubereitet in der benachbarten Wüste her, es ist ein fetter, feiner, seifenartiger und fester Mergel, der nur feucht gemacht und geknetet zu werden braucht, um klebrig und biegsam zu werden; die Geschirre, die daraus verfertigt, gedreht, getrocknet und zur Hälfte an der Sonne gebrannt werden, sind das Werk weniger Stunden. Man befrachtet Flöße damit, welche alle Reisenden durch Ägypten beschrieben haben, man führt sie so längs den Ufern des Nils aus, setzt einen Teil derselben auf dem Wege ab, der Rest wird zu Rosette und Damiette ausgeführt, um sie in fremde Länder zu bringen. Ich fand dergleichen Wasserkrüge, von gleicher Gestalt, zum nämlichen Gebrauch, von drei Füßen gestützt, auf hierogly-

---

[52] vgl. Seite 249

phischen Abbildungen und in Manuskripten abgemalt. Am anderen Morgen kamen wir früh Kene gegenüber an, wo der Nil sechs Fuß höher stand, als wir ihn verlassen hatten.

Wir vernahmen, daß Murad Bei die Oasen verlassen und auf dem Wege von Siut in die Gegenden von Miniet sich hinabgezogen habe, daß er mit Unterägypten bis ins nördliche Afrika in einem geheimen Einverständnis stehe, und einen Abgesandten hingeschickt habe, welcher von Derna abgesegelt sei. Dieser Abgeordnete ist nichts weniger als der im Koran verheißene und versprochene Engel el-Mahdi (10), er wurde von einem Hadschi entdeckt, der 200 Mahgrebiner führte, die Fahne Mohameds weht, die Wunder sind vorhergesagt. Die Gewehre, selbst die Kanonen der Franzosen können diejenigen nicht erreichen, welche dieser heiligen Fahne folgen. Eine Menge Araber vereinigten sich mit der ersten Versammlung, kamen plötzlich in die Provinz Bahira, bemächtigten sich Damanhours (11), wo sechzig Franzosen stationiert waren. Die Beduinen kamen von allen Seiten herbei, der Haufen wurde unzählbar, den Wirbelwinden gleich, welche in den Wüsten wehen und auf dem Wege Sand- und Staubwirbel emportreiben und zugleich Himmel und Erde bedrohen, aber beim ersten Gegenstand, dessen Grund sie erreichen, sich senken, wanken, und den Raum verlieren. Es kam ein Detachement, und Damanhour wurde entsetzt; fünfzehnhundert von den Aufrührern blieben, die übrigen wurden zerstreut. Der Engel el-Mahdi wurde verwundet und entkam nur mit äußerster Mühe, die Täuschung war vorüber, das Schreckbild und die Armee existierten nicht mehr.

Die Nachrichten aus Syrien meldeten den Rückmarsch unserer Armee (12). Ich rechnete aus, daß, da Oberägypten von uns erobert und besetzt sei, der Zeitpunkt herannahe, wo Unterägypten, überschwemmt mit Wasser, lange vor Einfällen beschützt und Bonapartes Anwesenheit ohne Nutzen sein würde. Ich hatte nicht vergessen, daß er mir versprochen hatte, mich wieder mit zurückzunehmen; ich hatte mich noch nicht von Europa abgewandt, und dieser Gedanke erregte in mir eine Empfindung von Unruhe und Ungeduld.

Während dem ertönten noch die Schüsse, welche die Einwohner von Kurna auf uns abgefeuert hatten, in den Ohren des Generals

Belliard; die Zeit, sie dafür zu strafen, war gekommen. Kaum waren wir zu Kene wieder angekommen, so war er schon beschäftigt, Truppen gegen sie abzuschicken, um sie zu überrumpeln, sich ihrer Herden zu bemächtigen, ihre Raubnester zu unterminieren, sie in die Luft zu sprengen und ihren Scheich fortzuführen. Dieses Detachement zwang die Thebaner, ihnen Aufenthalt auf einige Tage zu gestatten. Theben! Ich konnte mich zu nichts entschließen, doch meine Unentschlossenheit endigte sich zu Gunsten meiner Neigung. Ich machte mich wieder auf den Weg – dies war meine siebte Reise – nach dem großen Diospolis, das ich immer nur in der Eile gesehen hatte, welches mir jeden Genuß durch Zeitmangel verringerte. Ich hoffte aber für diesmal, meine Sammlung über diesen so wichtigen Gegenstand meiner Reise, wo nicht vollständig zu machen, doch noch zu vermehren.

Als wir angekommen waren, sahen wir, daß wir verraten waren, wir stellten uns, als wollten wir weiterreisen, und wäre Esne unsere eigentliche Bestimmung. Die Verstellung gelang. Vor Luxor warfen wir Anker, und den anderen Morgen vor Tagesanbruch waren wir wieder auf unserem Weg.

Dennoch hatten die Araber unsere Spur entdeckt, und bei Tagesanbruch sahen wir unsern Irrtum, als wir die Einwohner durch die Wüste fliehen sahen, von ihrem Scheich zu Pferde geführt; ihre Herden folgten ihnen. Ein Teil der letzteren wurde aufgefangen, einige Frauen angehalten. Wir formierten eine Belagerung der Gräber, trugen alle brennbaren Stoffe zusammen und zündeten vor den Gräbern Feuer an, um sie durch den Rauch zu zwingen, sie zu verlassen. Wir wurden durch Steinwürfe und Wurfspieße zurückgetrieben; diese Höhlen, die miteinander vereinigt waren, hatten doppelte Ausgänge. Das Unternehmen endete mit der Wegnahme von zweihundert Stück Hornvieh, vier Männern, ebenso vielen Weibern und acht Kindern. Diejenigen, die sich in die Wüste geflüchtet hatten, waren ohne Proviant. Denen, die noch in der Höhle waren, fehlte es an Wasser. Wir schlossen sie auf zwei Seiten ein und ließen die Miene spielen. Sie hatte wenig Wirkung, aber sie versetzte sie in Schrecken. Sie bequemten sich zu Unterhandlungen.

Ich stellte, von einigen Freiwilligen begleitet, neue Untersuchungen an. Ich beobachtete die Grotten, welche wir mit Sturm erobert hatten, sie waren ohne alle Pracht. Hinter einer doppelten regelmäßigen Galerie, die durch Pfeiler unterstützt wurde, war eine Reihe öfters doppelter und ziemlich regelmäßiger Kammern. Hätten wir hier nicht Grabmale, und selbst noch einige Überbleibsel von Mumien gefunden, so hätte man glauben können, daß dieses der erste Aufenthalt der ersten Bewohner Ägyptens gewesen sei.

Ich zweifelte nicht mehr, daß ich in den Grabmalen der Großen oder hochstehender Helden war. Die Gräber, die man für jene der Könige hält, und welche ich bei meiner letzten Reise dreiviertel Stunden weit in der Wüste gesucht hatte, hatten vor diesen keinen Vorzug als durch die Pracht der Sarkophage und die geheimnisvolle Isolierung ihrer Lage. Von den anderen konnte man gerade die großen Gebäude der Stadt erblicken, die Bildhauerarbeit war hier unvergleichlich schöner als die, die ich in den Tempeln gesehen hatte. Sie war lauter getriebene Arbeit. Ich wunderte mich, daß die vollkommensten Kunstwerke in Gräbern, an Orten, die zum Schweigen und Dunkel verdammt sind, aufbewahrt wurden. Die Galerien waren manchmal von einer feinen kalkartigen Tonerde unterbrochen, die einzelnen Abbildungen der Hieroglyphen waren mit einer Festigkeit und Genauigkeit des Meißels dargestellt, wie man sie beinahe nie auf Marmor erblickt, die Figuren waren in Umrissen mit einer Geschmeidigkeit und Reinheit gezeichnet, deren ich die ägyptische Bildhauerkunst nie fähig hielt. Hier konnte ich sie in Gegenständen beurteilen, die weder hieroglyphisch, weder geschichtlich noch wissenschaftlich waren, aber in der Darstellung kleiner Szenen aus der Natur in starken Umrissen durch geschmeidige und natürliche Bewegungen, durch Gruppen im Perspektiv und in erhabener Schnitzarbeit gezeichnet waren. Ich brachte einige Stücke von diesen Basreliefs mit als Beweis, andere davon zu überzeugen, was mich selbst so sehr in Erstaunen gesetzt hatte. Ich zeichnete sie auf meiner Rückreise nach Frankreich in ihrer natürlichen Größe. Ich fand hier Basreliefs, welche Seiltänzer in erhabener Arbeit darstellten. Esel, welche man tanzen und auf die Hinterfüße treten läßt. Diese Esel sind mit der Ungezwungenheit geschnitzt, wie sie Bassano (13) in seinen Gemälden vorstellt.

Der Plan dieser Höhlen ist nicht weniger befremdend. Sie sind so ungeheuer groß und verwickelt, daß man sie für Labyrinthe und unterirdische Tempel halten würde. Selbst einige von den Bewohnern, mit welchen wir Krieg führten, dienten mir als Führer. Der Klang des Geldes, diese Universalsprache, dieses Mittel, das allen Haß vergessen macht, besonders bei den Arabern, hatte mir unter den flüchtigen Bewohnern von Kurna viele Freunde verschafft. Einige hatten mich im Geheimen aufgesucht, als ich mich vom Kampffeld entfernt hatte, und dienten mir treu. Mit ihnen durchstrichen wir das ganze unterirdische Labyrinth, welches durch seine geheimnisvolle Anordnung Tempeln glich, in welchen man die in Geheimnisse Einzuweihenden prüfte. Man kommt in lange und sehr düstre Galerien, die in verschiedenen Winkeln verlaufen und einen großen Platz einzunehmen scheinen. Sie sind düster, traurig und ohne allen Zierat. Von Zeit zu Zeit stößt man auf Kammern, die

In den Gräbern der Könige

mit Hieroglyphen bedeckt sind, enge Wege an jähen Abhängen, tiefe Brunnen, wo man nur an den Mauern dieser Höhlen hinabsteigen kann, und man den Fuß in die Löcher setzt, die in dem Felsen angebracht sind. Am Grunde dieser Brunnen findet man wieder schön verzierte Zimmer, weiter unten neue Brunnen und Zimmer, und nach langem Kriechen und Steigen kommt man an einen offenen Platz, welcher nahe an der Seite des Ortes zu sein scheint, von wo man ausgegangen ist. Ganze Tage hätten nicht hingereicht, um sich hiervon einen Begriff zu machen und den Plan ähnlicher Irrgänge aufzunehmen. Wenn die innere Pracht der Gebäude dem ungeheuren Umfang dieser unterirdischen Wohnungen ähnlich wäre, wie man aus den schönen Geräten, die auf die Gräber der Könige gemalt sind, vermuten muß; wie sehr ist es zu bedauern, keine Spur davon zu finden! Was wurde aus diesen Gebäuden, die diese Reichtümer in sich schlossen? Wie sind sie verschwunden?

Während dieser Beschäftigung folgte uns ein Trupp Meerfalken und Geier, die so vertraut wurden, als sie von Natur wild waren. Sie nährten sich von unseren Überbleibseln und kamen immer wieder zu uns, wo wir uns aufhielten. An den Tagen, wo die Treffen vorfielen, kamen sie, anstatt durch das Kanonieren verscheucht zu werden, von allen Seiten. Ihre Behendigkeit und Vertraulichkeit waren für uns ein wahres Schauspiel und Vergnügen. Wir warfen ihnen mit Stangen Fleisch zu, welches sie nie fallen ließen. Sie nahmen öfters unseren Dienern die Speisen vom Kopf, welche man den Vorposten sandte. Ich sah, daß die Meerfalken den Soldaten, die Federvieh ausweideten, ganz behutsam die Leber und Eingeweide, welche sie ausschnitten, aus den Händen nahmen. Die kleinen Geier hatten nicht die nämliche Geschicklichkeit, aber ihre Unverschämtheit war ihrer Gefräßigkeit gleich. Sie fraßen das ekelhafteste und verfaulteste, was sie hier fanden. Sie selbst hatten einen Geruch, der dem Gestanke ihrer Nahrungsmittel gleichkam.

Wir unterhandelten noch manches und gingen am Abend, ich und meine Begleiter, einer zufrieden mit dem anderen auseinander, verabredeten eine Zusammenkunft auf den nächsten Morgen und ließen es uns beiderseits angelegen sein, pünktlich zu erscheinen. Man führte uns zu neuen, weniger ungesunden Gräbern, die zu einem angenehmen Aufenthalt des Tages über wegen ihrer Gesundheit, der reinen Luft und der schönen Aussicht, die man hier genoß, hätten dienen können. Im Ganzen unterscheiden sie sich durch nichts von den anderen, dieses zeigen die Gemälde, womit sie bedeckt sind. Der Felsen, der aus einer sandigen Materie besteht, ist mit Gips überzogen, auf welchem Leichenbegängnisse in allen Farben gemalt sind, doch unendlich weniger ausgearbeitet als die Schnitzwerke, aber nicht weniger selten in den Gegenständen, welche sie vorstellen. Man muß bedauern, daß die verfallenen Stücke der Mauer den Gang der Zeremonien nicht mehr in seiner ganzen Darstellung erkennen lassen.

Die Figuren der Götter werden von Priestern in Sänften und geflochtenen Körben getragen, von einer Menge Personen begleitet, die goldene Geschirre von allen Formen, Waffen, Vorrat an Brot, Lebensmittel, Kisten von verschiedener Art tragen. In keiner Gruppe aber konnte ich den Leichnam unterscheiden, vielleicht war er in einen Sarkophag eingeschlossen und mit Figuren der Götter bedeckt. Weiber folgten in der Ordnung nach und spielten auf Instrumenten. Ich fand hier auch eine Gruppe von drei Sängerinnen, die sich akkompagnierten. Eine auf der Harfe, eine andere auf einer Art von Gitarre, die dritte spielte ohne Zweifel auf einem Blasinstrument (14).

Man brachte mir Überbleibsel von Mumien. Ich versprach ihnen alles, was sie verlangten, wenn sie mir vollständige und unversehrte schaffen könnten. Aber die Geldgier der Araber entzog mir diese Befriedigung. Sie verkaufen nach Kairo das Harz, welches sie in den Eingeweiden und den Hirnschalen finden, und auch verleitet sie die Besorgnis, vielleicht eine zu verkaufen, in welcher ein Schatz verborgen sein könnte (obgleich sie deren noch nie gefunden haben), alle hölzerne Behälter zu zerschlagen und die Umschläge von gedruckter Leinwand, mit der die Körper nach der eigentlichen Einbalsamierung bedeckt werden, zu zerreißen. Der Leser kann sich vorstellen, welches Vergnügen es für mich war, als ich diese Seltenheiten entdeckte.

Indem ich die Berge erkletterte, bemerkte ich, daß die Grabmäler der Könige sich dicht beim Memnonium befanden. Ich geriet in Versuchung, wieder dorthin zu gehen, meine Führer baten mich sehr darum, aber ich befürchtete, dem flüchtigen Volke in die Hände zu fallen, und meinerseits als Geisel und Mittel zur Auslösung des Viehs zu dienen.

Den dritten Tag ging ich nach Medinet-Habu. Ich betrachtete dieses ungeheure Gebäude mit neuer Aufmerksamkeit. Da ich nicht mehr durch den übereilten Marsch der Armee gestört wurde, entwarf ich den Grundriß dieser Gebäudegruppe. Ich überzeugte mich noch mehr, daß die großen Höfe, welche mit dem zweistöckigen Palast in gerader Linie laufen, und die ich schon beschrieben habe, eben so gut dazu gehören müßten, wie diese ungeheuren Verschanzungen, die zweihundert Fuß lang sind, und von denen man nur eine Seite erblickte. In dem zweiten gewölbten Gang hatte ich schon bemerkt, daß die Katholiken sich eine Kirche erbaut hatten, von der nichts mehr als der untere Teil der Wölbung des Chors und die Pfeiler der Vorderkirche standen. Aber ich entdeckte an der Menge der Türen, die mit zierlichen Kreuzen bezeichnet waren, das Corps de Logis, zweihundert Fuß lang, welches wahrscheinlich einem gewissen Mönchsorden in den ersten Jahrhunderten zum Kloster gedient hatte. In dem Säulengang, wo die Kirche stand, hatte ich Gelegenheit, zu bemerken, daß die Bildhauerarbeit auf der inneren Mauer große Taten und den Triumph eines Helden vorstellt, der entfernte Nationen bekriegt, vielleicht des Sesostris (15). Man bemerkte hier einen Sieger, der ganz allein eine fliehende Armee verfolgt, und die sich, um den Streichen seines Schwertes zu entfliehen, in einen Fluß, vielleicht den Indus, stürzt. Der Held, der auf einem kleinen Wagen sitzt, in dem nur für ihn Platz ist, lenkt zwei Pferde, dessen Zügel an seinen Gürtel festgebunden sind. Köcher, übereinanderhängende Waffen, sind an seinen Wagen und an ihn gebunden. Sein Wuchs ist der eines Riesen. Er hält einen großen Bogen, mit welchem er auf seine bärtigen und langhaarigen Feinde schießt, welche nicht die geringste Ähnlichkeit mit den Köpfen der Ägypter haben. Weiterhin sitzt er rückwärts auf seinem Wagen, dessen Pferde durch Pagen aufgehalten werden. Vor ihm zählt man die Hände der besiegten Gefallenen. Einige Reisende haben einen zweiten Haufen einer anderen Art Verstümmelung gesehen, woraus man sehen könne, daß der Held nicht gegen Amazonen gestritten hat. Aber die Art der Verstümmelung fiel mir nicht auf und hatte für mich nichts Auszeichnendes. Man sieht Gefangene, die auf verschiedene Art angebunden sind und lange gestreifte Kleider tragen. Ihre Haare hängen geflochten herab. Hierauf folgen Bogen mit Hieroglyphen, fünfzig Fuß im Durchmesser, die vermutlich die Erklärung der ersten Gemälde enthalten. Wendet man sich links gegen die Oberseite einer anderen Galerie, so findet man ein langes Basrelief, das in zwei Reihen einen Einzug im Triumph darstellte; dies ist derselbe Held, der von seinen Siegen zurückkehrt. Einige Soldaten, die mit ihren Waffen bedeckt sind, beweisen, daß der Sieg militärisch ist, denn bald darauf sieht man nichts als Priester oder Eingeweihte, ohne Waffen mit langen und durchsichtigen Kleidern. Die Waffen des Helden sind damit bedeckt, er wird auf einem Tragsessel mit allen Kennzeichen der Gottheit auf den Schultern getragen. Vor und hinter ihm gehen Priester mit Palmenzweigen und Friedensstäben. Man streut ihm Weihrauch, so kommt er im Tempel des großen Gottes von Theben an. Er bringt ihm selbst ein Opfer, dem Zug folgt der Held mit seiner prächtigen Begleitung. Der Gott wird von vierundzwanzig Priestern getragen, der Apis-Stier (16) geht mit seinen Zeichen der Gottheit vor dem Helden her. Ein langer Zug folgt, von dem jedes ein Zeichen trägt, auf welchen größtenteils Gottheiten abgebildet sind. Als er am Altar angelangt ist, wird ein Kind, dem die Hände auf den Rücken gebunden sind, vor dem Sieger geopfert. Ein Priester, der den Stengel einer Blume zerknickt, und Vögel, die davonfliegen, sind das Sinnbild des Todes und der Trennung der Seele vom Körper. So ist doch wahr, was uns Longus (17) und Apulejus (18) von den Menschenopfern bei den Ägyptern in ihren Romanen von Theogenes und dem goldenen Esel sagen. Doch gleichen gebildete Menschen ganz den Barbaren. Dann opfert der Held dem Apis-Stier eine Garbe, ein beschützender Geist begleitet ihn beständig. Er wechselt seine Kleider und ändert den Haarputz bei den Zeremonien. Das Gesicht ist das nämliche, welches beweist, daß es sein Bildnis ist. Seine Züge sind edel, gerecht und sanft. Auf einem Bild hält er neun Personen mit einer einzigen Schnur gebunden. Sind dies die personifizierten Leidenschaften? Oder sind dies neun verschiedene Nationen, die er besiegte? Man streut ihm Weihrauch zu Ehren eines oder des anderen dieser Siege. Ein Priester zeichnete die großen Taten auf, um ihr Andenken zu heiligen. Hier sah ich zum erstenmal Figuren, die im Schreiben begriffen waren.

Die Ägypter hatten also doch Bücher. Der berüchtigte Thout (19) war also doch ein Buch und keine gehauene Inschrift, welches noch immer bezweifelt wurde. Es war mir sehr schmeichelhaft, wenn ich daran dachte, daß ich der erste war, der eine so wichtige Entdeckung gemacht hat. Aber dann um so mehr, als ich einige Stunden nachher die Beweise meiner Entdeckung durch den Besitz eines wirklichen Manuskriptes erhielt, welches ich in der Hand einer prächtigen Mumie, die man mir brachte, antraf. Man muß neugierig, Liebhaber sein, ja selbst reisen, um diesen Genuß in seiner ganzen Größe schätzen zu können. Ich fühlte, daß ich blaß wurde, und wollte denen Vorwürfe machen, welcher meiner dringenden Bitten ungeachtet diese Mumie beschädigt hatten, als ich in seiner rechten Hand und unter dem linken Arm das Manuskript aus Schilfrohr zusammengerollt fand, welches ich vielleicht nie ohne diese Beschädigung würde gesehen haben. Die Stimme versagte und ich segnet die Habgier der Araber und besonders den Zufall, der mir dieses Glück aufbewahrt hatte. Ich wußte nicht, was ich mit meinem Schatz anfangen sollte, so sehr war ich in Furcht, ihn zu beschädigen. Ich wagte das Buch nicht zu berühren, das älteste, was wir bis jetzt kennen. Ich vertraute es niemandem an, nirgends wagte ich, es aufzubewahren. Meine ganze baumwollene Decke, die mir zum Bette diente, schien mir nicht hinlänglich, um sie weich genug einzuwickeln. Enthielt es vielleicht die Geschichte dieser Person? War in demselben seine Lebenszeit und die Regierung, unter welcher sie lebte, aufgezeichnet? Waren es einige Lehren, Gebete, oder waren in ihm einige Entdeckungen aufbewahrt? Ohne daran zu denken, daß die Schrift in diesem Buch ebensowenig mehr bekannt war als die Sprache, in welcher es geschrieben war, bildete ich mir einige Zeit ein, einen Auszug der ägyptischen Literatur zu haben. Ich bedauerte, daß ich nicht alles zeichnen konnte, was ich an dieser merkwürdigen Tagfahrt sah. Konnte ich endlich wohl zufrieden sein? Welcher andere Reisende würde so viele neue Gegenstände gesehen haben? Welcher andere würde sie, wie ich, an dem Orte selbst haben zeichnen können?

Die Unterhandlungen schlugen besser aus, als ich gewollt hatte. Die Scheichs wurden ausgeliefert. Glücklicherweise kam der Miri nicht zum Vorschein. Der kommandierende Offizier fragte mich um Rat, aber ich entsprach seinem Vertrauen nicht, der Egoismus zwang mich zu der gegebenen Antwort. Ich sage, daß man nicht genug Vorsicht bei diesen kitzligen Umständen anwenden konnte, so wie ich glaubte, daß man nicht zu viel wagen dürfe. Man schickte einen Kurier, das gab mir vier Tage.

Anderntags ging ich mit drei Soldaten nach Medinet-Habu. Glücklicherweise dachte der Offizier nicht daran, daß diese Begleitung nicht hinreichend war, und wir vier brachten ganz zufrieden den Tag unter den kühlen Hallen von Medinet zu. Die Einwohner, denen ich durch einige großmütige Handlungen bekannt war, kamen, anstatt mit uns sich in Streit einzulassen, und brachten frisches Wasser, Brot, schon reife Datteln und Trauben. Ich hatte Zeit, alles abzuzeichnen, was ich den Tag zuvor nur betrachten konnte. Ich hatte Wachslichter bei mir, vermittels welcher ich leicht die dunkelsten Stellen beleuchtete, wo ich auf meinen anderen Reisen nicht hinkommen konnte. Wir besuchten auch das innere Dunkel eines kleinen nahen Tempels. Hier begegnete uns ein Abenteuer. An der Seite des Heiligtums war ein Tempel. Er lag in Ruinen. Wir wollten in das Innere desselben, plötzlich aber stürzte ein ziemlich großes Tier heraus, sprang dem, der das Licht trug, ins Gesicht und löschte es aus. Ich hatte kaum noch Zeit, das Gesicht mit meinen Händen zu bedecken und die Schultern zusammenzuziehen, auf die das Tier zuerst sprang, mich mit dem zweiten Sprunge zu Boden warf, indem es durch die Beine kroch. Es warf meine anderen zwei Gefährten zu Boden und setzte uns alle in einem Augenblick außer Verteidigungsstand. Wir gingen fort und lachten über unsere Furcht. Es war wahrscheinlich ein Schakal, welcher sich hier seinen Aufenthaltsort gewählt hatte und das erstemal gestört wurde.

Jetzt ging ich auf die zwei Kolosse zu, die vom Memnon ihren Namen haben. Ich zeichnete sie genauso, wie sie jetzt sind. Sie sind ohne Reiz, ohne Anmut, ohne Handlung, sie haben beide nichts Anziehendes, aber ohne Fehler des Ebenmaßes haben sie bei dieser Einfalt, bei allem diesen Mangel an Ausdruck doch etwas Erhabenes und Großes, das imponiert. Würden die Glieder dieser Figuren, um Leidenschaften auszudrücken, verändert und ihre klug ausgedachte Stellung dadurch verändert, so würden sie nicht mehr diese Formen behalten, in welchen man sie vier Meilen weit wahrnimmt, und von wo aus sie schon große Wirkung äußern. Um über das Auszeichnende dieser Statuen urteilen zu können, muß man sie mehrmals gesehen haben.

Einige Freunde aus Kurna kamen zu mir. Ich rechnete darauf, daß das Detachement nach Hermontis (20) gegangen sei, und erst spät zurückkommen könne. Wir fingen von neuem an, die Grabmäler zu untersuchen, immer in der Hoffnung, eins zu finden, das noch nicht aufgegraben gewesen, vielleicht eine unversehrte Mumie zu sehen, und die Art, wie sie in den Gräbern niedergelegt waren, zu beobachten. Hartnäckig verbargen uns dieses die Einwohner, weil die Lage des Dorfes ihnen dadurch einen Vorzug verschafft, der für sie beinahe ausschließlich ein Handlungszweig geworden ist. Nach mühevollen und fruchtlosen Unterhandlungen kamen wir doch an ein Loch, vor welchem viele Stücke von Mumien zerstreut lagen. Die Öffnung war eng, wir untersuchten sorgfältig, ob es auch nicht gefährlich sei, hinunter zu steigen. Meine Gefährten wurden neugierig. Wir beschlossen, daß ein Freiwilliger mit meinem Bedienten draußen bleiben sollte, mit der Aufgabe, unsere Führer zu beobachten und sie nicht fort- noch hereinzulassen. Wir schlugen Feuer auf und begaben uns auf den Weg. Anfangs krochen wir auf Händen und Füßen. Nach einer Minute schrie einer von den Unsrigen, daß er ersticken würde. Wir schickten ihn an die Öffnung, um die Wache zu ersetzen, mit dem Befehl, sie mit dem Licht hereinkommen zu lassen. Nachdem wir über hundert Schritte weit über tote und halbverweste Körper fortgekrochen waren, erhob sich die Höhle, wurde geräumig und schön geziert. Wir sahen gleich, daß dieses Grab aufgegraben war, und die, welche hier gewesen, in Ermangelung einer Fackel sich Reiser bedient hatten, welche sogleich die Leinwand und das Harz der Mumien ergriffen, einen Brand verursacht und die Steine zersprengt hatten, wodurch die harzigen Stoffe herabgeflossen und dieses Gewölbe schwarz gebrannt hatten. Wir konnten bemerken, daß diese Totengruft der Begräbnisplatz zweier wichtiger Menschen gewesen sein mußte, deren runde sieben Fuß hohe Statuen sich bei den Händen hielten. Über ihren Köpfen war ein Bild in erhabener Arbeit, wo zwei zusammengekoppelte Hunde auf einem Altar lagen, und zwei Figuren auf den Knien sie anzubeten schienen. Zwei Seitenzimmer waren mit Leichnamen angefüllt, die mehr oder weniger sorgfältig einbalsamiert waren. Dieses ließ uns deutlich sehen, daß diese Gräber für die Oberhäupter der Familien errichtet waren, jedoch nicht allein ihre Körper, sondern auch jene ihrer Kinder ihrer Verwandten, Freunde, ja, aller ihrer Hausbedienten hier niedergesetzt wurden. Eingewickelte Körper lagen ohne Sarg auf dem Boden, und es lagen ihrer so viel da, als der Raum fassen konnte. Hier sah ich, warum man so oft kleine Figuren von glasierter Erde fand, die in der einen Hand eine Geißel und in der anderen einen Haken hielten. Der religiöse Enthusiasmus ging so weit, daß sie die Mumien auf Betten legten, die von diesen kleinen Gottheiten gebildet wurden. Ich sammelte sie händevoll, und füllte meine Taschen damit an. Eine Menge Körper, die gar nicht eingewickelt waren, ließen uns sehen, daß die Beschneidung bekannt und allgemein, und daß der Haarputz der Frauen nicht so im Gebrauch war wie jetzt, da ihre Haare lang und glatt sind und der Charakter der Köpfe größtenteils in edler Form ist. Ich nahm einen Kopf einer alten Frau mit, so schön wie jene der Sibyllen vom Michelangelo, denen er auch glich. Mit großer Unbequemlichkeit stiegen wir in tiefe Brunnen, wo wir noch Mumien und hohe große Töpfe von gebrannter Erde fanden, deren Deckel Menschenköpfe vorstellten. Es war nichts als harzige Materie darin. Ich hätte sie gern gezeichnet, aber es war zu eng, ich hatte keine Luft, das Licht konnte nicht genug leuchten, und vor allem war es zu spät. Die Nachtwachen hatten uns gesucht. Man hatte den Generalmarsch schon geschlagen und Kanonen abgefeuert, man zählte uns schon zu denen, deren Aufenthalt wir gesucht hatten, als uns eine unserer Wachen von dem Lärm Nachricht brachte. Bei unserer Rückkehr bekamen wir einen Verweis, wie Kinder, die einen dummen Streich gemacht haben. Wir hatten wirklich sehr unweise gehandelt, ich war aber so vergnügt über die Beute, die ich an diesem Tage gemacht hatte, daß ich mich von meinem Entzücken nicht erholen konnte, bis ich erfuhr, daß der kommandierende Offizier, der mich nicht mehr um Rat gefragt, es auf sich genommen, das linke Ufer verlassen, und nach Luxor marschiert sei, um anderweitige Order zu erwarten.

Luxor war prächtig und malerisch schön. Ich brachte drei Tage zu, zeichnete die Gegend und die Hieroglyphen der Obelisken.

Während meines Aufenthaltes zu Luxor fand ich einige schöne

eherne Münzen von August, Hadrian und Trajan (21), mit einem Krokodil auf der Rückseite, in Ägypten geschlagen, mit griechischer Inschrift, wie auch eine Menge Münzen von Konstantin (22). Ich kaufte auch eine Menge kleiner Götzenbilder. Im Hof eines Privatmannes fand ich ein zerbrochenes Stück Granit, unnatürlich groß, daß die zwei Zeichen des Löwen und der Jungfrau vorstellte, ich kaufte es und ließ es aufs Schiff bringen.

Als ich mich zum Marsche nach Karnak anschickte, bekam das Detachement Befehl, in andere Dörfer zu marschieren, wo ich nichts zu tun hatte. Ich verließ nun auf immer das große Diospolis.

KAPITEL XIV

Die Niederlage der Türken bei Abukir, Rückkehr mit Napoleon nach Frankreich

Ich machte mich wieder mit einigen kranken Soldaten auf den Weg nach Kene. Als ich hier ankam, fand ich zwei kleine Schiffe, die bereit waren, nach Kairo zu gehen, und Reisegefährten, die mich erwarteten. Ich hatte in neun Monaten an nichts gedacht als ans Suchen und Sammeln interessanter Gegenstände, keine Gefahr hatte mich zurückgeschreckt, um meine Neugierde zu befriedigen. Die Furcht, Ober-Ägypten zu verlassen, ehe ich es gesehen haben würde, hatte mich immer kühner gemacht.

Nicht ohne Verdruß verließ ich die, die mit mir so unmittelbar das Glück meiner Unternehmungen geteilt hatten, besonders den General Belliard, dessen fester Charakter mir seine Freundschaft so angenehm machte.

Den 16ten Messidor segelten wir ab. Mit Betrübnis sah ich Dendera und die Thebaide verschwinden, welches zuletzt der einzige Ort des Weltalls war, den ich so in allen seinen Teilen kannte, die Bäume, die Spitzen der Felsen, die Kanäle, die kleinsten Denkmäler. Ich wußte alles zu nennen, was ich nur wahrnehmen konnte.

Wir fanden jetzt den Nil reicher an allen Arten von Wasservögeln. Hier hielten sich seit einem Monat Pelikane auf, Störche, alle Arten von Enten und Rohrdommeln bedeckten die Inseln, die der Nil noch nicht überschwemmt hatte. Bis unterhalb Girge sahen wir große Krokodile. Unsere Reise bis in die Stadt dauerte achtunddreißig Stunden, wir fanden sie schon ganz an unsere Regierung gewöhnt. Wir hielten uns hier den 17ten und 18ten auf, um Proviant einzunehmen und auf günstigen Wind zu warten. Wir hatten ihn bald, und in zwei Stunden hatten wir Menchieh, das alte Ptolemais, erreicht (1). Von dieser griechischen Stadt ist nichts mehr da als ein kleiner Damm, dessen ich schon erwähnt habe, der aber nicht in gutem Zustand ist.

Drei Meilen weiter unten findet man rechts gegen den Fluß die Ruinen von Chemnis oder Pannopolis, das jetzige Achmin (2). Man findet hier, wie man mir versichert hat, einen bis an das Dach eingesunkenen Tempel, von dem man nur noch den Altar sehen kann. Dieses ist gewiß der Tempel, der dem Pan oder der Schande geweiht war. Man sieht jetzt noch, wie zu Metubis, eine Menge Almehs und Freudenmädchen, die von der Regierung, wo nicht geschützt, doch anerkannt und geduldet werden. Man hat mir versichert, daß sie sich jede Woche an einem bestimmten Tag in einer Moschee bei dem Grabmal des Scheichs Harridi versammeln und, indem sie das Heiligtum mit dem Unheiligen vermischen, sich hier unter sich ganz der Zügellosigkeit hingeben.

Achmin ist groß, hat eine sehr schöne Lage auf einer Landzunge, aus dem der Nil ein Vorgebirge bildet, das an die Bergkette des Mokattam stößt, die sich hier durchzieht und ein tiefes Tal bildet.

Die Nacht brachten wir vor Antidopolis zu, in welchem man noch einen erhabenen und alten Säulengang zeigt. Wir kamen des Nachmittags im Hafen von Siut an. Wir hielten uns nur auf, um uns wieder mit Proviant zu versehen. Wir fuhren nun schnell an den Gegenständen vorüber, die uns so oft zurückgehalten hatten.

In der Nacht kamen wir vor Monfalut (3) vorüber. Bei Tagesanbruch befanden wir uns unter dem Gebirge Mokattam, dessen senkrechtes Ufer der Nil berührt. Von Girge verändert sich das Klima auf eine merkliche Art. Die Sonne behält ihre Wärme, so lange sie da ist, aber sobald sie untergeht, ist sie nicht mehr die trocknende Hitze, die in dem engen Tal von Thebaida nie ein gemäßigtes Klima zuläßt. Nach Maloui stößt man auf dem rechten Ufer nahe bei dem Dorfe Schech-Abada, auf die Ruinen von Antinoe (4), welches Hadrian dem Antinous, seinem Günstling, zu Ehren erbaut, der in Ägypten starb, der sein Leben aufopferte, um das Leben seines Herrn zu retten.

Im Ganzen ist es schwer zu beurteilen, wie gerade die Wahl auf die Lage von Antinoe am Fuße des traurigen Mokattam zwischen zwei engen Wüsten gefallen ist, es sei denn, daß Besa, eine ältere Stadt als Antinoe, auf welcher sie erbaut worden ist, der Ort gewesen ist, wo der Kaiser durch eine Krankheit aufgehalten worden, die sein Leben bedrohte und wo die berüchtigten Priester dieser Stadt, die man um Rat gefragt, zur Antwort gegeben, daß der Kranke sterben würde, wenn sich nicht einer an seiner Stelle aufopferte.

Von dem Nil aus sieht man ein Tor dieser Stadt, welches ein Triumphbogen zu sein scheint. In der Tat ist es auch mit acht Säulen in korinthischem Stil verziert, zwischen welchen sich drei Logen befinden. Diese Gruppe von Ruinen ist noch das Interessanteste von den Überbleibseln von Antinoe.

Weiterhin sieht man eine Straße, die wahrscheinlich durch die ganze Stadt ging, und auf das entgegengesetzte Tor stieß. Diese Straße war rechts und links mit dorischen Säulen geziert und bildete einen schattigen Säulengang. Man sieht hier auch einige sehr abgenutzte Schäfte und Kapitäle. Die Häuser waren von Backsteinen, die Stätte von Antinoe war sehr groß, es sei denn, daß die Ruinen von Besa mit jenen von Antinoe vermischt, den Raum weiter ausgedehnt haben. Wir wollten auf eine Anhöhe steigen, um uns eine Ansicht über das Ganze dieser Ruinen zu verschaffen. Hier wurden wir von den Einwohnern des Dorfes, welche sich hinter einem Hügel versammelten, beschossen. Wir waren unser nur sechs, und ich ohne Waffen. Eine Anzahl ging auf unser Schiff los, welches wir ohne Verteidigung gelassen hatten. Wir waren gezwungen, uns auf den Rückweg zu machen. Ich warf in der Eile einen Blick auf die Ruinen und sah keine Gruppe, die mir malerisch schön schien. Ich bedauerte nur den Verlust des wichtigen Entwurfs, den man von dieser Stadt, die in der glücklichen Epoche der Baukunst auf Befehl und unter der Aufsicht eines Fürsten erbaut wurde, der der größte Liebhaber der schönsten Künste und der mächtigste seiner Zeit war, hätte machen können.

Wir zogen uns auf unsere Schiffe zurück, von welchen aus ich eine kleine Zeichnung von Antinoe entwarf. Das rechte Ufer zeigt beinahe bis nach Meniet (5) wenig Kultur. Das Herz schlug mir, je mehr ich mich dieser Stadt näherte, wo ich Desaix zu finden, ihm meine Arbeiten mitzuteilen, mit ihm den Genuß zu teilen glaubte; ich sollte aber diesen rechtschaffenen Freund nicht wiedersehen. Wir erfuhren, daß er den nicht zu ermüdenden Murad Bei noch verfolgte. Er war ruhig im Unglück, dieser ägyptische Fabius (6), wußte mit dem leidenden Mut alle Mittel einer tätigen Klugheit zu verbinden. Alles war gut durchdacht. Er wußte den Erfolg seines Unternehmens in diesem unglücklichen Krieg richtig einzuschätzen, obschon er zugleich gegen einen fremden Feind und Nebenbuhler streiten mußte, der eifersüchtig Anspruch auf die Gleichheit machte. Er allein war der Punkt, wo sich die Mameluken versammelten, der ihr Schicksal erleichterte, ihre Bewegungen in Ordnung brachte und sie so wie in glücklichen Tagen anführte. Eine lange Erfahrung hatte ihn die Kunst, alles abzuwarten, gelehrt; er hatte begriffen, daß man durch gewaltsames Anfahren gegen Felsen selbst scheitert, daß der Schwache das Unglück benutzen kann und es nur mit der Zeit überwinden müsse, daß es dann, wenn man die Umstände nicht mehr ändern kann, eine Kunst ist, ihnen nachzugeben, sich von ihnen beherrschen lassen und sich doch durch einfaches Entziehen zu sichern. Nur dadurch verdiente Murad Bei, der Gegner Desaix' zu sein, so daß man nicht wußte, wen man mehr bewundern sollte, ob die klug ausgedachten und oft wiederholten Angriffe des einen oder den ruhigen oder vorsichtigen Widerstand des anderen.

Wir erfuhren, daß Murad Bei mit Unterägypten noch in gutem Vernehmen gestanden und in der Folge mit allen noch übrigen Mameluken und Arabern durch Fajum marschiert und bis in die Wüsten der Pyramiden vorgedrungen sei, um im Fall einer türkischen Landung an der Küste eine Teilung unserer Kräfte zu verursachen. Einige vom General Friant, dem General Boyer (6a) und Jayome-Gek kommandierte Abteilungen nahmen ihnen einige Kamele, töteten einige Mameluken und zwangen ihn, sich nach Meniet wieder zurückzuziehen, wo ihn Desaix angriff und aus seiner Stellung vertrieb.

Bei Tagesanbruch befanden wir uns bei dem Kloster mit der Rolle, welches gerade auf dem Felsen Mokattam steht. Die Mönche sprechen die Vorübersegelnden schwimmend um ein Almosen an. Man sagt, daß sie sie sogar plündern, wenn es ohne Gefahr und Schaden geschehen kann. Das konnte ich auch bemerken, denn sie sind auch mehr Amphibien als Schwimmer. Sie schwimmen gegen den Strom wie Fische. Sie sind wechselweise Opfer dreier Elemente. Sie werden, da sie durch eine ungeheure Wüste vom Ackerbau getrennt sind, von der Luft verzehrt, die hier weht, und von der Sonnenhitze verbrannt, die an dem nackten Felsen, den sie bewohnen, abprallt. Nur mit äußerster Mühe und durch Schwimmen erhalten sie kleine und spärliche Beträge. Man nennt es das Kloster mit der Rolle, weil sie sich nur vermittels dieser Maschinen mit Wasser und anderen

Bedürfnissen des Lebens versehen können. Nach der Menge der Gebäude und denen des Klosters, welche an den Felsen hingen, zu urteilen, schien uns das Kloster und die Anzahl der Mönche sehr groß. Sie gleichen vollkommen den Einsiedlern, deren Stelle sie gewiß ersetzt haben, und das Innere soll ganz dem des Klosters St. Anton des Berges Kolzim und der Natron-Seen (7) gleich sein. Eine halbe Meile weiter unten zieht sich die Bergkette vom Nil zurück, und beide Ufer dieses Flusses werden flach und bebaut. Ich sah wieder Wolken, welche mir ankündigten, daß ich mich dem Meere und einem gemäßigteren Klima näherte. Wir kamen bei Sonnenuntergang bei Abuseisten, einem koptischen Kloster, an. Hier verschanzte sich unsere Armee nach der Schlacht bei den Pyramiden.

Ich ging noch einmal vor den Pyramiden von Sakkara vorüber, vor dieser Menge von Denkmälern, welche das Totenfeld oder die Nekropolis von Memphis zieren und diese Stadt gegen Süd, so wie die Pyramiden von Giseh sie gegen Norden begrenzen. Man suchte noch heute die Stelle dieser prächtigen Stadt, die auf Theben folgte und deren Pracht vergessen machte, wenn die weitschichtigen Gräber ihre Existenz nicht bewiesen und unwiderruflich die Strecke des Platzes bezeichnet hätten, den sie einnahm.

Ich war der erste, der von den Mitgliedern des Instituts aus Oberägypten zurückkam. Meine Mitbrüder umringten mich und überhäuften mich mit Fragen. Ich genoß das große Vergnügen, der Gegenstand ihrer Wißbegierde zu sein und mich mit Anmerkungen zu bereichern, die sie mir machten. Ich beschloß, meine ganze Reise in ihrer Gegenwart durchzugehen. Aber die Umstände änderten es. Murad Bei hatte vermöge seines heimlichen Einverständnisses einige Horden Araber gesammelt, und versprochen, sie bei den Natronseen in dem Tal des wasserlosen Flusses zu vereinigen. Der General Murat (8) wurde gegen die Araber geschickt und hatte die Vereinigung vereitelt. Der General en Chef hatte sich bei den Pyramiden gelagert, um Murad Bei zwischen sich und Desaix in die Mitte zu nehmen, als er erfuhr, daß eine türkische Flotte von zweihundert Segeln vor Abukir erschienen sei (9). Darauf verließ Bonaparte die Pyramiden, marschierte nach Giseh zurück, nahm seine Stellung ein, gab Befehle, traf Anstalten, marschierte über Rahmania und nahm seine Stellung zu Birket, das von Alexandrien

John Quartley

und Abukir gleichweit entfernt ist, ein. Während sich die verschiedenen Korps hier vereinigten, marschierte er nach Alexandrien, setzte es in Verteidigungsstand und beorderte die Armee, gegen den Feind zu rücken, wo sie den siebten Thermidor frühmorgens auf ihn stieß. Die Türken waren wirklich zu Abukir gelandet, hatten sich der Schanzen der Festung bemächtigt und die Besatzung niedergehauen. Tausend Türken besetzten mit zwei Kanonen rechts einen Hügel; zweitausend verschanzten sich links auf einer anderen Anhöhe bei den Wasserleitungen. Ein drittes Korps lag vor der Vorstadt. Die Armee hatte sich in den Verschanzungen mit einer fürchterlichen Artillerie versehen, und der Platz, der frei war, war durch Gräben abgeschnitten, welche sich auf allen Seiten bis an das Meer hinzogen. Das Hauptquartier und der Generalstab des Pascha befanden sich zwischen den Verschanzungen und der Festung, die eine starke Besatzung hatte.

Es wurde Befehl gegeben, die ersten Vorposten anzugreifen, welche von der von dem General Destaing (9a) kommandierten Halbbrigade über den Haufen geworfen wurden. Die Kavallerie schnitt ihnen den Rückzug ab, ein Teil wurde niedergehauen, der andere stürzte sich ins Meer und ertrank. Bonaparte sah ein, wie wichtig es sei, sich der Wasserleitungen zu bemächtigen und sie dem Feinde zu entziehen. Die Schanze, die sie verteidigte, wurde angegriffen und hielt sich nicht lange. Die Besatzung hatte das nämliche Schicksal, wie die vorige. Die Kavallerie behandelte sie nicht besser. Man nahm Schlachtformation ein und attackierte die feindlichen Korps, die vor der Vorstadt lagen. Sie leisteten einen kurzen Widerstand und flüchteten sich in die Stadt zurück. Hinter den Mauern und aus engen Straßen machten sie noch einige Zeit das Feld streitig. Aber sie wurden mit unerschrockenem Mut zurückgeworfen und ungeachtet der vorteilhaften Lage gezwungen, sich von neuem in die Verschanzungen zu werfen, wo das Kanonenfeuer vom Walle die Verfolgenden zurückhielt. Wir sammelten uns in der Vorstadt wieder, und nach einigen Augenblicken griffen wir rechts und links an.

Die Infanterie, kommandiert von General Fugière (9b), tat Wunder an Tapferkeit; währenddem die Reiterei nach mehreren Angriffen bis unter das von den Batterien ausgehende Kanonenfeuer vordrang, stürzte sich der Generaladjutant Leclerc (10) mit seinen

Truppen in die Gräben, blieb aber stecken. Nach häufigen und wiederholten Angriffen nahm der Feind wieder, was eine Handvoll unserer braven Soldaten durch Tapferkeit erobert hatte. Der Verlust war auf beiden Seiten gleich, der Sieg ungewiß. Es gibt Augenblicke in einer Schlacht, in denen, wenn der Streit gleich ist, beide Teile die Schwäche ihrer Mittel, die Fruchtlosigkeit ihrer Anstrengung und das Erschöpfen ihrer Kräfte fühlen, und das Gefühl ihrer Erhaltung den Streitenden eine gleiche Neigung zum Rückzug einflößt. Wenn sie ein großer Geist benutzt, der diese moralische Stimmung auszunutzen versteht, um äußerste Mittel anzuwenden, wird er immer den Sieg erringen.

Das Reservekorps, welches Lannes (11) kommandierte, bekam Order, anzugreifen. In dem Augenblick, wo die türkischen Truppen ausgerückt waren, um den Gefallenen die Köpfe abzuhauen, feuerte der prächtige General Murat den Mut der Seinigen wieder an, und machte einen neuen Angriff. Mit der größten Schnelligkeit und Unerschrockenheit drang er durch die feindlichen Verschanzungen, griff sie im Rücken an, und schnitt ihnen den Rückzug ab. Dieses verwegene Unternehmen feuerte alle wieder an, das Treffen wurde allgemein. Auf allen Seiten wurden Angriffe gewagt, alles erobert, alles geschlagen; was nicht blieb, wurde gefangengenommen. Die Reiterei verfolgte die Flüchtigen bis ins Meer, in das sie sich hineingestürzt hatten, um schwimmend ihre Flotte wieder zu erreichen. Die Türken waren zwanzigtausend Mann stark, sechstausend wurden gefangen, viertausend blieben auf der Walstatt, die Übrigen ertranken. Von diesem Augenblick an sahen wir keinen Feind mehr. Kein Treffen war wichtiger, keines größer. Kein Sieg so vollkommen; diesen hatte Bonaparte seinen braven Soldaten versprochen, als er sie aus Syrien führte; der letzte, den er in Ägypten errang. Gewiß war es sein guter Geist oder der unsrige, der ihn erinnerte, daß ihn Frankreich und ganz Europa zu ruhmvollen Taten rufe. Kléber umarmte ihn und sagte mit Enthusiasmus: General, Sie sind groß wie die Welt, sie ist nicht groß genug für Sie.

Bonaparte gab mir Befehl, die Schlacht zu zeichnen, und ich schätzte mich glücklich, eine wahre Darstellung des Schauplatzes seines Ruhms liefern zu können. Zum Hauptgegenstand dieser Szene wählte ich den, wo man den Pascha gefangen zum General führt.

Auf dem Rückweg nach Kairo durchsah Bonaparte alle Zeichnungen, die ich entworfen hatte. Er glaubte, meine Mission sei zu Ende, gab mir den Rat, abzureisen, und die Siegeszeichen von Abukir nach Alexandrien zu bringen. General Berthier, der mir bei jeder Gelegenheit Gefälligkeiten erzeigt hatte, gab mir gnädig meinen Vetter[53] auf die Rückreise zur Begleitung mit, den mir Dufalga auf meine Reise hierher mitgegeben hatte. Kaum hatte ich einige Tage Theben verlassen, als ich schon Paris zu sehen glaubte. Meine Abreise, die ich noch sehr entfernt glaubte, wurde auf den kommenden Morgen festgesetzt; ein Traum ging mir in Wirklichkeit über. Mitten in der Erfüllung meiner Wünsche regte sich ein Gefühl, das ich mir selbst nicht erklären konnte, ein Gefühl innigen Bedauerns in mir über den Verlust von Kairo für mich. Ich hatte mich hier beinahe nie aufgehalten, und doch hatte ich es immer ungern verlassen. Ich fühlte mich, ganz natürlich, dort so glücklich bei dem sanften und immer gleichen Genusse, den nur die schöne Mittelstraße gewährt, die uns in jedem Augenblick, ohne Sehnsucht nach anderen Vergnügen, das Glück unseres Daseins empfinden läßt. Ich kann verstehen, daß Europäer, die nur auf einige Monate hierher kommen wollten, hier alt geworden sind, ohne nur an die Möglichkeit zu denken, es je wieder verlassen zu können.

Kurz, auf dieser Reise bedeutete alles, der Entschluß, die Abreise, die Rückkehr, für mich eine Reihe voll Überraschungen. In zwei Tagen befand ich mich schon auf einem kleinen bewaffneten Schiff, das uns zu Boulac (12) erwartete. Den dritten Tag nach unserer Abreise kamen wir zu Rahmania an. Am anderen Morgen reisten wir, von einer Anzahl Dromedaren und fünfzig Mann begleitet, ab und kamen längs des Kanals von Alexandrien, durch die Provinz Garbia, nach Birket. Den anderen Morgen frühstückten wir bei dem Brunnen Beda, und zu Alexandrien machten wir Mittag.

Der erste Gegenstand, der mir bei meiner Ankunft auffiel, waren zwei unserer Fregatten. Sie befanden sich am Eingang des neuen Hafens, und eine lag schon vor Anker; ich sah keine englischen Kreuzschiffe mehr, und fing an, an Wunder zu glauben. Die Generale Lannes, Murat und Marmont waren noch ganz mit dem Krieg

[53] Brunet-Denon (1778–1866)

beschäftigt. Jeden Augenblick waren wir an einem Fenster, beobachteten das Meer, und untersuchten die Bewegung des kleinsten Fahrzeugs, als uns um ein Uhr des Nachts, den sechsten Fructidor, der General Menou die Nachricht brachte, Bonaparte erwarte uns auf der Reede. Nach einer Stunde befanden wir uns schon außer dem Hafen. Ein Nordwest-Wind trieb uns von der Höhe, wo die Engländer kreuzten. Da wir unseren Weg geheimhalten mußten, steuerten wir die lachenden Gefilde des alten Cyrene (13) an. Da uns der Strom, der an der Seite in diesen noch unbekannten und unbefahrenen Meerbusen fließt, entgegenströmte, so konnten wir nur mit äußerster Mühe in dieser veränderlichen Jahreszeit die Vorgebirge von Derna und Dara umsegeln. Auf dieser Höhe trafen wir wieder Westwind, der uns durch den Meerbusen von Ladre trieb. Dann umsegelten wir das Kap Bon, und wir befanden uns auf der Höhe von Europa, ohne nur ein Schiff zu sehen. Da wir überzeugt waren, daß wir einen guten Führer hatten, so störte nichts unsere Freude und Sicherheit. Bonaparte beschäftigte sich wie ein Seemann mit der Geometrie, Chemie, und manchmal spielte und lachte er mit uns.

Wir segelten vor dem Meerbusen von Karthago vorbei, vor den Hafen von Biserta. Wir erkannten Lampedusa (14) wieder, das ein Mann bewohnt, der einiges Rind- und Federvieh aufzieht. Er ist Einsiedler und Arzt zugleich. Er nimmt alle gleich gut auf, die bei ihm landen, die Katholiken in einer Kapelle, die Muselmänner in einer Moschee.

Den anderen Morgen sahen wir den hohen Felsen von Pantelleria eine Meile weit. Bald nachher entdeckten wir die Gipfel von Sardinien. Die Mündungen von Bonifacio, der zweite Ort, wo wir den feindlichen Kreuzern ausweichen mußten. Überall war Ruhe, nichts störte unsere Sicherheit. Unsere beiden Schiffe trugen Cäsar und sein Glück. Korsika bot uns zuerst den Anblick eines Freundeslandes dar. Ein starker Wind trieb uns nach Ajaccio. Man schickte eine Kontregarde aus, um Nachrichten von Frankreich und Kundschaften von den feindlichen Kreuzern an unseren Küsten einzuziehen. Während wir auf ihre Rückkunft warteten, zwang uns ein Windstoß, in den Golf einzulaufen, im Vaterlande Bonapartes vor Anker zu gehen. Man glaubte, er lebte nicht mehr, und ein Zufall ließ ihn hier anlanden. Nichts war rührender als sein Empfang. Von allen Seiten ertönten Kanonen, alle Bewohner waren in kleinen Fahrzeugen und schlossen unsere Schiffe ein. Vor allen suchte ich Madame Bonaparte. Ich malte mir die Empfindung, die Überraschung, das ganze Glück einer Mutter, die plötzlich ihren Sohn wiederfindet. Und was für einen Sohn! Als ich aber erfuhr, daß sie nicht zu Ajaccio war, so sah ich bei dem so glänzenden Empfange nichts als Stolz und Geräusch, und war mit der Zeichnung dieses schönen Auftritts zufrieden.

Wir wußten, daß wir in Italien vermißt wurden, zu Ajaccio erfuhren wir die Folgen davon. Wir widmeten die Zeit unseres Aufenthaltes der Lektüre unserer Unglücksfälle in der Sammlung öffentlicher Blätter. Alle Früchte zweier so ruhmvoller Feldzüge in Italien wurden wieder durch den Verlust zweier Bataillen vernichtet (15). Die Russen standen an unseren Grenzen. Die Unordnung, Verwirrung und der Schrecken öffneten sie ihnen bald.

Wir bekamen günstigen Wind, und segelten ab. Den dritten Tag, gegen Abend, als wir durch einen starken Wind fortgetrieben wurden, im Angesicht von Frankreich, entdeckten wir zwei Schiffe, dann fünf, dann sieben. Wir strichen alle unsere obersten Segel und hofften auf die Nacht, die uns noch günstig war. Ein dicker Nebel verhüllte den Mond, welcher uns von den anderen trennte, wir hörten auf den Schiffen an den Zeichen, die sich die feindlichen Schiffe durch Kanonen gaben, daß sie einen Halbzirkel um uns zogen. Man beratschlagte sich, ob man nach Korsika zurückkehren solle, das uns noch offen stand. Glücklicherweise übernahm Bonaparte das Kommando wieder. Er hatte einen Plan, den ersten der Reise, er schlug zu seinem Glück aus. Wir segelten auf die Ufer der Provence los, und um Mitternacht waren wir ihnen so nahe, daß wir keine Flotte mehr zu fürchten hatten. Wären wir nach Korsika zurückgesegelt, so wären wir vielleicht noch dort. Am Morgen erblickten wir Fréjus (16), und wir liefen in den Hafen ein, wo sich sieben Jahrhunderte vorher die Heilige Ludwig zu einer Expedition in das nämliche Land, welches wir vor kurzem verlassen hatten, einschiffte.

In Frankreich erwartete man nichts weniger als unsere Ankunft. Wie der Blitz verbreitete sich die Nachricht. Kaum entdeckten sie die Flagge des Generalschiffes, als auch schon das Ufer ganz mit

Einwohnern bedeckt war, welche den Namen Bonaparte mit einem Tone des Bedürfnisses nannten. Enthusiasmus bemeisterte sich des Haufens, und brachte Unordnung hervor. Die Pest wurde vergessen. Unser Held kam zu Fréjus an, eine Stunde später war er schon in einem Wagen, der bereitstand, abgereist.

Da meine Reisewünsche nicht erfüllt werden konnten, ließ ich alles gehen, um das Glück zu genießen, unabhängig zu sein, welches ich seit meiner Abreise von Paris entbehren mußte. Würde ich mich zu einer anderen Zeit zu Fréjus befunden haben, so hätte ich mich als Reisenden betrachtet, da ich aber aus Afrika kam, so glaubte ich zu Hause, ein Bürger dieser kleinen Stadt zu sein, als hätte ich sozusagen nichts mehr in der Welt zu tun. Ich stand spät auf, frühstückte mit Bequemlichkeit, ging spazieren, besuchte das Amphitheater und die Ruinen, und betrachtete mit Wohlgefallen die Fregatten, die uns hierher gebracht hatten. Ich entwarf die letzte Zeichnung meiner Reise, die erste, die ich mit Muße entwarf.

Hier endigt meine Reise, aber ich will nicht von meinen Lesern scheiden, ohne ihnen eine letzte Bemerkung über Form und Zweck dieses Werkes vorzulegen.

Als ich von Alexandrien abreiste, waren die Mitglieder des Instituts noch zu Kairo. Bei meiner Ankunft in Frankreich wußte ich nicht, ob sie die von Bonaparte vor seiner Abreise befehligte Reise nach Oberägypten vollbracht hatten; die Kriegsumstände konnten die Expedition dieser Gelehrten-Gesellschaft gehemmt oder verhindert haben, die prächtigen Resultate ihrer Reise nach Frankreich zu bringen, und daß ich dann der einzige sein würde, der imstande war, diese Gegend zu beschreiben, der eine große Anzahl Zeichnungen nicht allein des Landes, sondern auch der Begebenheiten eines der wichtigsten Feldzüge zusammengetragen hatte.

Ich hielt es nicht für verkehrt, hier einige kritische Bemerkungen über die Altertümer und meine Beschreibung einiger Reisen meiner Vorgänger beizufügen. Aber kaum erfuhr ich, daß das Institut zu Kairo den Zweck der Reise in Friedenszeiten erreicht, und die Mitglieder ihrem Feuer und Wetteifer keine Grenzen zu setzen gewußt, als die gemessenen Befehle des Chefs der Division, daß sie mit ungeheurer Beute bereichert zurückkämen, und das Gouvernement, das ihre Reise beschützt, einen großen Aufwand für die prachtvolle

Ausgabe einer so kostbaren Sammlung mache (17); so dachte ich nicht länger an die Verfolgung eines Planes, den andere notwendigerweise vollkommener ausführen mußten. Da ich meine Schwäche kannte, wie hätte ich meine Arbeiten mit den Arbeiten einer großen Gesellschaft vergleichen, wie Hypothesen aufstellen können, wenn man an ihrer Statt Gewißheit geben kann, wie an der Seite so vieler Leuchten im Dunkeln gehen können! Ich ließ meine Bemerkungen, die ich gewagt hatte, zog meine Uniform wieder an, und nahm meinen Posten bei der Avantgarde ein, wo ich mir kein Verdienst erworben habe, als Wegweiser gesetzt zu haben.

Ich schätze mich sehr glücklich, wenn ich durch meinen Eifer und Enthusiasmus nur den Zweck erreicht habe, meinen Lesern einen Begriff von einem wichtigen Lande gegeben zu haben, und wenn ich als Augenzeuge sie mit der Darstellung eines großen und wichtigen Feldzuges, welcher den Hauptgegenstand des Unternehmens dieser berühmten Expedition ausmachte, bekannt gemacht habe.

ANMERKUNGEN DES HERAUSGEBERS

Vier der Abbildungen dieses Bandes sind der französischen Originalausgabe des Berichts von Denon entnommen, die anderen W. H. Bartletts The Nile Boat; or, Glimpses of the Land of Egypt" (London 1849) und Barthélemy/Mérys „Napoléon en Egypte" (Paris o. J.). Die Karte auf den Vorsatzblättern stammt aus „Vivant Denon, Reisen durch Ober- und Unter-Egypten während Bonaparte's Feldzügen" (Berlin und Hamburg 1803).

Kapitel I

1 Napoleon Bonaparte bereitete seit dem Frieden von Campo Formio vom 17. Oktober 1797 eine Expedition nach Ägypten vor. Nach Erhalt der Zustimmung des Direktoriums der französischen Republik vereinigte er die französische Flotte bei Toulon, schiffte seine Truppen ein und verließ mit 13 Linienschiffen, 14 Fregatten, 12 Korvetten und 280 Transportschiffen mit insgesamt 25000 Soldaten und 10000 Matrosen am 19. Mai 1798 die französischen und italienischen Mittelmeerhäfen.

Von rund 1000 Offizieren gehörten 143 dem Generalstab an, 66 waren Ingenieure, 168 Ärzte; hinzu kamen 167 Wissenschaftler und Künstler.

Die Truppen bildeten 5 Divisionen unter den Kommandeuren:
Kléber, Reynier, Baraguay d'Hilliers, Bon und Desaix.
Chef des Generalstabs war Berthier.
Weitere Divisionsgeneräle waren:
Dumas, Menou, Dugua, Vaubois, Du muy Chabot.
Brigadegeneräle waren:
Fugière, Rampon, Lannes, Verdier, Belliard, Veaux, Lanusse, Murat, Vial, Friant, Leclerc, Caffarelli, D'Hennezel, Andreossy, Zayonchek, Chanez, Davoût, Damas, Mireur, Manscourt, Marmont, Dupuy, Dommartin.
Die Truppen gliederten sich in folgende Einheiten:
- Fußtruppen
Halbbrigaden der Linieninfanterie:
6e, 9e, 13e, 18e, 19e, 25e, 32e, 41e (détachement), 61e, 69e, 75e, 79e, 80e (détachement), 85e, 88e.
Halbbrigaden der Leichten Infanterie:
2e, 4e, 21e, 22e, 7e.
- Berittene Truppen
3e, 14e, 15e, 18e, 20e Dragonerregimenter
22e Jägerregiment
7e Husarenregiment
sowie ein in Ägypten zusammengestelltes Dromedarkorps.
- 7 Artillerieregimenter
- 1 Pionierbataillon.

Unter den Linienschiffen besaß das Flaggschiff »L'Orient« 118 Kanonen, die »Wilhelm Tell«, »Le Tonnant« und »Le Franklin« 80 Kanonen. Die Flotte wurde befehligt von Vice-Admiral Brueys, Divisionschef war Vice-Admiral Ganteaume, Flaggenkapitän Casabianca. Die Flotteneinheiten standen unter dem Kommando der Konteradmiräle Blanquet du Chayla, Villeneuve, Decrès.

Die Flotte bestand aus den Linienschiffen »L'Orient«, »Le Franklin«, »Le Guillaume Tell«, »Le Peuple Souverain«, »Le Guerrier«, »Le Conquérant«, »Le Timoléon«, »Le Spartiate«, »L'Aquilon«, »Le Tonnant«, »L'Heureux«. (Denon spricht in seiner Schilderung von einem Schiff »L'Hercule«, das in der Schlacht von Abukir in die Luft fliegt, offenbar handelt es sich um das Linienschiff »L'Heureux«, das ein altes Schiff war, als schlechter Segler galt und daher in der Flotte den Spitznamen ›La Charrette‹ trug.)

»Le Dubois«, eine venetianische Prise, »Le Causse« hatten Spezialaufgaben. Die wichtigsten Fregatten waren »La Diane«, »La Junon«, »La Justice«, »La Courageuse«, »La Sérieuse«, »La Sensible«.

2 Aix en Provence, 123 v. Chr. als Aquae Sextiae von dem Prokonsul Gnäus Sextius Calvinus wegen der dort entdeckten warmen Quellen gegründet und nach ihm benannt. Die Thermalquellen standen im Altertum in hohem Ruf. Das jetzige Badeetablissement befindet sich an der Stelle der alten römischen Bäder.

3 Das Spanien Karls IV. (1788–1808) befand sich seit dem Frieden von Basel (22. 7. 1795) und dem Vertrag von San Ildefonso (27. 6. 1796) an der Seite des republikanischen Frankreich.

4 Die Insel Elba liegt zwischen Korsika und dem Festland, von dem es durch den 15 km breiten Kanal von Piombino getrennt ist. 1801 kam die Insel an das neue Königreich Etrurien, 1803 an Frankreich. Nach Napoleons erster Abdankung wurde ihm die Insel als Fürstentum überlassen. Napoleon hielt sich vom 4. Mai 1814 bis zum 26. Februar 1815 auf Elba auf. Elba kam 1815 an Toskana zurück.

5 Capraja, eine wasserarme vulkanische Steilinsel im Tyrrhenischen Meer, 30 km östlich von Korsikas Nordspitze.

6 Pianosa, Insel südwestlich von Elba im Toskanischen Archipel.

7 Eryx, der heutige Monte San Giuliano, Berg auf der Westseite Siziliens, auf dessen Gipfel im Altertum ein berühmter, angeblich von Äneas begründeter Tempel der Aphrodite stand.

8 Im 8. Jahrhundert v. Chr. erfolgte die griechische Kolonisation der Ost- und Südküste Siziliens. Berühmte dorische Kolonien waren Agrigentum und Selinunt – mit noch heute großartigen Tempelruinen – sowie vor allem Syrakus.

9 Die Insel Pantelleria liegt 98 km südwestlich von Sizilien, sie wurde auch in unserem Jahrhundert noch als Sträflingskolonie genutzt.

10 General Louis Charles Antoine Desaix (17. 8. 1768–14. 6. 1800) wurde 1792 mit seinem Regiment zur Rheinarmee beordert und tat sich in den Feldzügen im Elsaß 1792–1797 hervor. 1796 verteidigte er nach Moreaus Rückzug den Brückenkopf bei Kehl und übergab ihn erst nach hartnäckigem Kampf an die Österreicher unter Erzherzog Karl unter der Bedingung freien Abzugs. 1797 ging er zu Napoleon zur italienischen Armee, der ihm für die Expedition nach Ägypten die Vorhut anvertraute. Er focht ruhmvoll in der Schlacht bei den Pyramiden und eroberte Oberägypten gegen einen an Streitkräften überlegenen Feind. Er schlug wiederholt die Mameluken unter Murad Bei.

Nach der Landung der Türken und Engländer bei Abukir wurde er von General Kléber, Napoleons Nachfolger in Ägypten, nach Frankreich gesandt, um die Konvention von El Arisch (24. 1. 1800) zwischen den Türken, dem britischen Befehlshaber Admiral Sidney Smith und Kléber der französischen Regierung mitzuteilen. Auf der Reise über das Mittelmeer wurde er von einer englischen Fregatte aufgebracht und von Admiral Keith einen Monat gefangengesetzt. Nach seiner Befreiung kämpfte er wieder unter Napoleon in Italien. Am 14. Juni 1800 fiel er in der Schlacht bei Marengo. Desaix wurde in dem Hospiz auf dem St. Bernhard beigesetzt. Napoleon hatte zuvor die Absicht gehabt, Desaix durch die Heirat mit seiner Stieftochter Hortense Beauharnais an sich zu binden.

11 Malta mit den Inseln Gozo, Comino und Cominotto wurde 1525 durch Kaiser Karl V. dem aus Rhodos vertriebenen Johanniterorden zugewiesen. Nach Bestätigung durch eine päpstliche Bulle von 1530 ließ sich der Orden am 25. 10. 1530 auf den Inseln nieder. 1531 und 1565 versuchten die Türken, Malta zu erobern. Um gegen weitere Angriffe gesichert zu sein, legte der damalige Großmeister des Ordens, Johann de la Valette, den Grundstein zu Stadt und Festung La Valetta. Im Juni 1798 nahm Napoleon Malta ohne Widerstand, aber bereits im September 1800 mußten die Franzosen die Insel an die Engländer herausgeben. Malta blieb bis zur Unabhängigkeit britische Kronkolonie.

Der Johanniter-, später Malteserorden, erhielt im Frieden zu Amiens 1802 Malta zwar wieder zugesprochen, jedoch 1814 wurde Englands Besitz bestätigt. Nach Verlust aller seiner sonstigen reichen Besitzungen in Europa verlegte der Papst 1834 den Sitz des Ordenskapitels nach Rom. Der Orden ist bis heute souverän geblieben; obwohl er kein eigenes Herrschaftsgebiet mehr besitzt, wird er als Völkerrechtssubjekt anerkannt. An der Spitze des Ordens steht der Großmeister, die Zahl der Ordensritter beläuft sich auf 1500.

12 Das Wappen des Ordens war ein silbernes achteckiges Kreuz auf rotem Feld mit einer Herzogskrone darüber, woraus ein Rosenkranz hervorging.

13 General Jean Louis Ebenezer Graf von Reynier (14. 1. 1771–27. 2. 1814) wurde 1896 zum Chef des Generalstabes der Rheinarmee unter Moreau befördert und begleitete 1798 Napoleon als Divisionskommandeur nach Ägypten, machte 1799 den Feldzug nach Syrien mit und wurde wegen seiner Niederlage bei Alexandria am 21. 3. 1801 von General Menou verhaftet und nach Frankreich zurückgesandt. Erst 1805 erhielt er ein neues Kommando und wurde Kriegsminister unter Murat in Neapel. 1809 zeichnete er sich bei Wagram aus, kommandierte 1810 in Portugal, 1813 kämpfte er mit seinem meist aus Rheinbundtruppen bestehenden Korps bei Leipzig, geriet in Gefangenschaft und starb nach Rückkehr nach Paris 1814. Nach seinem Tode erschienen 1827 seine »Mémoires sur l'Egypte«.

14 Der türkische Seeräuber und nachmalige Bei von Tripolis, Dragut, stammte aus Kleinasien, diente unter Chaireddin Barbarossa und wurde 1540 durch Kaiser Karls V. Admiral Andrea Doria gefangen, jedoch nach 4 Jahren gegen Lösegeld wieder freigelassen. Er plünderte wiederholt Süditalien und machte sich um die Ausrüstung der türkischen Flotte verdient. 1552 eroberte er Tripolis und erhielt Tripolitanien als türkischer Statthalter mit dem Titel Sandschak Bei. 1565 beteiligte er sich an dem Versuch Sultan Solimans zur Eroberung Maltas, fiel jedoch beim Sturm auf das Fort St. Elmo am 23. 6. 1565.

15 Philipp Villiers de L'Isle Adam, Großmeister des Johanniterordens 1521–1534, mußte 1522 nach heftiger Gegenwehr Rhodos dem türkischen Sultan Soliman übergeben und führte die restlichen Ordensritter nach Malta. Johann de la Valette, Großmeister 1565–1568, verteidigte 1565 Malta siegreich gegen die Türken, die nach viermonatiger Belagerung unter Verlust von 20000 Mann abzogen.

16 Andoche Junot, Herzog von Abrantès (23. 10. 1771 – 29. 7. 1813), zog durch seine Tapferkeit Napoleons Aufmerksamkeit auf sich, der ihn als Adjutanten mit nach Ägypten nahm. 1804 zum Gouverneur von Paris ernannt, erhielt er 1807 den Ober-

befehl in Portugal, mußte jedoch 1808 kapitulieren. Als Gouverneur der illyrischen Provinzen verfiel er in Geisteskrankheit. Die 18 Memoirenbände seiner Gemahlin über die Napoleonische Zeit sind eine aufschlußreiche Quelle.

Kapitel II

1 Vice-Admiral François-Paul Comte Brueys d'Aigalliers (11. 2. 1753–1. 8. 1798) kommandierte die französische Flotte. Er trat 1766 in die Marine ein und nahm als Leutnant am Amerikanischen Unabhängigkeitskriege teil und erhielt danach ein Kommando in den Antillen. Brueys galt als distanzierter verschlossener Marineoffizier, dessen Entschlußlosigkeit und angeblich falscher Einschätzung der Lage die verlorene Seeschlacht bei Abukir und der Verlust der Flotte zugeschrieben wird. Brueys starb während der Schlacht am 1. 8. 1798 schwer verwundet an Bord seines Flaggschiffs »L'Orient«.

2 Der Sage nach wurde Zeus nach seiner Geburt in den Höhlen des im Innern der Insel Kreta liegenden 2456 m hohen Berges Ida von den Nymphen Ida und Adrasteia aufgezogen.

3 Minos, sagenhafter König, herrschte neun Jahre über Kreta und erließ die berühmte minoische Gesetzgebung. Er überzog Attika mit Krieg und eroberte Athen, das sich durch einen jährlichen Tribut von 7 Jünglingen und 7 Jungfrauen löste, die dem Minotaurus vorgeworfen wurden. Minos hatte das Ungeheuer mit menschlichem Körper und Stierkopf in das von Dädalos erbaute knossische Labyrinth gesperrt. Minotaurus wurde schließlich von Theseus mit Hilfe von Ariadne getötet.

4 Auf das Gerücht der Bildung einer französischen Flotte hatte der Befehlshaber der britischen Mittelmeerflotte Konteradmiral Horatio Nelson Cadiz am 2. Mai 1798 verlassen und kreuzte vor der provenzalischen Küste. Am 22. Juni erfuhr er in Sizilien die Einnahme Maltas. Während die französische Flotte Kreta passierte, nahm Nelson direkten Kurs auf Alexandria, das er am 28. Juni erreichte, ohne den Franzosen zu begegnen. Sechs Stunden vor Eintreffen der französischen Flotte am 29. Juni verließ Nelson Alexandrien in Richtung Kleinasien. Er kehrte nach Sizilien zurück und stieß erst am 1. August auf die bei Abukir ankernde französische Flotte. Die britische Flotte bestand aus 14 Linienschiffen, Flaggschiff Nelsons war die »Vanguard«.

5 Nach der Einnahme Maltas erließ Napoleon seine berühmte Proklamation an die Soldaten, die am 22. 6. 1798 an Bord des Flaggschiffs »L'Orient« gedruckt wurde und die folgenden Wortlaut hat:

›Soldaten!

Ihr sollt an eine Eroberung gehen, deren Wirkungen auf die Zivilisation und den Welthandel unberechenbar sind. Ihr werdet England den sichersten und empfindlichsten Stoß versetzen, bis ihr ihm den Todesstoß geben könnt. Wir werden einige ermüdende Märsche machen, wir werden einige Schlachten schlagen, wir werden in all unsern Unternehmungen Glück haben, die Schicksalsmächte sind für uns.

Die mamelukischen Beis, die ausschließlich den englischen Handel begünstigen, die gegen unsere Kaufleute schimpfliche Erpressungen geübt haben und die unglücklichen Einwohner der Nilländer tyrannisieren, werden ein paar Tage nach unserer Ankunft nicht mehr existieren.

Die Völker, mit denen wir nun leben werden, sind Mohammedaner; ihr erster Glaubensartikel heißt: »Es gibt keinen andern Gott als Gott, und Mohammed ist sein Prophet«. Widersprecht ihnen nicht; geht mit ihnen um, wie wir mit den Juden und mit den Italienern umgegangen sind; seid rücksichtsvoll gegen ihre Muftis und ihre Imams, wie ihr es gegen die Rabbiner und die Bischöfe gewesen seid.

Habt für die Zeremonien, die der Koran vorschreibt, und für die Moscheen die nämliche Toleranz, die ihr für die Klöster, für die Synagogen, für die Religion von Moses und Jesus Christus gehabt habt.

Die römischen Legionen schützten alle Religionen. Ihr werdet hier andere Bräuche finden als in Europa: ihr müßt euch daran gewöhnen.

Die Völker, zu denen wir gehen, behandeln ihre Frauen anders als wir; aber in allen Ländern ist einer, der sie vergewaltigt, ein Scheusal.

Die Plünderung bereichert nur eine kleine Zahl Menschen; sie entehrt uns, vernichtet unsere Hilfsquellen und macht uns die Völker feindlich gesinnt, die zu Freunden zu haben, in unserem Interesse liegt.

Die erste Stadt, in die wir kommen werden, ist von Alexander erbaut worden. Bei jedem Schritt werden wir auf Erinnerungen stoßen, die würdig sind, die Franzosen zum Wetteifer anzuspornen.

Bonaparte.‹

5a Alexandria liegt auf einer Nehrung, die im Süden vom Binnengewässer des Mareotis Sees begrenzt wird. Auf dieser Nehrung liegt 51 km westlich von Alexandrien der heutige Ort Abusir auf den Ruinen der alten Stadt Taposiris Magna. Von der in der Ebene gelegenen alten Stadt sind nur noch geringe Reste erhalten. Ein am Meeresufer erbauter ägyptischer Tempel ist in seinen Umfassungsmauern gut erhalten. Dem griechischen Stadtnamen nach war er wahrscheinlich dem Osiris geweiht. Auf jeden der beiden Tempeltürme führt eine antike Treppe. Wenige Minuten nördlich davon liegt die Ruine eines Turmes, wahrscheinlich ein Leuchtturm aus römischer Zeit; ihn mag Denon hier meinen.

6 Prokopius aus Cäsarea in Palestina, griechischer Historiker aus dem 6. Jahrhundert n. Chr., begleitete 527–547 den byzantinischen Feldherrn Belisar auf dessen Feldzügen als juristischer Rat und Geheimschreiber. Er starb 558 in Konstantinopel. Er ist der Verfasser mehrerer historischer Werke, so einer »Geschichte seiner Zeit« in 8 Büchern sowie der »Anecdota« Historia arcana.

7 Von den ägyptischen Göttersagen ist die bekannteste und auch im Altertum verbreiteteste die vom Schicksal des Osiris. Osiris herrschte als König über Ägypten. Sein böser Bruder Seth trachtete ihm nach dem Leben und veranlaßte ihn, sich bei einem Gastmahle in eine Lade zu legen. Diese verschloß Seth und setzte sie auf dem Nil aus, der sie ins Meer führte. Die Wogen spülten die Lade an der phönizischen Küste bei Byblos an Land. Hier fand Isis, die Gemahlin Osiris', endlich die Leiche nach langem Suchen und brachte sie nach Ägypten zurück. Seth bemächtigte sich der Leiche des verhaßten Bruders, zerstückelte sie in 14 Teile und streute sie umher. Aber Isis suchte die einzelnen Glieder und wo sie eines gefunden hatte, begrub sie es und errichtete ein Grabmal. Daher kennt man in Ägypten so viele Osirisgräber, deren eines hier erwähnt wird.

8 Strabo, griechischer Geograph, geboren um 60 v. Chr. zu Amasia in Kleinasien, unternahm ausgedehnte Reisen im Gebiet des Mittelmeeres, insbesondere nach Griechenland, Italien und Ägypten. Sein Werk »Geographica« in 17 Büchern ist neben dem des Ptolemaios die Hauptquelle der alten Geographie.

9 Die Cyrenaika im heutigen Libyen gelegen, war im Altertum eine reich bewässerte fruchtbare Landschaft, die das Hochland von Barka umfaßte. Die bedeutendste Stadt war Cyrene. 117 v. Chr. wurde Cyrene zu einem Königreich unter der Herr-

schaft einer ptolemaischen Sekundogenitur und fiel nach deren Aussterben an die Römer. Die noch mehrere Jahrhunderte n. Chr. andauernde Blüte des Landes wurde durch die islamische Eroberung im 7. Jahrhundert n. Chr. vernichtet. Berühmt war die kyrenäische philosophische Schule der Hedoniker unter Aristippos (380 v. Chr.).

10 Manna ist eine zuckerartige Substanz, die von manchen Pflanzen nach Einschnitten oder Insektenstichen ausgeschieden wird. Das sog. Tamariskenmanna wird auf der Sinai-Halbinsel von den Mönchen des Klosters gesammelt und als biblisches Manna verkauft. (Vgl. 4. Mose 11, 4–15).

11 Von den beiden Häfen Alexandriens ist der östliche, im Altertum der »große Hafen« genannt und damals durch einen mächtigen Damm geschützt, heute eher der kleinere; der westliche Hafen, im Altertum Eunostos »Hafen der guten Einkehr« genannt, wurde erst in der späteren römischen Kaiserzeit häufiger benutzt. Seit 1871 ist er durch einen großen Außenhafen erweitert worden, ihn schützt ein 3 km langer Wellenbrecher. In den inneren Hafen mündet der 1819 unter Mohammed Ali begonnene, nach dem damaligen türkischen Sultan Mahmud benannte Mahmudije-Kanal.

Im Nordwesten des östlichen Hafens erhebt sich das von Denon »Türkenschloß« genannte malerische Fort Kait Bei an der Stelle des alten Leuchtturms von Pharos. Auf der Ostspitze der einstigen Insel Pharos, die mit dem Festland durch einen Damm verbunden war, erhob sich der berühmte Leuchtturm, eines der Wunder der antiken Welt. Er wurde unter Ptolemäus I. Philadelphos errichtet und um 280 v. Chr. vollendet, seine ursprüngliche Höhe betrug 180 m. Noch nach den großen Erdbeben von 1303 und 1326 standen Reste aufrecht; nach ihrer weiteren Zerstörung durch das Meer errichtete man im 15. Jahrhundert unter Benutzung der alten Mauern unter dem letzten selbständigen Mamelukensultan Kait Bei das heute noch vorhandene Fort Kait Bei. Der Name Pharos ist als Begriff für alle Leuchttürme verwandt worden.

12 Alexandria wurde im Jahre 331 v. Chr. von Alexander dem Großen gegründet, der Ägypten 332, damals formell eine persische Satrapie, im Verlauf seines Feldzuges gegen das Perserreich unter Darius III. erobert hatte. Alexander beabsichtigte mit seiner Gründung auch, das Land der Pharaonen mit materiellen und ideellen Banden an sein griechisches Weltreich zu fesseln, dessen Erreichung ihm als Lebensziel vorschwebte. Alexandria wurde in der Tat Mittelpunkt des Welthandels und der griechischen Weltbildung. Anlage und Bau der Stadt übertrug Alexander dem Architekten Deinokrates. Alexanders ägyptischer Statthalter und Nachfolger Ptolemäus I. Soter (323–285 v. Chr.) machte Alexandria zum Sammelplatz der Künstler und Gelehrten. An dem Hof des Begründers der Dynastie der Ptolemäer weilten der Redner Demetrius Phalereus, der den Anlaß zur Gründung der berühmten Bibliothek gab, der Mathematiker Euklid, die Ärzte Erasistratus und Herophilus. Ptolemäus I. ist auch der Schöpfer des Museums, eines prächtigen Gebäudekomplexes, wo Gelehrte und Dichter wohnten und ihren Studien lebten. Mit ihm war die alexandrinische Bibliothek verbunden, die zur Zeit Cäsars, als sie verbrannte, 900000 Rollen umfaßte.

Die nahezu permanenten Thronstreitigkeiten der Ptolemäer vermochten die Entwicklung ihrer Hauptstadt nicht zu beeinträchtigen. Ihre höchste Blüte hatte sie erreicht, als 48 v. Chr. die Römer in dem Konflikt zwischen Kleopatra und ihrem Bruder und Gatten Ptolemäus XIV. intervenierten. Beide befanden sich – minderjährig – unter der Vormundschaft des römischen Senats, ihr Vormund

Pompejus, nach seiner Niederlage 48 v. Chr. in der Schlacht bei Pharsalus, sucht in Ägypten Zuflucht, wird aber auf Anstiften seines Mündels Ptolemäus XIV. bei der Landung in Pelusium ermordet. Cäsar kommt nach Alexandria, nimmt sich der vertriebenen Kleopatra an und besiegt Potlemäus XIV. und die rebellierende Stadt Alexandria. Caesar, inzwischen Diktator in Rom, erhebt seinen Sohn aus der Verbindung mit Kleopatra als Ptolemäus XVI. Cäsarion zum Mitregenten. Nach der Ermordung Cäsars 44 v. Chr. weiß Kleopatra durch ihre Schönheit und ihren Geist den Antonius für sich zu gewinnen. Antonius verbringt mehr als ein Jahrzehnt an ihrer Seite und wird 31 v. Chr. vom römischen Senat geächtet. Octavian, Adoptivsohn Cäsars und seit 27 v. Chr. als Kaiser Augustus Alleinherrscher des römischen Weltreiches, schlägt Antonius und Kleopatra in der Seeschlacht bei Actium. Nach der Eroberung Alexandrias machen Antonius und Kleopatra ihrem Leben ein Ende (30 v. Chr.). Cäsarion hat Augustus ermorden lassen. Ägypten wird damit römische Provinz, die dem Kaiser direkt untersteht; Alexandria Sitz des Präfekten. Augustus vergrößerte die Stadt durch die Anlage der Vorstadt Nikopolis. Die Einwohnerzahl der Stadt soll zu Augustus' Zeiten eine halbe Million betragen haben, zu Napoleons Zeit betrug sie noch 5000.

13 Charles Magallon, geboren am 30. 5. 1741 in Marseille, der als Kaufmann lange Jahre in Ägypten lebte, wurde am 30. 1. 1793 zum Konsul der französischen Republik in Kairo ernannt, nachdem er bereits Jahre hindurch die Interessen der französischen Kolonie in Ägypten vertreten hatte. Im Dezember 1794 verlegte Magallon den Amtssitz von Kairo nach Alexandria, nachdem es zu Zusammenstößen der französischen Kaufleute mit den Mameluken gekommen war. Ein Besuch des Geschäftsträgers der Republik in Konstantinopel, Charles Dubois-Thainville, in Kairo 1795, der in Begleitung Magallons versuchte, die übermäßige Steuerlast der französischen Kaufleute in Ägypten zu erleichtern, verlief ergebnislos. Im Juli 1797 schiffte sich Magallon nach Frankreich ein, um das Projekt einer französischen Expedition zum Schutz der Kaufleute vorzutragen. Zur gleichen Zeit trug Talleyrand den Mitgliedern des Institut National in Paris den Plan einer Besetzung Ägyptens vor. Die Geschäfte des Konsulats führte bis zum Eintreffen der Expedition der Vicekonsul Lazare Magallon, der Neffe Charles' Magallon.

14 Am 14. Messidor (2. Juli 1798) erließ Napoleon seine erste Proklamation an die Bevölkerung Ägyptens:

›Zu lange schon haben die Beis der Mameluken, die über Ägypten herrschen, die französische Nation beleidigt und ihre Kaufleute schikaniert. Die Stunde ihrer Züchtigung ist gekommen. Zu lange schon haben diese Sklavenhorden, die aus dem Kaukasus und aus Georgien stammen, das schönste Land der Welt tyrannisiert. Aber Gott, von dem alles ausgeht, hat beschlossen, daß ihre Herrschaft nunmehr ein Ende findet. Ägypter! Man wird Euch sagen, ich sei gekommen, um Eure Religion zu zerstören. Glaubt das nicht. Antwortet, daß ich komme, um Eure Rechte wiederherzustellen und die Usurpatoren zu bestrafen, und daß ich Gott, seinen Propheten und den Koran mehr ehre als die Mameluken. Alle Menschen sind vor Gott gleich, doch sind es die Weisheit, Begabung und Tugend, die Unterschiede zwischen Menschen machen. Nun, welche Weisheit, welche Begabung, welche Tugend zeichnet die Mameluken aus, so daß sie und nur sie allein Anspruch erheben können, alles zu besitzen, was lieblich und süß ist im Leben? Gibt es irgendwo ein schönes Landgut, gehört es den Mameluken. Gibt es irgendwo eine schöne Sklavin, ein prächtiges Pferd, ein herrliches Haus, gehören sie den Mameluken. Sollte Ägypten ihr privater Grundbesitz sein, laßt sie uns den Pachtvertrag zeigen, den Gott gewährte.

Aber Gott ist zu allen Menschen gerecht und freigebig. Jetzt ist es an den Ägyptern, selbst über ihr Land zu herrschen. Laßt die Klügsten, die Gebildetsten, die Tugendhaftesten regieren, und das Volk wird glücklich sein. Es gab einst große Städte in Ägypten, große Kanäle, großen Handel. Durch was wurden sie zerstört, wenn nicht durch die Habsucht, die Ungerechtigkeit und die Tyrannei der Mameluken! Kadis! Scheiche! Imams! Sagt den Leuten, daß wir die Freunde der wahren Moslems sind. Haben wir Franzosen nicht den Papst vernichtet, der zum Kriege gegen den Islam aufgerufen hat? Haben wir Franzosen nicht die Malteserritter vernichtet, weil diese Tollwütigen glaubten, Gott habe sie zum Kampf gegen die Moslems bestimmt? Sind wir Franzosen nicht schon lange die Freunde des Sultans gewesen (dessen Wünsche Gott erfüllen möge!), und sind wir nicht die Feinde seiner Feinde? Und rebellieren andererseits die Mameluken nicht fortgesetzt gegen den Sultan, dessen Herrschaft sie nicht anerkennen wollen? Sie führen nur ihre eigenen Pläne aus.

Dreimal glücklich alle, die für uns sind; ihr Stand und ihr Wohlstand sollen blühen. Glücklich die, die sich neutral verhalten, denn sie werden Zeit haben, uns kennenzulernen, und werden am Ende auf unsere Seite kommen. Doch elend, dreimal elend alle, die sich auf die Seite der Mameluken schlagen und gegen uns stellen: Sie sollen ohne Hoffnung sein und verderben!‹

15 Jean Baptiste Kléber (9.3.1753–14.6.1800), Elsässer aus Straßburg, besuchte die Kriegsschule in München und trat 1776 in die österreichische Armee ein. Da sich ihm als Bürgerlichem keine Aussicht auf Beförderung bot, kehrte er 1783 ins Elsaß zurück. 1792 trat er in die französische Armee ein, 1793 zum Brigadegeneral befördert, schlug er den Aufstand in der Vendée nieder. Von 1794–1796 nahm er, obwohl kein Freund der Jakobiner, an den Feldzügen in Holland und Deutschland teil. Nach seiner Entlassung aus der Armee lebte er in Paris. 1798 nahm er als Divisionsgeneral an der Expedition nach Ägypten teil, machte den Feldzug nach Syrien mit und erhielt bei Napoleons Rückkehr nach Frankreich den Oberbefehl über das Expeditionskorps. Da es ihm unrealistisch schien, Ägypten zu behaupten, schloß Kléber im Januar 1800 mit dem britischen Admiral Sidney Smith die Konvention von El Arisch, dergemäß die französische Armee Ägypten räumen sollte. Als Admiral Keith den Vertrag nicht genehmigte, eroberte Kléber das rebellische Kairo zurück und besiegte am 20.3.1800 die vierfach überlegene türkische Armee bei Heliopolis. Ganz Ägypten befand sich noch einmal in der Hand der Franzosen. Drei Monate später starb er im Garten seines Hauptquartiers unter dem Dolch des von den Türken gedungenen Mörders Suleiman. Seine Vaterstadt Straßburg errichtete ihm 1840 ein Denkmal, unter dem sein Herz ruht.

16 Jacques-François de Boussay Baron de Menou (3.9.1750–13.8.1810) trat jung in die französische Armee ein und war bei Ausbruch der Französischen Revolution bereits Marschall. 1789 als Repräsentant des Adels seiner Provinz gewählt, schloß er sich dem dritten Stand an. 1793 kämpfte er in der Vendée. Wegen seiner Niederlage dort wurde er von Robespierre vor dem Konvent angeklagt, jedoch freigesprochen. 1795 wurde er zum General en Chef der Armee des Innern ernannt. Er begleitete Napoleon als Divisionsgeneral nach Ägypten, wo er zum Islam übertrat und eine Mohammedanerin heiratete. Nach der Ermordung Klébers (vgl. Anmerkung 15, Kapitel II) erhielt er den Oberbefehl, wurde jedoch am 21.5.1801 von dem britischen General Abercromby gänzlich geschlagen und kapitulierte am 2.9.1801 in Alexandria. Mit den Trümmern des französischen Heeres verließ er auf britischen Schiffen Ägypten. Die wichtigsten archäologischen Funde gingen

an die Briten über. Menou wurde nach seiner Rückkehr zum Gouverneur Venedigs ernannt. Hier starb er am 13. 8. 1810.

17 Der Scherif Seid Mohammed el Koraim war das Haupt der Alexandriner Notabeln. Er schloß mit Napoleon ein Abkommen über die Übergabe der Stadt, die Respektierung der Moscheen und das Verbot der Plünderung. Napoleon ernannte ihn am 7. Juli 1798 zum Zivilgouverneur Alexandriens.

18 Constantin François Chaisebœuf Graf von Volney (3.2.–25.4.1820), Schriftsteller und Reisender, studierte in Paris Medizin, Geschichte und orientalische Sprachen. 1783–1787 unternahm er eine Reise in die Levante und Ägypten, die er in seinem berühmten Werk »Voyage en Syrie et en Egypte« Paris 1787 beschrieb. Er war Mitglied der Nationalversammlung, wurde jedoch während der Schreckensherrschaft unter Robespierre eingekerkert. 1795–1798 unternahm Volney eine Reise durch Nordamerika. Nach seiner Rückkehr nahm er eine Senatorstelle an, Napoleon verlieh ihm die Grafenwürde. Ludwig XVIII. erhob ihn zum Pair von Frankreich. Außer seinem Standardwerk über den Orient veröffentlichte Volney zahlreiche weitere historische und geographische Schriften. Seine Œuvres complètes erschienen in 8 Bänden 1821 in Paris.

19 Die Pompejussäule steht an der Stätte des alten Serapeums, das dem Kult des von den Ptolemäern eingeführten Unterweltgottes Serapis geweiht war. Die Säule aus rotem Granit von Assuan ist mit dem korinthischen Kapitell und dem Sockel rund 27 m hoch. Man nimmt an, daß die Säule, die einst im Serapeum stand und möglicherweise von Kaiser Theodosius (379–395 n. Chr.) zur Erinnerung an den Sieg des Christentums und die Zerstörung 391 n. Chr. errichtet wurde. Im Mittelalter vermutete man hier das Grab des Pompejus (vgl. Anmerkung 12, Kapitel II).

20 Die Heilige Katharina lebte um 300 in Alexandria und wurde, als sie sich bei einem Opferfest des Kaisers Maxentius gegen den Götzendienst erklärte, eingekerkert. Nachdem es den gelehrten heidnischen Philosophen Alexandrias nicht gelungen war, sie zu widerlegen, wurde sie auf ein mit Nägeln gespicktes Rad geflochten, das jedoch zerbrach. Daraufhin wurde Katharina enthauptet. Philosophen und gelehrte Schulen verehren sie als Patronin. Das St. Katharinenkloster auf der Halbinsel Sinai wurde zu ihren Ehren angeblich 527 von Kaiser Justinian gegründet.

21 Einer der Obelisken Ramses II. vor dem Eingang des Tempels von Luxor wurde 1836 als Geschenk des Vicekönigs Mohammed Ali an den französischen König Louis Philippe nach Paris gebracht und schmückt seither die Place de La Concorde. Weitere Obelisken gelangten nach London, Istanbul, New York und Rom.

22 Claude Etienne Savary, geboren in Vitré 1750, gestorben in Paris 1788, ein bedeutender französischer Orientalist, Verfasser des außer Volney (vgl. Anmerkung 18, Kapitel II) bekanntesten französischen Standardwerkes über das Ägypten der Mamelukenzeit. Savarys Werk »Lettres sur l'Egypte« erschien 1785 in Paris und erlebte mehrere Auflagen, auch eine Übersetzung ins Englische. Von ihm stammt die erste wissenschaftlich bearbeitete Übersetzung des Korans ins Französische »Le Coran, Traduit de l'Arabe«, Amsterdam 1786. Posthum erschien seine »Arabische Grammatik«, Paris 1813.

23 Das Christentum fand früh eine Stätte in Alexandria. Nach der Tradition war sein erster Verkünder hier der Evangelist Markus, dessen Gebeine die Venezianer 828 nach Venedig überführten. Die erste große Christenverfolgung unter dem Kaiser Decius traf Alexandria hart (250 n. Chr.). Eine zweite Christenverfolgung brach

unter Valerianus 257 aus. Nach der Anerkennung unter Gallienus (260–268) und der Alleinherrschaft Konstantins d. Gr. wird Ägypten zur Diözese und Alexandria Hauptsitz der christlichen Gelehrsamkeit und des rechten Glaubens (Athanasianisches Bekenntnis). Auf dem Konzil von Nicäa (325) war die Lehre des Presbyters Arius von Alexandrien von der Gottähnlichkeit verdammt und die Lehre, daß Christus und Gottvater wesenseins sei, zur allgemeingültigen Lehrmeinung erhoben. Unter Theodosius d. Gr. (379–395) wird das Christentum Staatsreligion. Die Patriarchen Theophilus und Cyrillus von Alexandria setzen ihre Lehren durch. Theophilus wütet gegen die heidnischen Tempel und Denkmäler, Cyrillus vertreibt die Juden aus Alexandria, seine Hauptgegnerin, die gelehrte Heidin Hypathia, wird 415 vom Pöbel Alexandrias gesteinigt. 451 erfolgt die Abspaltung der nationalägyptischen (d. i. der koptischen) Kirche.

24 Vgl. Anmerkung 18, Kapitel V.

Kapitel III

1 1249 unternimmt Ludwig IX. der Heilige von Frankreich den 6. Kreuzzug gegen Ägypten. Er eroberte Damiette, das 1218–1221 bereits in christlicher Hand gewesen war, zwar ohne Schwertstreich, jedoch 1250 wird Ludwig von dem jungen Sultan Turanschah bei Mansura umzingelt und abgeschitten, schließlich gefangengenommen und erst am 6. Mai 1250 gegen ein hohes Lösegeld und die Räumung Damiettes wieder freigelassen. Während der Verhandlungen über seine Freilassung wird Turanschah von seinen Mameluken ermordet.

2 Charles-François-Joseph Dugua (1.3.1744–17.10.1802) diente unter Napoleon in der italienischen Armee und war 1798 zum Deputierten im Rat der Fünfhundert gewählt worden, als er sich der Expedition nach Ägypten anschloß. Nach der Verwundung Klébers übernahm er am 3. Juli 1798 vorübergehend das Divisionskommando. Er kehrte im März 1800 nach Frankreich zurück. Als Chef des Generalstabs der nach Santo Domingo entsandten Truppen erlag er dort am Cap Haitien dem Gelben Fieber.

3 Vgl. Anmerkung 16, Kapitel III

4 Damanhour ist das altägpytische Time-en-hor (Horusstadt), das römische Hermopolis parva.

5 Am 21. Juli 1798 kam es auf dem westlichen Nilufer bei Kairo in der Nähe des kleinen Dorfes Embâbe, wo sich Murad Bei verschanzt hatte, zur sog. Schlacht bei den Pyramiden. Die Pyramiden selbst liegen 15 km von Embâbe entfernt. Den Franzosen standen 10000 Mann mamelukische Kavallerie und 50000 Mann Infanterie gegenüber.

6 Murad Bei, etwa um 1745 geboren, gehörte als Mameluk zur Klientel Ali Beis, der ihn 1766 zum Rang eines Bei erhob (vgl. Einleitung S. 17f.). Er folgte Ali Bei auf dessen verschiedenen Unternehmungen und verließ mit ihm Ägypten, als sich Ali Bei 1772 vor einer Revolte seines Schwiegersohns Mohammed Abu Dahab zu seinem Verbündeten, dem 86jährigen Scheich Daher, dem von der Pforte nahezu unabhängigen Beherrscher Palästinas, flüchtete.

Murad begleitete Ali Bei, als dieser im darauffolgenden Jahr mit einer Gefolgschaft von nur 6000 Kriegern Abu Dahab zu schlagen versuchte, um ihm Ägypten wieder zu entreißen. Am 13. April 1773 wurde Ali Bei jedoch geschlagen, gefangengenommen und erlag darauf seinen Verletzungen. Murad Bei begab sich mit Ibrahim Bei zunächst mit einer Handvoll Gefolgsleute nach Oberägypten. Welche Rolle er bei der Niederlage Ali Beis gespielt hat, ist nicht ganz durchsichtig. Er hatte sich jedenfalls in Setti Nefisa, die Frau seines Gönners, verliebt. Nach dessen Tode heiratete er die Witwe. Ob Murad an Abu Dahabs Rachezug gegen Daher nach Syrien beteiligt war, oder die Jahre zusammen mit Ibrahim in Oberägypten hinbrachte, ist nicht belegt. Er gelangt jedoch zusammen mit Ibrahim zur Macht, muß 1777 wieder in Oberägypten ausweichen, besiegt 1778 die Mameluken seines Rivalen Ismael Bei und kehrt 1778 nach Kairo zurück. Es beginnt ein jahrelanger Kampf um die Macht, in den sich 1786–1787 die Pforte durch Entsendung einer Flotte unter dem Kapudan Pascha Hassan einmischt. Dieser setzt nach fruchtlosen Versuchen, Murad und Ibrahim zu unterwerfen, mit Ismael Bei und Hassan Bei ein dem Sultan genehmes Regime ein, Murad und Ibrahim erhalten Oberägypten als Herrschaftsgebiet von Bardis im Norden ab zugewiesen. Die folgenden Jahre sind von den Versuchen Murads geprägt, die Herrschaft über Kairo zurückzuerlangen, aber erst 1791, als Ismael Bei an der Pest stirbt, gelingt die Rückkehr. Fortan, bis zum Einfall der Franzosen, herrschen Murad und Ibrahim Bei in einem labilen Duumvirat über Ägypten. Murad wird 1798 zum Hauptgegenspieler Napoleons, den er vor der Schlacht bei den Pyramiden gröblich unterschätzt. Über seinen Kampf mit dem französischen Expeditionskorps, insbesondere mit den Truppen General Desaix' in Oberägypten, berichtet Denon ausführlich. Von den Franzosen wiederholt, zuletzt bei Siut und Sediman 1799 geschlagen, gelang es Murad jedesmal, zu entkommen und den Kampf wieder aufzunehmen. Als jedoch die Pforte in der Allianz mit den Briten versuchte, die Franzosen zu vertreiben und sich Ägypten direkt wieder zu unterwerfen, kam es zwischen Murad und Kléber am 5. April 1800 zu einer Verständigung und einem Protektoratsvertrag, der Murad die Herrschaft über Oberägypten unter französischer Oberhoheit sicherte. In der Folge bis zu seinem Tode blieb Murad ein loyaler Alliierter der Franzosen, obschon sich das Verhältnis zu Klébers Nachfolger Menou verschlechterte. Sein Herrschaftsbereich erstreckte sich über ganz Oberägypten von Girge bis Assuan. Außerdem besetzte er den am Roten Meer gelegenen Hafen Kosseir für die französische Armee. Murad starb in Benisouef am 22.4.1801 kurz vor der Kapitulation der Franzosen in Alexandrien am 31.8.1801.

7 Auguste Frédéric Louis Vièsse de Marmont (20.7.1774–2.3.1852) trat mit 15 Jahren in die Armee ein und machte in Toulon die Bekanntschaft Napoleons, dem er sich begeistert anschloß. Er machte sich im italienischen Feldzug 1796 verdient und begleitete Napoleon nach Ägypten. Aufgrund seiner Verdienste im Feldzug gegen die Russen und Montenegriner in Dalmatien 1807 erhielt er von Napoleon den Titel eines Herzogs von Ragusa. Er schlug die Österreicher im Kriege von 1809 bei Znaim und wurde daraufhin Marschall von Frankreich. 1809–1811 war er Generalgouverneur Illyriens. 1811 übernahm er das Kommando über die französischen Truppen in Portugal. In der Schlacht bei Salamanca gegen Wellington zerschmetterte ihm eine Kugel den rechten Arm. 1814 verhandelte er nach der Einnahme von Paris durch die Alliierten in Fontainebleau über Napoleons Abdankung. Ludwig XVIII. bestätigte ihn in seinen Ämtern. Marmont blieb der Restauration treu und folgte 1830 Karl X. nach England. Seine letzten Lebensjahre verbrachte er auf Reisen durch England, Spanien, Rußland und die Türkei, lebte sodann in Wien und Venedig, wo er 78jährig starb.

8 Ibrahim Bei gehörte wie Murad Bei zur Klientel Ali Beis (vgl. Anmerkung 6, Kapitel III). Während Murad den Franzosen jedoch zunächst hartnäckigen Widerstand

leistete und sich sodann mit ihnen arrangierte, setzte Ibrahim auf die Türken, entwich mit seinen Mameluken in die syrische Wüste, beunruhigte von dort aus die Franzosen und schloß sich der Armee des Großwesirs Youssouf Pascha an. Am 20. 3. 1800 kehrte er mit der türkischen Armee vorübergehend nach Kairo zurück, das er jedoch nach Klébers Sieg bei Heliopolis wieder verlassen mußte, um 1801 endgültig nach Kairo zurückzukehren.

9 Alexandre Berthier, Fürst und Herzog von Neuchâtel und Valangin (20.2.1753 bis 1.6.1815), trat in die französische Armee ein und kämpfte unter Lafayette im amerikanischen Unabhängigkeitskrieg gegen die Briten. Nach seiner Rückkehr zum Oberst ernannt, befehligte er 1789 die Nationalgarde von Versailles. 1792 wurde er Brigadegeneral, 1795 Chef des Generalstabs der französischen Italienarmee, deren Kommando 1796 Napoleon übernahm. Mit Napoleon verband ihn bis zu seinem Tode ein ungetrübtes Freundschaftsverhältnis. Den Zug nach Ägypten machte Berthier als Chef des Generalstabs mit. Über die Feldzüge in Ägypten und Syrien verfaßte er einen ausführlichen Bericht an den französischen Kriegsminister. (Vgl. »Buonapartes Feldzug in Egipten und Syrien«, Paderborn 1803.) 1799 mit Bonaparte nach Frankreich zurückgekehrt, wurde er Kriegsminister und behielt diese Position abwechselnd mit der eines Generalstabschefs auf Napoleons zahlreichen Feldzügen während des Kaiserreiches. 1804 Marschall von Frankreich, 1807 Souverän der von Preußen abgetretenen Fürstentümer Neuchâtel und Valangin unter Erhebung zum kaiserlichen Prinzen, vermählte er sich 1808 mit der Wittelsbacher Prinzessin Marie Elisabeth Amalia, Tochter des Herzogs Wilhelm von Bayern der Linie Pfalz-Zweibrücken-Birkenfeld. Nach dem Sturz Napoleons verlor er die Souveränität über Neuchâtel, huldigte Ludwig XVIII. und blieb Marschall von Frankreich. 1815, nach der Rückkehr Napoleons von Elba, ging er zu seinem Schwiegervater nach Bamberg, verfiel in geistige Umnachtung und stürzte sich, durch den Vorbeimarsch russischer Truppen in Aufregung versetzt, vom Balkon des Schlosses. Er wurde im Kloster Banz begraben, 1884 wurde die Leiche nach Tegernsee übergeführt.

10 Abukir, 15 km von Alexandria entfernt, war Schauplatz der großen Seeschlacht, in der am 1. 8. 1798 die englische Flotte unter Admiral Nelson die französische vernichtete sowie der Landschlacht vom 25. 7. 1799, in der Napoleon das dort gelandete türkische Heer schlug. Am 8. 3. 1801 besiegten die Engländer unter Abercromby hier den Rest des französischen Expeditionskorps und durchstachen die Dünen. Das hereinbrechende Meer vernichtete 150 Ortschaften.

11 In der Nähe Abukirs, der alten Stadt Bukiris, lag die antike Stadt Kanopus, wo die Alexandriner Orgien in großen Stil zu feiern pflegten. Hier ließ die griechische Sage das Grab des Steuermanns des Menelaus, Kanopus, liegen. Die kanopische Nilmündung war die westlichste der sieben Mündungsarme des Nils im Altertum, 1,5 km westlich von Abukir befinden sich die Reste eines Serapiontempels aus römischer Zeit, in dem in der Antike zahlreiche Pilger Heilung suchten.

12 Rosette, arabisch Reschîd, liegt am Ausfluß des gleichnamigen Nilarms. Die im Mittelalter bedeutende Handelsstadt wurde bekannt durch den Fund der berühmten Schrifttafel von Rosette. Bei Schanzarbeiten im Fort St. Julien hatte im August 1799 die Mannschaft des Artillerieoffiziers Bouchard einen mit drei verschiedenartigen Inschriften bedeckten schwarzen Granitblock ans Licht gefördert. Die Inschrift war in Hieroglyphen, in demotischer, d. h. der zur Zeit der Ptolemäer üblichen Kanzleischrift, sowie in griechischer Schrift gehalten. Das Institut in Kairo, das Napoleon gegründet hatte, entzifferte den griechischen Text als Beschluß einer ägyptischen Priesterversammlung aus dem Jahre 196 v. Chr. in

Memphis zu Ehren des Königs Ptolemäus V. (205–181 v. Chr.), in dem gewisse vom König gewährte Privilegien festgehalten wurden. Die Schrifttafel von Rosette eröffnete, weil der Text in jeder Sprache identisch war, die spätere Möglichkeit der Entzifferung der Hieroglyphen, die nach einigen Vorarbeiten des Franzosen de Sacy, des Schweden Akerblad und des Engländers Young schließlich dem französischen Gelehrten François Champollion 1822 gelang, indem er durch Vergleiche von Königsnamen das gesuchte Alphabet fand. Das Original der Schrifttafel befindet sich heute im Britischen Museum, da sie gemäß Artikel XVI des Kapitulationsvertrages vom August 1801 bei Räumung Ägyptens durch die französischen Truppen an die Briten ausgeliefert werden mußte, obwohl sie als persönliches Eigentum des Generals Menou galt (vgl. Anmerkung 16, Kapitel II).

13 Leo Africanus, eigentlich Alhassan ibn Mohammed Alwazzan, maurischer Schriftsteller aus Cordoba, bereiste seit 1492 Nordafrika und Westasien, bis er Seeräubern in die Hände fiel, die ihn Papst Leo X. schenkten. In Rom schrieb er in italienischer Sprache seine Beschreibung Afrikas, die 1526, in seinem Todesjahr, erschien (deutsch von Lorsbach, Herborn 1805).

14 Vgl. Einleitung Seite 11 ff.

15 Mit ›bedu‹ bezeichnet man die Nomaden, mit ›arab‹ die nachweislich später ins Niltal eingewanderten Araber. Beide unterscheiden sich von der städtischen Bevölkerung und den Fellachen, der einheimischen Landbevölkerung Ägyptens. Zu unterscheiden ist zwischen 1.) Beduinen im eigentlichen Sinne, d. h. arabisch redende, dem Islam angehörende, größtenteils aus Arabien oder Syrien eingewanderte Stämme, die die an das nördliche und mittlere Niltal angrenzenden Wüsten bewohnen, sich z. T. auch im Niltal selbst aufhalten; 2.) den Bega, afrikanisch-hamitische Völker, die zwischen Nil und Rotem Meer in Oberägypten, Nubien und dem Sudan verbreitet sind. Die beiden Hauptvölker dieser Gruppe sind die ›Bischarin‹ und die ›Ababde‹. Sie sind am Rande der Wüste zu finden, z. T. leben sie vom Wendekreis bis zur Breite von Kene und Kosseir zerstreut in den Wüstentälern. Die ›Ababde‹ sprechen ein niederes Arabisch, sind mehr arabisiert, während die ›Bischarin‹, nur mit Lederschurz und Umschlagtuch angetan, ihre Schaf- und Kamelherden weiden. Alle Stämme zeichnen sich durch gute Gesichtsbildung und mekellos ebenmäßigen Körperbau aus. Die Wüste, das Medium, in dem sie sich bewegen, hat mit den gleichen Lebensbedingungen die ursprünglich verschiedenen Rassen einander angenähert und ihre Eigentümlichkeiten ausgeglichen. Noch heute leben die nomadisierenden Beduinen in Zelten, deren Standort sie je nach Quellen und Weideplätzen jahreszeitlich wechseln.

16 Entgegen Napoleons Absicht, die Flotte in den alten Hafen Alexandrias einlaufen zu lassen, ankerte Admiral Brueys am 6. Juli 1798 auf der Reede von Abukir 2 km von der Küste entfernt, wo er, durch eine Uferbatterie und das Fort von Abukir im Rücken gedeckt, sich vor einem Angriff sicher glaubte. Der britische Admiral Nelson, der die französische Eskadra seit Wochen vergeblich gesucht hatte, erschien am Nachmittag des 1. 8. 1798 vor der ägyptischen Küste und griff sofort an. Um den Franzosen die Unterstützung der Uferbatterien zu nehmen und sie zwischen zwei Feuer zu nehmen, schickte er einen Teil seines aus 13 Linienschiffen und 3 Fregatten bestehenden Geschwaders in den engen seichten Kanal zwischen die französische Linie und dem Ufer, während seine übrigen Schiffe im Bogen vor der französischen Flotte ankerten. Gegen 7 Uhr abends begann die Schlacht, eine Stunde danach waren bereits 5 französische Schiffe versenkt. Obwohl der Kampf bereits so gut wie entschieden war, setzten die Franzosen ihn die ganze

Nacht hindurch heldenmütig fort. Admiral Brueys fiel (vgl. Anmerkung 1, Kapitel II). Die Schlacht endete mit der Flucht der restlichen 4 französischen Schiffe nach Korfu. Die französische Flotte verlor mit 3500 Toten und Verwundeten die Hälfte ihrer Mannschaft sowie 200 Gefangene. Die Engländer hatten 900 Tote und Verwundete. Durch ihren Sieg wurden die Briten Herren des Mittelmeers, und der Erfolg der französischen Expedition war schon jetzt ernstlich gefährdet.

17 Zu Beginn des Jahres 1517 machte der Sieg bei Heliopolis Sultan Selim I. und die Türken zu Herren Ägyptens. Am 26. Januar 1517 zog der Osmanensultan in Kairo ein. Der letzte der ägyptischen Tscherkessensultane, Tuman Bei, wurde am 15. April 1517 am westlichen Turme des Babzuwele gehängt. Selim I. zwingt Mutawakkil, den letzten Sprößling der abbasidischen Kalifen, ihm seine Hoheitsrechte zu übertragen und wird Kalif, d.h. Oberhaupt aller Bekenner des Islam. Auf diesen Akt stützt sich der Anspruch der osmanischen Sultane auf das Kalifat. Auf Antrag von Mustapha Kemal (Atatürk) erklärte die türkische Nationalversammlung am 3. März 1924 das Kalifat für erloschen und exilierte Abdülmegid († 1944), den letzten osmanischen Kalifen.

18 Vgl. Anmerkung 24 zu Kapitel IV.

19 Nach der Vernichtung der französischen Flotte bei Abukir am 1. 8. 1798 war das Expeditionskorps völlig von der Heimat abgeschnitten, alle Nachrichten aus Europa blieben aus, aber auch von Ägypten gelangten nur wenige Schiffe durch die britische Seeüberwachung nach Frankreich. Die meisten wurden abgefangen. Dadurch kamen die amtlichen Berichte Bonapartes in die Hände der englischen Regierung; ebenfalls zahlreiche Briefe, die die Soldaten und Offiziere enttäuscht nach Hause geschrieben und in denen sie sich unzufrieden über den Feldzug geäußert und ihre Lage nicht sehr optimistisch geschildert hatten. Sie wurden in London gedruckt, selbst Liebesbriefe an Frauen und Geliebte wurden der Öffentlichkeit preisgegeben. Manche Karriere wurde dadurch beeinträchtigt.

20 Die Baumwollkultur wurde in großem Stil im Delta durch Mohammed Ali (1769–1848) begonnen, der 1821 die Baumwolle aus Indien einführte und durch umfängliche Kanalbauten für die erforderliche ständige Bewässerung sorgte, so daß Ägypten zu einem Baumwolland par excellence wurde.

21 Salvator Rosa, italienischer Maler und Dichter 20. 6. 1615 – 15. 3. 1673.

22 Thevenard, Kommandant des französischen Linienschiffes »L'Aquilon«, starb, nachdem ihm eine Kugel beide Beine zerschmettert hatte.

23 Aristide-Aubert Dupetit-Thouars (31. 8. 1760–1. 8. 1798) hatte als Seeoffizier am amerikanischen Unabhängigkeitskriege teilgenommen. Er fand als Kommandant des französischen Linienschiffes »Le Tonnant« bei Abukir den Tod, nachdem er ersten den linken, dann den rechten Arm und schließlich ein Bein verloren hatte.

24 Pierre Terrail Chevalier de Bayard, der »Ritter ohne Furcht und Tadel« (1476–1529), focht unter Franz I. von Frankreich in Italien zur Wiedereroberung des Herzogtums Mailand. Er erhielt einen Musketenschuß, der ihm das Rückgrat zerschmetterte, und starb an einen Baum gelehnt, das Gesicht dem Gegner zugewandt.

25 Louis de Casabianca (1742–1. 8. 1798), korsischer Marineoffizier, hatte als Seeoffizier am amerikanischen Unabhängigkeitskriege teilgenommen. Er war Abgeordneter im Rate der Fünfhundert. Als Kommandant des Flaggschiffs »L'Orient« übernahm er nach dem Tode von Vice-Admiral Brueys (vgl. Anmerkung 1, Kapi-

tel II) das Kommando über die Flotte. Er hatte seinen zehnjährigen Sohn Giacomo bei sich, als er das Schiff, um es nicht übergeben zu müssen, in die Luft sprengen ließ.

26 Die Göttin Isis, Gattin des Osiris und Mutter des Horus, ist in späterer ägyptischer Zeit viel verehrt worden. Sie wurde vornehmlich auf der Insel Philae verehrt (vgl. Anmerkung 8, Kapitel IX).

27 Die islamische Zeitrechnung beginnt mit dem 16. Juli 622 n. Chr., der Hedschra, der sog. Flucht Mohammeds nach Medina. Das Jahr ist ein reines Mondjahr und hat 354, in Schaltjahren – jeweils 11 in 30 Jahren – 355 Tage. Seine 12 Monate heißen:

Moharrem, Safar, Rabi el-auwel, Rabi el-achir, Gemael el-auwel, Gemael el-achir, Regeb, Scha'ban, Ramadan, Schauwal, Dhil-Kide, Dhil-Higge.

28 Am Anfang des Monats Rabi el-auwel wird das große Fest des Geburtstags des Propheten gefeiert. Am zweiten Tag des Monats beginnen die Vorbereitungen, die Hauptfestnacht ist die vom 11. auf den 12. Tag begangen mit Illuminationen. Derwische ziehen bei Tage mit Fahnen und nach Einbruch der Dunkelheit mit Lampen umher. Am 12. Tage erfolgt ein Umzug der Geistlichkeit mit der öffentlichen Verlesung des Gebets. Abends viele Darbietungen von Gauklern, Spaßmachern etc.

29 Mufti (türkisch) ist der islamische Gelehrte, der theologische Gutachten (Fetwa) erteilt.

30 Ein ägyptisches Orchester besteht im wesentlichen aus Tamburin, Hoboe, Pauke, Trommel, einer trichterförmigen Trommel »Darabuke« (meist aus Ton, mitunter aus Holz mit Perlmutter),zu der die Doppelrohrfpeife geblasen wird; ferner aus Flöte, zweiseitiger Violine, einseitiger Violine, Zither und Laute. Für europäische Ohren fehlt es dem ägyptischen Gesang an Melodie, es wird nur in bestimmtem Rhythmus gesungen, und zwar so, daß der Sänger unter 6–8 Haupttönen je nach Stimmung wechselt.

Kapitel IV

1 Die Kopten sind Christen und gelten als die direkten Nachkommen der alten Ägypter. Das folgt daraus, daß nach Eroberung des Landes durch den Islam kaum noch fremde Einwanderer zum Christentum übergetreten sind; zum anderen bietet auch ihr durch Jahrhunderte hindurch mit Hartnäckigkeit gegen die byzantinische Staatsreligion verfochtenes monophysitisches Christentum dafür Gewähr.

Nach der römischen Eroberung Ägyptens galten die ansässigen Griechen als römische Verbündete, während Graecoägypter und Ägypter als Unterworfene angesehen wurden. Dem rechtlichen Status entsprach oft die soziale Lage: waren die Griechen Grundbesitzer, Kaufleute und hohe Beamte, so lebten die Ägypter als Bauern, Handwerker, Fischer und Schiffsleute. So erscheint es begreiflich, daß sich der ägyptische Bevölkerungsteil eher dem Christentum anschließt. Trotz der Christenverfolgungen breitet sich das Christentum so rasch aus, daß der Kirchenhistoriker Eusebius von Cäsarea im frühen 4. Jahrhundert Ägypten als die christlichste Provinz bezeichnet. Als sich dann später auch die Griechen allmählich zum Christentum bekannten, ergab sich bald eine Religionsspaltung. Im dogmatischen Streit um das Verhältnis göttlicher oder menschlicher Natur in Christus entschieden sich die Griechen für die Zweinaturenlehre, die Ägypter hingegen bekannten sich leidenschaftlich für die Einnaturenlehre.

Seit dem 4. ökumenischen Konzil zu Chalcedon 451 hatten sich die ägyptischen Christen abgespalten, da sie im Gegensatz zur Lehre des römischen Bischofs Leo d. Gr. die monophysitische Auffassung von Christus' Natur – d. h. Aufgehen der menschlichen in der göttlichen Natur, anstelle zweier Naturen – vertraten. Es kam zur Entstehung der koptischen als nationalägyptischen Kirche, zu der auch die abessinische Kirche zu zählen ist. Mit der byzantinischen Staatskirche kam es im 6. Jahrhundert zu blutigen Auseinandersetzungen, so daß die Heere des Islam bei der Eroberung Ägyptens auf keinen großen Widerstand der koptischen Geistlichkeit trafen. Im weiteren Verlauf der Islamisierung erfuhren die Kopten jedoch erhebliche Bedrückungen und religiöse Verfolgung.

Hauptsiedlungsgebiete der Kopten zu Denons Zeit sind die Städte Oberägyptens: Koptos, Luxor, Esne, Dedera, Girge, Tahta, Siut, Achmin. Der koptische Patriarch wurde von den Mönchen der 5 vornehmsten Klöster Ägyptens aus ihrer Mitte gewählt (St. Antonius und St. Paul – östlich von Beni-Souef – die beiden Klöster im Tal der Natronseen und das Kloster Maragh bei Manfalut). Die Geistlichen tragen noch die den Kopten – ursprünglich zwangsweise – auferlegte Tracht: den schwarzen Turban und die dunklen Kleider. Der koptische Gottesdienst vollzieht sich noch immer in koptischer Sprache, d.h. der ägyptischen Sprache des 3. Jahrhunderts, obschon nur noch die Priester dieses ehrwürdige Idiom lesen können. Fasten spielen eine große Rolle.

Die städtischen Kopten fand man vorzugsweise im Rechnungswesen sowie als Handwerker in den feineren Zweigen wie Gold- und Silberarbeiter, Juweliere, Uhrmacher, Weber, Drechsler, Schneider. Ihnen eignet ein feinerer Knochenbau, langer Hals, schmalere Schädelbildung und hellere Gesichtsfarbe als den Fellachen des Niltales.

2 Vgl. in folgendem Anmerkung 11, Kapitel IV

3 525 v. Chr. erobert der Perserkönig Kambyses Ägypten, nachdem er den Pharao Psammetich III., den letzten Herrscher der XXVI. Dynastie, bei Pelusium besiegt hat. Ägypten wird nahezu bis zur Eroberung durch Alexander d. Gr. eine persische Satrapie. Kambyses eroberte Memphis, eine Expedition nach den Oasen der Libyschen Wüste mißlingt ebenso, wie sein Zug gegen Obernubien, der am Widerstand des Äthiopenkönigs Nastesen scheitert. Der Überlieferung nach soll Kambyses aus Verärgerung darüber die ägyptischen Priester verfolgt, die Götterbilder verbrannt und den Apisstier verwundet haben. Als Folge dieser Taten soll Kambyses in Wahnsinn verfallen, Freunde und Diener wie auch seine Ehefrau und Geschwister haben hinrichten lassen, bis er 522 starb. Georg Ebers hat in seinem historischen Roman »Eine ägyptische Königstochter«, Stuttgart 1864, die Zeit des Kambyses dargestellt.

4 Unter dem römischen Kaiser Diocletian 284–305 n. Chr. empörte sich von 292–293 Oberägypten unter Achilleus, der Aufstand wurde von Diocletian mit starken Truppenaufgeboten niedergeworfen, ebenso wie 296–297 die Revolte des Usurpators Domitianus in Alexandrien. Um 300 verlegt Diocletian die Grenze bis Philae zurück und gibt das nubische Gebiet auf, das den Blemmyern überlassen bleibt, die einen stets unruhigen Pufferstaat an der Südgrenze bilden. Unter Diocletian, der noch einmal die Einheit des Glaubens in der traditionellen römischen Religiosität zu erzwingen versuchte, kam es 302 zu einer umfassenden Christenverfolgung mit Gottesdienstverbot, Verhaftung der Kleriker, Zerstörung der Kirchen, Bibelverbrennung, Opferzwang und zahlreichen Hinrichtungen.

5 Unter dem zweiten Kalifen Omar (634–644) schlug Omars Feldherr Amr ibn el As die Byzantiner bei Pelusium und eroberte im Oktober 641 Alexandria nach längerer Belagerung, dann dringen die Heerscharen des Kalifen ins Land. Die Araber kamen jedoch zunächst lediglich als Okkupationsarmee und bildeten nur einen Bruchteil der Bevölkerung. Sie wurden, soweit sie sich dauernd in Ägypten seßhaft machten, durch Vermischung allmählich von der einheimischen ägyptischen Bevölkerung absorbiert. Echte Araber gibt es, abgesehen von den getrennt lebenden Beduinen, nur in den größeren Städten, wo ihr Zuzug als gewerbetreibende Händler und Pilger beständig anhielt. Auch hier finden sich unter ihnen Menschen jeder Farbschattierung, z. B. durch Mischheiraten mit nubischen Sklavinnen und Türkinnen.

6 Vgl. Anmerkung 15, Kapitel III

7 Die ägyptischen Bauern oder Fellachen können als der Kern des ägyptischen Volkes bezeichnet werden. Ihr Knochenbau ist robust und massig, jedoch wirkt ihr Körper schlank. Ihre Hautfarbe ist um viele Schattierungen dunkler als die der Stadtbevölkerung. Auffallend die dunklen, dicht bewimperten Augen. Der ägyptische Bauer ist in jüngeren Jahren erstaunlich gelehrig, klug und rührig. Im Alter verliert er, durch Not und Sorge des Alltags, die Elastizität des Geistes, die ihn als jungen Mann so liebenswürdig erscheinen läßt. Er arbeitet hart, aber nur selten bleibt der Gewinn sein Eigentum. Eigensinn und Verstocktheit gewinnen die Oberhand, daher ließ er sich z. B. eher schlagen, als die verlangten Steuern zu entrichten.

Die gesamte Bodenkultur des auf den Ackerbau angewiesenen Landes liegt in der Hand der Fellachen. Die fortwährende Bewässerung, das Waten und Schlammtreten, vor allem die Arbeit am Schöpfeimer, erforderten früher einen hohen Kraftaufwand. Seit Denons Zeiten haben sich die Verhältnisse der Fellachen erst in jüngster Zeit gewandelt.

8 Obwohl Ägypten seit 1517 zum osmanischen Reich gehörte, hat das türkische Element keine besondere Rolle gespielt. Um 1900 lebten 25 000 Türken in Ägypten. Vor Mohammed Alis Herrschaft, zu Napoleons Zeit, dürften noch weit weniger Türken in Ägypten ansässig gewesen sein.

9 Die Griechen besitzen seit Alexander d. Gr. und der griechischen Dynastie der Ptolemäer eine starke Position in Ägypten, sie beherrschten große Teile des ägyptischen Handels. Bereits der Pharao Amasis (569–526 v. Chr.), der griechische Söldnertruppen unterhielt, hatte den Griechen Naukratis im Nildelta als Handelsplatz eingeräumt; nach der Gründung Alexandrias wurde es jahrhundertelang ein Zentrum griechischen Geistes und Handels, dessen Oberschicht, bis nach dem Sturz der Monarchie im Jahre 1952, griechisch blieb. Griechen lebten in Ägypten zur Zeit Denons als Gastwirte, Kaufleute, Geldverleiher und -wechsler. Ihre kaufmännische Überlegenheit über die Orientalen ließ die griechische Kolonie immer erneute Verfolgungen erleiden, so daß sie die napoleonische Invasion in Ägypten begrüßte.

10 Es hat zu allen Zeiten in Ägypten eine zahlreiche jüdische Gemeinde gegeben. Zur Zeit der römischen Herrschaft kam es im Jahre 38 n. Chr. zu einem großen Pogrom in Alexandria. Im Jahre 60 kam es zu weiteren Ausschreitungen, in denen 50 000 Menschen getötet wurden. Nach wiederholten Aufständen der ägyptischen Juden gegen die Römer vernichtete Trajan 115–117 die meisten von ihnen, und um die jüdischen Gemeinden wurde es still. Die Juden Ägyptens sind um 1800 fast aus-

schließlich auf die Städte Alexandria und Kairo beschränkt, sie stammen in der Mehrzahl aus Palästina, ein großer Teil ist spanischer Herkunft. Sie betätigen sich als Geldwechsler und Kaufleute.

11 Mit Barabras (Berberiner) wird die nubische Bevölkerung bezeichnet, die das Niltal südlich von Assuan bis zum 4. Katarakt nördlich von Meroe (im heutigen Sudan) bewohnt. Sie sind von den Ägyptern grundverschieden, zumal sie sich selten vermischen, auch die Nubier in Ägypten heiraten selten eine der Töchter des Landes. Dem Ägypter hat der Nubier ein höher entwickeltes Selbstgefühl und mehr Sauberkeit, Verträglichkeit und Ehrlichkeit voraus. Da ihre Heimat an den engen Ufern des Nils ihnen keine genügende Existenzgrundlage bietet, wandern die jungen Leute in die großen Städte Ägyptens aus, kehren jedoch, wenn sie ein kleines Vermögen als Koch, Diener, Türhüter oder Fahrer erlangt haben, gern in ihre Heimat zurück. Die nubische Sprache gehört einer eigenen Gruppe afrikanischer Sprachen an und zerfällt in Dialekte, von denen besonders der Dongola-Dialekt im Sudan verbreitet ist.

12 Nach dem Gesetz hat jeder volljährige Muslim die Wallfahrt nach Mekka wenigstens einmal in seinem Leben zu vollbringen. Seitdem Mohammed das Mondjahr einführte, läuft die Wallfahrt (Hadj), die immer an bestimmten Tagen des Monats Dhil l'Hidja stattfindet, durch alle Jahreszeiten hindurch. Die Mekkakarawane aus Ägypten verließ Kairo gewöhnlich in der letzten Woche des Monats Shauwal und erreichte Mekka entlang der Meeresküste in 37 Tagen. Sie benutzte die alte Karawanenstraße nach Osten über Belbes. Sie wurde von einem Mahmal, d.i. eine prachtvoll geschmückte leere Sänfte, die an der Spitze des Zuges als heiliger Mittelpunkt zog, begleitet. Die Karawanen waren aus den verschiedensten Bevölkerungskreisen zusammengesetzt: Fürsten, Bettler, Händler mit ihren Waren, Fußgänger und Berittene; alle haben ihren bestimmten Platz, der sich gewöhnlich nach ihrem Herkunftsort bestimmt, so daß die Pilger aus der gleichen Stadt zusammenreisten. Die Pilger aus dem Maghreb (vgl. Anmerkung 13, Kapitel IV) schlossen sich meist in Kairo der ägyptischen Karawane an. Von jeher bestand die Gefahr der Ausplünderung der Pilger durch die Beduinen. Wurde eine Karawane von Beduinen bei ihrem Zug durch die Wüste überfallen, so retteten die Pilger oft nichts als das nackte Leben. Daher wurden Übereinkommen mit den Stammeshäuptlingen, deren Gebiet durchzogen wurde, über freies Geleit gegen eine Schutzgebühr, geschlossen. Die Rückkehr der Mekkakarawane nach Kairo vollzog sich in feierlichem Einzug unter Pauken- und Trommelschlag und führte durch das Bab en Nasr zur Zitadelle, wo die Prozession mit 12 Kanonenschüssen begrüßt wurde.

13 Maghrebiner, d.h. die Bewohner des Maghreb. Maghreb ist im Arabischen Zeit und Ort des Sonnenuntergangs, im geographischen Sinn daher auch der westliche Teil der arabischen Welt; man versteht darunter die Länder von der Westgrenze Ägyptens bis zur atlantischen Küste.

14 Mingrelier sind die Bewohner der kaukasischen Gebiete Mingrelien und Gurien am Schwarzen Meer. Mingrelien war ehemals ein selbständiges Fürstentum in Kaukasien, das seit 1804 zu Rußland gehört.

15 Mit Delta bezeichnet man die sich nur wenig über den Meeresspiegel erhebenden Landstrecken und Inseln, die man an den Mündungen der Ströme findet, bevor sie sich in mehreren Armen ins Meer ergießen. Sie entstehen durch den von dem Fluß mitgeführten, hier abgelagerten Sand und Schlamm. Ihre Gestalt ähnelt der dreieckigen Form des griechischen Buchstabens D, die Basis des Dreiecks ist dem

Meer zugekehrt, die Spitze dem Land. Das Nildelta hat eine Größe von 2,5 Mio Hektar, das jährliche Wachstum betrug vor Anlage des Staudamms von Assuan 4 m.

16 Der Miri war die jährliche Grundsteuer. Zu Denons Zeiten kannte Ägypten 3 Steuerarten: den Miri, der zugunsten des Steuerfiskus des Sultans erhoben wurde, den Kuchufyeh, eine Militärabgabe zugunsten des Gouverneurs und der Armee sowie den Fayz, der die Abgabe des Fellachen an den Grundherrn als Eigentümer des von ihnen bewirtschafteten Ackerlandes darstellte.

17 Almeh (Plural Awalim), d.i. »die in den Künsten Gelehrte«, zumeist umherziehende Sängerinnen und Tänzerinnen. Sie bildeten eine eigene Zunft und wurden häufig zur Unterhaltung der Gäste gemietet und hatten auch in den Harems Zutritt. In der Mitte des 19. Jahrhunderts unter Abbas Pascha wurden zahlreiche Awalim nach Esne in Oberägypten verbannt (vgl. dazu auch Flauberts »Ägypten«).

17a Laubtaler, d. i. der Lorbeertaler (nach den das Wappen umschließenden Lobeerzweigen), deutsche Bezeichnung für den 1726–1794 geprägten französischen Ecu d'argent zu 6 Livres.

18 Harem bedeutet im Arabischen »verboten«, im speziellen Sinne das (dem Fremden verbotene) Frauengemach und seine Insassen.

19 Die Ruinen der alten griechischen Handelsstadt Naukratis befinden sich etwa 80 km südöstlich von Alexandria in der Nähe der Bahnlinie nach Kairo, zwischen Damanhour und Tanta am kanopischen Nilarm. Naukratis ist eine Gründung der Milesier, die wahrscheinlich bereits im 8. Jahrhundert v. Chr. als Faktorei und Stapelplatz entstanden ist. Ihren Aufschwung nahm die Tochterstadt Milets unter Psammetich I., dem Begründer der XXVI. Dynastie (663–525 v. Chr.). Naukratis wurde eine der blühendsten Städte Ägyptens und ein geistiger Mittelpunkt des Griechentums in Afrika. Mit griechischen Söldnern besiegte Psammetich die innere Opposition. Unter Amasis erfuhr die Stadt Naukratis eine weitere Blüte, namentlich vollzog sich hier die steigende Einfuhr von griechischen Produkten wie Wein und Öl, sie wurde durch ihr Monopol als Handelsplatz ein Sitz der Üppigkeit, des Reichtums und des Luxus.

20 In Desuk fanden zu Ehren des Ortsheiligen Seijid Ibrahim el Desuki, des Stifters des ägyptischen Derwischordens der Burkamiji, alljährlich im August oder September große Festlichkeiten statt.

21 Sharkije heißt die östliche Provinz der 6 Provinzen Unterägyptens, Hauptort ist Zakazik.

22 Die Ruinen von Sais liegen südlich von Desuk am kanopischen Nilarm. Sais erlebte seine Blütezeit in der XXVI. Dynastie, nachdem Psammetich I. es zur Hauptstadt erhoben hatte. Stadtgöttin war Neith, die Stadt war von altersher ein Sitz der Priesterweisheit, zahlreiche Tempel und großartige Bauten schmückten die Stadt, namentlich der Pharao Amasis entfaltete eine rege Bautätigkeit. (Schillers »Verschleiertes Bild von Sais« gehört jedoch der späteren griechischen Legende an.)

23 Napoleons Expedition war von einem großen Stab von Gelehrten und Künstlern begleitet. Architekten, Zeichner, Feldmesser, Archäologen, Botaniker, Zoologen, Mathematiker und Chemiker begleiteten den Feldherrn, um das alte und das neue Ägypten zu erforschen. 1798 wurde in Kairo ein »Ägyptisches Institut« gegründet, das sich in 4 wissenschaftliche Klassen teilte. Die Mitglieder des Instituts hielten regelmäßige Sitzungen ab, an denen – zu Beginn – Napoleon häufig teilnahm. Dem

Institut unterstand eine Druckerei, die ein Gesetzblatt in französischer und türkischer Sprache herausgab. Eine Bibliothek sowie ein chemisches Laboratorium waren angeschlossen.

Die berühmtesten Mitglieder waren der Mathematiker Monge, der Chemiker Berthollet und Geoffroy Saint Hilaire, der Naturwissenschaftler und Zoologe; die Chemiker Conté und Descostils, Mediziner wie Larrey, Bruant, Cérésole, Frank, Renati, Vautur; Geographen wie Nouet, Méchain, Coraboeuf und Jomard, Physiker wie Malus und Fèvre.

Das Institut arbeitete bis in die letzten Tage der französischen Herrschaft in Ägypten. Nach Ausbruch der Pest begaben sich seine Mitglieder im April 1800 nach Alexandria. Von hier aus versuchten sie vergeblich, die britische Blockade mit der Brigg »L'Oiseau« zu durchbrechen, um nach Frankreich zurückzukehren. Aufgrund des Artikels 16 der Kapitulationsurkunde vom 31.8.1801 sollten die Mitglieder des Instituts alle Funde und sämtliche Aufzeichnungen den Engländern übergeben, jedoch gelang es Savigny, Delille und St. Hilaire diese Bestimmung zu mildern.

Die wissenschaftlichen Resultate des Instituts sind niedergelegt in der »Description de l'Egypte ou Récueil des Observations et des Récherches pendant l'Expedition de l'Armée Française«, Paris 1809–1813 (26 Textbände und 12 Bände Kupfertafeln).

Das erste offizielle Verzeichnis lautet wie folgt:

»INSTITUT D'EGYPTE

Monge, Président
Bonaparte, Vice-Président
Fourrier, Secrétaire Perpétuel

Section de Mathématiques:
Bonaparte, Fourrier, Costaz, Nouet, Quesnot, La Père, Girard, Le Roy, Andréossy, Say, Malus, Monge.

Section de Physique:
Berthollet, Dolomieu, Conte, Geoffroy St. Hilaire, Descotils, Savigny, Dubois, Desgenettes, Champy, Delille.

Section d'Economie Politique:
Caffarelli du Falga, Gloutier, Sucy, Sulkowski, Poussielgue, Tallien.

Section de Littérature et des Arts:
Parseval-Grandmaison, Venture de Paradis, Norry, Dutertre, Vivant-Denon, Rigel, Redoute, Don Raphael de Monachis.«

23a Thomas-Prosper Julien (21.12.1773 – 2.8.1798) Napoleons Adjutant, wurde auf dem Wege von Kairo nach Rosette in Alcan ermordet.

24 Kairo, arabisch el Kahira – »Die Siegreiche« – oder auch Masr genannt, liegt am rechten Nilufer, etwa 20 km oberhalb der Gabelung des Nils in den Rosette- und Damiettearm. Nach Westen erstreckt sich die Stadt über den Nil hinaus und umfaßt die Inseln Roda und Gesire sowie die Vorstadt Bulak. Kairo wurde 641 nach der Eroberung Ägyptens durch den Feldherrn des Kalifen Omar, Amr ibn el As, gegründet. Schon seit altersher hatte sich hier eine Ansiedlung befunden. An Amr und seine Masr el Fustat genannte Gründung erinnert noch die Amr Moschee in Alt-Kairo.

969 gründete Ganhar el Kaid, der Feldherr des Fatimidenkalifen Kuez Eddin,

nördlich Fustat eine neue Stadt, die er Masr el Kahira nannte. Unter den Fatimiden erlebte Kairo seine erste Blütezeit. 1179 erbaute Saladin, der Begründer der Aijubiden-Dynastie, die Zitadelle und umgab die Stadt mit Mauern. Unter seinen Nachfolgern erreichte die Stadt im 14. Jahrhundert ihren Höhepunkt. In den darauffolgenden Jahrhunderten der Mamelukenherrschaft bis zur Eroberung durch den Osmanensultan Selim I. 1517 (vgl. Anmerkung 17, Kapitel III) hatte Kairo viel zu erdulden. Ihre Geschichte ist wie die der Mamelukenherrschaft eine fast ununterbrochene Kette von Revolten, Plünderungen und Greueltaten. Die wenigsten der 40 Mamelukensultane, die in den 150 Jahren vor der türkischen Eroberung aufeinander folgten, starben eines natürlichen Todes. Keine Regierung begann ohne blutige Kämpfe. Mehrfach, besonders 1492, aber auch noch zu Napoleons Zeit, wurde die Stadt von der Pest heimgesucht. Der Verfall begann mit der Türkenherrschaft, dennoch blieb Kairo immer eine lebhafte glanzvolle Stadt. Zu Napoleons Zeit – wie auch heute – war es die größte Stadt Afrikas wie der arabischen Welt.

25 Die Mokattam-Höhen sind ein im Osten von Kairo gelegener 200 m hoher Gebirgszug aus dem Tertiär, dessen Gestein als Baumaterial sehr geschätzt ist.

Kapitel V

1 Die Pyramiden von Giseh sind die zweite und beeindruckendste der sechs Pyramidengruppen, die sich am Rande des libyschen Wüstenplateaus von Norden nach Süden auf einer Strecke von ca. 30 km ausdehnen, nördlich liegen die Pyramiden von Abu Roasch, südlich folgen Zawiet el-Arjan, Abusir, Sakkara, Dahschur. Das Pyramidenfeld von Giseh umfaßt außer den Pyramiden des Cheops, des Chephren und des Mykerinos weitgedehnte Gräber des Adels der IV. Dynastie (2723–2563 v. Chr.).

Die größte Pyramide ist die des Cheops, die 230 m Seitenlänge und eine Höhe von 137 m aufweist. Die Ausmaße der Chephren-Pyramide und der Mykerinos-Pyramide sind 210 m Länge und 136 m Höhe, resp. 84 und 62 m. Der Kern besteht aus unregelmäßig gelagerten, grob bearbeiteten Steinblöcken, er war nach außen mit einem Mantel sorgfältig behauener Kalksteine umkleidet. Die Bekleidung ist noch an der Spitze der Chephren-Pyramide erhalten.

Die Pyramiden sind bereits in alter Zeit, vermutlich in der XX. Dynastie (1210–1090 v. Chr.), von Grabräubern erbrochen worden. Auch später unter der römischen und arabischen Herrschaft wurden immer wieder Versuche gemacht, in das Innere einzudringen, um die dort verborgenen Schätze aufzufinden.

Vor Denon haben verschiedene Gelehrte sich bereits mit der Erforschung der Pyramiden beschäftigt. Nicolaus Shaw 1721, Norden 1737, Pococke 1743, Carsten Niebuhr 1761, Bruce 1768, Volney 1783, Browne 1792–1798 sowie Denons Kollegen des Instituts Contelle und Jomard. Am 2. März 1818 öffnete Belzoni (1778–1823) die Chephren-Pyramide.

2 Der Eingang der Cheops-Pyramide liegt – wie bei allen Pyramiden – nach Norden in 15 m Höhe; ein Gang führt erst 19 m abwärts, sodann wieder aufwärts. An der Knickstelle war der Aufweg durch Granitblöcke zum Schutz gegen Grabräuber versperrt. Der Aufweg führt in die große Halle, die in einem Winkel von 26,5° aufsteigt, sie ist 8,5 m hoch und 47 m lang aus feinem Kalkstein fest gefugt und poliert, ein Meisterwerk der Steinmetzkunst. Von der Halle führt ein Gang in die königliche Grabkammer, die mit Assuangranit verkleidet ist und nur den leeren und verstümmelten Granitsarkophag enthält.

3 Die Sphinx ist ein kolossaler liegender Löwe mit einem haubenumkleideten

Königskopf aus Kalkstein, vermutlich aus dem Steinbruch herausgearbeitet, aus dem Cheops die Blöcke zum Bau der Pyramide nahm. Die Pranken und die Außenpartien des Rumpfes sind aus Hausteinen gemauert. Die Schäden am Haupt wurden um 1380 n. Chr. und später nochmals durch die Mameluken verursacht, die den Kopf als Schießscheibe benutzten. Zu Denons Zeit war die Sphinx teilweise im Sand begraben, die erste Freilegung erfolgte 1817 durch Caviglia. Die Sphinx ist in der ägyptischen Kunst fast stets männlich; sie ist 20 m hoch und 73 m lang.

4 Zu jeder Pyramide gehört ein Taltempel, ein überdachter Aufweg, der zu dem Totentempel vor der Pyramide führt. In dem Totentempel vollzog sich der Kultus für den bestatteten Herrscher, schließlich folgte die Pyramide als Abschluß, in der sich die Grabkammer mit dem Sarkophag befand.

5 Herodot, griechischer Historiker, geboren vermutlich 484 v. Chr. in Halikarnassos (das heutige Bodrum) an der Westküste Kleinasiens, wurde von Lygdamis, dem Tyrannen seiner Vaterstadt, vertrieben, lebte darauf in Athen und Unteritalien. Er starb im Verlauf des Peloponnesischen Krieges (431–421 v. Chr.). Aus seinem Geschichtswerk ist jedoch zu ersehen, daß er den größten Teil seines Lebens auf Reisen zugebracht hat. Er kannte nicht nur Kleinasien, Griechenland und Unteritalien, sondern hatte seine Reisen bis nach Babylon und Ägypten bis Assuan ausgedehnt. Sein Geschichtswerk behandelt im II. und III. Buch (Euterpe, Thaleia) die Geschichte Ägyptens. Denon hat es als Originalquelle immer wieder zitiert.

6 Chephren, Pharao der IV. Dynastie. Seine Pyramide, die in der Anlage der seines Vorgängers Cheops gleicht, wurde von Belzoni am 2. März 1818 geöffnet, Denon konnte sie noch nicht betreten.

7 Der Ezbekije-Platz ist benannt nach dem Feldherrn Ezbek des Mamelukensultans Kait-Bei. Napoleon wohnte in dem dort gelegenen Palast des Mamelukenführers Elfi Bei.

8 Anspielung auf die 24 Mamelukenhäuptlinge, die in der osmanischen Herrschaft Ägypten mitregieren (vgl. Einleitung Seite 14).

9 640 n. Chr. wird Ägypten eine Provinz des Kalifenreiches. Es herrschen die Omaijaden (658–750 n. Chr.) von Damaskus aus, die Abbasiden (750–868) von Bagdad. Unter den Talimiden (868–905), Fatimiden (969–1171) und Aijubiden (1171–1250) wird Ägypten wieder selbständig. Auf die Kalifenzeit folgt die Herrschaft der Mameluken, ab 1517 unter der mehr formellen Oberhoheit der Osmanen.

10 Der sog. Josephsbrunnen, ein 88 m tiefer Schacht, ist unter Saladin angelegt worden und versah die Zitadelle Kairos mit Wasser. Der Name erinnert an den biblischen Joseph, dessen Gefängnis sich der Legende nach hier befunden haben soll.

11 Die Geschichte von Memphis, der Hauptstadt Unterägyptens, reicht bis an den Anfang des alten Reiches zurück, in dessen Zeit auch die Hauptblüte der Stadt fällt. Doch auch im Mittleren und Neuen Reich, als Theben zum Mittelpunkt Ägyptens geworden war, behielt es seine Bedeutung. Noch unter Augustus war es eine berühmte und volkreiche Metropole, wenngleich bereits viele seiner Tempel zerstört waren. Erst nach der islamischen Eroberung wurden seine Bauten abgerissen und als Baumaterial für die Paläste, Moscheen und Befestigungen Kairos verwandt.

12 Die Zitadelle wurde unter Saladin 1176 erbaut, möglicherweise mit Steinen der Pyramide von Giseh. Auf der Zitadelle hatte in osmanischer Zeit der vom Sultan

entsandte Pascha seine Residenz. Nach dem Abzug des französischen Expeditionskorps hat Mohammed Ali im Hauptaufgang zur Zitadelle am 1.3.1811 die Mehrzahl der Mameluken niedermachen lassen.

13 Friedrich Ludwig Norden (1708–1742), ein Holsteiner Kapitän und Reisender, ging 1738 im Auftrage der dänischen Regierung nach Ägypten, um antike Monumente zu zeichnen. Er gelangte bis nach Nubien. Nach seiner Rückkehr veröffentlichte er eine eingehende Reisebeschreibung »Voyage d'Egypte et de Nubie«, Copenhagen 1751. Die Deutsche Ausgabe erschien 1779. Er starb, Mitglied der königlichen Gesellschaft der Wissenschaften in London, am 22.9.1742 in Paris.

14 Carrara in Oberitalien ist seit dem Altertum für seine Marmorbrüche bekannt.

15 Die Mamelukengräber sind mittelalterliche arabische Grabanlagen im Osten Kairos, die hauptsächlich aus der Zeit der tscherkessischen Mamelukensultane stammen (1382–1517). Zu den Grabanlagen gehören Höfe und Wohnräume, in denen sich die Hinterbliebenen an gewissen Festen bei den Gräbern aufzuhalten pflegten. Großartige Grabmoscheen, wie die Kait Beis, sind Meisterwerke arabischer Baukunst.

16 Der Kairoer Aufstand vom 21./22. Oktober 1798 wurde durch eine verbreitete religiös motivierte Mißstimmung in der Geistlichkeit und den unteren Volksschichten ausgelöst. Entscheidend war ein Firman des Sultans, der die Franzosen der Gottlosigkeit und der beabsichtigten Abschaffung des Islam bezichtigte. Das Schriftstück, das vermutlich durch die englische Diplomatie inspiriert ist, beginnt mit den Worten: »Im Namen Gottes, des Gnädigen, des Barmherzigen – Die Franzosen – Gott möge ihr Land von Grund aus zerstören und ihre Fahnen mit Schande bedecken – die Franzosen sind ein Volk von verstockten Ungläubigen und zügellosen Verbrechern. Sie leugnen die Einheit Gottes, sie glauben nicht an die Sendung des Propheten, der am Tage des Gerichts für die Gläubigen eintritt, sie verspotten alle Religionen«.

Während des Aufstandes wurden 300 Franzosen, darunter Mitglieder des Instituts, der Stadtkommandant Dupuy und der polnische Emigrant Sulkowski, der unter Kosciuszko im polnischen Aufstand 1794, der der Dritten Teilung Polens 1795 voraufging, gekämpft hatte, getötet. Der Pöbel plünderte die Stadt, insbesondere die koptischen, armenischen und jüdischen Viertel. Widerstandszentrum war die El-Azhar Moschee. Der Aufstand wurde durch massierten Artillerieeinsatz unterdrückt, 11 Rädelsführer zum Tode verurteilt und hingerichtet. Napoleon erließ am 23.10.1798 folgenden Befehl: »Bürger General, Sie wollen dem Platzkommandanten den Befehl geben, allen Gefangenen, die mit den Waffen in der Hand ergriffen worden sind, den Hals abschneiden zu lassen. Sie werden heute nacht an die Ufer des Nils zwischen Bulak und Alt-Kairo gebracht werden, ihre Leichen, ohne den Kopf, sollen in den Fluß geworfen werden.

Bonaparte«

17 Alexander Davy de la Pailleterie Dumas (25.3.1762–26.2.1807), als natürlicher Sohn des Marquis de la Pailleterie und einer Negerin in San Domingo geboren, trat 1786 in die französische Armee ein und wurde 1793 Divisionsgeneral. Er übernahm das Kommando über die Truppen in der Vendée, fiel aber wegen seiner Mäßigung bei der Regierung in Ungunst. 1795 kämpfte er in Italien und machte den Feldzug nach Ägypten mit. Auf dem Rückweg an die italienische Küste verschlagen, wurde er von der neapolitanischen Regierung längere Zeit eingekerkert und starb frühzeitig an den Folgen.

18 Déodat Guy Sylvain Tancrède Grate de Dolomieu (24.6.1750–26.11.1801), Geologe und Mineraloge, nach ihm ist das Gestein Dolomit benannt. Er begleitete die französische Expedition nach Ägypten, schiffte sich 1799 wieder nach Frankreich ein, wurde aber in Tarent kriegsgefangengehalten; er erhielt nach seiner Rückkehr einen Lehrstuhl für Mineralogie in Paris.

19 Denons Kollege ist nicht zu verwechseln mit dem Begründer des sozialistischen Systems, Graf Henri Claude Saint-Simon.

19a Dominique Martin Dupuy (8.2.1767–22.10.1798) trat als Soldat 1781 vor der Revolution in das Regiment d'Artois ein. 1794 wurde er Bataillonschef der 21. Halbbrigade. Im Italienfeldzug 1796 wurde er zum Brigadegeneral ernannt; er fiel während des Kairoer Aufstands.

19b Joseph Sulkowski trat nach neunjährigem Militärdienst in Polen 1796 in die republikanische französische Armee ein und nahm am italienischen Feldzug Napoleons teil. Eine Portraitzeichnung Denons von ihm sowie weitere Erinnerungsgegenstände an ihn befinden sich in der Polnischen Bibliothek in Paris.

20 Das Gräberfeld von Sakkara im Westen von Memphis am Fuße der Libyschen Bergkette auf einer sandigen Hochfläche ist die Totenstadt des alten Memphis (vgl. Anmerkung 11, Kapitel V). Die im Bereiche des heutigen Dorfes Sakkara gelegenen Pyramiden, vor allem die Stufenpyramide des Königs Djoser, datieren in die Zeit der 3. Dynastie (2778–2723 v. Chr.) und gehören somit zu den ältesten Baudenkmälern Ägyptens. Neben den monumentalen Steinbauten der Pyramiden finden sich im Gräberfeld zahlreiche Grabbauten ägyptischer Großer, sog. Mastabas.

21 Der Ibis, ein mittelgroßer Vogel mit langem sichelförmig gebogenem Schnabel, erschien in Ägypten mit dem Steigen des Nils und wurde daher für heilig gehalten. Sein Leib wurde einbalsamiert, in Sakkara fanden sich Tausende von Ibismumien.

22 Etienne Geoffroy Saint-Hilaire (15.4.1772–19.6.1844), seit 1793 Professor der Zoologie in Paris, war er 1798 Teilnehmer an Napoleons Expedition nach Ägypten. Er beteiligte sich maßgeblich an der Gründung des ägyptischen Instituts in Kairo (vgl. Anmerkung 23, Kapitel IV). Er war Mitarbeiter an der Description de l'Egypte und Verfasser zahlreicher naturwissenschaftlicher Werke. Die Sicherung der wissenschaftlichen Ergebnisse der Expedition vor dem Zugriff der Engländer ist primär sein Verdienst.

23 Die Verehrung der Schlange ist ein über alle Weltteile verbreiteter Kultus, bei dem man in gewissen Schlangenarten die Verkörperung der Gottheit, eines Lokalgottes oder des bösen Prinzips schlechthin annahm. Im alten Ägypten haben mehrere Göttinnen Schlangengestalt, daneben begegnet man der Schlange als Schützerin von Heilquellen, Toren, Heiligtümern und besonders als Uräusschlange an der Stirn oder der Krone des Königs und der Götter. Die allnächtliche Verjüngung des Sonnengottes vollzieht sich im Leibe einer riesigen Schlange.

Die Israeliten betrachteten die Schlange als unheimliches, bedrohliches Tier. Eine Schlange ist die Verführerin im Paradies (1. Mose 3); als Strafe für ihre Auflehnung sandte Gott den Juden giftige geflügelte Schlangen (4. Mose 21,6). Auf Bitten Moses befahl Gott ihm, eine eherne Schlange zu machen. Wer gebissen wurde und sie ansah, sollte leben bleiben (4. Mose 21,8). Eine eherne Schlange war Kultgegenstand der Israeliten, bis sie König Hiskia zerstörte (vgl. 2. Könige 18,4). Die zwei sich windenden Schlangen des Äskulapstabes treten zuerst in Uruk in Mesopotamien auf (3000 v. Chr.). In der griechischen Mythologie erwürgt Apollo schon als Kind in den Windeln die delphische Pythonschlange, die seine Mutter Leto verfolgte.

Die lernäische Schlange wurde von Typhon, dem mißförmigen Sohn der Erde und des Tartarus und Equidna, die zur Hälfte eine schöne Frau, zur Hälfte eine Schlange war, gezeugt. Sie hatte neun Köpfe, für jeden abgeschlagenen wuchsen zwei neue. Die Köpfe waren menschlich, der mittlere ewig. Ihr Atem vergiftete die Gewässer und ließ die Felder verdorren. Diese Schlange, die für die Ewigkeit bestimmt zu sein schien, hauste in den Sümpfen von Lerna. Herkules erschlug sie und vergrub den letzten Kopf, der unsterblich war, unter einem großen Stein.

24 Der Berg Sinai ist ein vielgipfliges Gebirgsmassiv im südlichen Teil der gleichnamigen Halbinsel, auf dem Moses der Überlieferung nach die Zehn Gebote empfing (vgl. 2. Mose 19, 20). El Tor war der wichtigste Hafenort auf der Halbinsel, am Golf von Suez gelegen. Über den Zug der Israeliten aus Ägypten durch die Halbinsel Sinai vgl. 2. Mose 19 bis 4. Mose 10.

25 Abraham (vgl. 1. Mose 12–22) wird als Stammvater der Hebräer und ihnen verwandter arabischer Stämme angesehen. Auch die Mohammedaner führen auf ihn ihren Glauben zurück. Er wurde 175 Jahre alt, gilt auch als Gründer Mekkas und der Kaaba. Am Tage der Auferstehung wird er – dem Islam zufolge – in einen weißen Mantel gehüllt, zur Linken Allahs die Frommen ins Paradies führen.

Kapitel VI

1 Vermutlich handelt es sich um den Ort Mazghuna und um die Pyramiden von Dahschur, die sog. Knickpyramide und die sog. Rote Pyramide, die von dem Begründer der IV. Dynastie, Pharao Snofru, errichtet wurden.

2 Die Pyramide von Medum, ebenfalls von Snofru erbaut, etwa 125 km südlich von Gise, erhebt sich glatt und steil mit einem Neigungswinkel von 74° bis zu einer Höhe von 38 m. Die Wände sind gut gefügt. Sie wurde ebenfalls schon früh in der XX. Dynastie erbrochen und geplündert.

3 Augustin Daniel Graf von Belliard (23. 3. 1769–28. 1. 1832) zeichnete sich als Offizier 1792/93 in Belgien unter Dumouriez aus. Nach dem italienischen Feldzug 1796/97 wurde er zum Brigadegeneral ernannt. Bei der ägyptischen Expedition tat er sich in der Schlacht bei den Pyramiden hervor und wurde Gouverneur von Oberägypten. Nach Bonapartes Abreise eilte er General Kléber zu Hilfe und schlug in der Schlacht bei Heliopolis die türkische Kavallerie. Am 27. 6. 1801 mußte er in Kairo kapitulieren. In den Napoleonischen Kriegen gegen Österreich, Preußen und Rußland 1805, 1807 und 1812 war er Adjutant Murats (vgl. Anm. 8, Kapitel XIV) und kämpfte als Generaladjutant Napoleons in der Völkerschlacht bei Leipzig. 1814 erhob ihn Ludwig XVIII. zum Pair von Frankreich. 1830 schloß er sich der Julimonarchie an und wurde 1831 als Instrukteur der Truppen des neugegründeten belgischen Königreichs zu Leopold von Belgien gesandt. Er starb in Brüssel. Seine Memoiren erschienen in 3 Bänden 1842 in Paris.

4 Diodorus Siculus, römischer Historiker, der in griechischer Sprache schrieb, lebte zur Zeit Cäsars und Augustus' in Rom. Er schrieb eine Universalgeschichte in 40 Büchern von den ältesten mythischen Zeiten bis zum Beginn von Cäsars Gallischem Krieg. Erhalten sind nur 15 Bücher, darunter die Bände 1–5 über die ägyptische, äthiopische und griechische Urgeschichte. Nach eigener Darstellung hat er 30 Jahre an dem Werk gearbeitet, es ist in klarer Diktion geschrieben, enthält jedoch zahlreiche Irrtümer und Ungenauigkeiten.

5 Der Josephskanal, arabisch Bahr el Jusuf, zweigt nördlich von Siut vom Nil ab und tritt bei Illahun durch eine Öffnung der Libyschen Gebirgskette in die Bodensenke des Fajum ein, das er in vielen Verzweigungen bewässert. Er erreicht eine Länge von 334 km.

6 Von der ägyptischen Augenentzündung (Ophthalmia militaris granulosa), die epidemisch auftritt, wurden die französischen Truppen in Ägypten furchtbar heimgesucht. Auch die englischen, 1800 in Abukir ausgeschifften Truppen wurden von ihr ergriffen; später brach die Krankheit allerorts aus, wohin die Truppen während der Napoleonischen Kriege gelangten. Bis 1813 wütete die Krankheit in zahlreichen europäischen Heeren, so daß Tausende erblindeten.

7 Gummi arabicum oder Gummi Mimosae aus der Rinde von Akazienarten gewonnenes Gummi wird in Senegambien und hauptsächlich im Sudan gewonnen. Es tritt meist freiwillig aus, seltener werden die Bäume angeschnitten. Von den Handelssorten ist das Kordofangummi in rundlichen blaß-weingelben Körnern das beste. Man importiert es zur Likör- und Süßwarenherstellung sowie zur Arzneimittelproduktion.

8 Der Islam, d. h. Ergebung in Gottes Willen, ist eine monotheistische Religion, die Grundlage der Lehre bildet Gottes Wort, der Koran; für Fetischismus ist in ihm kein Raum. Im Heiligenkult, der meist an Gräbern und alten heiligen Stätten geübt wird, bestätigt sich – wie auch im Christentum – ein Bedürfnis des Volkes, das an uralte lokale Überlieferungen anknüpft. Fast jedes Städtchen hat sein Heiligengrab, kleine Kuppelgebäude mit Gitterfenstern, sogenannte Schechs. Die Tuchläppchen, die man oft an den Gittern wie auch an heilig gehaltenen Bäumen aufgehängt sieht, stammen von Gläubigen, die z. B. ein Gelübde abgelegt haben. Fakir, das ist jemand, der in Not ist, sei sie materieller oder geistiger Art, wird zumeist für die Bedürftigkeit in bezug auf Allah gebraucht. Als Fakir wird der bettelnde Derwisch bezeichnet; im abendländischen Sprachgebrauch ist der Ausdruck auf den Asketen ausgedehnt worden.

9 Benisuef, eine kleine Stadt am Nil, liegt am Eingang ins Fajoum. Westlich davon befinden sich die Ruinen des alten Herakleopolis. Von den Bauten ist kaum etwas erhalten geblieben.

10 Fajum, die Hauptstadt der gleichnamigen Landschaft (vgl. Anmerkung 16, Kapitel VI).

11 Vgl. Anmerkung 6, Kapitel VII.

12 Am linken Ufer des Bahr el Jusuf beim Dorfe Sedment el Gebel schlugen die Franzosen unter Desaix die Mameluken Murad Beis.

13 36 v. Chr. unternahm der römische Feldherr Marcus Antonius, einer der Triumvirn in der Nachfolge Cäsars, seinen lange geplanten Feldzug gegen die Parther unter Phraates IV. mit einem Heere von fast 100000 Mann. Er erreichte in raschen Vormärschen die kleinmedische Hauptstadt Phraaspa, jedoch mißlang der Versuch, die Parther zu einer Entscheidungsschlacht zu zwingen. Wegen des hereinbrechenden Winters mußten die Römer sich durch das Hochland von Armenien zurückziehen. Ein Viertel der Armee ging zugrunde; der Feldzug endete mit einer strategischen Niederlage.

14 Vom Ostufer des Nils führt südlich von Benisuef von dem Dorfe Biad en-Nasara eine Piste in die Wüste zu den beiden etwa 40 km vom Roten Meer entfernten sehr alten koptischen Klöstern des Heiligen Antonius und Heiligen Paul.

Entsprechend der düsteren Gemüts- und Vorstellungswelt, die ihnen seit Jahrtausenden vertraut war, faßten die Ägypter das Christentum ernster auf, so daß unter ihnen die Buße zur Askese wurde und der Wunsch, der Welt zu entsagen, fromme Eiferer in die Anachoretenklausen führte. Glaubensfragen standen für sie über den Angelegenheiten des bürgerlichen Lebens. Um 270 wird der Heilige Antonius Einsiedler, um 310 verläßt Antonius, der im Gebirge östlich der alten Stadt Aphroditopolis seine Anachoretenwohnung aufgeschlagen hatte, vor den zahlreichen Wallfahrern den Platz und zieht weiter in das Gebirge hinauf. Bekannt sind die wunderbaren Geisterversuchungen des Heiligen. (Vgl. auch Anmerkung 11, Kapitel IX und Anmerkung 7, Kapitel XIV.)

15 Der ägyptische Gott Seth, Stadtgott von Ombos, und in vorgeschichtlicher Zeit Schutzgott von Oberägypten, Bruder des Osiris, Gegner des Horus (vgl. Anmerkung 7, Kapitel II), ist seit der XXII. Dynastie aus dem Götterreich verstoßen und gilt als Gott der Unreinen unter dem Namen Typhon.

16 In dem großen Plateau der Libyschen Wüste bildet das Fajum die erste noch in Verbindung mit dem Niltal stehende große Oase, die wegen ihrer außerordentlichen Fruchtbarkeit berühmt ist. Sie wird bewässert durch den Josephskanal, der vom Nil abzweigt (vgl. Anmerkung 5, Kapitel VI). Das Fajum war bereits im Altertum dicht besiedelt, nachdem zuvor der Mörissee den größten Teil des Fajumbekkens eingenommen hatte, als dessen letzter Rest der jetzige Binnensee Birket Karum anzusehen ist. Herodot gibt den ursprünglichen Umfang des Mörissees mit 2000 qkm an. Im Süden des Sees lag ein durch Dämme geschützter schmaler Streifen Kulturland mit der Hauptstadt Schetet = Krokodilopolis. In ptolemäischer Zeit wurde der See durch Dämme weiter begrenzt und durch Austrocknen der Sümpfe Kulturland gewonnen. Das während der Nilschwemme einfließende Wasser scheint durch Schleusen geregelt worden zu sein, so daß Überschwemmungen des Fajumbeckens vermieden wurden.

17 Während der Lauf des Nils von den Katarakten bis zum Beginn des Deltas unterhalb Kairos sich durch die Zeiten gleich geblieben ist, haben sich die Mündungsarme verändert. Im Altertum gab es sieben (von Ost nach West): den pelusischen, tanitischen, mendesischen, bukolischen oder phatnitischen, schenytischen, bolbitinischen und kanopischen Mündungsarm; heute hat der Nil noch zwei Mündungen bei Damiette und Rosette. Vor den Mündungen liegen vier große Binnenseen, von Ost nach West: der See Menzaleh, der Boroliossee, der Edkusee und der Mareotissee. Letzterer liegt 2,5 m unter dem Meeresspiegel. In der Antike waren seine Ufer dicht besiedelt, Horaz und Virgil lobten den dortigen Weißwein. Im Mittelalter trocknete der See nahezu aus. Bei der Belagerung von Alexandria 1801 durchstachen die Engländer die Dünen bei Abukir, das hereinbrechende Meer vernichtete 150 Ortschaften (vgl. Anmerkung 10, Kapitel III).

18 Nördlich der gleichnamigen Hauptstadt des Fajum liegen die Ruinen des alten Krokodilopolis-Arsinoe, das im ägyptischen Altertum Schetet hieß und Kultstätte des krokodilköpfigen Wassergottes Sobek war. Ihm war das Krokodil geweiht, daher der griechische Name Krokodilopolis. Ptolemäus II. (258–247 v. Chr.) verwandelte sie durch Gründung griechischer Tempel und zahlreiche Neubauten in eine hellenistische Stadt und erhob seine Gattin und Schwester Arsinoe II. zur Schutzgöttin des Fajum. Von daher wurden Landschaft und Stadt Arsinoe genannt.

19 Die XII. Dynastie (1991–1786 v. Chr.) verlegte die Residenz in das Fajum. Die Pyramiden der Pharaonen liegen zwischen Memphis und dem Fajum-Zugang am

Rande des Plateaus der libyschen Wüste: bei Dahschur die des Amenemhet II. und Sesostris II., bei Lischt die Pyramiden Amenemhet I. und Sesostris I., bei Hawara liegt Amenemhet III., bei Illahun Sesostris II. Die Pyramide von Illahun besteht aus Ziegeln von gebranntem Nilschlamm, die auf einen Felskern aufgeschichtet sind, auf dem man vorab ein sternförmiges Gerippe niedriger Mauern aus Kalksteinblöcken errichtet hatte.

20 Claudius Ptolemäus, geboren in Ptolemais in Oberägypten um das Jahr 100, gestorben vermutlich in Canopus 160. Er war Astronom, Mathematiker und Geograph; über seine Lebensverhältnisse ist nichts bekannt, jedoch um so größer ist die Wirkung seiner wissenschaftlichen Erkenntnisse. Das erste systematische Handbuch der mathematischen Astronomie ist seine »Syntaxis« in 13 Büchern, das bereits 827 ins Arabische übersetzt wurde. Es legt das nach dem Verfasser benannte Ptolemäische System der Planeten sowie die Theorie der Sonne und des Mondes dar. Eine weitere Schrift Hypoteses planetarum ist vollständig erst 1967 in einer arabischen Übersetzung aufgefunden worden. Auch das geographische Weltbild wurde bis in die Neuzeit wesentlich durch die 8 Bücher der ptolemäischen »Geographia« bestimmt, deren Manuskript sich im Athoskloster befand.

21 Jean Graf von Rapp (27. 4. 1772–8. 11. 1821), ein Elsässer aus Colmar, trat 1788 in ein französisches Kavallerieregiment ein und machte die Feldzüge am Rhein und als Adjutant Desaix' nach Ägypten mit. 1801 wurde er Napoleons Adjutant. 1805 erhielt er nach der Schlacht bei Austerlitz den Rang eines Divisionsgenerals. 1807 wurde er Kommandant in Danzig. Nach der Schlacht bei Aspern wurde er in den Grafenstand erhoben. 1810 wurde er wegen eines freimütigen Tadels über Napoleons Scheidung von Josephine wieder nach Danzig beordert. Er kapitulierte 1814 und schloß sich Ludwig XVIII. an. 1818 wurde er zum Pair von Frankreich ernannt. Er starb auf seinem Gut Rheinweiler in Baden. 1823 erschienen in Paris seine Memoiren.

Kapitel VII

1 Der Heilige Georg war der Legende nach ein christlicher Prinz aus Kappadozien, der gegen Ende des 3. Jahrhunderts lebte und 303 unter Diokletian gemartert wurde. Um seine geschichtlich schwer faßbare Figur rankt sich die Legende der Drachentötung. Die Verehrung des Heiligen Georg gelangte vermutlich durch die Kreuzfahrer aus dem Orient ins Abendland. Die Drachenkampfszene wurde seit dem 14. Jahrhundert durch das Motiv der Errettung der Königstochter Aja bereichert, die Opfer des Untiers werden sollte. In der morgenländischen Kirche wird der Heilige als Großmärtyrer gefeiert. Zunächst Adelspatron, wurde er im Spätmittelalter Volksheiliger und gelangte in die Schar der 14 Nothelfer. Als Patron der Ritterschaft – seine Attribute sind Lanze, Schwert, Schild und Banner – ist Sankt Georg auch Schutzheiliger mehrerer Orden.

2 Bei der heutigen Ortschaft El-Behnasa befinden sich die Trümmer der antiken Stadt Oxyrhynchos, in der der Oxyrhynchosfisch (Mormyrus) verehrt wurde. Die Bewohner der Stadt gerieten, wie Plutarch berichtet, in Krieg mit ihren Nachbarn, den den Hund verehrenden Kynopoliten. Weil diese die heiligen Fische gegessen hatten, schlachteten jene die Hunde. Die römische Besatzungsmacht mußte den Streit schlichten. Nach der Einführung des Christentums wird Oxyrhynchos zur Mönchsstadt. Kloster reihte sich an Kloster. Im 5. Jahrhundert sollten dort 10 000 Mönche und ebenso viele Nonnen gelebt haben. Noch unter den Mamelukensultanen war die Stadt bedeutend, verfiel aber dann.

3 Die Ruinen von Antinoupolis oder Antinoe liegen am Ostufer des Nils. Kaiser Hadrian (76–138, seit 117 Kaiser), der fast alle Provinzen des Römischen Reiches während seiner Regierungszeit besuchte, ließ die Stadt 130 zum ehrenden Gedächtnis seines Freundes Antinous in der Zeit seines Aufenthaltes in Ägypten erbauen. Der gut aussehende Jüngling, dessen Kopf durch zahllose antike Bildwerke bekannt ist, soll sich angeblich an dieser Stelle ertränkt haben, um einen Orakelspruch von dem – in dieser Hinsicht abergläubischen – Kaiser abzuwenden, wonach Hadrian ein großer Verlust bevorstehe. Über die ungeklärten Umstände, unter denen Antinous, dem unfreie Herkunft nachgesagt wird, starb, besagen die Quellen nichts Eindeutiges. Die Beschreibung des Schmerzes Hadrians beim Tode des Freundes ist durch die Historiographen der Zeit verbürgt.

Jomard hat in der „Description de l'Egypte", dem auf Napoleons Anordnung herausgegebenen Monumentalwerk über Ägypten zur Zeit der französischen Expedition, eindrucksvolle Ansichten dieser heute ganz zerstörten Ruinenlandschaft gezeichnet.

4 Bei dem Dorf El-Aschmunen liegen die ausgedehnten Trümmer der Stadt Chmunu, das Hermopolis der Ptolemäerzeit, die die einstige Hauptkultstätte des Gottes Thout war, des Gottes des Mondes, der Schreibkunst und der Gelehrsamkeit.

5 Vgl. Anmerkung 18, Kapitel VII.

6 Siut oder Assiut hatte dank seiner günstigen Lage inmitten einer breiten Ebene des Nils und als Endpunkt einer wichtigen Karawanenstraße, die zu den Oasen der Libyschen Wüste und weiter nach Darfur in den Sudan führte, schon im Altertum große Bedeutung. Es war Hauptkultstätte des Gottes Wepwawet, der als Wüstenwolf dargestellt wurde, daher der griechische Name Lycopolis. Siut ist die Geburtsstadt des Philosophen Plotin (205–270). Nach dem Übertritt der Stadt zum Christentum zogen christliche Asketen in die Grotten der Metropole. Berühmt wegen ihrer Wandmalereien sind die Felsengräber, in denen Lokalfürsten aus der Zeit des Mittleren Reiches (2133–1786 v. Chr.) bestattet waren.

7 Unter Zenobiten versteht Denon Anhänger des asketischen Eremitentums, die in Kolonien in der Wüste zumeist in Höhlen, später in Klöstern lebten. Sie leiten möglicherweise ihren Namen ab vom Heiligen Zenon, der um 360 lebte, aus Afrika stammen soll und Bischof von Verona wurde.

8 Die Dumpalme (Hypaena thebaica) kommt hauptsächlich in Oberägypten und Nubien, auch noch bis in den Sudan und Abessinien vor. Es ist eine mittelhohe Fächerpalme, die große Nüsse trägt und ihres Holzes und des Bastes wegen geschätzt wird, neuerlich versucht man, juteähnliche Gespinste daraus herzustellen. Die Dumpalme ist äußerst anspruchslos und gedeiht auch in sehr trockenen Bereichen.

9 Etwa 90 km von Siut liegen beide Klöster am Rande der Libyschen Bergkette. Das Weiße Kloster, von einer hohen Mauer aus weißen Kalksteinblöcken umgeben, erweckt den Eindruck einer Festung. Die Kirche aus dem 5. Jahrhundert ist eine dreischiffige Basilika. Etwa 6 km entfernt liegt das Rote Kloster, dessen Kirche ein sehr alter Ziegelbau mit guter Architektur ist.

10 Die Heilige Helena war die Mutter Kaiser Konstantins des Großen. Sie soll aus Trier stammen und lebte zur Zeit der Geburt ihres Sohnes im Konkubinat mit dem römischen Cäsar und Teilkaiser Constantius Chlorus. Sie war tiefgläubige Christin; wenngleich aus einfachen Verhältnissen kommend, hat sie Konstantin

stark beeinflußt. Sie unternahm eine Pilgerreise nach Jerusalem und bemühte sich um die Wiederauffindung der Passionsreliquien. Der Legende nach soll sie Christi Kreuz aufgefunden haben. Sie gilt als Erbauerin der Grabeskirche in Jerusalem. Gefördert durch diese Pilgerreise der Kaiserin-Mutter nach Jerusalem, setzt mit der konstantinischen Zeit die Palästinawallfahrt in großem Maßstabe ein.

Helena wurde über 80 Jahre alt, sie überlebte ihren 306 verstorbenen Gemahl Constantius fast um ein Menschenalter. Konstantin errichtete zu ihren Ehren 329 an der Via Labicana bei Rom ein großartiges Mausoleum.

11 Denon bezeichnet mit Katholiken hier offenbar Kopten. Durch die Missionen der Franziskaner haben sich im 17. und 18. Jahrhundert einige koptische Gemeinden Oberägyptens gebildet, die den römischen Primat anerkennen. Sie bilden die Kirche der katholischen Kopten, die ihren eigenen Patriarchen mit Sitz in Djounie (Libanon) haben.

11a Antoine François Comte Andreossi (6. 3. 1761–10. 9. 1828) General der Artillerie hatte am italienischen Feldzug Napoleons teilgenommen und sich 1796 bei Mantua ausgezeichnet. Er befehligte die Artillerie in der ägyptischen Expedition, nahm am Feldzug nach Syrien teil und kehrte mit Napoleon am 22. 8. 1799 nach Frankreich zurück. Divisionsgeneral 1800, Generalstabschef 1805, wurde Andreossi 1806 Gesandter in Wien. In der Restauration wurde Andreossi zum Pair von Frankreich ernannt.

12 Vom 23.–30. Januar 1799 unternimmt General Andreossi auf Napoleons Befehl mit 80 Mann Infanterie einen Erkundungsvorstoß in das Natrontal. Diese 32 km lange Einsenkung in der Libyschen Wüste enthält 10 Salzseen, die im Sommer mit dem Zurückgehen der Nilüberschwemmung meist versickern und fast gänzlich austrocknen. Aus der zurückbleibenden Kruste und dem Boden der Umgebung werden Salz und Natron gewonnen. Natron wurde von den alten Ägyptern zur Mumifizierung verwandt, d. h. nach Dehydrierung des Körpers zur Konservierung. Andreossi suchte die Klöster des Natrontales auf, die seit dem 4. Jahrhundert n. Chr. entstanden sind und von denen damals noch 4 bewohnt waren: das Kloster der Syrer (Der es Surjan), das Kloster des Heiligen Pschoi, das Kloster Der Baramus und das Makariuskloster. Alle Klöster glichen – zur Abwehr der räuberischen Beduinen – kleinen Festungen. Andreossi zählte noch insgesamt 50 Mönche.

13 Im Februar 1786 verlangte Murad Bei von den ausländischen Kaufleuten eine Summe von 5 Millionen Piaster als willkürliche Kontribution. Daraufhin wurden die Gesandten Frankreichs, Venedigs, der Niederlande, Österreichs, Rußlands, Spaniens und Neapels gemeinsam bei der Pforte vorstellig. Diese, um die Wiederherstellung ihrer Autorität in Ägypten besorgt, ergriff die Gelegenheit, eine Expedition auszurüsten, um die Beis unter ihre Botmäßigkeit zu bringen. Am 6. Juli 1786 landete eine türkische Flotte unter dem Oberbefehl des Kapudan-Pascha Hassan in Alexandrien und vertrieb nach kurzen Scharmützeln die Beis Ibrahim und Murad nach Oberägypten. Die Kämpfe zwischen Hassan Pascha und den Beis in Oberägypten zogen sich bis 1787 hin, ohne daß ihre Unterwerfung gelang. Sie verblieben im bestätigten Besitze Oberägyptens von Assuan bis Bardis. Am 21. Oktober 1787 verließ Hassan Pascha mit der Flotte Alexandrien.

14 El-Menschije, eine kleine Provinzstadt, liegt auf den Trümmerhügeln der von Ptolemäus I. gegründeten antiken Stadt Ptolemäis Hermiu, von der Strabo berichtet.

15 Girge, ein von zahlreichen Kopten bewohntes Städtchen. Das von Denon genannte Kloster liegt außerhalb der Stadt. Girge ist Sitz des Beis für Oberägypten.

16 Aphroditopolis liegt in der Nähe des heutigen Ortes Atfi. In altägyptischer Zeit wurde dort die Göttin Hathor verehrt, die die Griechen ihrer Aphrodite gleichsetzten, woraus der Name Aphroditopolis entstand. Von den Ruinen sind nur geringe Reste vorhanden.

17 Eine alte Karawanenstraße führte in 4–5 Tagen von Kene nach Kosseir, dem Hafenort am Roten Meer (vgl. Kapitel XII).

18 Darfur war ein islamisches Königreich, das zur Zeit der französischen Expedition einen Höhepunkt erlebte. 1787 hatte Sultan Mohammed Tayrab den Sultan Haschim von Kordofan, den nominellen Vasallen des Herrschers von Sennar, Badi IV., vertrieben und Kordofan besetzt. Nach dem Tode Tayrabs wird Abd El Rahman Al Raschid Sultan in Darfur, er regiert bis 1801. Seine Regierungszeit bildet den Höhepunkt der Dynastie. Verstärkte Handelsbeziehungen und Kontakte zu Ägypten und dem Osmanischen Reich rücken Darfur näher an das Geschehen am Mittelmeer. 1793–1796 besucht der englische Reisende William George Brown mit einer Karawane, verkleidet als nordafrikanischer Araber, Kobbé, den Haupthandelsort Darfurs. Er wird vom Sultan in El Fascher, der Residenzstadt, empfangen. Darfur bleibt von der Eroberung durch Mohammed Ali verschont und bis 1880 ein weitgehend verschlossenes Land.

19 Sennar war bis zur Eroberung durch Mohammed Alis Sohn Ismael am 13. Juni 1821 die Hauptstadt des im 16. und 17. Jahrhunderts mächtigen, jedoch seit der zweiten Hälfte des 18. Jahrhunderts zerfallenden und im Niedergang befindlichen Reiches der Fung. Die Fung tauchen Anfang des 16. Jahrhunderts auf, sie waren nicht arabischer Abstammung, sondern vermutlich Abkömmlinge der Negerstämme vom Oberen Weißen Nil. Sie nahmen jedoch später den Islam an. Als der englische Reisende und Forscher James Bruce of Sennars 1772 Sennar besuchte, war die Stadt bereits verfallen. Letzter Herrscher Sennars war Badi VI., der sich 1821 Ismael unterwarf. Seither bildete Sennar eine Provinz des ägyptischen Sudans.

20 Bornu, ein altes Reich im mittleren Sudan, wurde von Sultan Ali Dunamani (1472–1505) begründet. Beiderseits des Tschadsees gelegen, grenzte es im Osten an Darfur. Hauptstadt und Residenz des Sultans war Kuka. 1808 wurde Bornu von den Fulbe angegriffen, jedoch behielt Bornu bis zur französischen Kolonisation Ende des 19. Jahrhunderts seine Unabhängigkeit.

21 Möglicherweise handelt es sich um das Vorkommen von Eis im Gebiet des Djebel Mara.

22 Die altberühmte Handelsstadt Timbuktu war in Europa durchaus nicht unbekannt, wie Denon annimmt. So schreibt z. B. Johann Hübner in seiner »Geographie« Band II 1753: »Tombut ist die Residenz des Königs, welcher mächtig ist, weil er viel Vasallen hat. Es ist eine große Handelsstadt mit einem prächtigen Schlosse.«

Timbuktu wurde um 1100 von den Tuareg gegründet. Begünstigt durch seine Lage am Nordpunkt des Niger auf der Grenze zwischen dem dichtbevölkerten Guinea im Süden und dem Karawanenhandel treibenden Norden als eine der heiligen Städte des Islam, gelangte es rasch zu hoher Blüte. Der englische Forschungsreisende Mungo Park drang 1805 als erster Europäer bis in die Nähe Timbuktus vor.

23 Über den Indienhandel vgl. die Einleitung S. 9f. Aleppo im nördlichen Syrien war aufgrund seiner Lage im Knotenpunkt alter Handelsstraßen, welche vom Mittel-

meer nach Osten führen, von jeher eine Haupthandelskapitale des Orients. Es bildete schon vor Jahrhunderten den Stapelplatz für europäische, levantinische, indische und persische Waren. Am bedeutendsten war der Handel Aleppos vor der Auffindung des Seewegs nach Indien, während und nach der Zeit der Kreuzzüge, als Genuesen und Venezianer hier ihre Hauptniederlagen hatten.

Kapitel VIII

1 Abydos zählt zu den ältesten Städten Ägyptens und nimmt schon in der I. Dynastie (3000 v. Chr.) als Grabstätte der Pharaonen einen besonderen Platz ein. Abydos galt vorzugsweise als Kultort des Totengottes Osiris, der den Platz des ursprünglich verehrten Gottes Chont Amenti einnahm. Unter der VI. Dynastie begann man Tote aus allen Teilen Ägyptens hier beizusetzen. Abydos blieb stets Gegenstand der Kultfürsorge der Pharaonen, die sich hier zumindest Scheingräber errichten ließen, um sich der Gnade des Osiris, des Herrn der Unterwelt, zu empfehlen. Auch Privatpersonen haben sich zu allen Zeiten bemüht, durch ein Kenotaph, durch das Aufstellen von Stelen mit ihrem Namen an den Feiern für den Gott Osiris teilzuhaben. Von den königlichen Tempeln ist der des Königs Sethos I. (1304–1290 v. Chr.), vollendet durch Ramses II., am eindrucksvollsten. Der wundervolle Bau ist erst 1859 durch den französischen Archäologen Mariette vollständig freigelegt worden.

2 Ossimond, gemeint ist Ramses II. (1290–1224 v. Chr.), dessen Vornamen Usima re bei dem Historiker Diodor zu Osymandyas verfremdet worden ist.

3 Zu Zeiten Ali Beis hatten sich Hawara-Araber aus Tunis in Oberägypten zwischen Girge und Farchut niedergelassen. Sie kultivierten Ländereien, gründeten Dörfer, behielten ihren Dialekt und ihre Gewohnheit bei und gewannen eine faktische Unabhängigkeit. Ihr bedeutendster Scheich zu Ende des 18. Jahrhunderts, Humam ibn Yussuf el Hawardi, geriet in Konflikt mit den Beis in Kairo.

4 Dendera, das griechische Tentyra, zählte zu den ältesten Städten Ägyptens. Sein alter Name lautete Enet-te-ntore, d. h. Stadt der Hathor, woraus sich die griechische und heutige arabische Bezeichnung des Ortes ableiten. Es war die Hauptkultusstätte der Hathor (Aphrodite), der Göttin der Liebe und der Freude. In Erneuerung ihres alten Heiligtums hatten im letzten vorchristlichen Jahrhundert die späteren Ptolemäer und ihnen folgend die römischen Kaiser Augustus und Tiberius den bis auf den heutigen Tag gut erhaltenen Tempel erbaut. Daher findet man an den Innenwänden der Vorhalle die Kaiser des julisch-claudischen Hauses Augustus, Tiberius, Caligula, Claudius und Nero dargestellt, an der südöstlichen Außenwand erblickt man vor dem Bild der Göttin Hathor die letzte Ptolemäerin, Kleopatra VII. mit ihrem Sohn Caesarion. Es handelt sich beim Hathortempel in Dendera nicht, wie Denon annimmt, um ein sehr frühes Werk, sondern um einen Bau der Spätzeit.

5 Wo bei den Ägyptern die Malerei an die Stelle des sonst vorherrschenden Reliefs tritt, z. B. in den Felsengräbern, geschieht es vor allem wegen der Beschaffenheit des Kalksteins. Auch die Zeichnung folgt den gleichen stilistischen Gesetzen wie das Relief: Der Kopf erscheint von der Seite, das Auge von vorne, die Schultern in ganzer Breite von vorne, Brust, Leib, Extremitäten dagegen wieder von der Seite. Daneben bildet sich auch die reine Profildarstellung heraus. In der zweiten Hälfte der XVIII. Dynastie erreichte die Zeichenkunst ihren Höhepunkt (1436–1364 v. Chr.). In der Ptolemäerzeit nehmen Einwirkungen der griechischen Kunst zu,

neben griechische Schöpfungen, in denen formal am ägyptischen Stil festgehalten wird, treten Werke einer griechisch-ägyptischen Mischkunst, in denen die Figur griechisch gestaltet ist, aber in ägyptischer Aufmachung erscheint.

6 Auf dem Dach des Tempels von Dendera befand sich in der Form eines eigenen Kiosks ein Osiris-Heiligtum. An der Decke des mittleren Raumes befand sich der von Denon verschiedentlich erwähnte und gezeichnete berühmte Tierkreis von Dendera, die einzige runde Himmelsdarstellung der Ägypter, der in die Nationalbibliothek nach Paris gebracht wurde.

7 Der römische Kaiser Titus (41–81 n. Chr.) ließ während seiner zweijährigen Regierungszeit (79–81) zum allgemeinen Gebrauch ein alle früheren an Geräumigkeit und Bequemlichkeit übertreffendes Badehaus, die nach ihm benannten, noch jetzt in Trümmern vorhandenen Thermen des Titus in Rom erbauen.

8 Vgl. Anmerkung 17, Kapitel VIII.

9 Der Name Theben lautete ägyptisch Weset oder Newt, woraus der biblische Name No-Amon (vgl. Nahum 3, 8–9) Amonstadt entstanden ist. Was die Griechen veranlaßt hat, den bei ihnen mehrfach vorkommenden Namen Thebai auf die ägyptische Stadt zu übertragen, ist nicht bekannt. Sie hieß bei ihnen außerdem Diospolis (Stadt des Zeus-Amon). Die Blüte Thebens beginnt mit dem Anfang des Neuen Reiches (1552–1085 v. Chr.). Von Theben war der Kampf gegen das asiatische Überlagerervolk der Hyksos und die Einigung Ober- und Unterägyptens ausgegangen. Theben blieb für Jahrhunderte die vornehmste Residenz der Pharaonen. Es folgte die Zeit der Ausbreitung des ägyptischen Machtbereichs bis an den oberen Euphrat. Theben wurde das Ziel, dem die Schätze zuströmten, die als Beute und Tribut aus den eroberten Ländern kamen. Dem thebanischen Gott Amon, der zum Reichsgott wurde, fielen bis zu 80% dieser Reichtümer zu. Die zeitweilige Verfolgung Amons durch Amenophis IV. (Echnaton) und die vorübergehende Verlegung der Residenz nach Tell el Amarna konnten den Glanz der Stadt nicht beeinträchtigen. Die meisten Großbauten fallen in die Zeit der XIX. und XX. Dynastie, insbesondere hat die Bausucht Ramses II. (1290–1224 v. Chr.) zahllose kolossale Baudenkmäler hinterlassen. Die Tempelhallen, Säulengänge, Riesenbildwerke und seine prächtigen Gräber bezeugen noch heute Glanz und Ausdehnung der alten Metropole Oberägyptens.

Als zur Zeit der XXI. Dynastie (1085–950 v. Chr.) die Residenz nach Tanis und Bubastis ins Delta verlegt wurde, verlor die Stadt ihre vorherrschende Bedeutung. Im VII. vorchristlichen Jahrhundert wird Theben, das noch einmal Sitz der XXV., der sog. Äthiopischen Dynastie (751–656 v. Chr.) geworden war, durch assyrische Heere unter Assurbanipal verwüstet und geplündert. Es blieb jedoch noch bis in die Ptolemäerzeit hinein ein wichtiges religiöses zugleich nationalägyptisch orientiertes Zentrum, das sich mehr und mehr gegen die Entwicklung sträubte. Immer wieder kam es zu Aufständen gegen die ptolemäische Herrschaft. Ein letzter, durch die hohen römischen Steuern verursachter Aufstand, wurde unter dem römischen Präfekten Cornelius Gallus (30–27 v. Chr.) niedergeworfen und endete mit der Zerstörung der Stadt.

10 Homer Ilias IX Vers 381–384: »Thebe, Ägyptos Stadt, wo reich sind die Häuser an Schätzen; Hundert hat sie der Tore, es ziehen aus jedem zweihundert rüstige Männer zum Streit mit Rossen daher und Geschirren«.

11 Vgl. Anmerkung 2, Kapitel VIII. In dem von Ramses II. erbauten Ramesseum befinden sich die von Denon erwähnten Trümmer eines gewaltigen Kolosses Ram-

ses' II. Der Name steht in wohlerhaltenen Hieroglyphen an beiden Oberarmen der Statue, das Gesicht ist zerstört.

12 Die Memnonskolosse zwischen Ramesseum und Medinet-Habu sind das Wahrzeichen des thebanischen Westufers und von weit her sichtbar. Beide Statuen stellen Amenophis III. (1402–1364 v. Chr.) auf einem würfelförmigen Thron sitzend dar. Der Tempel, dessen Eingang sie schmückten, ist verschwunden. In der römischen Kaiserzeit hielt man sie für Statuen des Memnon, des Sohnes der Eos und des Tithons, der im Trojanischen Krieg von Achilles getötet wurde. Der nördliche Koloß ist die berühmte tönende Memnonsäule, das Ziel vieler Reisenden der römischen Zeit. Das Tönen des zerbrochenen Kolosses beim Aufgang der Sonne war Gegenstand der Sage. Seit Kaiser Septimius Severus den oberen Teil der Statue wiederherstellen ließ, verschwand das Klingen.

13 Kaiser Hadrian (117–138 n. Chr.) besuchte im Jahre 130 Ägypten und verweilte mit seiner Gemahlin Sabina und großem Gefolge mehrere Tage bei den Kolossen, um den Klang zu vernehmen. Aus seiner Zeit befinden sich 27 römische Namensinschriften von Reisenden eingemeißelt, die den Koloß besuchten.

14 Anubis spielt als Totengott bei der Bestattung eine Rolle; nicht Anubis, sondern Seth wird mit Typhon gleichgesetzt (vgl. Anmerkung 7, Kapitel II).

15 Vermutlich der ptolemäische Tempel von Der el-Medine, begonnen von Ptolemäus IV., ein zierlicher Bau, der in christlicher Zeit von Mönchen als Wohnung und Kapelle genutzt wurde.

16 Innerhalb der unzähligen Kämpfe Murad Beis um die Vorherrschaft in Ägypten (vgl. Anmerkung 8, Kapitel III) berichtet Savary in Band 2 seiner »Lettres sur L'Egypte« (vgl. Anmerkung 23, Kapitel II) über die Auseinandersetzung mit Osman (Hassan) Bei. Während der Straßenkämpfe in Kairo gelang es Hassan, die Belagerung seines Stadtpalais zu durchbrechen und mit 200 Mameluken die Wüste zu erreichen. Von Übermacht überwunden, wurde er nach Kairo zurückgeführt und nach Mekka verbannt. Es gelang ihm jedoch, in Kosseir an der ägyptischen Küste des Roten Meeres mit dem Schiff, das ihn in die Verbannung führen sollte, anzulegen und sich nach Oberägypten durchzuschlagen.

17 Esne, an der Stelle des alten Latopolis der Griechen gelegen, besitzt den mitten in der heutigen Stadt in der Nähe der Basare 9 m unter dem gegenwärtigen Niveau liegenden Tempel des Chnum, des widderköpfigen Hauptgottes der Stadt. Es ist ein Bau aus der ptolemäischen Spätzeit, der erst unter den römischen Kaisern vollendet wurde.

18 Apollinopolis magna, das heutige Etfu, wird dominiert von dem großen Horustempel. Der Sonnengott Horus soll der Sage nach hier einen seiner großen Kämpfe mit Seth bestanden haben. Der aus Sandstein erbaute Tempel bietet in seiner fast vollständigen Erhaltung trotz seines Alters und gewisser Zerstörungen einen wunderbaren Anblick. Das Bauwerk wurde 237 v. Chr. unter Ptolemäus III. begonnen und erst 90 Jahre später unter Euergetes II. vollendet.

19 Hierakonpolis gehörte zu den ältesten Städten Oberägyptens. Stadtgottheit war Horus, dem der Falke heilig war, woraus sich die griechische Bezeichnung erklärt. Die Ruinen sind ausgedehnter, als Denon annahm.

20 Etwa 40 km südlich von Etfu liegen die großen Steinbrüche von Silsile, die insbesondere während der Zeit des Neuen Reiches benutzt wurden. Unter Ramses II.

waren hier allein 3000 Arbeiter für das Ramesseum beschäftigt. Am nördlichen Ende der Steinbrüche liegen die spärlichen Trümmer der alten Stadt Chenit und ihres Tempels.

Kapitel IX

1 Assuan, das griechische Syene, ist die Hauptstadt der südlichsten Provinz Oberägyptens. Der Nil ist hier in mehrere Arme gespalten und umschließt große Granitklippen und Inseln, vor allem die große Insel Elephantine. Die Umgebung des heutigen Assuan hieß in alter Zeit Elephantenland, da hier die Ägypter wohl zuerst Elephanten zu Gesicht bekamen; später ist dieser Name auf die Insel beschränkt worden. Aus den Steinbrüchen von Syene holten die Ägypter Granitblöcke für Bauten und Bildwerke, daher die auf Plinius zurückgehende Bezeichnung Syenit. Strategisch war Syene von Wichtigkeit, da es die Nilkatarakte und den Wasserverkehr zwischen Ägypten und Nubien beherrschte. In Syene lebte zu Anfang des 2. Jahrhunderts n. Chr. als Kommandant der römischen Garnison der Satiriker Juvenal, der wegen seiner beißenden, gegen den kaiserlichen Hof gerichteten Angriffe, hierher versetzt worden war. Den Einfällen der räuberischen Beduinenstämme, die Assuan in den folgenden Jahrhunderten heimsuchten, machte Sultan Selim I. 1517 durch eine Garnison ein Ende.

2 Katarakte werden die durch die Stromschnellen des Nils gebildeten Wasserfälle genannt. Der Erste Katarakt befindet sich südlich von Assuan, es folgen nach Süden noch fünf weitere, der Sechste Katarakt liegt 75 km nördlich von Khartum bei Sabaluka.

3 Es handelt sich wahrscheinlich um das Kloster des Heiligen Simeon, das bereits seit dem 13. Jahrhundert verlassen ist und von dem man einen guten Rundblick genießt.

4 Der auf der Insel Elephantine befindliche Nilmesser wird bereits von Strabo (vgl. Anmerkung 8, Kapitel II) genau beschrieben. Er wurde 1870 unter der Regierung des Khediven Ismael instandgesetzt und dem Gebrauch erneut übergeben. Die Beschreibung Strabos ist noch heute zutreffend und lautet: »Dieser Nilmesser ist ein am Ufer des Nils aus gleichmäßigen Quadern erbauter Brunnen, in dem man die Anschwellungen des Stroms bezeichnet, denn das Wasser des Brunnens steigt und fällt mit dem Strom. An der Wand des Brunnens sind Merkzeichen für den Wasserstand.«

5 Der südliche Teil der Insel Elephantine ist mit den Trümmern der alten Stadt Elephantine bedeckt. Zahlreiche Gebäude, die noch von den Gelehrten der französischen Expedition beschrieben wurden, sind in der ersten Hälfte des 19. Jahrhunderts abgerissen worden.

Armida, Frauengestalt in Tassos »Befreitem Jerusalem«, die Tochter des Königs Arbilan von Damaskus, die die Kreuzfahrerhelden durch Zauberkünste verwirrt und den tapferen Rinaldo in ihren Zaubergarten bei Antiochia lockt. Der Stoff ist von Gluck und Rossini als Oper behandelt worden.

6 Sennesblätter (Folia Sennae), eine Arzneipflanze aus dem oberen Nilgebiet.

7 Louis Nicolas Davoût (10. 5. 1770–1. 6. 1823) war ein Mitschüler Napoleons in Brienne. 1793 wurde er zum Brigadegeneral ernannt und zeichnete sich 1795–1796 in den Feldzügen der Rheinarmee aus. Er focht unter Napoleon im italienischen Feldzug und begleitete ihn nach Ägypten. Nach der Rückkehr 1800 wurde er zum

Divisionsgeneral und Oberbefehlshaber der Kavallerie ernannt. Als Marschall von Frankreich nahm er 1805 an der Schlacht von Austerlitz teil. Am 14. Oktober 1806 schlug er die preußische Armee bei Auerstädt, wurde sodann Generalgouverneur des neugebildeten Großherzogtums Warschau. 1809 schlägt er die Österreicher bei Eggmühl. Er zeichnet sich im Feldzug gegen Rußland aus, nach dem unglücklichen Rückzug besetzt er am 31. 5. 1813 Hamburg und legt der Stadt eine Kontribution von 48 Mio. Francs auf, welche Summe er mit erbarmungsloser Strenge einzog. Gegen Jahresende läßt er 20000 Menschen aus der Stadt treiben und 8000 Wohnungen niederbrennen. Er hielt die Stadt bis zum 31. 5. 1814 und kapitulierte erst auf Befehl Ludwigs XVIII. Er unterwarf sich den Bourbonen, wurde 1819 zum Pair von Frankreich erhoben und starb 1823.

8 Die Insel Philae, einst die Perle Ägyptens, war 460 m lang und 150 m breit und bestand aus Granit. Die großen Tempelbauten, die noch heute für den Anblick der Insel charakteristisch sind, entstanden unter den Ptolemäern in den beiden letzten Jahrhunderten vor Christus und den römischen Kaisern in den drei ersten nachchristlichen Jahrhunderten. Scharen von griechischen und römischen Pilgern kamen nach Philae, um dem Isiskulte zu huldigen, dem auch die Nubier und Blemyer anhingen. Noch lange nach der Einführung des Christentums blieben die Tempel auf Philae in Funktion; erst unter Justinian (527–565) wurden die Tempel geschlossen und einzelne ihrer Räume dem christlichen Gottesdienst gewidmet.

Die Insel hatte seit der Errichtung des ersten Staudamms von Assuan (1898 bis 1902) viel von ihren Reizen verloren, nur von August bis Dezember ragte sie noch aus dem Wasser hervor, seit dem zweiten Staudammbau (1959–1969) sind die Bauwerke heute bis zur halben Höhe im Stausee versunken und der Zerstörung preisgegeben. Es ist beabsichtigt, sie auf der benachbarten Nilinsel Bige wieder zu errichten.

9 Unter Äthiopien verstand man im Altertum nicht das heutige Abessinien, sondern das Land südlich des Ersten Kataraktes, also das heutige Nubien und den nördlichen Sudan einschließlich bis zum Sechsten Katarakt. Die Ägypter nannten das Land südwärts der Katarakte Kusch.

10 Unter Goublis versteht Denon die nubischen Bewohner der Katarakte.

11 Vgl. Anmerkung 14, Kapitel VI. Die Lebensgeschichte des Heiligen Antonius ist von seinem Zeitgenossen Athanasius überliefert worden. Danach stammte Antonius aus einer reichen, in Komea (heute Keman-el-arus bei Benisuef) ansässigen Familie Mittelägyptens. Seine Geburt datiert ins Jahr 251. Im Alter von zwanzig Jahren etwa verließ er seine Familie und begab sich an einen verödeten Ort. Nach vielfach ausgestandener Anfechtung des Bösen, der ihm in mannigfacher Gestalt erschien, zog er sich in eine Klause unterhalb Benisuef am rechten Nilufer zurück, wo sich heute noch Reste eines uralten Klosters befinden, das seinen Namen trägt. Zwanzig Jahre harrte Antonius hier aus. 311 erfuhr er von der großen Christenverfolgung in Alexandria unter Maxentius. Er ging in der Erwartung des Martyriums nach Alexandrien, blieb jedoch verschont. Mit einer Karawane arabischer Kaufleute gelangte er in die Wüste zum Roten Meer und begann sein Eremitenleben dort. Seinem Beispiel folgten andere, und so wurde er der Begründer des ersten Klosterlebens in der Arabischen Wüste. 352 erschien er, hundertjährig, nochmals in Alexandria, um sich gegen die Lehre des Arius zu stellen. Er starb 356. Die französische Stadt Vienne rühmt sich des Besitzes seiner Leiche, die als Reliquie 980 dorthin gebracht worden sein soll.

Die Lebensgeschichte des Heiligen Paulus von Theben ist von St. Hieronymus aufgezeichnet worden, sie wurde bereits 494 durch päpstliche Anerkennung authentisiert. Das Geburtsjahr ist ungewiß, es liegt um 240. Wie Antonius war auch Paulus Ägypter von Geburt und reicher Leute Sohn, ihm war zudem eine gelehrte Erziehung zuteil geworden. Er verließ aus Furcht, als Christ denunziert zu werden, Theben und flüchtete in die Arabische Wüste an den Ort des nachmaligen Klosters. Hier verbrachte er den Rest seines Lebens, fast ein Jahrhundert lang in einsamem Gebet und Gottesbetrachtung. Beide Heilige, die nebeneinander in der Wüste hausten, begegneten sich der Legende nach zu einem späten Zeitpunkt, da Paulus bereits 113 Jahre alt und Antonius im 90. Lebensjahr stand. Kurz nach dem Zusammentreffen verstarb Paulus. Das Grab des Paulus wird noch heute im Kloster gezeigt.

12 Unter dem großen Tempel Philaes versteht Denon offenbar den Isistempel, das Hauptheiligtum der Insel, der unter Ptolemäus II. Philadelphus (285–247 v. Chr.) begonnen und unter seinem Nachfolger Ptolemäus III. Euergetes (247–222 v. Chr.) vollendet wurde. Mit dem kleinen Tempel meint Denon den berühmten Kiosk des Trajan der in der Kaiserzeit gebaut und, wenngleich unvollendet, das reizvollste Bauwerk der Insel bildet.

13 Die französische Inschrift ist noch heute zu sehen, sie lautet:
»L'AN 6 DELA REPUBLIQUE LE 13 MESSIDOR UNE ARMEE FRANCAISE COMMANDE PAR BONAPARTE EST DESCENDUE A ALEXANDRIE. L'ARMEE AYAN MIS VINGT JOURS APRES LES MAMMELOUKS EN FUITE AUX PYRAMIDES. DESAIX COMMANDANT LA PREMIERE DIVISION LES A POURSUIVIS AU DELA DES CATARACTES OU IL EST ARRIVE LE 13 VENTOSE DE L'AN 7 – LES GENERAUX DE BRIGADE DAOUST FRIANT ET BELLIARD, DONZELOT CHEF DE L'ETAT MAJOR, LATOURNERIE COMM^{DE} L'ARTILLERIE, EPPLER CHEF DELA 21me LEGERE LE 3 MARS AN DE J^{s} Cst 1799 – GRAVE PAR CASTEX SCULPTEUR.«

14 Richard Pococke (1704–1765) bereiste 1737–1742 Ägypten, Arabien und Griechenland. Er fuhr den Nil herauf bis Philae. Nach seiner Rückkehr wurde er Archidiakon von Dublin, 1756 Bischof von Ossory in Irland. Außer einer Sammlung griechischer und lateinischer Inschriften (1752) veröffentlichte er „Description of the East and some other countries", London 1743–45, in denen er bereits 14 Gräber im Tal der Könige beschreibt und von den Räuberbanden berichtet, die die Ruinen Oberägyptens unsicher machten.

Kapitel X

1 Die Stadt Kom Ombos, der »Hügel des Ombos«, verdankt ihre Entstehung wohl der strategisch wichtigen Lage, die den Fluß und die aus Nubien ins Niltal führenden Wege beherrscht. Ihre Blüte fällt in die Ptolemäerzeit. Zwei Hauptgötter wurden in ihr verehrt: der krokodilköpfige Sobek und der falkenköpfige Haroeris. Das die heutigen Ruinen beherrschende Doppelheiligtum des Sobek und Haroeris gleicht in der Anlage den übrigen Ptolemäertempeln in Dendera, Etfu und Philae. Es wurde unter Ptolemäus VI. Philometer (181–146 v. Chr.) begonnen, die Reliefs rühren aus der römischen Zeit her. Zahlreiche Krokodilmumien befinden sich in den unteren Gewölben.

2 Die Lotusblume spielte in Religion und Kunst Ägyptens eine bedeutende Rolle. Nach ägyptsichem Mythos ist der Lotus dem Wasser entsprossen, als Attribut Osiris, Isis und Horus fehlte der Lotus bei keinem Opfer und keiner Be-

stattung. In der Kunst gehen Ornamentmotive besonders häufig auf Papyrus und Lotus zurück, die Säulen der Tempel sind sog. Lotus- bzw. Papyrussäulen.

3 Hermontis, an der Stelle der heutigen Stadt Erment, ist 20 km südlich von Luxor auf dem linken Nilufer gelegen. Von den Tempelanlagen der Ptolemäerzeit sind heute nur noch geringfügige Reste erhalten, da in der zweiten Hälfte des 19. Jahrhunderts unter Abbas Pascha und Said Pascha neue Fabrikbauten in Erment errichtet wurden, wofür die wohlbearbeiteten Blöcke der alten Tempel das Baumaterial abgaben.

4 Apollinopolis i. e. Etfu (vgl. Anmerkung 19, Kapitel VIII); Latopolis i. e. Esne (vgl. Anmerkung 17, Kapitel VIII).

5 Louis Graf Friant (18. 9. 1758–29. 7. 1829) trat 1781 in die Garde ein, nahm 1787 seinen Abschied, da er als Bürgerlicher kein Avancement erhoffen konnte. Nach der Revolution trat er erneut in die Armee ein, wurde 1794 Brigadegeneral, nahm 1796 am italienischen Feldzug, 1798 an der Expedition nach Ägypten teil. Nach Napoleons Rückkehr nach Frankreich wurde Friant Oberbefehlshaber in Oberägypten. Nach der Schlacht von Heliopolis unterwarf er im April 1800 Kairo. Hierfür wurde er zum Generalleutnant ernannt. Von den türkischen und englischen Truppen in Alexandrien belagert, hielt er sich bis zur Einschiffung der Truppen nach Menous Kapitulation (vgl. Anmerkung 16, Kapitel II) und kehrte sodann nach Frankreich zurück. Bei Napoleons Krönung wurde er in den Grafenstand erhoben. 1805–1809 focht er unter Davoût (vgl. Anmerkung 7, Kapitel IX) bei Austerlitz, Jena, Eylau, Eggmühl und Wagram. 1812 im russischen Feldzug kommandierte er bei Smolensk und zeichnete sich 1813 in der Schlacht bei Hanau aus. 1815 schloß er sich Napoleon wieder an und kämpfte bei Waterloo. Er starb auf seinem Landgut Gaillonet bei Meulan.

6 Kene, das alte Kainepolis, 70 km nördlich von Theben gelegen, war Ausgangspunkt für die Karawanenstraße nach Kosseir.

7 Auf dem Westufer des Nils liegen von Süden nach Norden die Tempelgruppe von Medinet Habu, das Ramesseum sowie der Grabtempel Sethos' I. zu Kurna.

Den Namen Medinet Habu (Stadt des Habu) führen die Tempel nach den Trümmern einer noch vorhandenen christlichen Ortschaft, die sich seit dem 5. Jahrhundert bei und innerhalb des antiken Heiligtums angesiedelt hatte. Die Anlage besteht aus zwei gesonderten Teilen, einem kleineren älteren Tempel der XVIII. Dynastie (1525–1306 v. Chr.) und dem großen Haupttempel Ramses III. (1200–1179 v. Chr.)

Das Ramesseum, von Denon Memnonium genannt, der große, dem Gott Amon geweihte Tempel, wurde von Ramses II. (1290–1224 v. Chr.) erbaut. Das riesige Gebäude ist nur noch zur Hälfte erhalten (vgl. Anmerkung 11, Kapitel VIII).

Der Grabtempel Sethos' I. (um 1300 v. Chr.) war dem Amon geweiht und für den Totenkult des Vaters des Erbauers, Ramses I., bestimmt.

8 Auf dem Ostufer des Nils liegen die Tempel von Luxor und Karnak. Dicht am Ufer liegt der von Amenophis III. (1402–1364 v. Chr.) errichtete, dem Amon, seiners Gemahlin Mut und deren Sohn, dem Mondgotte Chons, geweihte Tempel.

Von den ausgedehnten Tempelanlagen von Karnak ist der Große Amontempel hervorzuheben. Er ist nicht nach einem einheitlichen Plan gebaut, da seit seiner Gründung zu Anfang der XII. Dynastie (1991–1786 v. Chr.) bis zu den ptolemäischen Herrschern die Pharaonen immer weitere und prächtigere Ausbauten vornahmen. Im Torweg des ersten Pylons, eines 43,5 m hohen und 113 m breiten

Mauerwerks der Potlemäerzeit, finden sich noch Inschriften der 1799 mit den französischen Truppen nach Ägypten gekommenen Gelehrten, die nach Denon Karnak besuchten.

9 Kus liegt an der Stelle des alten Apollonopolis parva, der Kultstätte des Gottes Haroeris. Zur Zeit der arabischen Eroberung Ägyptens war es eine Haupthandelsstadt mit zahlreichen Einwohnern.

10 Berenike liegt auf der Breite von Assuan am Roten Meer. Die Stadt wurde von Ptolemäus II. Philadelphus (285–247 v. Chr.), der den Handel am Roten Meer durch die Gründung zahlreicher Hafenplätze neu belebte 275 v. Chr. gegründet und nach seiner Mutter Berenike benannt. Als Endpunkt der Wüstenstraße von Ägypten zum Roten Meer hat sie 500 Jahre lang den Seehandel mit Arabien und Indien vermittelt. Die Ruinen der Stadt sind noch teilweise erhalten. In der Nähe befinden sich die von den Arabern bis zum Jahre 1370 ausgebeuteten Smaragdminen. Mohammed Ali versuchte vergeblich, den Betrieb wiederaufzunehmen. Berenike ist in etwa 11 Tagesreisen von Kene aus zu erreichen.

11 Kosseir, eine kleine Hafenstadt am Roten Meer, ist von Kene aus in 5 Tagesreisen zu erreichen. Kosseir ist wie Berenike eine Ptolemäergründung. Denon besuchte sie 1799, vgl. Kapitel XII. Die Besetzung der Hafenstadt wurde zunächst einer französischen Garnison unter General Donzelot (vgl. Anmerkung 2, Kapitel XII), später Murad Bei (vgl. Anmerkung 16, Kapitel III) anvertraut.

Im Juni 1801 landeten die Engländer hier 8000 Mann indische Hilfstruppen, um die Franzosen von Süden her anzugreifen. Die von den Franzosen in Kosseir erbaute Zitadelle ist verfallen, die Stadt heute unbedeutend. Der ptolemäische Hafen Leukos Limen ist durch Korallen fast unzugänglich geworden.

12 Koptos, an der Stelle der heutigen kleinen Stadt Kuft gelegen, war bereits im frühen Altertum eine bedeutende Handelsstadt. Auch in der griechisch-römischen Zeit behielt die Stadt, die überwiegend von Kopten bewohnt ist, ihre Bedeutung als Umschlagplatz für Waren aus Indien und Arabien. Bei dem großen oberägyptischen Aufstand unter Diokletian (vgl. Anmerkung 4, Kapitel IV) 292 n. Chr. wurde Koptos belagert und zerstört, erholte sich jedoch rasch wieder und blieb bis in die Kalifenzeit eine volk- und güterreiche Handelsstadt. In Koptos verließen die Karawanen, die zu den Häfen des Roten Meeres zogen, das Niltal. Hauptziele waren die Sinai-Halbinsel und die Somaliküste – im alten Ägypten das Land Punt genannt. Die Ruinen von Koptos bieten nichts Bemerkenswertes mehr.

13 Nachdem durch den Sieg General Desaix' bei Sediman am 7. Oktober 1798 Oberägypten bis zu den Katarakten unterworfen worden war, rückte Napoleon mit 12000 Mann im Februar 1799 über die Halbinsel Sinai in Syrien ein. Er eroberte am 6. März 1799 Jaffa und belagerte vom 16. März an Akkon (St. Jean d'Acre). Die hartnäckige Verteidigung der Festung durch Djezzar Pascha mit Hilfe eines englischen Geschwaders unter Admiral Sidney Smith sowie der Ausbruch der Pest im französischen Heere nötigten Napoleon am 17. Mai zur Aufhebung der Belagerung und zum Rückzug durch die Wüste mit seinen auf die Hälfte zusammengeschmolzenen Truppen. Nach furchtbaren Strapazen trafen die Franzosen im Juli 1799 wieder in Ägypten ein, der syrische Feldzug war gescheitert.

14 Die Karawanenstraße vom Nil nach Kosseir führt in 5 Tagesreisen über Bir Ambar, Laketa durch das Wadi Hammamat an den alten Steinbrüchen, aus denen seit der Zeit des Alten Reiches bis zu Xerxes Steinblöcke gebrochen wurden, vorüber zum Brunnen Bir es Didd. Der Abstieg zum Roten Meer erfolgt durch das Wadi Abu

Siran und das Wadi Ambagi an die Küste nach Kosseir (vgl. die Schilderung bei Denon im Kapitel XII sowie Anmerkung 2, Kapitel XII).

15 Nakade, ein kleiner, vorwiegend von Kopten bewohnter Ort. Bei Nakade am Rande der Wüste liegen vier alte koptische Klöster, die aus der Zeit der Kaiserin Helena (vgl. Anmerkung 10, Kapitel VII) stammen sollen. Das größte, Der el Melak, ist aus ungebrannten Ziegeln erbaut und enthält vier zusammenhängende Kirchen, deren eine dem Heiligen Michael geweiht ist. 28 Kuppeln krönen das unbewohnte Kloster, das nur noch an gewissen Festen vom koptischen Klerus benutzt wird.

16 Bir Ambar, eine 3,5 Stunden vom Nil entfernte Karawanserei, der erste Brunnen auf der Wüstenstrecke zum Roten Meer (vgl. Anmerkung 14, Kapitel X). Die Karawanserei besteht aus mehreren verfallenen kuppelbedeckten Gebäuden mit Säulengängen und Höfen.

Kapitel XI

1 Vgl. Anmerkung 9, Kapitel VIII

2 Vgl. Anmerkung 8, Kapitel X

3 Von Sesostris I. (1971–1928 v. Chr.) stammt nur ein kleines Sanktuar, das erst nach Denon durch Henri Chevrier wieder freigelegt wurde, da es in den Pylon Amenophis III. verbaut war. Wahrscheinlich wurde der Bau anläßlich eines Regierungsjubiläums des Pharao errichtet.

4 Den kleineren westlichen Obelisken vor dem Tempel von Luxor erhielten die Franzosen als Geschenk Mohammed Alis an König Louis Philippe. Er schmückt seit 1836 die Place Concorde (vgl. Anmerkung 22, Kapitel II). Den ersten Obelisken ließ Theodosius der Große im Jahre 390 aus Heliopolis nach Konstantinopel bringen. Der Obelisk Thutmosis III. (1490–1436 v. Chr.) wurde unter dem oströmischen Kaiser Arkadius im Jahre 400 im Hippodrom, dem heutigen At-Maidan, aufgestellt. Die Aufstellung des Monolithen erforderte 32 Tage.

5 Gegenüber von Esne (vgl. Anmerkung 17, Kapitel VIII) am Ostufer des Nils, liegt das Dorf el Hille an der Stelle des alten Contra-Latopolis, von dessen spät-ptolemäischen Tempeln, die Denon offenbar meint, keine Spur mehr vorhanden ist.

6 Möglicherweise handelt es sich um die Ruinen von El Kab, das alte Chenoboskion liegt viel weiter nördlich unterhalb Kenes.

7 Jean Baptiste Bourguignon d'Anville (11. 6. 1697–22. 1. 1782), französischer Geograph. Er gab 211 Karten heraus und gilt als Reformator der alten und neuen Kartographie. Er besaß persönlich eine Sammlung von 10000 Karten. Denon bezieht sich offenbar auf den Atlas Antiquus Major und seine 1769 erschienene »Géographie ancienne abrégée«.

8 Von Redesije, etwa 8 km südlich von Etfu am Ostufer des Nils gelegen, führt über das hier nahe an den Strom herantretende Gebirge ein Weg durch die Arabische Wüste in 10 Tagesreisen ans Rote Meer nach Berenike (vgl. Anmerkung 10, Kapitel X).

9 Vgl. Anmerkung 19, Kapitel VIII

10 Vgl. Anmerkung 2, Kapitel VIII

11 Priapos, griechischer Feldgott, Sohn des Dionysos und der Aphrodite. Er erscheint

als Dämon der üppigen Fruchtbarkeit in der Natur und als Gott der sinnlichen Lust. Er wird abgebildet langbärtig und mit übermäßig großem Phallus. Der Karnaktempel des Amon ist ihm nicht gewidmet, wie Denon irrtümlich annimmt.

12 Scherif, ursprünglich ein Ehrentitel für die Nachkommenschaft Mohammeds. Eine besondere Stellung kam dem Großscherifen von Mekka zu. Das Amt kam um die Mitte des 10. Jahrhunderts auf und wurde im 13. Jahrhundert in der Familie der Haschemiten erblich, bis 1924 der Scherif Hussein, der sich gegen die osmanische Herrschaft aufgelehnt hatte, die Heiligen Stätten an das Haus Saud verlor. Sein Urenkel ist König Hussein von Jordanien.

13 Vgl. Anmerkung 24, Kapitel V.

13a Vgl. Anmerkung 19, Kapitel VII.

14 Vgl. Anmerkung 18, Kapitel VII.

15 Vgl. Anmerkung 22, Kapitel VII.

16 Die Oase Charge (Kharga) ist durch eine 200 km lange Bahnlinie mit der Bahn durch das Niltal verbunden. Charge, die »große Oase« der Klassiker, hat eine Länge von 300 km bei 30–80 km Breite. Sie besitzt zahlreiche Ruinen aus der Zeit der römischen Kaiser, insbesondere einen Tempel, der von Antoninus Pius (138–161 n. Chr.) erbaut wurde. Etwa 2 Tagesreisen südlich liegt das Dorf Beris. Der weitere Weg über die Oase Selima nach Dongola ist abgelegen und beschwerlich, wird jedoch noch heutzutage von Kamelkarawanen, vorwiegend für Schmuggelgüter, benutzt.

17 Dongola am linken Nilufer wurde Zufluchtsort der Mameluken nach ihrer Vernichtung und Vertreibung durch Mohammed Ali.

18 Vgl. Anmerkung 13, Kapitel X.

19 Ammianus Marcellinus (330–390 n. Chr.), römischer Historiker aus Antiochia, Sohn griechischer Eltern, kämpfte als Soldat unter Kaiser Konstantius im Orient und in Gallien und Germanien, später unter Julian Apostata (vgl. die folgende Anmerkung) im Kriege gegen die Perser. Er lebte sodann in Antiochia und in Rom und widmete sich der Geschichtsschreibung. Von seiner lateinisch geschriebenen römischen Geschichte in 31 Büchern von Kaiser Nerva bis Valens (96–378 n. Chr.) sind nur die Bücher 14–31 erhalten, welche die Zeitgeschichte des Verfassers schildern und besonders für die Geschichte des Julian Apostata (361–363) eine Hauptquelle bilden. Ammian beschreibt die Gräber im Tal der Könige in Theben und berichtet über die ägyptische Götterwelt.

20 Julian Flavius Claudius mit dem Beinamen Apostata (d.i. der Abtrünnige, weil er vom Christentum abfiel) 331–363, Neffe Konstantins d. Gr., wurde römischer Kaiser 361. Zuvor hatte er den Oberbefehl über die Legionen am Rhein und schlug die Alemannen in der Schlacht bei Straßburg 357. Sein Hauptbestreben während seiner kurzen Regierung war auf die Wiederherstellung des Heidentums gerichtet, er glaubte, daß damit auch Größe und Ruhm des römischen Reiches zurückkehren würden. Als eifriger Anhänger der neuplatonischen griechischen Philosophie enthielt er sich zwar aller blutigen Verfolgungen, entzog jedoch den Christen alle von seinen Vorgängern gewährten Privilegien. Er förderte den heidnischen Kultus und den Bau von Tempeln. Unter seiner Regierung kam es in dem stets unruhigen Alexandria zu einer letzten großen Christenverfolgung. Julian starb am 26. Juni 363 an einer im Gefecht empfangenen Wunde während seines Feldzuges gegen den

Perserkönig Sapores, nachdem er zuvor bis über den Tigris vorgedrungen war.

21 Vgl. Anmerkung 6, Kapitel VIII.

22 Die Christenverfolgungen im römischen Reich stellten eine Reaktion des Heidentums auf die rasche Ausbreitung des neuen Glaubens dar. Religion war Staatsangelegenheit. Aus Staatsklugheit wurden unterworfenen Völkern ihre Götter belassen, so auch den Juden die Ausübung ihrer Religion gestattet. Je mehr sich das Christentum vom Judentum löste, desto mehr verlor es das Recht einer etablierten und damit anerkannten erlaubten Religion. Aufnahme und Verbreitung einer unerlaubten Religion galt jedoch in der allen Neuerungen reserviert und argwöhnisch gegenüberstehenden Kaiserzeit als Verbrechen gegen die Staatsgesetze. Zumal mußte gerade das Christentum – gewissermaßen unfaßbar, weil ohne Volkstümlichkeit, ohne Götterbilder, Tempel, Altäre und Opfer und so bald vom Schleier des Geheimnisses umgeben – als besonders suspekt erscheinen, auch deshalb weil seine Anhänger sich weigerten, die Zeremonien der römischen Staatsreligion zu erfüllen, der Büste des Kaisers Verehrung zu zollen, und so der allgemeinen Bürgerpflicht zu genügen. Diokletian (284–305) (vgl. Anmerkung 4, Kapitel IV) zeigte sich anfangs nicht als Christenfeind, begann jedoch dann (in Ägypten um 302) teils aus Gründen der Staatsraison, teils beeinflußt von seinem Schwiegersohn Galerius gegen die Christen einen allumfassenden Kampf, der mit der Zerstörung der Kirche von Nikomedien seinen Anfang nahm. Durch kaiserliches Edikt gebot er die Zerstörung aller christlichen Kirchen, Verbrennung der heiligen Bücher, Entlassung der Christen aus Staatsämtern, Anwendung der Folter bei Christenprozessen. Die Christen wurden fortan zum Kaiseropfer gezwungen. Durch das ganze Reich wüteten die Verfolgungen. Bei dem großen Aufstand in Oberägypten gegen die Römer 292–293, den Diokletian persönlich niederschlug und bei dem auch die Stadt Koptos belagert wurde (vgl. Anmerkung 12, Kapitel X), handelte es sich jedoch weniger um eine Auseinandersetzung mit den ägyptischen Christen als um einen allgemeinen gegen die Gleichschaltung und vollständige Provinzialisierung Ägyptens gerichteten Aufstand unter Führung des Achilleus.

23 Vgl. Anmerkung 1, Kapitel IV

Kapitel XII

1 Chamsin (oder Kamsin) wird der in Ägypten wehende heiße Wüstenwind genannt, der während der 50 Tage auftritt, die auf die Frühlingstag- und Nachtgleiche folgen, woraus sich sein Name erklärt (Chamsein – im ägyptischen = fünfzig). Er ist brennend heiß und trocken und führt feinen, die Luft verdunkelnden Staub mit sich. Im Sudan wird er Habub genannt.

2 François-Xavier Donzelot (1764–1843) trat 1783 in die französische Marine ein. Als Desaix' Generalstabschef hatte er die Einschiffung des Expeditionsteils, der im Mai 1798 aus Civita-Vecchia abging (vgl. Kapitel I), geleitet. Er begleitete Desaix auf seinem Zuge nach Oberägypten und wurde am 23. 6. 1799 zum Brigadegeneral ernannt. Er wurde General Belliard zur Unterstützung bei der Besetzung des Hafenplatzes Kosseir am Roten Meer zugeteilt. Die Inbesitznahme Kosseirs erwies sich wegen der Bedrohung der rückwärtigen Verbindungen des französischen Expeditionskorps durch englische Flotteneinheiten im Roten Meer als notwendig. Bereits Anfang Mai 1799 war Suez von britischen Kriegsschiffen bombardiert worden. Am 26. Mai 1799 brach das Detachement von Kene aus zum Marsch durch die Wüste auf: 350 Mann Infanterie und Artillerie auf Kamelen sowie 750 Lastka-

mele und ein Geschütz. Der Marsch wurde in 4 Tagen, ohne auf Widerstand der Mameluken zu treffen, durchgeführt. An den Brunnen in der Wüste bei Bir Amba, Laketa, El Ahmar, El Haweh wurde jeweils gerastet. Belliard ließ Donzelot in Kosseir auf Posten zurück, der den Platz befestigte. Die Verpflegung seiner 300 Mann Besatzung mußte größtenteils von Kene herangeschafft werden, Trinkwasser war knapp, das Garnisonsleben in dem entlegenen, heißen Platz am Roten Meer eintönig. Am 14. August 1799 erschienen zwei britische Fregatten vor Kosseir. Ihr Landungsversuch wurde von den Franzosen abgeschlagen. Ende Februar 1800 wurde Kosseir evakuiert, jedoch im Herbst 1800 erneut besetzt. Donzelot wurde Oberkommandierender in Oberägypten mit Sitz in Siut. Er versuchte, koptische und nubische Hilfskontingente aufzustellen. Seine Verwaltung zeitigte erste Erfolge, als die Franzosen Oberägypten räumen mußten, insbesondere verstand es Donzelot, sich mit Murad Bei (vgl. Anmerkung 6, Kapitel III), dem das südliche Oberägypten mit Kosseir als Herrschaftsbereich zugewiesen war, zu arrangieren. Donzelot wurde nach der Rückkehr nach Frankreich 1807 zum Gouverneur von Korfu und den Ionischen Inseln ernannt, die er bis zum Ende der Napoleonischen Kriege gegen die Engländer hielt. Von 1816–1825 war er Gouverneur von Martinique.

3 Vgl. Anmerkung 14, Kapitel X und Anmerkung 16, Kapitel X.

4 Kittah oder Laketa, etwa 10 Stunden von Bir Amba entfernt, ist eine kleine Oase mit zwei Brunnen, Palmen und einer verfallenen Karawanserei. Es finden sich hier Reste griechischer Inschriften. Laketa ist von Ababde Beduinen bewohnt.

5 Vgl. Anmerkung 15, Kapitel III.

6 Vgl. Anmerkung 11, Kapitel X und Anmerkung 2, Kapitel XII.

7 Bab el Mandeb, d.i. »Tor der Tränen« wird die Meerenge genannt, die zwischen Afrika und Arabien aus dem Indischen Ozean ins Rote Meer führt. Die Meerstraße wird durch die Insel Perim geteilt, deren südlicher Arm 20 km, deren nördlicher aber nur 3 km breit ist. Die Durchfahrt ist wegen der heftigen Strömung gefährlich.

8 Vgl. Anmerkung 10, Kapitel X.

Kapitel XIII

1 Louis-Marie Joseph Maximilien de Caffarelli Du Falga (13. 2. 1756–27. 4. 1799) entstammte einer italienischen Familie, die seit dem 17. Jahrhundert im Languedoc ansässig war. Er fiel bei den Kämpfen von St. Jean d'Acre während des syrischen Feldzugs Bonapartes. Er hatte bereits 1795 ein Bein verloren und die Expedition nach Ägypten mit einem Holzbein mitgemacht.

2 Kaimakam, im Arabischen eigentlich der Stellvertreter, in der Türkei Titel des Kreisvorstehers, in Ägypten Kaschef genannt. In der Armee entspricht der Titel des Kaimakam dem des Oberstleutnant.

3 Vgl. Anmerkung 3, Kapitel VIII.

4 Die Königsgräber von Biban el Muluk stammen aus der XVIII. bis XX. Dynastie und sind im Gegensatz zu den Pyramidengräbern als Gänge in den Felsen gehauen. Sie waren nur zur Aufnahme des Sarkophags bestimmt, während die dem Kult des Verstorbenen geweihten Tempel in der Ebene erbaut wurden. Vom Endgang führen gewöhnlich drei aneinanderschließende Korridore in die Tiefe; an dem ersten liegen zuweilen kleinere Nebenkammern, in dem zweiten und dritten befinden sich Nischen zur Aufnahme des Totengeräts. Durch einen Vorsaal gelangt man in den Hauptsaal, in dem der Granitsarg stand. Ramses XI. (1112–1085 v. Chr.)

ist der letzte Pharao, der sich ein Grab im Tal der Könige anlegte, alle folgenden Dynastien haben sich im Norden Ägyptens bestatten lassen. Grabräuber haben die Gräber der Pharaonen vermutlich bereits wenige Jahre nach der Bestattung erbrochen und geplündert. Da die Gräber nicht mehr sicher waren, wurden die meisten Königsmumien (vermutlich 973 v. Chr.) in einem Versteck deponiert, das südlich des Tales von Der el Bahri gelegen, 1871 von Arabern entdeckt, 1881 von dem französischen Ägyptologen Maspéro geöffnet wurde. Die Mumien wurden ins archäologische Museum nach Kairo verbracht.

Die leeren Gräber waren schon der Antike bekannt und wurden besucht. So spricht Strabo (vgl. Anmerkung 8, Kapitel II), der um 25 v. Chr. Ägypten bereiste, von 40 Gräbern, die eines Besuches wert seien. Auch Pausanias, Aelian, Heliodor, Ammianus Marcellinus (vgl. Anmerkung 19, Kapitel XI) und andere antike Schriftsteller erwähnen die Gräber. Im 18. Jahrhundert, vor der französischen Expedition, wurden sie von Pococke (vgl. Anmerkung 14, Kapitel IX) und Norden (vgl. Anmerkung 13, Kapitel V) besucht. Beide berichten von den Räuberbanden, die die Gegend unsicher machen und die auch Denon und den ihm nachfolgenden französischen Gelehrten den Besuch erschwerten.

5 Vgl. Anmerkung 7, Kapitel X

6 Vgl. Anmerkung 7, Kapitel X

7 Bei dem Dorfe Kurna liegen die Felsengräber von Schech Abd el Kurna, die fast ausnahmslos die Mumien von Großwürdenträgern aus der XVIII. Dynastie einst beherbergten. Sie bestehen in der Regel aus zwei Räumen: einer breiten Halle und einem anschließenden Korridor mit einer Nische für die Statuen des Verstorbenen und seiner Anverwandten. Denon hat, wie seine Schilderung zeigt, offenbar diese Gräber besucht.

8 Skarabäus, Abbildungen des heiligen Käfers finden sich insbesondere auf ägyptischen Gemmen, Münzen, Mumien, Obelisken und an Kunstwerken. Die rasche Vermehrung dieses Käfers im Nilschlamm führte zur Auffassung, er entstehe ohne Fortpflanzung, daher galt er als Symbol der Schöpfungskraft. Man weihte ihm göttliche Verehrung. Sehr häufig sind aus Stein geschnittene Käfer als Amulette.

9 Möglicherweise handelt es sich um das bekannte »Grab des Nacht«.

10 Im Frühjahr 1799 sammelte ein gewisser Ahmed aus Derna in der Cyrenaica Anhänger um sich und wiegelte sie gegen die Franzosen auf. Er gab sich als der Mahdi aus. Er erreichte es, zahlreiche Dörfer im Delta in Aufruhr zu versetzen. Am 30. 4. 1799 gelang ihm die Einnahme von Damanhour. Die dortige französische Garnison in Kompaniestärke wurde überrumpelt und niedergemacht. Kurz darauf wurden in einem Gegenschlag der Franzosen die Scharen des Mahdi Achmed auseinandergetrieben, Achmed selbst entkam.

El Mahdi, wörtlich »der Geleitete«, d. h. ein Mensch, der in einer ganz besonderen und individuellen Art von Allah geleitet wird. Der Begriff des Mahdi umschreibt wohl das Eindringen messianischer Ideen aus christlichen und jüdischen Quellen in die islamische Vorstellungswelt. Der im Volke verbreitete Glaube an den Beginn eines besseren Zeitalters wird mit dem Erscheinen der Heilsgestalt des Mahdi verknüpft. Die Glaubensrichtung der Schiiten verbindet den Glauben an das Erscheinen des Mahdi mit dem Dogma der Wiederkehr des 12. Imams, der im Verborgenen lebt. Kehrt dieser letzte Imam zurück, so wird er aus göttlichem Recht die Welt regieren. Inmitten wachsender politischer, sozialer und religiöser Dunkelheit und Ungewißheit klammerte sich die islamische Volksmenge an den

Gedanken eines künftigen Befreiers und Wiederherstellers eines kurzen goldenen Zeitalters vor dem endgültigen Ende. So blieb der Mahdiglauben alle Zeiten hindurch fest in der Vorstellung der Masse verankert und änderte lediglich seine Ausdrucksformen nach Ort, Zeit und Umständen. In den früheren Traditionen sollte er aus dem Osten kommen, in späteren Zeiten wird er aus den Ländern des Maghreb erwartet. In Perioden sozialer, politischer und religiöser Unruhe tauchten wiederholt Männer auf, die sich als Mahdis ausgaben, eine Anhängerschaft um sich scharten und sich gegen die bestehende Ordnung auflehnten. Am bekanntesten ist in neueren Zeit die Revolte des Mahdi Mohammed Achmed im Sudan 1881.

11 Vgl. Anmerkung 4, Kapitel III

12 Vgl. Anmerkung 13, Kapitel X

Am 16. Mai 1799 richtet Napoleon folgendes, dem tatsächlichen Ablauf des syrischen Feldzugs nicht der Wahrheit entsprechendes Schreiben an den Diwan in Kairo:

»Endlich kann ich Ihnen meine Abreise von Syrien nach Kairo anzeigen, wo ich pünktlich einzutreffen hoffe. Ich werde in drei Tagen aufbrechen und in vierzehn Tagen ankommen. Ich werde viele Gefangene und Fahnen mitbringen.

Ich habe den Palast Djezzars und die Wälle von Akka geschleift und die Stadt bombardiert, so daß kein Stein auf dem anderen geblieben ist. Alle Einwohner haben die Stadt auf dem Weg übers Meer geräumt. Djezzar ist verwundet und hat sich mit seinen Leuten in eines der Forts an der Küste zurückgezogen; er ist schwer verwundet. Von 30 mit Truppen besetzten Schiffen, die ihm zu Hilfe gekommen sind, sind drei von meinen Schiffen in den Grund gebohrt worden; vier sind von meinen Fregatten samt den Geschützen, die sie trugen, erobert worden. Die übrigen sind im übelsten Zustand und gänzlich zerstört.

Ich habe großes Verlangen, Sie zu sehen und nach Kairo zu kommen, um so mehr, als ich sehe, daß trotz Ihrem Eifer eine große Zahl Böswilliger die öffentliche Ruhe zu stören suchen. All das wird, wenn ich komme, verschwinden wie das Gewölk bei den ersten Sonnenstrahlen.«

Bourienne erzählt, als ihm Napoleon diesen Brief in die Feder diktierte, habe er Einspruch erhoben: das entspreche doch der Wahrheit nicht; worauf ihm Napoleon nur erwidert habe: »Mein Lieber, Sie sind ein Dummkopf, Sie verstehen nichts davon.«

13 Jacopo da Bassano (1510–1592), italienischer Maler, bekannt für seine Heiligenbilder in leuchtenden Farben, in die er gern Tiere und Gerätschaften des Alltags aufnahm. Er pflegte zusammen mit seinen Söhnen zu malen und erreichte derart eine hohe Produktion.

14 Möglicherweise handelt es sich um das Grab des Amenemheb.

15 Die Darstellungen beziehen sich auf den Kampf Ramses III. (1200–1179 v. Chr.) gegen die Libyer.

16 Denon beschreibt hier den zweiten Hof des Tempels Ramses III., der in christlicher Zeit als Kirche diente, deren Reste heutzutage nicht mehr sichtbar sind, sowie die Darstellungen der Reliefs an den Wänden der Tempelhallen. Die Darstellung wird wie folgt gedeutet:

Der Pharao wird auf einem Sessel unter einem Baldachin von Prinzen aus dem Palast getragen. Hofleute und Priester mit Räuchergefäßen folgen ihm. Der Pharao opfert und räuchert vor dem Bilde des Erntegottes Min. Ein weiteres Relief, das sich auf der Ostwand fortsetzt, zeigt die Prozession: auf einer Bahre wird das Bild des Gottes getragen, Priester folgen, voran schreitet der König und vor ihm ein weißer Stier, das heilige Tier des Gottes. Auf dem nächsten Bild zerschneidet der Pharao mit der Sichel die ihm von einem Priester gereichten Garben, die Priester lassen vier Vögel fliegen. Denon hat den Inhalt der Darstellung mit der Annahme eines Menschenopfers mißverstanden.

17 Longos, ein griechischer Schriftsteller aus dem dritten nachchristlichen Jahrhundert, ist der Verfasser des Schäferromans von Daphnis und Chloe. Longos hat vermutlich auf der Insel Lesbos gelebt. 1810 entdeckte der Franzose Courièr in Florenz eine vollständige Handschrift des Romans, der das Vorbild der Hirtenromane geworden ist.

18 Lucius Apuleius, römischer Rhetor und Satiriker, wurde um 130 n. Chr. zu Madura in Numidien geboren. Nach ersten Studien in Karthago studierte er in Athen platonische Philosophie, lebte kurze Zeit in Rom und kehrte nach Afrika zurück, wo er die bedeutend ältere Mutter eines Freundes heiratete und sich in Karthago niederließ. Sein Hauptwerk ist sein satirischer Roman »Der goldene Esel«.

19 Vgl. Anmerkung 4, Kapitel VII

20 Vgl. Anmerkung 3, Kapitel X

21 Augustus 30 v. Chr. – 14 n. Chr., Trajan 98–117 n. Chr., Hadrian 117–130 n. Chr., römische Kaiser. Bis zur diokletianischen Reichsreform hatte Ägypten eine vom römischen Reich unterschiedliche Münzprägung, insbesondere die sog. alexandrinische Tetradrachme. Man rechnete nach Drachmen und Talenten. Diokletian führte die Reichswährung in Ägypten ein, jedoch wurden in der alexandrinischen Münze keine Gold-, sondern nur Silber- und Kupfermünzen geschlagen. Nach Diokletians Abdankung begann sich Ägypten vom übrigen Reich monetär wieder zu lösen. Der Kurs der ägyptischen Kupfermünzen wich vom Reichskurs ab. Daher gewann die von Konstantin d. Gr. (vgl. Anmerkung 22, Kapitel XIII) eingeführte Goldmünze (solidus) in Ägypten eine große Bedeutung. Zu ihr wurde das heimische Siligna in Gewicht von $^1/_{24}$ Solidus als Goldteileinheit – keine Münze, sondern eine abstrakte Recheneinheit – in Beziehung gesetzt. Das Verhältnis von Kupfergeld zur Goldmünze war in Ägypten starken Kursschwankungen unterworfen.

22 Konstantin der Große (27. 2. 274 – 22. 5. 337) Sohn des Caesars Constantius Chlorus und der Helena (vgl. Anmerkung 10, Kapitel VII), nahm 308 den Titel Augustus an. Nachdem er seine übrigen 5 Mitkaiser nacheinander ausgeschaltet oder getötet hatte, erlangte er 324 die Alleinherrschaft. Er wählte Byzanz zu seiner Residenz und erhob nach dem Mailänder Toleranzedikt 313 im Jahre 324 das Christentum zur Staatsreligion. Auf dem Konzil zu Nicäa 325 war er bemüht, die Händel zwischen Arius und Athanasius zu schlichten (vgl. Anmerkung 24, Kapitel II).

Kapitel XIV

1 Vgl. Anmerkung 14, Kapitel VII

2 Die Stadt Achmim ist an der Stelle des alten Chemmis oder Panopolis gelegen, sie war nach ihrem Stadtgott Min Chente Min genannt, woraus das arabische Achmim entstand. Panopolis wird von Herodot und Strabo erwähnt, sie stand auch noch unter der römischen Herrschaft in hoher Blüte. In christlicher Zeit reihte sich hier Kloster an Kloster. Heute sind von der antiken Stadt nur spärliche Trümmer erhalten.

3 Manfalut ist Sitz eines koptischen Bischofs und ein Zentrum der koptischen Besiedlung. Berühmt ist der hier fabrizierte Dattelwein.

4 Vgl. Anmerkung 3, Kapitel VII

5 Minieh, Provinzhauptstadt 250 km südlich Kairos, in deren Nähe die Felsengräber von Beni Hassan liegen. Der Name kommt vom altägyptischen Menat-Chufu.

6 Denon spielt hier auf den römischen Patrizier, Konsul und Heerführer Quintus Fabius Maximus mit dem Beinamen Cunctator an, dessen Strategie im Kampf mit Hannibal im zweiten Punischen Kriege (218–201 v. Chr.) darauf angelegt war, daß er eine Schlacht aufs sorgfältigste vermied und Hannibal nur durch Abschneiden des Nachschubs und durch kleine Gefechte Abbruch zu tun suchte. Er starb 203 v. Chr.

6a Pierre François Xavier Baron Boyer (1772–1851) trat 1792 als Freiwilliger in die Armee ein und nahm an den Feldzügen in Italien, Ägypten und Syrien teil. Er zeichnete sich bei Jena, Friedland und Wagram aus und kämpfte in Spanien. Von den Bourbonen geächtet, trat er in die Dienste Mohammed Alis, des Paschas von Ägypten. In der Julimonarchie erhielt er ein Kommando in Algerien, nahm jedoch bald darauf seinen Abschied.

7 Vgl. Anmerkung 14, Kapitel VI, und Anmerkung 11, Kapitel IX

Die koptischen Klöster können auf eine sehr alte Tradition zurückblicken; die ältesten, wie das des Heiligen Antonius, datieren in die Zeit Diokletians, um 300 n. Chr. Zu manchen Zeiten haben sie Jahrzehnte leergestanden. Unter der Kalifen- und Mamelukenherrschaft blieben sie unangetastet. Kirchliche Institutionen, die die arabischen Eroberer vorfanden, wurden von ihnen trotz der Bedrückung, denen sich die Christen ausgesetzt sahen, im allgemeinen respektiert. Das Kloster St. Anton bedeckt mit seinen 1120 m langen Umfassungsmauern einen Raum von über 6 ha. In die Mauer eingefügt ist das Aufzugshaus, in dem sich eine mächtige Winde befindet, die durch ein horizontal gedrehtes Rad von zwei Mönchen in Bewegung gesetzt wird, an dem herauf- und herabzulassenden Seil gelangen Mönch und Besucher in den Klosterhof. Das an der Seite der Aufzugsmaschinerie befindliche Tor ist vermauert und wurde nur zum Besuch des Patriarchen geöffnet. 1859 wurde das Kloster St. Antonius renoviert. Der Komplex der Baulichkeiten besteht aus den Zellen der Mönche, einzelnen Taubenhäusern vergleichbare Kammern mit winzigen Eingängen, sowie dem Burgturm, der die Funktion eines Bergfrieds einer mittelalterlichen Burg besaß, der Kapelle und einer Vielzahl von Wirtschaftsgebäuden. Innerhalb der Mauern befindet sich weiters der Klostergarten und eine oder mehrere Quellen, die die Wasserversorgung sichern. Der gleiche festungsartige Charakter eignet mehr oder minder allen frühen koptischen Klöstern.

8 Joachim Murat (25. 3. 1771–13. 10. 1815) angeblich – Owakim Muratian – als Sohn eines ausgewanderten Armeniers aus Karabagh geboren, studierte Theologie in Toulouse, trat bei Beginn der Revolution in die Armee ein. Er begleitete Napoleon als Adjutant in den italienischen Feldzug 1796. 1798 ging er mit Napoleon nach Ägypten, machte den syrischen Feldzug mit und zeichnete sich durch besondere Tapferkeit in den Schlachten von Gaza und St. Jean d'Accre aus. Am 25. 7. 1799 entschied er den französischen Sieg bei Abukir, wofür ihn Napoleon zum Divisionsgeneral ernannte. Für seine erfolgreiche Mitwirkung bei Napoleons Staatsstreich vom 18. Brumaire verheiratete ihn dieser mit seiner Schwester Caroline Bonaparte. 1804 erhob ihn Napoleon zum Marschall und Prinzen, 1806 wurde er Großherzog des Herzogtums Berg. Im Kriege mit Preußen war er maßgeblich

am Siege von Jena und Auerstädt beteiligt. 1808 zog er an der Spitze der französischen Armee in Madrid ein. Am 1. 8. 1808 wurde er zum König von Neapel proklamiert. 1812 nahm er an Napoleons Feldzug in Rußland teil. In den Freiheitskriegen fiel Murat nach der Schlacht bei Leipzig von Napoleon ab und trat gegen die Garantie des Besitzes seines Königreichs durch die Alliierten mit 30000 Mann auf deren Seite. Da jedoch die Bourbonen in den Verhandlungen des Wiener Kongresses seine Absetzung verlangten, schwenkte Murat nach Napoleons Rückkehr von Elba um und besetzte im Februar den Kirchenstaat. Nach der Schlacht von Waterloo flüchtete er nach Corsika und versuchte vergeblich, Neapel zurückzuerobern. An der kalabrischen Küste gefangengenommen, wurde er durch ein Kriegsgericht zum Tode verurteilt und am 13. 10. 1815 auf Schloß Pizzo erschossen.

9 Am 11. Juli 1799 landete die türkische Flotte von Rhodos kommend eine Armee von 20000 Soldaten unter dem Oberbefehl von Mustafa Pascha bei Abukir, die nach kurzer französischer Gegenwehr das Fort Abukir stürmte. Bonaparte brach sofort von Kairo auf und erreichte Alexandria am 24. Juli und griff anderntags die Türken an. Am ersten Tag wurden die Türken auf das Fort zurückgeworfen und verloren 6000–7000 Mann. Der türkische Oberbefehlshaber selbst geriet in Gefangenschaft. Nach kurzer Belagerung wurde am 2. August das Fort Abukir zurückerobert. 3 Wochen nach der Landung war das türkische Expeditionskorps vernichtet.

9a Jacques Zacharie Destaing (1764 – 5. 5. 1802) wurde auf dem Schlachtfeld bei den Pyramiden zum Brigade-General ernannt. Nach der Landschlacht bei Abukir Divisionsgeneral.

9b Jean Urbain Fugière (8. 2. 1752 – 17. 12. 1813), Brigadegeneral. Er besetzte die Insel Gozo, nahm am ägyptischen Feldzug teil, wurde in der Landschlacht bei Abukir schwer verwundet, verteidigte Rosette gegen das anglo-türkische Expeditionskorps und nahm 1801 an der Kapitulation der französischen Truppen unter Menou teil.

10 Charles Emmanuel Leclerc d'Ostin (17. 3. 1772–2. 11. 1802) trat 1791 in die Armee ein und war 1793 an der Eroberung Toulons beteiligt. 1795 verlobte er sich in Marseille mit Napoleons Schwester Pauline. Napoleon berief ihn zur italienischen Armee. Nach seiner Beförderung zum Brigadegeneral vermählte er sich in Mailand mit Pauline Bonaparte. Er ging mit Napoleon nach Ägypten und wirkte danach beim Staatsstreich vom 18. Brumaire mit, an der Spitze der Grenadiere vertrieb er die Mitglieder des Rates der 500 aus dem Sitzungssaal. 1801 wurde er an die Spitze des umfänglichen Expeditionskorps gestellt, das Haiti wieder unterwerfen sollte. Es gelang ihm, die Rebellion zumindest äußerlich zu unterdrücken. Mehr als 22000 Mann aber sowie Leclerc selbst wurden ein Opfer des Gelben Fiebers. Er starb am 2. November 1802; seine Witwe heiratete 1803 den Fürsten Borghese.

11 Jean Lannes (11. 4. 1769 – 31. 5. 1809) trat 1792 als Feldwebel in die Armee ein, focht mit Auszeichnung in den Schlachten des italienischen Feldzugs 1796 bei Lodi, Bassano, Pavia, Mantua und Arcole, so daß er zum Brigadegeneral aufstieg. 1798 folgte er Napoleon nach Ägypten. Nach der Rückkehr ging er wieder nach Italien und errang einen bedeutenden Sieg bei Montebello. 1804 erhob ihn Napoleon zum Marschall und Herzog von Montebello. Er kämpfte bei Austerlitz 1805, Jena 1806, begleitete Napoleon nach Spanien 1808 und leitete die berühmte Belagerung von Saragossa. In der Schlacht bei Aspern 1809 wurde er tödlich verwundet.

12 Über den Engländer John Keith, der über einen Gefangenenaustausch nach der Schlacht bei Abukir verhandelte, erhielt Napoleon Zeitungen, die, wenngleich zwei

Monate alt, ihn über die Verhältnisse in Europa erstmals unterrichteten. Er betrieb in aller Eile und Heimlichkeit seine Abreise. Bereits am 3. August 1799, unmittelbar nach der Wiedereroberung des Forts Abukir (vgl. Anmerkung 9, Kapitel XIV) ließ er die Fregatten »Muiron« und »Carrière« sowie die beiden Avisos »Revanche« und »Fortune« seeklar machen. Er kehrte noch einmal kurz nach Kairo zurück, ordnete seine Angelegenheiten und gab weitere Anweisungen für die Arbeit des Instituts. Einige ausgewählte Institutsmitglieder, darunter Monge und Berthollet, wurden aufgefordert mitzureisen. Sowie die Nachricht kam, das türkische Blockadegeschwader habe die Reede von Abukir verlassen, brach Napoleon am 17. 8. 1799 um Mitternacht von Kairo auf. In Alexandria übergab er General Menou den Befehl für General Kléber, das Kommando zu übernehmen, sowie seinen Abschiedsbefehl für die zurückbleibenden Truppen:

»An die Armee.

Die Nachrichten aus Europa haben mich bestimmt, nach Frankreich abzureisen. Ich lasse das Kommando über die Armee dem General Kléber. Die Armee wird bald von mir hören; ich kann nichts weiteres darüber sagen. Es ist mir schmerzlich, die Soldaten, an denen ich am meisten hänge, zu verlassen; aber das geschieht nur für den Augenblick, und der General, den ich Ihnen lasse, hat das Vertrauen der Regierung und das meinige.

Bonaparte«.

Bonaparte, Berthier, Andreossi, Monge, Berthollet, der Adjutant Beauharnais, der Sekretär Bourienne schifften sich auf der »Muiron« ein, Lannes, Murat, Marmont und Denon auf der »Carrière«. Das Kommando hatte Konteradmiral Ganteaume.

13 Vgl. Anmerkung 9, Kapitel II

14 Lampedusa, eine Insel im Mittelmeer, 220 km von der sizilianischen, 130 km von der tunesischen Küste entfernt, hat einen Umfang von 30 km. Die Insel war lange unbewohnt, 1843 besetzte die neapolitanische Regierung die Insel definitiv.

15 Während der Abwesenheit Napoleons in Ägypten hatten sich 1799 Rußland, Österreich und England sowie Portugal, Neapel und die Pforte zur Zweiten Koalition gegen Frankreich verbündet. Erzherzog Karl hatte die Franzosen aus Süddeutschland vertrieben. General Suworow zwang die Franzosen zur Räumung Oberitaliens.

16 Fréjus liegt 2 km von der Küste entfernt, der Hafen St. Raphael war auch der gleiche Platz, an dem sich Napoleon 1814 nach Elba einschiffte.

17 Denon meint hiermit das Monumentalwerk der »Description de L'Egypte ou Recueil des Observations et des Recherches pendant l'Expédition de l'Armée Française«, erschienen in Paris 1809–1813 in 26 Textbänden und 12 Bänden Kupfertafeln.

BIBLIOGRAPHIE DER SCHRIFTEN DENONS

DENON (Baron Dominique Vivant)

- Claude Gelée (dit Le Lorrain)...
- Discours sur les monuments d'antiquité arrivés d'Italie, prononcé le 8 vendémiaire an XII à la séance publique de la Classe des beaux-arts de l'Institut national, par Vivant Denon – Paris, impr. de P. Didot l'aîné.
- Dissertation sur un traité de Charles Lebrun, concernant le rapport de la physionomie humaine avec celle des animaux, par V. Denon – Paris, Calcographie du Musée Napoléon, 1806.
- Julie, ou le Bon père, comédie en 3 actes et en prose... (Paris, Comédie française, 14 juin 1769). Par M. D.* N**... (V. Denon) – Paris, Delalain, 1769.
- Lettre de M. Denon en réponse à une lettre d'un étranger sur le Salon de 1787. – Paris, impr. de Didot aîné (1787).
- Monuments des arts du dessin chez les peuples tant anciens que modernes, recueillis par le Baron Vivant Denon... pour servir à l'histoire des arts, lithographiés par ses soins et sous ses yeux, décrits et expliqués par Amaury Duval... Paris, Brunet Denon, 1829.
- Notice sur Gérard Audran, par V. Denon. – 9 p. portrait lith., pl. et fig.
- L'Œuvre originale de Vivant Denon... Collection de 317 eaux-fortes dessinées et gravées par ce célèbre artiste... avec une notice très détaillée sur sa vie intime, ses relations et son œuvre par M. Albert de la Fizelière. – Paris, A. Barraud, 1873, 2 vol.
- Point de lendemain, conte. (Par V. Denon). – Paris, impr. de P. Didot l'aîné, 1812. 52 p.
- Point de lendemain, conte (par V. Denon. Précédé d'une notice par Ch. Mehl). – Strasbourg, impr. de Berger-Berrault, 1861.
- Point de lendemain, conte (par Vivant Denon...) (Précédé d'une dissertation sur la question de savoir quel est l'auteur du conte: Point de lendemain, par E. Gallien.) – Paris, Leclerc, 1866.
- Point de lendemain, conte (par V. Denon), dédié à la reine. (Précédé d'une notice de A. P. Malassis.) – Paris I. Liseux, 1876.
- Vivant-Denon. Point de lendemain, conte en prose. Réimpression textuelle sur l'édition originale de 1777... – Rouen, J. Lemonnyer, 1879.
- Point de lendemain, conte (par V. Denon), illustré de treize compositions de Paul Avril. – Paris, P. Rouquette, 1889.
- Voyage dans la Basse et la Haute Egypte, pendant les comapagnes du général Bonaparte, par Vivant Denon. – Paris, impr. de P. Didot l'aîné, an X-1802.
  Atlas gr. in-fol.
- 1802. – ibid. 3 vol.
- 1803. – 4e éd. – ibid 3 vol.
- Voyage dans la Basse et la Haute Egypte, pendant les campagnes du général Bonaparte, par Vivant Denon, Nouvelle édition, augmentée d'une notice sur l'auteur, par M. P.-F. Tissot. – Paris, H. Gaugain, 1829. 2 vol.
- Analyse et extrait du voyage dans la Basse et la Haute-Egpyte, pendant les campagnes du général Bonaparte, par Vivant Denon. lus à l'Athénée de Paris par J.-G. Legrand... – Paris, impr. de Migneret, an X-1802.
- Denon. Vers l'Egypte. (Précédé d'une notice par Alfred Ernst.) – Paris, H. Gautier (1896).
- Travel in Upper and Lower Egypt, in company with several divisions of the French army under the command of general Bonaparte, by Vivant Denon... translated... by Francis Blagdon... – London, J. Ridgway, 1802. 2 vol.

- Viaggio nel Basso ed Alto Egitto, illustrato dietro alle tracce e ai disegni del sig. Denon. – Firenze, presso G. Tofani, 1808, 2 tomes en 1 vol. gr. in-fol.
- Reizen in Opper- en Neder-Egypten ... door den heer Vivant Denon. Uit het fransch vrijelijk vertaald ... door den heer E. A. Kendal ... – In den Haage, bij J. C. Leeuwestijn, 1803, 2 vol. pl. et cartes.
- Reize in Opper- en Neder-Egipte ... door Vivant Denon. Uit het fransch, door Herm. Bosscha ... – Te Amsterdam, bij J. Allart, 2 vol.
- Reisen durch Ober- u. Unter-Aegypten, während Bonapartes Feldzügen. 2 Bde. Aus d. Französ. v. K. Witte – Mainz 1803 (Herold in Hamb.)
- Dass. übers. v. D. Tiedemann. Mit 8 Kpf. – Berlin 1803, Voß. (in: Archiv der neuesten und interessantesten Reisebeschreibungen, 4. Band).
- Dass. auszugsweise in Allgemeine Reisen Encyclopädie, herausgegeben von Saalfeld, Berlin 1811.
- Reise nach Aegypten, für d. Jugend bearbeitet von F. A. L. Mathäi, 2ᵉ wohlf. Ausg., mit 1 Kpf. – Hannover 1824, Hahn.
- Voyage de Henri Swinburne dans les Deux Siciles, en 1777, 1778, 1779 et 1780, traduit de l'anglois par un voyageur françois (Benjamin de Laborde) (avec des notes de Denon et le texte de son Voyage en Sicile). – Paris, impr. de Didot l'aîné (1785–1787). 5 vol.
- Voyage en Sicile, par M. de Non, ... – Paris, impr. de Didot l'aîné 1788. (Tirage à part du Voyage de Henri Swinburne dans les Deux Siciles.)

ÄGYPTEN im Buch bei Erdmann

Moderne Erzähler der Welt: Ägypten
Auswahl und Redaktion: Hermann Ziock
371 Seiten, Ganzleinen mit Schutzumschlag
Buchreihe „Geistige Begegnung", Band 4, herausgegeben vom Institut für Auslandsbeziehungen, Stuttgart

Ägypten.
Das alte Kulturland am Nil auf dem Weg in die Zukunft
Raum – Gesellschaft – Geschichte – Kultur – Wirtschaft
Herausgegeben von Heinz Schamp
727 Seiten, 58 Fotos, 54 Tabellen, 12 Karten, 38 grafische Darstellungen
Buchreihe „Ländermonographien", Band 9, herausgegeben vom Institut für Auslandsbeziehungen, Stuttgart

Hermann Ziock
Ägypten
318 Seiten, 54 teils farbige Fotos, 54 Karten, Pläne und Skizzen
Buchreihe „Reiseführer und Länderkunde", Band 3

Shek-Abu Ennur
Feshn
Modinet Jahed
Saundi Kadame
Shiroue
trockner Regenbach
Benese
Abu Girge
Beni Samti
Ebene von Sannur
Regenbach v. Tarfe
Shek Faille
Calaulene
Miniet Ebu Kasib
Kloster des Abbe Hor
Kreutz Kloster
Beni Hasan
Achmounin
Melaui
Eusené
Wadi Gamus
Mashan
Amba Bishoi
Kusseir
Kloster des Abbe Apollo
Monflot
Benni Mahommed il Kusir
Barud
Veledic
Ekrad
SIUT ou OSIOT
Cafra
Basra
Abutige
Silin
breiter u. tiefer Regenbach
Kau il Kubbara
Shawate
Thata
Kamel Regenbach
Shek Eredi
Deir Abuba
weißes Kloster
rothes Kloster
Ekmun
Essagie
GIRGE
Deir Emelac
Hare
Ruinen des Abidus
B. Askor
Kloster des H. Pau
Kloster des H. Anton
Berg
Berg Calil
Ebene Araba
Kolaim
Y
Gebel Ezzeit
Gebel Docan
Ebene
von Karrouhi
Hamman el Faraon
warmes u. schweflügtes Waßer
Secki
Filim Taieb
Abalharo
Berg Horeb
B. Sinai
süßes Waßer
Kloster auf dem Berg Sinai
Vadi Faran
Raphidim
B. Argeloie
Elim
El Tor
Kloster v. Raithum
Shek Giaur
B. Enggedis
Ras Mohammed
I. Sheduan
D A S
R O T
P
WÜSTE
bewohnt
von den Arabern
genant
BENI-WASSEL
wenig bekannte Küste
Aprodite
Grosser Hafen
anjezo Mios Hormos
Cosam-ul-Bahri
Kallalma
Philoterus Portus
alt Coseir
29
28
27